横田洋三・東　壽太郎・森　喜憲　編著

国際司法裁判所

判決と意見

●第五巻（二〇一一―一六年）

INTERNATIONAL COURT OF JUSTICE
Its Judgments and Advisory Opinions
Vol. V (2011-16)
edited by
Yozo YOKOTA
Jutaro HIGASHI
Yoshinori MORI

ISBN978-4-87791-286-4 C3032 Printed in Japan

はしがき

本書は、『国際司法裁判所―判決と意見』の第一巻（一九四八―六三年）、第二巻（一九六四―九三年）、第三巻（一九九四―二〇〇四年）、第四巻（二〇〇五―一〇年）に続くシリーズ五冊目の書物で、二〇一一年初から二〇一六年末までの六年間に国際司法裁判所が出した判決と勧告的意見の要約および解説を収録している。その際、訴訟関係文書の提出期限等裁判手続きに関する命令（order）等は取り上げなかったが、本書においては、コスタリカ＝ニカラグア間のカリブ海および太平洋における海洋境界画定事件に関して裁判所が出した「鑑定人の任命に関する命令（order）」のように実質的内容のある命令については、取り上げた。

第一巻以来、国際裁判に関心のある国際法研究者が国際判例研究会の名のもとに集まって定期的に会合し、事件ごとに担当者を決めて報告・討論し、最後には担当者が責任をもって原稿を完成するという方式をとってきた。この間年月の経過とともにメンバーの交代が少しずつ進んだが、研究会のありかたと書物の基本的編集方針には大きな変更がなく、この第五巻も第一巻以来の方針を踏襲している。それは以下の三点に要約できる。

（1）本書は、国際司法裁判所の判決と勧告的意見の本文の紹介をおもな目的とし、反対意見や分離（個別）意見は、必要に応じて研究の中で言及するにとどめた。

（2）判決と勧告的意見の本文の紹介も、原文に忠実な直訳ではなく、「一 事実」と「二 判決（または意見）」を、読者にわかりやすく整理して、限られたスペースの中でまとめた。

（3）本書は判決または勧告的意見を紹介するのが目的であって、批判することは意図されていない。解説にあたる「三 研究」においては、担当者の見解や立場が示されている場合もあるが、その狙いは、判決および意見を学説上的確に位置づけ、読者に論点をよりよく理解してもらうことにある。

なお、巻末の「事件関係裁判官総名簿」作成については山村恒雄が、また「索引」の作成については鈴木淳一が担当した。

本書の刊行にあたっては、株式会社国際書院の代表取締役である石井彰氏の、第一巻以来継続して示された熱心なご支援とご尽力があった。ここに記して深く感謝申し上げる。

二〇一七年一〇月三一日

国際判例研究会メンバー一同に代わって

横田　洋三

東　壽太郎

森　喜憲

★凡　例

本書を利用するにあたっては、次の点に留意されたい。

1　事件の名称……国際司法裁判所判決集に記載されているタイトルの日本語訳を用いる。ただし、略称が広く一般に用いられている事件の場合には、目次および各節の表題に略称を併記し、かつ、欄外の柱にも略称を記載する。なお、当事国の標記は、一方的提訴の場合には「対」を、合意提訴の場合には「および」を使用している。

2　出典……従来は、国際司法裁判所判決・意見集の掲載ページを各事件毎に掲載していたが、昨今のインターネット環境の整備により、国際司法裁判所ホームページより関連文書の入手が容易になったことと、判決・意見集の発行に時間を要しているため、事件毎の出典の明示は、省略した。本書に掲載している事件に関係する文書は、すべて国際司法裁判所ホームページ（http://www.icj-cij.org）より入手した。

なお、本文中に表記されている（para. ○○）、あるいは（○○項）は、国際司法裁判所判決集に収録の該当事件に表示されているパラグラフ番号である。

3　訳語の統一……国際司法裁判所関係の専門用語の中には、日本語訳が、一般の人にはわかりにくいものや、統一されていないものがあるので、本書では、裁判所規程・規則などの訳語にはこだわらず、なるべくわかりやすい訳語を統一的に用いてある。

（例1）application → 訴状

（例2）provisional measures → 仮保全措置

（例3）General List → 付託事件リスト

4　文書の略記……しばしば使用される略記は、以下の裁判所の刊行物を表わしている。

I.C.J.Reports = International Court of Justice, Reports of Judgments, Advisory Opinions and Orders

P.C.I.J. Series A ＝ Permanent Court of International Justice, Series A
P.C.I.J. Series B ＝ Permanent Court of International Justice, Series B

5 「　」……　原則として、原文を引用する場合に用いるが、要約して大意を示すために用いる場合もある。

6 段落　……　長い原文を限られた頁数にまとめてあるため、文中の段落は、原文の段落とは、必ずしも一致していない。

7 小見出し……判決本文にない場合が多いが、読者の理解を助けるために便宜的につけたものもある。

8 仮名表記について……　文中で用いられる「及び」「又は」「並びに」などは、条約文等の引用以外は「ひらがな」で表わす。接続詞の「従って」「但し」なども同じく「ひらがな」で表わす。

9 研究部分における裁判官の敬称について……国際司法裁判所の裁判官につける敬称は、判事で統一する。ただし、特任裁判官については、「裁判官」という敬称を用いる。したがって、共同反対意見などを書いた人々がすべて国際司法裁判所に常時席を有する裁判官ならば、「A、B、C各判事の共同反対意見」となり、その中に事件当事国によってその事件だけに選ばれた特任裁判官が含まれる場合には、「B、C各判事およびD裁判官の共同反対意見」となる。また、一般論として用いる場合にも、裁判官という敬称を用いる。

10 日時表記について……本文中に用いられている日時については、国際司法裁判所が使用する文書に掲載されている日時をそのまま用いる。ただし、事実や研究部分については、各当事国が提出した文書等に使用した日時を用いるため、同一文書でも、裁判所が使用した文書の日時と異なる場合がある。

目次

はしがき　3
凡例　5

第一部　判決

第一節　国境地域においてニカラグアによって実施されたある種の活動事件
（コスタリカ対ニカラグア）……………………………………秋月　弘子　17
一　仮保全措置の指示の要請　（二〇一一年三月八日）　20
二　反訴に関する命令　（二〇一三年四月一八日）　35
三　仮保全措置命令の修正の要請　（二〇一三年七月一六日）　44
四　新たな仮保全措置の指示の要請　（二〇一三年一一月二二日）　51

第二節　あらゆる形態の人種差別の撤廃に関する国際条約（人種差別撤廃条約）の適用事件
――人種差別撤廃条約適用事件（略称）
（グルジア対ロシア）……………………………………廣部　和也　61
一　仮保全措置の指示の要請　（『国際司法裁判所―判決と意見』第四巻第一部第一四節収録）　61
二　先決的抗弁に関する判決　（二〇一一年四月一日）　62

第三節　民事および商事問題における裁判管轄権ならびに判決の執行に関する事件……………山村　恒雄　80
（ベルギー対スイス）
取り下げ命令　（二〇一一年四月五日）
第四節　ニカラグア＝コロンビア間の領域および海洋境界紛争事件……………………横田　洋三　87
（ニカラグア対コロンビア）
一　先決的抗弁に関する判決　（『国際司法裁判所―判決と意見』第四巻第一部第一〇節収録）　87
二　コスタリカの訴訟参加の許可の要請に関する判決　（二〇一一年五月四日）　88
三　ホンジュラスの訴訟参加の許可の要請に関する判決　（二〇一一年五月四日）　99
四　本案に関する判決　（二〇一二年一一月一九日）　113
第五節　国家の裁判権免除……………………………………………………………………松田　幹夫　144
（ドイツ対イタリア）
一　反訴に関する命令　（『国際司法裁判所―判決と意見』第四巻第一部第二〇節収録）　144
二　ギリシャの訴訟参加　（二〇一一年七月四日）　145
三　本案に関する判決　（二〇一二年二月三日）　149
第六節　一九六二年六月一五日のプレア・ビヘア寺院事件判決の解釈請求……………東　壽太郎　155
（カンボジア対タイ）
一　仮保全措置の指示の要請　（二〇一一年七月一八日）　155
二　本案に関する判決　（二〇一三年一一月一一日）　168
第七節　一九九五年九月一三日の暫定合意の適用事件………………………………………森　喜憲　181
（マケドニア旧ユーゴスラビア共和国対ギリシャ）　（二〇一一年一二月五日）

第八節　アハマド・サディオ・ディアロ事件……篠原　梓　211
（ギニア対コンゴ民主共和国）
一　先決的抗弁に関する判決　（『国際司法裁判所―判決と意見』第四巻第一部第八節収録）211
二　本案に関する判決　（『国際司法裁判所―判決と意見』第四巻第一部第八節収録）212
三　金銭賠償に関する判決　（二〇一二年六月一九日）212
第九節　訴追または引渡し義務を巡る問題に関する事件……篠原　梓　230
（ベルギー対セネガル）
一　仮保全措置の指示の要請　（『国際司法裁判所―判決と意見』第四巻第一部第一七節収録）230
二　本案に関する判決　（二〇一二年七月二〇日）231
第一〇節　南極海捕鯨事件……松田　幹夫　253
（オーストラリア対日本）
一　ニュージーランドの訴訟参加　（二〇一三年二月六日）253
二　本案に関する判決　（二〇一四年三月三一日）254
第一一節　ブルキナファソとニジェールの国境紛争事件……山村　恒雄　262
（ブルキナファソおよびニジェール）
一　本案に関する判決　（二〇一三年四月一六日）262
二　専門家の任命　（二〇一三年七月一二日）285
第一二節　除草剤空中散布事件……一之瀬高博　288
（エクアドル対コロンビア）
取り下げ命令　（二〇一三年九月一三日）

第一三節　サンファン川沿いのコスタリカでの道路の建設に関する事件……鈴木　淳一　293
（ニカラグア対コスタリカ）
一　併合命令（二〇一三年四月一七日）295
二　仮保全措置の指示の要請（二〇一三年一一月一三日）300
三　本案に関する判決（二〇一五年一二月一六日）306
第一四節　海洋紛争事件……鈴木　淳一　338
（ペルー対チリ）（二〇一四年一月二七日）
第一五節　一定の書類およびデータの押収ならびに保管に関する問題……山村　恒雄　358
（東ティモール対オーストラリア）
一　仮保全措置の指示の要請（二〇一四年三月三日）358
二　仮保全措置の指示の命令の修正要請（二〇一五年四月二二日）366
三　取り下げ命令（二〇一五年六月一一日）370
第一六節　集団殺害罪の防止および処罰に関する条約の適用事件……森　喜憲　374
（クロアチア対セルビア・モンテネグロ）
一　先決的抗弁に関する判決（『国際司法裁判所—判決と意見』第四巻第一部第一五節収録）374
二　本案に関する判決（二〇一五年二月三日）375
第一七節　「太平洋へのアクセス」を交渉する義務に関する紛争……山村　恒雄　417
（ボリビア対チリ）
先決的抗弁に関する判決（二〇一五年九月二四日）
第一八節　ニカラグアの海岸線から二〇〇海里を超えるニカラグア＝コロンビア間の

大陸棚の境界画定の問題……………………………………………………横田　洋三　433
――ニカラグア＝コロンビア間の大陸棚境界画定事件（略称）
（ニカラグア対コロンビア）
先決的抗弁に関する判決　（二〇一六年三月一七日）
第一九節　カリブ海における主権的権利および海洋区域に対する侵害の申立……一之瀬高博　459
（ニカラグア対コロンビア）
先決的抗弁に関する判決　（二〇一六年三月一七日）
第二〇節　カリブ海および太平洋における海洋境界画定事件…………………秋月　弘子　488
（コスタリカ対ニカラグア）
一　鑑定の嘱託に関する命令　（二〇一六年五月三一日）　488
二　鑑定人の任命に関する命令　（二〇一六年六月一六日）　492
第二一節　核軍備競争の停止および核軍備の縮小に関する交渉についての義務……松田　幹夫　495
――核軍縮交渉義務（略称）
（マーシャル諸島対イギリス）
（マーシャル諸島対パキスタン）
（マーシャル諸島対インド）
先決的抗弁に関する判決　（二〇一六年一〇月五日）
第二二節　免除と刑事訴訟手続きに関する事件……………………………東　壽太郎　501
（赤道ギニア対フランス）
仮保全措置の指示の要請　（二〇一六年一二月七日）

第二部　勧告的意見

第一節　国際農業開発基金に対する異議申立に基づく国際労働機関行政裁判所判決第二八六七号……横田　洋三　513
（請求機関　国際農業開発基金理事会）　（二〇一二年二月一日）

付　録　事件関係裁判官総名簿　530

索　引　538

『国際判例研究会』（メンバー）

秋月　弘子（あきづき・ひろこ）……亜細亜大学教授
一之瀬高博（いちのせ・たかひろ）……獨協大学教授
篠原　　梓（しのはら・あづさ）……亜細亜大学教授
鈴木　淳一（すずき・じゅんいち）……獨協大学教授
東　壽太郎（ひがし・じゅたろう）……津田塾大学名誉教授
廣部　和也（ひろべ・かずや）……成蹊大学名誉教授
松田　幹夫（まつだ・みきお）……獨協大学名誉教授
森　　喜憲（もり・よしのり）……元内閣調査官
山村　恒雄（やまむら・つねお）……元宮崎国際大学助教授
横田　洋三（よこた・ようぞう）……法務省特別顧問・元中央大学法科大学院教授

第一部

判決

第一節　国境地域においてニカラグアによって実施されたある種の活動事件

当事国　コスタリカ対ニカラグア

コスタリカとニカラグアとの間の二つの事件の概要

コスタリカとニカラグアの間を流れるサンファン川は、両国の国境の一部を形成している。同河川の右岸（コスタリカ側）が両国の国境を形成している部分については、「航行権および関連する権利に関する紛争事件」（『国際司法裁判所―判決と意見』第四巻（二〇〇五―一〇年）第一部第一八節）の二〇〇九年七月一三日付判決によって、裁判所は、サンファン川の当該部分におけるコスタリカの自由航行権等を認める一方で、航行を規制するニカラグアの主権的権利をも認めた。

その後、コスタリカは、サンファン川河口のイスラ・ポルティリョス（Isla Portillos）と呼ばれる地域にニカラグア軍隊が侵入しコスタリカの権利が侵害されたとして、二〇一〇年一一月一八日、国際司法裁判所に訴えを提起し、同時に、仮保全措置の指示要請を行った。裁判所は、二〇一一年三月八日、コスタリカの主張を認め、仮保全措置を指示した（本節　一　仮保全措置の指示の要請、二〇～三五頁）。

ニカラグアは、二〇一一年一二月二二日、コスタリカがニカラグアの主権およびニカラグア領域の環境を侵害したとして、コスタリカを提訴した（『本書』第一部第一三節「サンファン川沿いのコスタリカでの道路の建設に関する事件」（ニカラグア対コスタリカ）、以下、道路建設に関する事件）。

裁判所は、上記二つの事件は当事国が同一であること、サンファン川およびその生態系に関連していること、両事件を同時に審理することに利点があること、などの理由から、二〇一三年四月一七日付命令により、上記二つの事件

	ある種の活動事件 （コスタリカ対ニカラグア）		道路建設に関する事件 （ニカラグア対コスタリカ）	
	コスタリカ	ニカラグア	ニカラグア	コスタリカ
2010/11/18	提訴および仮保全措置の指示要請			
2011/03/08	仮保全措置命令 （第一節　一）			
2011/12/22			提訴	
2012/08/06		反訴		
2012/12/19			併合命令の要請	
2013/04/17	併合命令 （第一三節　一）			
2013/04/18	反訴に関する命令 （第一節　二）			
2013/05/23	2011年3月8日付仮保全措置命令の修正要請			
2013/07/16	仮保全措置命令の修正要請に関する命令 （第一節　三）			
2013/09/24	新たな仮保全措置の指示要請			
2013/10/11			仮保全措置の指示要請	
2013/11/22	新たな仮保全措置の指示の要請に関する命令 （第一節　四）			
2013/12/13			仮保全措置の指示要請に関する命令 （第一三節　二）	
2015/12/16	本案に関する判決 （第一三節　三）			

表１　ある種の活動事件と道路建設に関する事件の関係
（第13節の表１（294頁）を作者の了解を得て使用）

を併合した（『本書』第一部第一三節　サンファン川沿いのコスタリカでの道路の建設に関する事件、一　併合命令、二九四～三〇〇頁）。

ニカラグアは、本件に関する二〇一二年八月六日付の答弁書の中で四つの反訴を提起していた。しかし、裁判所は、二〇一三年四月一八日付命令により、二つの反訴については受理不能であり、二つの反訴については判断を下す必要はないとして、ニカラグアによる四つの反訴を却下した（本節　二　反訴に関する命令、三五～四四頁）。

コスタリカは、二〇一三年五月二三日、上記の二〇一一年三月八日付仮保全措置命令の修正を要請した。しかし、裁判所は、二〇一三年七月一六日付命令により、同仮保全措置の修正の必要性を認めず、同仮保全措置を再確認した（本節　三　仮保全措置命令の修正の要請、四四～五一頁）。

コスタリカは、ニカラグアが係争地域において新たに二つのカニョ（コスタリカが「人工の運河」と主張し、ニカラグアが「天然水路」と主張するものを、第二回口頭陳述より、スペイン語の「カニョ」と称することに両国は同意した）建設を行っているとして、二〇一三年九月二四日、新たな仮保全措置の指示を要請した。裁判所は、二〇一三年一一月二二日付命令により、ニカラグアに対し、カニョの埋め戻しなどを含む新たな仮保全措置を指示した（本節　四　新たな仮保全措置の指示の要請、五一～六〇頁）。

裁判所は、二〇一五年一二月一六日付判決で、係争地域がコスタリカに帰属すること、および、ニカラグアがコスタリカの諸権利を侵害していることを認め、他方で、コスタリカは環境影響評価を実施していない点において一般国際法に違反していると判示した（『本書』第一部第一三節　サンファン川沿いのコスタリカでの道路の建設に関する事件、三　本案に関する判決、三〇六～三三七頁）。

一　仮保全措置の指示の要請

命令　二〇一一年三月八日

事件概要　コスタリカは、ニカラグアとの国境となっているサンファン川河口のイスラ・ポルティリョス（Isla Portillos）と呼ばれる係争地域にニカラグア軍隊が侵入しコスタリカの権利が侵害されたとして、二〇一〇年一一月一八日、国際司法裁判所に訴えを提起し、同時に、裁判所規程第四一条および裁判所規則第七三条から七五条に従い、仮保全措置の指示要請を行った。

コスタリカは、裁判所の管轄権の基礎を、一九四八年四月三〇日にボゴタで署名された平和的解決に関する米州条約（以下、ボゴタ条約）第三一条、および、裁判所規程第三六条二項に基づいて、一九七三年二月二〇日にコスタリカが、一九二九年九月二四日に（二〇〇一年一〇月二三日に改正されたように）ニカラグアが、行った宣言に置いた。ニカラグアは、裁判所の管轄権に関する抗弁を行わなかった。裁判所は、両当事国に対し、係争地域への要員の派遣および駐在を慎むこと、本紛争を悪化または拡大させるような行為を慎むこと、本仮保全措置の遵守について裁判所に報告を行うこと、コスタリカは、ラムサール条約事務局と協議し事前にニカラグアに通告した上で、同領域の環境保護のための文民を派遣することができること、を内容とする仮保全措置を指示した。

一　事　実

(1)　付託請求

二〇一〇年一一月一八日、コスタリカ共和国（以下、コスタリカ）は、ニカラグア共和国（以下、ニカラグア）の軍隊によるコスタリカ領域への侵入、占領および使用、ならびに、コスタリカに対するニカラグアによる複数の国際法義務違反に基づいて、ニカラグアを相手とする訴えを裁判所に提起した。

裁判所の管轄権の基礎として、コスタリカは、一九四八年四月三〇日にボゴタで署名された平和的解決に関する米州条約（以下、「ボゴタ条約」）第三一条、および、裁判所規程第三六条二項に基づいて、一九七三年二月二〇日にコスタリカが、一九二九年九月二四日に（二〇〇一年一〇月二三日に改正されたように）ニカラグアが、行った宣言に言及した。

コスタリカの主張は以下の通りである。

ニカラグアは、その軍部隊をコスタリカ領域に送り軍事キャンプを設置することにより、二国間の確立した国境体制に明白に違反するだけでなく、国際連合の中核的基本原則、とりわけ、米州機構憲章第一条、一九条および二九条でも確認された領土保全の原則、ならびに、国連憲章第二条四項に従いいかなる国に対しても武力による威嚇または武力の行使を禁止するという原則、に違反する行動を取っている。

ニカラグアは、二回にわたってサンファン川からラグナ・ロス・ポルティリョス（Laguna los Portillos、ハーバーヘッド・ラグーン〔Harbor Head Lagoon〕とも呼ばれる）までのコスタリカ領域を横断する運河（以下「カニョ（caño）」ともいう）の建設、および、サンファン川の浚渫に関係したある種の活動に関連して、コスタリカ領域を占領した。また、二〇一〇年一〇月一八日の最初の侵入時に、ニカラグアは、コスタリカ領域において木を伐採し、浚渫作業から生じた土砂を投棄した。その後一旦撤退したものの、二〇一〇年一一月一日頃、ニカラグア部隊による二度目のコスタリカ領域への侵入が行われ、キャンプを設置した。

この二回目の侵入により、カリブ海に面するコスタリカ領域の北東端約三平方キロメートルをニカラグア軍が継続的に占領することになり、ニカラグア軍は、同領域のさらに南側のコスタリカ領域をも危険にさらしている。

進行中の、また、計画中の浚渫や運河の建設が、コスタリカのコロラド川への水流に深刻な影響を与え、この領域に存在する湿地および国立野生生物保護区域を含むコスタリカ領域へのさらなる損害を引き起こすであろう。

したがってコスタリカは、裁判所に、ニカラグアは、サンファン川の浚渫および運河建設活動のみならず、コスタ

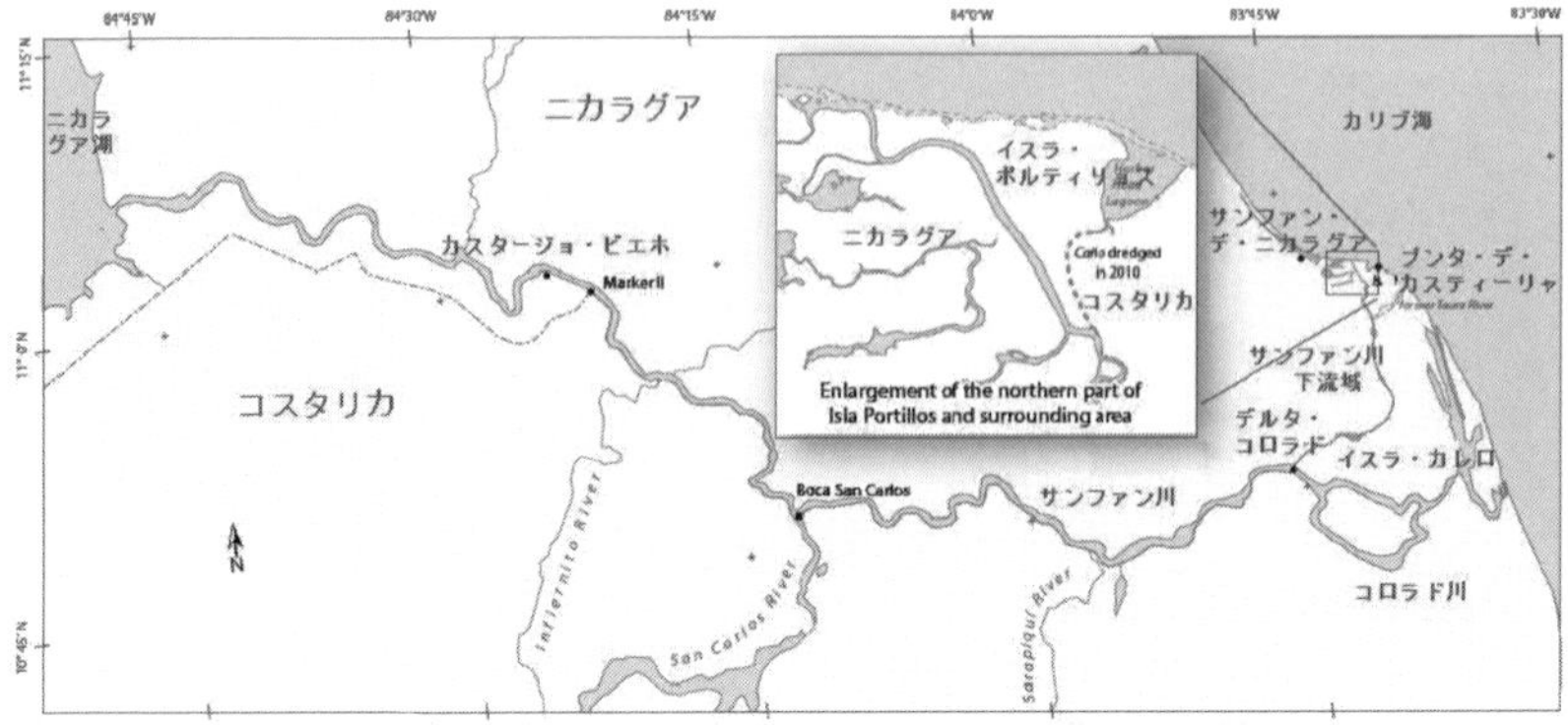

第13節の図1（308頁）を作者の了解を得て使用

リカ領域への侵入および占領、コスタリカの保護された熱帯雨林や湿地への深刻な損害、そして、その損害はコロラド川、湿地、保護された生態系に向けられている点、に関して国際義務に違反していると判示し、宣言することを要請した。とくに、以下に違反したと判決し、宣言することを裁判所に求めた。

(a) 一八五八年の境界条約、一八八八年三月二二日のクリーブランド裁定、ならびに、一八九七年九月三〇日および同年一二月二〇日の第一次および第二次アレクサンダー裁定によって合意され、画定されたコスタリカ共和国の領域、

(b) 国連憲章および米州機構憲章上の領土保全および武力行使禁止という基本原則、

(c) 一八五八年の境界条約第九条によりニカラグアに課せられた、敵対的行為を行うためにサンファン川を使用してはならないという義務、

(d) コスタリカ領域に損害を与えてはならないという義務、

(e) コスタリカの同意を得ずに、サンファン川の自然の水路から離れたところに人為的に水路を開かない義務、

(f) コスタリカ国民によるサンファン川の航行を禁止しない義務、

(g) 一八八八年のクリーブランド裁定に従い、（コロラド川を含む）コスタリカ領域に損害を与えるような、サンファン川の浚渫を行わ

ない義務、

(h) 湿地に関するラムサール条約上の義務、

(i) コスタリカ領域内の侵略、占領地域の拡大、または、国際法上のコスタリカの領土保全を侵害するであろういかなる措置または行動をとることを含め、コスタリカに対する措置を取ることによって紛争を悪化させ、拡大させない義務。

さらにコスタリカは、ニカラグアが支払わなければならない賠償金を決定することをも裁判所に求めた。

(2) 仮保全措置の指示要請

コスタリカは、二〇一〇年一一月一八日に付託請求を行うと同時に、裁判所規程第四一条および裁判所規則第七三条から七五条に従い、仮保全措置の指示要請も行った。コスタリカの主張は、以下の通りである。

ニカラグアの意図は、コスタリカのコロラド川を現在一秒間に約一七〇〇立方メートル流れる水流を変更することにある。

コスタリカは、ニカラグアに対し定期的に抗議し、浚渫作業がコロラド川または他のコスタリカ領域に損害を与えないようになるときまで、浚渫作業を行わないように呼びかけてきた。それにもかかわらずニカラグアは、サンファン川において浚渫作業を継続し、二〇一〇年一一月八日には、サンファン川において二つの追加的な浚渫作業を行うことを発表し、そのうちの一つは、現在もなお継続中である。

ニカラグアの活動は、コスタリカのコロラド川、およびコスタリカの潟湖、川、草木湿地、森林に対する損害の可能性を示しており、浚渫作業は、より正確にはラグナ・マケンケ（Laguna Maquenque）、バラ・デル・コロラド（Barra del Colorado）、コレドール・フロンテリソ（Corredor Fronterizo）およびトルトゥゲーロ国立公園（the Tortuguero National Park）における野生生物保護区に対する脅威となる。

コスタリカはまた、米州機構事務総長の二〇一〇年一一月九日付報告書（CP/doc.4521/10）の中の勧告を歓迎し支持した二〇一〇年一一月一二日の米州機構常設理事会の決議（CP／RES.978〔1777/10〕）に言及し、同常設理事会は軍隊または治安部隊の存在が緊張状態を引き起こす可能性のある場所にそのような部隊を介在させることを回避することを要請しているとした。コスタリカは、米州機構常設理事会の同決議に対するニカラグアの反応は、同決議に従わないという意図を示すものであり、ニカラグアは、イスラ・ポルティィリョスのコスタリカ領域からの撤退に関するいかなる要請も一貫して拒否してきたと主張した。

コスタリカはさらに、コスタリカの主権および領土保全への権利は、仮保全措置の指示要請の主題であると確認し、サンファン川の浚渫がコスタリカの土地、環境上保護される領域、および、コロラド川の水流の保全に影響または損害を与える場合には、ニカラグアが同浚渫を行わない義務はこの権利に対応する、と主張した。

コスタリカは、緊急の問題として、コスタリカの領土保全に対する現在進行中の侵害を阻止し、コスタリカ領域に対するさらなる回復不能な損害を防止するために、本案に関する判決を留保したまま、以下の仮保全措置を指示することを裁判所に求めた。

(A)イスラ・ポルティィリョス全体により構成される領域、つまり、サンファン川の右岸を横切り、ラグナ・ロス・ポルティィリョス（ハーバーヘッド・ラグーン）の河岸とタウラ川（「関連領域」）河岸との間、において、ニカラグアは、

(1)ニカラグアのいかなる軍隊またはその他の要員をも駐在させること、

(2)カニョの建設または拡大に従事すること、

(3)伐採、ならびに、植生または土壌を取り除くこと、

(4)土砂を投棄すること、

を行ってはならない。

(B)ニカラグアは、サンファン川および関連地域における進行中の浚渫作業を中止しなければならない。

(C)ニカラグアは、コスタリカの権利を侵害するであろう、または、裁判所に提起された紛争を悪化させ拡大させるであろう、いかなる他の行為をも慎まなければならない。

なお、裁判所が両当事国の国籍裁判官を有していないため、コスタリカはドゥガール（John Dugard）を、ニカラグアはギョーム（Gilbert Guillaume）を、特任裁判官として選定した。

ニカラグアは、コスタリカによって訴えられた活動はニカラグア領域内で行っており、それらの活動はコスタリカにいかなる回復不能な損害も引き起こしていないこと、コスタリカとの境界は、海岸のプンタ・カスティーリャ（Punta Castilla）からハーバーヘッド・ラグーンの東端に沿い、最初に南西に向かい、その後南に向かう天然水路がサンファン川に合流するところであること、同天然水路は何年も放置されていたのであり、ニカラグアはそれを再び小さな船が航行可能となるように清掃していたにすぎないこと、などを主張し、コスタリカが提起した仮保全措置要請を却下することを求めた。

なお、コスタリカが「人工の運河」と主張し、ニカラグアが「天然水路」と主張するものを、第二回口頭陳述より、スペイン語の「カニョ」と称することに両国は同意した。

二　命　令

(1)　一応の管轄権

原告国が依拠した条項が裁判所の管轄権を確立する基礎を一応（*prima facie*）提供するならば、裁判所は仮保全措置を指示することができるのであり、事件の本案に関する管轄権を明確な方法で示す必要はない（たとえば、訴追または引渡し義務を巡る問題に関する事件、（ベルギー対セネガル）、仮保全措置、二〇〇九年五月二八日の命令、para. 40）。

コスタリカは、ボゴタ条約第三一条、および、裁判所規程第三六条二項に基づいて両国によって行われた宣言に裁判所の管轄権を求め、また、本紛争により提起された問題について裁判所は「判断能力を有する国連の司法機関」と書かれている二〇一〇年一一月三〇日付ニカラグア外務大臣発コスタリカ外務大臣宛書簡にも言及している。

ニカラグアは、本手続において、本紛争に関する裁判所の管轄権に異議を唱えなかった。

上記により裁判所は、コスタリカにより提起された文書は、一応、本案を裁定する管轄権を有すると考えられる基礎となり、状況が必要とするならば、裁判所が仮保全措置を指示することを可能とする、と考える。裁判所は、本手続のこの時点で、コスタリカによって提起された文書のうちのいずれが、裁判所に提起された様々な要請の管轄権の基礎となるかについての詳細な決定を下す必要はない、と判断する。

(2) 保護が求められている権利の妥当性（plausible character）および当該権利と要請された措置との関連

裁判所規程第四一条に基づき裁判所が有する仮保全措置を指示する権限は、裁判所の判断を留保して、各当事国の権利を保護する目的を持つ。したがって裁判所は、当事国により主張された権利が少なくとも妥当である場合、そして、事件の本案に関して裁判所の審理の主題を構成する権利と求められる仮保全措置との間に関連がある場合、この権限を行使することができる。

(3) 保護が求められている権利の妥当性

コスタリカにより主張され本事件の本案の主題となる権利は、一方で、イスラ・ポルティィリョス全体およびコロラド川に対する主権を主張するコスタリカの権利であり、他方で、コスタリカが主権を有するこれらの領域の環境を保護するコスタリカの権利である。しかしニカラグアは、イスラ・ポルティィリョスの北部、つまり、係争となっているカニョの北西側と、カリブ海河口までのサンファン川の右岸、および、ハーバーヘッド・ラグーンの間の約三平方キロメートルの湿地帯（以下、「係争地域」）に対する主権の権原をニカラグアが有すると反論し、ニカラグアが主権を有するサンファン川の浚渫は、コスタリカが主権を有するコロラド川の水流にごくわずかな影響しか与えない、と論じる。

係争地域に対する主権を主張する権利に関しては、裁判所は、本手続の現時点では、両当事者の競合する主張を解決することはできず、また、両者が主張する権利が存在するか否かを明確に決定することを求められてもいない。仮保全措置の指示要請の検討という目的のためには、裁判所は、単に、本案の原告国により主張され、その保護が求められた権利が妥当であるか否かを決定すれば良い。

当事国により提出された証拠および議論を注意深く検討した結果、裁判所は、イスラ・ポルティリョス全体に対するコスタリカの主権の権原の主張は妥当であると考える。裁判所は、ニカラグアにより提起された、係争地域に対する主権の権原の妥当性について判断することは求められていない。裁判所が指示するであろう仮保全措置はいかなる権原をも侵害するものではなく、両当事国の主張が異なるからといって、そのような措置を指示する裁判所規程上の裁判所の権限の行使が妨げられるわけでもない。

環境を保護する権利に関しては、裁判所は、本手続のこの段階では、コスタリカにより主張されたサンファン川の浚渫作業の一時中止を要求する権利は、もしそのような作業がコロラド川の航行に重大な支障をきたすか、コスタリカ領域に損害を与える場合、妥当であると判断する。

(4) 保護が求められている権利と要請された措置との関連

コスタリカにより要請された第一の仮保全措置は、ニカラグアはイスラ・ポルティリョス全体を含む領域においていかなる活動をも慎むことを確認することを目的としている。イスラ・ポルティリョスにおけるニカラグアによる係争中の活動の継続または再開は、本案判決においてコスタリカに属すと判断される可能性がある主権に影響を与える可能性が高い。したがって、これらの権利と求められる最初の仮保全措置との関連は存在する。

コスタリカにより要請された第二の仮保全措置は、関連領域に隣接するサンファン川の浚渫計画の中止に関連する。もしニカラグアによるサンファン川の浚渫作業の継続がコロラド川の航行を阻害し、または、コスタリカの領域に損害を与える重大な脅威となることが確認された場合には、本案判決においてコスタリカに属すと判断される可能性がある権利に影響を与える危険性がある。したがって、これらの権利と求められる第二の仮保全措置との関連は存在する。

コスタリカにより要請された最後の仮保全措置は、本件の本案に関する判決を留保して、ニカラグアは、コスタリカの権利を侵害し、または、裁判所に提起された紛争を悪化させ、拡大させるようないかなる行動も慎むことを確保することを目的としている。裁判所は、複数の事件において、当事者に、裁判所に提起された紛争を悪化させ、拡大させ、解決をより困難とさせるようないかなる行動も慎むことを命令する仮保全措置を指示してきた。コスタリカにより要請された最後の仮保全措置は、より広い意味で、事件の本案に関して裁判所の審理の主題を構成する権利を保護するより具体的な措置を補完する措置である限りにおいて、それらの権利と関連する。

(5) 回復不能な損害と緊急性

裁判所は、係争中の権利に回復不能な損害を及ぼすとき、仮保全措置を指示する権限を有する。この権限は、それらの権利に回復不能な損害を与えるかもしれないという、現実に差し迫った危険性があるという意味において、緊急性がある場合においてのみ行使される。

コスタリカは、(一) ニカラグアの軍隊は、コスタリカの主権を侵害し、イスラ・ポルティィリョスに存在し続けている、(二) ニカラグアは、国際的に保護される湿地および森林に対して重大な脅威を与え、コスタリカの領域に損害を与え続けている、(三) ニカラグアは、自国の利益のために、一方的に、その右岸が有効、合法的、かつ、合意された国境を構成する川の水流を変更しようと試みており、そのような方法でコスタリカおよび裁判所に既成事実を押し付けるために、サンファン川の水流をコスタリカ領域から変更し続けることは許されない、と主張する。

コスタリカは、本案に関する裁判所の判断を留保し、以前の状態が回復されることを望み、コスタリカ自身が有するとコスタリカが考える以下の権利、つまり、主権および領土保全、自国の領域を占領されない権利、自国の木を他国の軍隊により伐採されない権利、浚渫土砂を投棄し、または、許可なくカニョを掘るために自国領域を利用されない権利、および、コスタリカの土地、環境、または、コロラド川の保全および水流に影響し損害を与える場合にはサンファン川を浚渫しないニカラグアの義務に対応するいくつかの権利が、ニカラグアの行為により、回復不能な損害をうける脅威にあることを指摘した。

コスタリカは、係争地域においてニカラグアが行う作業、とくに、伐採、植生や土壌の除去およびサンファン川の水流の変更は、コスタリカの領土保全の侵害を引き起こすだけでなく、洪水やコスタリカ領域への損害、地理的変更をも引き起こす影響を与えるであろうと主張する。コスタリカによれば、ニカラグアにより行われるサンファン川の浚渫は、コロラド川の水量を大幅に減少させ、同様の影響を与える。

さらにコスタリカは、ニカラグアの活動、とくにサンファン川の継続的な浚渫はコスタリカの領域に損害を与え続けているため、仮保全措置の要請は真に緊急性を有すると断言する。コスタリカによれば、コスタリカの権利を侵害する行為が続き、裁判所が本件の本案に関する最終判断を下す前にその土地の状態に甚大な変更をもたらすという危険性が現実にある。またコスタリカは、コスタリカ領域内にニカラグア軍隊が存在し続ければ、極端な敵意と緊張という政治的状態になるので、ニカラグア軍のコスタリカ領域からの撤退を命令する仮保全措置は、紛争の悪化、拡大防止の目的から正当化される、と主張する。

ニカラグアは、当該行為はニカラグア領域で行われていること、環境影響評価が従前に十分行われているのでコスタリカに直接的な損害は与えないこと、カニョの清掃作業はすでに終わりイスラ・ポルティリョスには現在ニカラグア軍隊はまったく存在しないこと、係争地域にいかなる軍隊も要員も派遣する意思はなく、将来的にも軍事監視所を設置する意思もないこと、を主張した。

ニカラグアは、当該領域において現在行われている活動は再植林であり、ニカラグア環境省が、再森林化プロセス、および、ハーバーヘッド・ラグーンを含む当該領域で起こりうる変化を監視するため、当該領域に定期的に査察官を派遣するであろうと述べた。またニカラグアは、カニョは現在利用可能なので、従来から行っていたように法執行、麻薬取引および組織犯罪との戦い、および、環境保護のための同川流域のパトロールが可能であると主張した。

(6) コスタリカによって要請された仮保全措置の検討および裁判所の決定

裁判所は、第二回口頭審理の最後に提出された書面の中でコスタリカにより要請された第一の仮保全措置、つまり、

「本件の本案に関する判決を留保し、イスラ・ポルティィリョス全体により構成される領域、つまり、サンファン川の右岸を横切り、ラグナ・ロス・ポルティィリョス（ハーバーヘッド・ラグーン）の河岸とタウラ川（「関連領域」）河岸との間、において、ニカラグアは、

(1) ニカラグアのいかなる軍隊またはその他の要員を駐在させること、

(2) カニョの建設または拡大に従事すること、

(3) 伐採、ならびに、植生または土壌を取り除くこと、

(4) 土砂を投棄すること、

を行ってはならない。」

について検討しなければならない。

ニカラグアが、判事の質問に対する書面による回答の中で、カニョを含む係争地域における作業は終了したことを

指摘したので、裁判所は、現在の事情においては、上記⑵、⑶、および⑷の措置を指示する必要はない、と結論する。

しかし、同書面によれば、時折にせよ、ニカラグアがカニョを含む係争地域において特定の作業を行うことを意図している。裁判所は、係争地域について競合する権利の主張が存在することに留意する。この状況が、同領域に対してコスタリカが主張する主権の権原および、それから生じる権利に対し回復不能な損害をあたえる差し迫った危険性を生じさせ、また、身体的な負傷または死という形の回復不能な損害を引き起こしかねない危険性が現実に存在することから、裁判所は、仮保全措置を指示するべきと考える。

裁判所は、裁判所規程に基づき仮保全措置を指示する権限を有する。裁判所規則七五条二項が明確に規定するように、仮保全措置の要請があったときには、要請された措置とは全体的にもしくは部分的に異なる措置を指示し、または、要請を行った当事者自らが遵守すべき措置を指示することができる、と裁判所は指摘する。

両当事国は、本案に関する紛争の判決が下されるまでの間、または、本件の主題について当事国間の合意がなされるまでの間、カニョを含む係争地域に文民、軍人、保安要員にかかわらず、いかなる要員をも派遣し駐在させることを慎まなければならない。また各当事国は、各々が疑いもなく主権を有している領域から係争地域を監視する責任を有し、とりわけ係争地域において発生する可能性のある犯罪行為と戦うために、友好的な善隣精神をもって互いに協力しあうことは両国の警察または治安部隊のためになる。

係争地域においてコスタリカとニカラグアはそれぞれ、ラムサール条約により国際的な重要性を有する湿地「ウメダル・カリベ・ノレステ（Humedal Caribe Noreste）」および「レフヒオ・デ・ビーダ・シルベストレ・リオ・サンファアン（Refúgio de Vida Silvestre Río San Juan）」として認定されていることを考慮して、裁判所は、本案の判決を留保して、コスタリカは、係争地域が位置するウメダル・カリベ・ノレステ湿地における回復不能な損害を回避できる地位になければならない、と考える。この目的のため、コスタリカは、カニョを含む同領域の環境を保護する任務を有する文民を派遣することができるが、それは、そのような損害が起こらないように保障するために必要な限りにおいてである。コスタリカは、これらの行為について、ラムサール条約事務局と協議し、事前にニカラグアに通告し、この点に関してニカラグアと共同の解決策を探る最大限の努力をしなければならない。

コスタリカによって要請された第二の仮保全措置は、関連領域に隣接するサンファン川における浚渫計画を中止することをニカラグアに命令することである。裁判所は、この時点では、両国によって提示された証拠から、サンファン川の浚渫が、コスタリカの環境またはコロラド川の水流に回復不能な損害を与える危険性を生じていると結論することはできない。また、本件においてコスタリカが主張した権利に損害を与える危険性があったとしても、そのような危険性が切迫しているということは示されてもいない。以上のことから裁判所は、現在の状況においては、コスタリカにより要請された第二の仮保全措置は指示できない、と結論付ける。

コスタリカにより要請された最後の仮保全措置の主題について裁判所がすでに言及したこと、および、具体的な仮保全措置の主題についての裁判所の結論の観点から、現在の状況では、両国に対し、本紛争を悪化させ拡大させる、または、解決することをより困難とさせるような、いかなる行為をも慎むことを求める追加的な補完的措置を指示することが適切である。

裁判所規程四一条に基づいて、仮保全措置に関する裁判所の決定は拘束力を有するので、両当事国が遵守することを求められる国際的な法的義務を生じさせる。

本手続において与えられた決定は、本件の本案を扱う裁判所の管轄権、または、要請の受理可能性、あるいは、本案自体に関する問題について決して予断を与えるものではなく、コスタリカとニカラグア政府がこれらの問題について反論を提出する権利になんら影響を与えない。

主文

以上の理由から、裁判所は、以下の仮保全措置を指示する。

（1）全員一致で

両当事国は、カニョを含む係争地域に、文民、軍人、保安要員にかかわらず、いかなる要員をも派遣し駐在させることを慎まなければならない、

（2）一三対四で

上記（1）にもかかわらず、コスタリカは、環境を保護する任務を有する文民を、カニョを含む係争地域に派遣することができるが、それは、同係争地域が位置する湿地の一部に回復不能な損害が起こらないようにするために必要な限りにおいてである。コスタリカは、そのような行為についてラムサール条約事務局と協議し、事前にニカラグアに通告し、この点に関してニカラグアと共同の解決策を探る最大限の努力をしなければならない、

賛成：小和田裁判所長、トムカ裁判所次長、裁判官コロマ、アル-ハサウネ、ジンマ、エブラヒム、キース、ベヌーナ、カンサード・トリンダーデ、ユースフ、グリーンウッド、ドノヒュー、特任裁判官ドゥガール

反対：裁判官　セプルベダ-アモール、スコトニコフ、薛、特任裁判官ギヨーム

（3）全員一致で

両当事国は、本紛争を悪化させ拡大させる、または、解決することをより困難とさせるような、いかなる行為をも慎む、

（4）全員一致で

両国は、上記仮保全措置の遵守について、裁判所に報告を行う。

コロマ、セプルベダ-アモールは命令に対して個別意見を付けた。スコトニコフ、グリーンウッド、薛は、命令に宣言を付けた。ギョーム特任裁判官は、命令に宣言を付けた。ドゥガール特任裁判官は、命令に個別意見を付けた。

三　研　究

コスタリカとニカラグアとの間の国境の一部は、その右岸を国境とするサンファン川により形成されおり、以前にも同川に対するニカラグアの主権的権利とコスタリカの航行権とが争われた（『国際司法裁判所―判決と意見』第四巻（二〇〇五―二〇一〇年）第一部第一八節）。本件は、カリブ海に面するサンファン川河口のイスラ・ポルティリョスと呼ばれる国境地域に関する両国の紛争事例である。

（1）裁判所が仮保全措置を指示する権限については、①原告国が依拠した条項が裁判所の管轄権を確立する基礎を一応（prima facie）提供する、②事件の本案審理の主題を構成する権利と求められる仮保全措置との間に関連がある、③そのような権利に回復不能な損害が生じる危険性があるという意味で緊急性がある、という三つの要件が満たされた場合に、裁判所は仮保全措置を指示することができるとされている。

しかし、本命令では、「当事国により主張された権利が少なくとも妥当（plausible）である場合においてのみ、裁判所は（仮保全措置を指示する）この権限を行使することができる」（para. 53）と述べており、「権利の妥当性」という第四の要件（実際には二番目に検討されるであろう要件）が付け加えられているかのように見える。(1) コロマ判事は、仮保全措置の指示の判断基準として「妥当性」という言葉が用いられたことについて、この言葉の意味が曖昧であること、権利が妥当であるのか、実際の権利の主張が妥当であるのかが不明であること、さらに、裁判所がその根拠をなんら示していないこと、を問題として指摘している。

なお、仮保全措置の要請があった時には、要請された措置とは全体的にもしくは部分的に異なる措置を、または、要請を行った当事国自らが遵守すべき措置を、指示することができるとした点は、従来の裁判所の意見を踏襲している。

（2）裁判所は、いずれの当事国も係争地域にいかなる要員をも派遣し駐在させることを慎まなければならないと指示する一方で、コスタリカについては環境を保護するために文民を係争地域に派遣することができるとした。しかし、コスタリカがラムサール条約上の義務を有するとはいえ、それらの義務が係争地域にも及ぶか否かについては本案において判断されることであり、第二の仮保全措置によりかえって紛争が悪化するおそれもあるであろう。

本件は本質的に領域紛争であるにもかかわらず、コスタリカに係争地域への立ち入りを認めるのは、同領域が国際的に保護されるべき湿地帯であるという環境保護の観点が強く考慮されているからだと思われる。

（3）同様にこの地域は、麻薬取引等の組織犯罪の温床となりうることから、一時的に領域主権の空白地帯となる係争地域での犯罪行為と戦うために、各当事国が疑いもなく主権を有している領域から同領域を監視する責任を有すると裁判所が指示したことも、この領域の特殊性を示していると思われる。

注

（1） “Certain Activities Carried Out by Nicaragua in the Border Area (Costa Rica v. Nicaragua), American Journal of International Law, Vol.106, No.586, 2012, p.599.

二　反訴に関する命令

命　令　二〇一三年四月一八日

事件概要　ニカラグアは、二〇一二年八月六日付答弁書の中で四つの反訴を提起した。裁判所は、二〇一三年四月一八日付命令により、第一、第四の反訴については、併合された本案の審理の際に裁判所により判断されるため反訴として判断を下す必要はなく、第二、第三の反訴については、受理不能であると判断した。

一　事　実

ニカラグアは、二〇一二年八月六日付答弁書の中で、裁判所規則第八〇条に基づき、裁判所が以下の四つを宣言するよう要請する反訴を提起した。

(1) ニカラグアは、かつてサンファアン・デル・ノルテ湾によって占められていた地域について、単独の主権者となった。

(2) ニカラグアは、一八五八年条約が締結されたときに存在していた航行可能な条件が再び確保されるまでの間、ニカラグアのサンファァン川の支流であるコロラド川における自由航行権を有する。

(3) コスタリカは、

—コスタリカによるニカラグアのサンファァン川に沿った道路建設により、一八五八年境界条約、ならびに、環境保護および善隣（good neighbourliness）関係に関する種々の条約および慣習法から生じるコスタリカの義務違反について、

—裁判所の二〇一一年三月八日付命令により指示された仮保全措置の不遵守について、

ニカラグアに対して責任を有する。

ニカラグアは、また、損害の賠償は、のちの審理で裁判所によって判示されると主張し、本件本案の弁論において、これらの主張を修正する権利を留保した。

コスタリカは、訴答書面において、サンファァン川に沿った道路建設に関する反訴を第一の反訴、サンファァン・デル・ノルテ湾の法的地位に関する反訴を第二の反訴、コロラド川の自由航行権に関する反訴を第三の反訴として反論

し、最後に、ニカラグアの反訴の（1）、（2）、（3）は受理不能と宣言することを裁判所に求めた。ニカラグアも、その訴答書面においてコスタリカが示した順に論述したので、裁判所もコスタリカが示した順に命令を下した。

二　命　令

(1)　一般的枠組み

本件において、ニカラグアの主張は、裁判所規則第八〇条の意味における「反訴」であることは争われてはいない。なぜなら、それは、独立した法的行為で、その目的は裁判所に新しい請求を提出することであり、同時に、それは「対抗する」請求としての形式でつくられ、本来の請求に反応している限りにおいて、本来の請求と関連しているからである。また、裁判所規則第八〇条二項にしたがい、反訴が「答弁書の中でなされ、かつ、そこでなされる申立ての一部として記載」されたことも争われてはいない。

裁判所規則第八〇条一項によれば、裁判所が本来の請求と同時に反訴を受け入れることができるためには、二つの要件が満たされなければならない。つまり、反訴が「裁判所の管轄権の範囲内にある」ことと、「他方の当事者の請求の主題と直接に関連する」ことである。以前の判決において裁判所は、これらの要件は反訴の受理可能性に関連すると特徴づけた。この文脈において、裁判所は、「受理可能性」とは、管轄権の要件、および、直接的関連性の要件の両方を含むと理解されなければならない、ということを認めている。

(2)　第一の反訴

第一の反訴の中で、ニカラグアは、裁判所に、コスタリカはニカラグアに対し、一八五八年条約、ならびに、環境保護および善隣関係に関する種々の条約および慣習法から生じる義務に違反するかたちで行われた、コスタリカによるサンファン川の右岸に接する道路の建設により生じた損害およびサンファン川の航行の潜在的破壊の責任を有する、と宣言することを求めた。

コスタリカは、第一の反訴は、道路建設に関する事件（ニカラグア対コスタリカ）において、ニカラグアの訴状で提起された訴えと同一、または、それに明らかに含まれると主張した。そしてコスタリカは、同一の原告により、同一の被告に対し、同一の訴訟原因について、二つの訴訟を同時に提起することはできないという基本原則にしたがい、一つの国家を二回非難することを裁判所に求めることはできないと主張した。この点に関して、コスタリカは、「当事者の合意によるか、本条約または従前の規約の履行によるかにかかわらず、ひとたび平和的手続が開始された場合には、当該手続が完了するまでいかなる手続も開始されてはならない。」とするボゴタ条約第四条に言及した。

裁判所は、道路建設に関する事件においては、ニカラグアは実際に、本件における第一の反訴と実質的に同一の主題を扱う主要な主張を提起したことに留意した。これら二つの事件を併合したことにより、本件におけるニカラグアの第一の反訴は、道路建設に関する事件における「サンファン川の右岸に接する道路の建設により生じた損害およびサンファン川の航行の潜在的破壊」というコスタリカの責任に関して、主要な主張として提起された。この主張は、併合された手続きの中で主要な主張として審理されるであろうから、反訴として審理する必要性は失われる。このため、第一の反訴は目的を失い、裁判所は、裁判所規則第八〇条の意味における受理可能性を決める必要はない。上記の理由から、裁判所は、第一の反訴の審理が、ボゴタ条約第四条の規定に抵触するか否かの問題に言及する必要はない。

(3) 第二、第三の反訴

①第二、第三の反訴の内容

第二の反訴の中で、ニカラグアは、裁判所に、ニカラグアは、「かつてサンフアン・デル・ノルテ湾によって占められていた地域について、単独の主権者となった。」と宣言することを求めた。第三の反訴の中で、ニカラグアは、裁判所に、「一八五八年条約が締結されたときに存在していた航行可能な条件が再び確保されるまでの間、ニカラグアのサンファン川のコロラド川における自由航行権を有する。」と判示することを求めた。

②審理の方法

ニカラグアの第二、第三の反訴については、裁判所は、反訴が裁判所の管轄権内にあり、かつ、反訴がコスタリカの本案における請求の主題と直接に関連するのか否かという問題に関する両当事者のそれぞれの主張は、同一ではないものの、類似しているという点に留意する。したがって、第二と第三の反訴は、それらが異なる主張であることに留意しながら、両者を同時に検討することが適切である。

③直接に関連するという問題

裁判所は、「各事件の特殊な側面を考慮に入れながら、反訴が十分に請求の主題に関連するか否か」を判断するのは裁判所であることを想起する。

反訴の受理可能性に関する先例では、裁判所は、裁判所規則第八〇条の目的のために、反訴および本案の請求との間の事実および法の両者に直接的関連性をもたらす要素の範囲を考慮した。

したがって裁判所は、両当事者が依拠する事実が同じ地理的領域または同じ時間的期間に関連しているか否かを検討した。裁判所は、また、両当事者が依拠した事実が、同様な種類の行為を両者が主張するという意味において、同一の性質を有するか否か検討してきた。

さらに裁判所は、依拠した法的原則または法文書に基づいて、反訴と他方の当事者の請求の主題との間に直接的関連性があるか否か検討し、または、原告および被告は、それぞれの主張により同一の法的目的を追求しているとみなされるか否か検討した。

コスタリカの請求の主題、および、ニカラグアの第二の反訴の基礎を構成すると主張された事実の性質に関しては、裁判所は、コスタリカはイスラ・ポルティリョスにおけるニカラグアの行為およびニカラグアのサンファン川の浚渫計画を批判していると判断する。これに対し、ニカラグアの第二の反訴は、サンファン・デル・ノルテ湾の物理的性質に対する主張された変更に基づいている。ニカラグアの主張によれば、一八五八年の境界条約に基づいてかつてコスタリカが同湾について有していたであろう権利は無効となる。

地理的意味では、ニカラグアの第二の反訴は、一般的な意味において、コスタリカの請求の主題の焦点であり、サンファン川の河口に近い同一の地域に関連する。しかし、両当事者の主張が関連する地理的場所は異なっており、その意味において、請求と反訴は同一の地域に関連してはいない。さらに、時期的関連性も欠如している。ニカラグアの反訴は、明らかに一九世紀にさかのぼるサンファン・デル・ノルテ湾の物理的変更に言及している。これに対し、コスタリカの請求は、二〇一〇年におけるニカラグアの行為に関係している。さらに、ニカラグアの第二の反訴の基礎となる事実は、コスタリカの請求の主題の基礎と同様の性質ではない。両当事者とも、領域主権に関連する事実に言及しているとは言えるものの、ニカラグアの反訴はイスラ・ポルティリョスの領域主権に関連するものではなく、一八五八年境界条約、クリーブランド裁定、またはその後のアレクサンダー裁定によって設定された川に沿った境界に基づいた領域主権の問題に関連してもいない。結論として、ニカラグアの第二の反訴の中で、サンファン・デル・ノルテ湾に関連してニカラグアによって提起された問題は、コスタリカの請求の主題が提起した問題と同一の事実の総体の一部を形成するものではない。

したがって、裁判所は、ニカラグアの第二の反訴は、事実として、本件におけるコスタリカの請求の主題と直接的に関連しているということを立証することができなかったと判断する。

さらに、コスタリカの請求の主題とニカラグアの第二の反訴との間に直接的法的関連性は存在しない。コスタリカの請求の本質は、イスラ・ポルティリョスにおいてニカラグアが行った活動を通して、コスタリカの主権が侵害され、その領土保全が侵されたということであり、ニカラグアの浚渫活動は国際環境法に従っておらず、コスタリカに対して深刻な環境損害を与えている、ということである。他方でニカラグアの第二の反訴の本質は、かつてサン・ファン・デル・ノルテ湾によって占められていた地域についてニカラグアが排他的主権を有する、というものである。さらに、コスタリカは、両国間の国境の位置を決定し国際環境法にも言及した、一八五八年の境界条約および関連する裁定の規定に基づきイスラ・ポルティリョスの主権を主張している。他方で、ニカラグアの第二の反訴の根拠は、サン・ファン・デル・ノルテ湾に関する両国の法的状況は一八五八年の境界条約以降に変化したというニカラグアの主張に基づいている。したがって、両国は同一の法的目的を追求しているわけではない。

コスタリカの請求の主題とニカラグアの第三の反訴の間の事実の関連性については、裁判所は、コスタリカの請求は、国境地域におけるニカラグアの特定の活動、つまり、イスラ・ポルティリョスにおけるニカラグアの軍隊および他の要員の駐留、サンファン川における浚渫活動に基づいている一方で、ニカラグアの第三の反訴は、サンファン川を通ってカリブ海に通じる水路が回復されるまでの間のコロラド川の航行利用に関連していることを想起する。とくにニカラグアは、サンファン川からカリブ海への河口は長い間封鎖されており、ニカラグアの船舶の航行の妨げとなっていた事実、および、コスタリカがコロラド川への侵入を閉鎖していた事実に言及した。裁判所は、一般的な意味において、ニカラグアの第三の反訴と、ニカラグアの浚渫活動に関連するコスタリカの請求は、これらの主張が共通の水系に関連しているという意味において、地理的な関連性が存在していることに留意する。サンファン川の航行可能性を増大するためにニカラグアがサンファン川を浚渫することを妨げたコスタリカの努力によって、コロラド川におけるニカラグアの航行権が回復したとニカラグアが主張したという意味においても、おおよその暫定的な関連性が認められる。しかし、ニカラグアの第三の反訴の基礎となる事実は、領土保全および国際環境法上のニカラグアの義務違反を立証するために主張されたコスタリカの主張の基礎となるものとは異なる性質である。ニカラグアの第三の反訴は、これとは対照的に、ニカラグアがサンファン川を浚渫することを妨げたコスタリカの努力によって引き起こされたとされる損害に関連する事実に基づいている。このような状況の場合、ニカラグアの第三の反訴とコスタリカの請求の主題との間の事実の関連性は、裁判所規則第八〇条に規定される受理可能性の確立のためには十分ではない。したがって、コスタリカがその請求の主題の中で依拠する事実と、第三の反訴を実証するためにニカラグアによって主張された事実とは、異なる性質であるため、両者の間に直接的な関連性はない。

さらに、ニカラグアは、その第三の反訴とコスタリカの請求の主題との間の直接的な法的関連性の存在を立証できていない。コスタリカおよびニカラグアは、その請求の主題と反訴において、同一の法的目的を追求してはいない。コスタリカの主張は、領域主権およびサンファン川における航行権の侵害、および、コスタリカの領域に対する環境損害の主張に関連している。ニカラグアは、ニカラグアがサン・ファン・デル・ノルテ湾の完全所有を回復するまでの間（実際に一八六〇年に回復した）、暫定的な共同使用、プンタ・カスティーリャの所有を認め、コロラド川を国境と指定した一八五八年境界条約第五条に基づき、コロラド川の航行権の主張を宣言することを求めている。

④第二、第三の反訴に関する裁判所の結論

裁判所は、したがって、事実においても、法においても、ニカラグアの第二、第三の反訴およびコスタリカの請求の主題との間には直接的な関連性はないと結論する。したがって、これらの反訴は、裁判所規則第八〇条一項に基づき、受理不能である。裁判所は、これらの反訴について裁判所が管轄権を有するか否かの問題について言及する必要はない。

⑷　第四の反訴

第四の反訴の中で、ニカラグアは、二〇一一年三月八日付命令により裁判所が指示した仮保全措置をコスタリカは履行しなかったと主張する。コスタリカは、この反訴の受理可能性を争わなかった。

裁判所は、裁判所が事件を決定する管轄権を有する場合、裁判所はまた、当該紛争の当事者の権利を保護するための仮保全措置を指示する命令が遵守されてこなかったことを決定することを求める提起をも扱う管轄権を有すること、を想起する。したがって、本件において指示された仮保全措置を両当事者が遵守しているか否かという問題は、被告国により反訴という形で提起されたか否かにかかわりなく、本案審理の際に裁判所によって判断されるであろう。したがって、両当事者は、この問題をのちの手続きで取り上げる自由を有する。裁判所は、したがって、ニカラグアの第四の反訴を、反訴として受け入れる必要はない。

主文

以上の理由から、

(A)全員一致で、

ニカラグアの第一の反訴の受理可能性については、裁判所は、判断を下す必要はないと認める。

(B)全員一致で、

ニカラグアの第二の反訴は、受理不能であり、本件の一部を構成するとは認められない。

(C)全員一致で、

ニカラグアの第三の反訴は、受理不能であり、本件の一部を構成するとは認められない。

(D)全員一致で、

裁判所は、ニカラグアの第四の反訴を考慮する必要はなく、裁判所により指示された二〇一一年三月八日付命令の仮保全措置の実施に関連するいかなる問題も、本案手続の中で取り上げることができると認める。

三　研　究

裁判所は、裁判所規則第八〇条に基づき、反訴が裁判所の管轄権内にあり、かつ、他方の当事者の請求の主題と直接に関連する場合に、当該反訴を受理することができる。「直接に関連する」の意味について裁判所は、「裁判所の自由裁量において、個々の事件の特有な観点を考慮しながら反訴が本来の請求に十分関係しているか否かを、裁判所が評価するものである。一般に、本来の請求と反訴との関係の程度は、事実および法の両方から評価されなければならない。」と指摘している（『国際司法裁判所―判決と意見』第三巻（一九九四―二〇〇四年）第一部第九節）。

ニカラグアの第二および第三の反訴は、サンファン・デル・ノルテ湾の法的地位、および、コロラド川におけるニカラグアの自由航行権に関するものであり、コスタリカの請求の主題である、ニカラグアによるイスラ・ポルティリョスにおけるコスタリカの主権侵害、および、ニカラグアによる仮保全措置の義務違反、とは事実および法の両方から直接に関連するとはいえないので受理不能とされた。いずれも全員一致の結論であり、妥当な判断であるといえよう。

しかし、ニカラグアの特任裁判官であるギョームは、反対はしなかったものの、どちらも共通の水系に関する問題であり、また、浚渫という事実とその法的影響に関するものであり、本当に直接に関連しないといえるのか、という問題提起を行っている。

三　仮保全措置命令の修正の要請

命　令　二〇一三年七月一六日

事件概要　二〇一三年五月二三日、コスタリカは、裁判所に、裁判所規程第四一条および裁判所規則第七六条に基づき、二〇一一年三月八日付仮保全措置の指示の命令を修正するよう求めた。ニカラグアも仮保全措置の修正を求め、両国とも他方の要請を拒否するように裁判所に求めた。

裁判所は、二〇一一年三月八日付命令において指示された仮保全措置の修正が必要となるような事情はないとし、上記の仮保全措置、とくに、両当事国は、「本紛争を悪化させ拡大させる、または、解決することをより困難とさせるような、いかなる行為をも慎む」という要請を再確認した。

一　事　実

二〇一三年五月二三日、コスタリカは、裁判所に、裁判所規程第四一条および裁判所規則第七六条に基づき、二〇一一年三月八日付仮保全措置の指示の命令を修正するよう求めた。

コスタリカの主張は、以下の通りである。

裁判所規則第七六条に基づき、コスタリカは、本件の本案判決までの間、裁判所に、緊急の問題として、二〇一一年三月八日付命令を、同命令の主文（2）（『本書』三三頁）によって係争地域に立ち入ることを認められた要員以外のいかなる要員も係争地域に入らないように、また、それにより当該地域におけるさらなる回復不能な損害を防止するように、修正することを要請した。とりわけコスタリカは、緊急の問題として、以下の仮保全措置を含むように同命令を修正することを要請した。

(1)　仮保全措置に関する二〇一一年三月八日付命令の中で裁判所によって指示された係争地域からすべてのニカラグア人を即刻かつ無条件に退去させること、

(2)　両当事国のそれぞれの領域から（同命令の主文（2）によって係争地域に立ち入ることを認められた要員以外の）いかなる要員も同係争地域に立ち入らないように、両当事国が必要なあらゆる措置をとること、

(3)　両当事国は、修正された仮保全措置の指示から二週間以内に、裁判所に、同仮保全措置に関して報告しなければならない。

ニカラグアも、コスタリカによる道路建設、および、二つの事件の併合、という事実および法的状況の変化があったことを主張し、仮保全措置の修正を求めた。

また、両国とも他方の要請を拒否するように裁判所に求めた。

二　命　令

コスタリカおよびニカラグアによる二〇一一年三月八日付命令の修正の要請を判断するために、裁判所は、裁判所規程第七六条一項に規定される条件が満たされているか否かを決めなければならない。同条項は、

「裁判所は、一方の当事者の要請により、事情の変更によって仮保全措置に関する決定を撤回又は修正することが正当であると判断する場合には、事件の最終判決前の段階においていつでも、この措置に関する決定を撤回又は修正することができる。」

と規定している。

したがって裁判所は、両当事国によって提起された事実を考慮に入れ、二〇一一年三月に指示された特定の仮保全措置の根拠となった事情が、その時以来、変更されたか否かを確認しなければならない。もし変更された場合には、裁判所は、そのような事情の変更によって要請された修正が正当であるか否かを検討しなければならない。

(1)　コスタリカの要請

コスタリカは、第一に、ニカラグアが、多数の要員を係争地域に送り、滞在させていると主張し、第二に、それらの要員による活動が同地域およびその生態系に影響を与えていると主張する。コスタリカの意見によれば、裁判所の仮保全措置の指示のあとに始まったこれらの活動は、二〇一一年三月八日付の命令をさらなる仮保全措置の形へ修正することを必要とし、とりわけ、コスタリカによって係争地域に派遣され環境保護の任務を与えられる文民以外のいかなる個人の立ち入りをも防ぐための措置が必要となる新たな状態を生み出している。

ニカラグアは、コスタリカによって言及された要員は、ニカラグア政府の職員ではなく、若者、市民活動（グアル

ダバランコ（Guardabarranco）環境運動のメンバーであり、環境保護活動を行うために同地域に存在する要員である、と主張する。

(2)　コスタリカの要請に関する裁判所の決定

裁判所は、二〇一一年三月八日付命令以降、裁判所が仮保全措置を指示すると決定した時には想定していなかった人々によって組織されたグループが定期的に係争地域に滞在することが行われるようになってきたとみなす。裁判所は、この事実は、確かに、本件においては裁判所規則第七六条の意味における事情の変更に当たると判断する。

裁判所は、次にこの事情の変更が二〇一一年の命令の修正を正当化するようなものであるか否かを検討しなければならない。もし新しい事情が仮保全措置の指示を必要とするならば、つまり、裁判所規程第四一条に規定される一般的条件が満たされるのであれば、命令の修正は正当化されるであろう。この点について裁判所は、裁判手続における論争の主題である権利に関して、万一、回復不能な損害が生じる場合においてのみ、裁判所は仮保全措置を指示することができるのであり、また、その権限は、裁判所が最終判決を下す前にそのような損害が生じる可能性があるという、現実に、かつ、明らかな危険性があるという意味において緊急性がある場合においてのみ行使することができる。

裁判所は、コスタリカによって主張された権利に回復不能な損害が生じる危険性があるということが、現状では十分に立証されていないと判断する。コスタリカによって提出された事実によれば、現在の状況では、ニカラグア国民の存在も、係争地域でニカラグア国民が行っている活動も、主権、領土保全および（コスタリカの）領土への不可侵の権利に回復不能な損害を与える原因とはみなされない。また、本件の書面に含まれている証拠には、環境に回復不能な損害を与える明らかな危険性の存在も見られない。さらに、報告された事実によれば、さらなる仮保全措置の指示を正当化するほどの緊急性を示す証拠も見当たらない。

したがって裁判所は、事情の変更が生じたにもかかわらず、二〇一一年三月八日付命令の中で指示された仮保全措置を修正する条件は満たされていないと判断する。

(3) ニカラグアの要請

ニカラグアも、二〇一一年三月八日付命令の修正または調整の要請を提出していた。ニカラグアは、第一に、サンファン川の右岸に沿って一六〇キロの道路が建設されたため、第二に、二つの事件の手続きが裁判所により併合されたため、問題の事実および法的状況に変化が生じたと主張した。したがってニカラグアは、裁判所に、二〇一一年三月八日付命令の修正を、とくに、(コスタリカだけにではなく)両当事国に、環境保護の任務を与えた文民を係争地域に派遣することを認める修正を要請した。

コスタリカは、問題となっている道路のいかなる部分も係争地域にはないと主張し、道路建設に関する事件に関する手続きとの併合により、併合命令の主題である一つの手続きしか存在しなくなったというわけではないと反論した。したがってコスタリカは、裁判所に対し、ニカラグアの要請を拒否することを求めた。

(4) ニカラグアの要請に関する裁判所の決定

裁判所は、最初に、道路建設に関する事件の二〇一二年一二月一九日付申述書において、ニカラグアは、裁判所に、職権として(*proprio motu*)本件の状況が仮保全措置の指示を要請するものであるか否かを検討することを求め、裁判所は、二〇一三年三月、裁判所は仮保全措置を指示する状況ではないと判断したことを想起する。さらに、裁判所は、道路建設に関する事件の中心的問題である道路建設は、本件の二〇一一年三月八日付命令において言及された状況にはまったく関係ないと判断する。

ニカラグアの第二の論点については、裁判所は、二つの事件の併合は事情の変更はもたらしていないと判断する。

裁判所は、同併合は、道路建設に関する事件の基礎となる事実に影響を与えるものではなく、本件における特別かつ別個の状況に関して指示した措置であり、手続的一段階である。さらに、たとえ道路建設に関する事件において主張された状況が仮保全措置の指示を正当化するものであったとしても、それを確保する適切な方法は、本件における命令の修正ではない。

したがって裁判所は、ニカラグアは、二〇一一年三月八日付命令の修正を要請する論拠を、裁判所規則第七六条の意味における事情の変更には依拠することができないと判断する。

(5) 結論

裁判所は、係争地域におけるニカラグア国民により組織されたグループの存在は、本件の論争を拡大する可能性のある危険性でありえると判断する。限られた地域における限られた数であっても、定期的にニカラグア国民が滞在することにより状況が悪化するので、裁判所はこの点を懸念する。

裁判所は、したがって、二〇一一年三月八日付命令において指示した仮保全措置、とくに、「両当事国は、本紛争を悪化させ拡大させる、または、解決することをより困難とさせるような、いかなる行為をも慎む」という要請を再確認する必要があると判断する。裁判所は、再度、両国に対し、これらの措置は拘束力を有し、したがって、両国とも遵守することを要請される国際法上の義務を生じる、ということを再確認する。

最後に、裁判所は、本命令は、二〇一一年三月八日付命令の両当事国による遵守に関連する本案の判決に予断を与えないことを強調する。

主文

以上の理由から、裁判所は、

(1) 一五対二で、

両当事国が現在裁判所に提出したような事情は、二〇一一年三月八日付命令において指示された仮保全措置を修正する裁判所の権限を行使することが必要となるような事情ではない、と認める。

賛成：裁判所長トムカ、裁判所次長セプルベダ - アモール、裁判官小和田、エブラヒム、キース、ベヌーナ、スコトニコフ、ユースフ、グリーンウッド、薛、ドノヒュー、ガジャ、セブティンデ、バンダリ、特任裁判官ギョーム

反対：裁判官カンサード・トリンダーデ、特任裁判官ドゥガード

(2) 全員一致で、

二〇一一年三月八日付命令の中で指示された仮保全措置、とくに、両当事国は、「本紛争を悪化させ拡大させる、または、解決することをより困難とさせるような、いかなる行為をも慎む」という要請を、再確認する。

三　研　究

裁判所は、裁判所規則第七六条一項に基づき、事情の変更によって仮保全措置に関する決定を修正することが正当であると判断する場合には、仮保全措置に関する決定を修正することができる。

したがって、裁判所はまず、二〇一一年三月八日付仮保全措置命令以降に事情の変更があったか否か確認し、当時には想定していなかった人々が係争地域に滞在するようになってきた事実を事情の変更に当たると判断した。

次に、この事情の変更が、仮保全措置の修正を正当化するものであるか否か、つまり、紛争の主題である権利に回復不能な損害が生じるか、また、現実にそのような損害が生じる可能性があるという意味で緊急性があるか、について検討し、回復不能な侵害が生じる可能性が十分に立証されていないとして、仮保全措置の修正は認めなかった。

他方で、二〇一一年三月八日付仮保全措置命令の主文（3）の、「両当事国は、本紛争を悪化させ拡大させる、または、解決することをより困難とさせるような、いかなる行為をも慎む」という要請を再確認したが、これは妥当な判断であるといえよう。

四　新たな仮保全措置の指示の要請

命　令　二〇一三年一一月二二日

事件概要　コスタリカは、二〇一三年九月二四日、新たな事実に基づく別個の請求として、新たな仮保全措置の指示を求める請求を行った。裁判所は、二〇一一年三月八日付命令の中で指示された仮保全措置を再確認し、ニカラグアに対しては、係争地域におけるいかなる浚渫、その他の活動を慎み、建設したカニョを埋め戻すことなどを、コスタリカに対しては、係争地域の環境に対する回復不能な損害を防止するために必要な措置を執ることなどを指示する仮保全措置を命令した。

一　事　実

コスタリカは、二〇一三年九月二四日、新たな仮保全措置の指示を求める請求を行った。コスタリカは、二〇一一年三月八日付仮保全措置命令の修正を求めているのではなく、新たな事実に基づく別個の請求であると明示した。コスタリカは、本請求を行うに至った事実を説明し、二〇一一年三月八日付仮保全措置命令を修正するよう求めた両当事国の請求に関する、裁判所の二〇一三年七月一六日付命令以降、ニカラグアによる係争地域における新たな、かつ、重大な活動が、当該地域の人工衛星画像により明らかになったと主張した。

コスタリカは、本案の判断を留保して、コスタリカの領土保全および当該地域における更なる回復不能な損害を予防するために、緊急の問題として、以下の仮保全措置を指示することを裁判所に求めた。
(1)係争地域における浚渫または他のいかなる活動も、即時かつ無条件で停止すること、とりわけ、付録PM-8の人工衛星画像に示される、係争地域における二つの新たな人工カニョに関するいかなる活動も中止すること。
(2)ニカラグアは、直ちに、ニカラグアまたはニカラグアの管轄下にある人が、あるいは、ニカラグアの領域から侵入したいかなる要員、持ち込んだ(宿泊テントを含む)施設、(浚渫機を含む)設備をも係争地域より撤去すること。
(3)コスタリカは、係争地域に対して起こりつつある回復不能な損害を防止するために必要な範囲で、係争地域における二つの新しいカニョおよびその周りの地域を回復する作業を認められること。
(4)いずれの当事国も、上記の仮保全措置の遵守に関して、直ちに、遅くとも仮保全措置の命令の後一週間以内に、裁判所に報告を行わなければならない。
ニカラグアは、裁判所に、コスタリカによる仮保全措置の指示要請を却下することを求めた。

二　命　令

(1)　一応の管轄権

仮保全措置の指示の要請を扱うときには、裁判所は、本案の際に管轄権の有無の確認をするように厳格な方法で確認する必要はなく、請求国が依拠した規定が、一応、裁判所の管轄権の基礎を提供していればよい。

コスタリカは、管轄権の基礎を一九四八年四月三〇日にボゴタで署名された平和的解決に関する米州条約、および、両当事国が行った裁判所の義務的管轄権受諾宣言に求めた。

二〇一一年三月八日付命令の中で、裁判所は、原告国が依拠した条項が裁判所の管轄権を確立する基礎を一応(*prima facie*)提供するならば、裁判所は仮保全措置を指示することができるとした。さらに、ニカラグアは、裁判所の管轄権に関していかなる異議をも申し立てていない。したがって、裁判所は、この新たな仮保全措置の指示要請を判断することができる。

(2) 保護が求められている権利および要請された措置

裁判所規程第四一条に基づき裁判所が有する仮保全措置を指示する権限は、本案の裁判所の判断を留保して、各当事国の権利を保護する目的を持つ。裁判所は、仮保全措置により、のちの本案で裁判所が当事国のいずれかに属すると判断を下すであろう権利を保護しなければならない。したがって裁判所は、当事国により主張された権利が少なくとも妥当である場合、そして、事件の本案に関して裁判所の審理の主題を構成する権利と求められる仮保全措置との間に関連がある場合、この権限を行使することができる。

コスタリカが保護を求める権利は、コスタリカが主張する、イスラ・ポルティィリョスと呼ばれる領域に対する主権、領土保全、および、コスタリカが主権を有する地域における環境を保護する権利である。裁判所は、二〇一一年三月八日付命令の中で、「裁判所が指示するであろう仮保全措置はいかなる権原をも事前に判断するものではない」ものの、「イスラ・ポルティィリョス全体に対するコスタリカの主権の権原の主張は妥当であると考える。」と述べた。裁判所は、この結論を、現在のコスタリカの要請の文脈において変える理由はないと判断する。さらに、コスタリカの権原の主張が妥当である範囲において、裁判所は、係争地域における将来のいかなる環境破壊も、コスタリカの主張する領土主権の侵害となるであろうと判断する。したがって、コスタリカが保護を求める権利は妥当である。

裁判所は次に、主張された権利と要請された措置との関連性の問題を検討する。コスタリカによって要請された第一の仮保全措置は、係争地域における浚渫または他のいかなる活動も即時かつ無条件で停止すること、とりわけ、係争地域における二つの新たな人工カニョに関するいかなる活動も中止することを確保することを目的としている。この建設は、本案で判断が下されるコスタリカの主権、および、それに関連する環境権に影響を及ぼすであろう。したがって、コスタリカの主張する権利と第一の仮保全措置との間には関連性がある。

コスタリカによって要請された第二の仮保全措置は、ニカラグアは、直ちに、ニカラグアの管轄下にある人が、あるいは、ニカラグアの領域から侵入したいかなる要員、持ち込んだ（宿泊テントを含む）施設、（浚渫機を含む）設備をも係争地域より撤去することである。これに関連して、係争地域におけるニカラグア国民、施設、設備の存在は、本案でコスタリカに属すると判断が下されるであろう主権に影響を及ぼすであろう。したがって、コスタリカの主張する権利と第二の仮保全措置との間には関連性がある。

コスタリカによって要請された第三の仮保全措置は、係争地域に対して起こりつつある回復不能な損害を防止するために必要な範囲で、係争地域における二つの新しいカニョおよびその周りの地域を回復する作業を認められることを確保することを目的としている。裁判所は、コスタリカが主張する係争地域に対する主権と第三の仮保全措置との間には関連性があると判断する。

最後に、コスタリカによって要請された第四の仮保全措置は、いずれの当事国も、裁判所によって指示される仮保全措置の遵守に関して、遅くとも仮保全措置の命令の後一週間以内に、裁判所に報告を行わなければならない、というものである。裁判所は、これは、コスタリカの権利を保護することを目的としてはおらず、したがって、コスタリカが主張する権利と第四の仮保全措置との関連性はないと判断する。

(3) 回復不能な損害と緊急性

裁判所は、係争中の権利に回復不能な損害を及ぼすとき、仮保全措置を指示する権限を有す。この権限は、それらの権利に回復不能な損害を与えるかもしれないという、現実に差し迫った危険性があるという意味において、緊急性がある場合においてのみ行使される。

裁判所は、仮保全措置を指示した二〇一一年三月八日付命令の修正要請に関する二〇一三年七月一六日の命令以降、二〇一一年三月八日付命令の中で裁判所によって認められた係争地域における事情の変更が存在すると判断する。提出された証拠によれば、当該地域において二つの新たなカニョが建設された。さらに、コスタリカによって提出された二〇一三年九月一八日付写真には、東のカニョの海側の端から始まる浅い溝が写っている。裁判所は、二〇一三年一〇月五日の人工衛星画像から、この溝は、延長され、現在では浜辺を切りとり、細い砂の線が海とカニョとを隔てているにすぎないことが明らかである。さらに、ニカラグアは、二つの新しいカニョと溝の存在を認め、これらに関するすべての作業は、二〇一三年九月二一日のオルテガ大統領の指示に従い、中止されたと述べた。

ニカラグアは、カニョ建設のための浚渫作業は、サンファン川の航路改善のためのプロジェクトの一環として、パストラ（Pastora）氏によって率いられたニカラグア人のグループによって行われたことを認めている。このプロジェクトは、ニカラグアの環境天然資源省により認められ、パストラ氏はこのプロジェクトを実施するためにニカラグア大統領によって任命され、国家港湾局から「浚渫作業政府代表」と呼ばれていた。

提出された証拠は、係争地域における、浚渫作業を行っているニカラグア人、（宿泊テントを含む）施設、（浚渫機を含む）設備の存在を証明している。さらに、浜辺のニカラグア軍宿営地の存在は、二〇一三年二月五日の写真でも明らかであり、したがって、裁判所は、少なくともこの日から、ニカラグア軍要員がそこに宿営していたと結論する。ニカラグアは、二つのカニョの北側の浜辺に軍宿営地が存在することは認めているが、裁判所は、ニカラグアの主張に反して、この宿営地は、草木帯に近い浜辺に位置しており、したがって、二〇一一年三月八日付命令の中で裁判所により係争地域とされたところに位置していると判断する。今でも継続しているこの宿営地の存在は、二〇一三年九月五日および一四日の人工衛星画像、また、二〇一三年九月一八日の写真、からも確認される。

裁判所は、二〇一三年一〇月五日の人工衛星画像から明らかな、東のカニョの長さ、幅、位置を考慮に入れ、それが自然の力で、または、人間の活動により、あるいはその両方により、海に繋がってしまうという現実的な危険性があると判断する。そのような結果は、東のカニョを通してサンファン川がカリブ海と繋がるという影響を生じさせるであろう。これらの証拠から、裁判所は、サンファン川の流れの変更がコスタリカによって主張された権利に重大な影響を与えると判断する。したがって裁判所は、係争地域における状況には、本件の原告国によって主張された権利に回復不能な損害を与える現実的な危険性が存在すると判断する。

裁判所は、さらに、緊急性があると判断する。第一に、雨季には、サンファン川の水量が増え、結果として東のカニョの水量も増え、溝を伸ばし、海へとつなげ、それにより、サンファン川の新しい流れを生み出すだろう。第二に、ニカラグア領からこの領域に接近する要員により、最小限の力と道具で、溝は簡単に海に繋がるであろう。第三に、軍の宿営地は、ニカラグアが係争地域の外であると主張する溝から数メートルの位置にある。第四に、カニョ建設に用いられる機材の位置に関する裁判所判事からの質問への回答で、ニカラグアは浚渫機の位置は答えたけれども、係争地に存在する溝を延長するために利用可能なその他の機材については言明しなかった。

(4) 適用される措置

裁判所は、上記の理由から、状況に鑑みて、そして、裁判所規程が規定する仮保全措置の指示の要件が満たされたので、係争地域でみられる新たな状況に言及する仮保全措置を指示しなければならない。それらの措置は、すでに効力を有している二〇一一年三月八日付命令の措置を補完するであろう。

裁判所規程に従って仮保全措置を指示するとき、裁判所は、要請された措置の全体または一部を指示する権限を有している。本件においては、コスタリカによって要請された仮保全措置の条件を考慮し、要請された措置と同じ措置を指示する必要はないと判断する。

裁判所は、東のカニョに隣接する溝の埋め戻しは、直ちに行われなければならないと判断する。本件の状況、とくに、溝を掘る作業はニカラグア人によって行われている事実から、二〇一一年三月八日付命令の主文（1）（『本書』三三三頁）にもかかわらず、溝を埋めるのはニカラグアである。ニカラグアは、本命令から二週間以内に溝を埋め戻さなければならない。またニカラグアは、同溝の埋め戻しの完了について、直ちに裁判所に報告を行わなければならず、埋め戻しの完了から一週間以内に、証拠写真を含むあらゆる必要な詳細を記載した報告書を裁判所に提出しなければならない。

二つのカニョについては、裁判所は、それらがウメダル・カリベ・ノレステ湿地の係争地域に位置しており、そこについてはコスタリカがラムサール条約上の義務を有している。したがって、本案の判断を留保して、コスタリカは、二つの新しいカニョ建設によって生じた環境状況の評価についてラムサール条約事務局と協議しなければならない。同事務局から専門的見解を聞いたうえで、コスタリカは、係争地域における環境への回復不能な損害を防止するために必要な範囲において、新たなカニョに関する適切な措置を執ることができる。さらに、これらの措置を執る際に、コスタリカは、サンファン川に対する悪影響を防止しなければならず、コスタリカは、事前に、ニカラグアに対し、そのような措置を報告しなければならない。

係争地域における、ニカラグア人、施設および設備の存在については、裁判所は、係争地域における浚渫作業に従事する要員、ニカラグア軍の宿営地の存在に鑑み、二〇一一年三月八日付命令で指示された最初の仮保全措置は強化され、補充されなければならないと判断する。したがって、ニカラグアは、浜辺の溝を埋め戻した後、(i)係争地域から、文民、警察要員または保安要員にかかわらず、いかなる要員をも排除し始めなければならない、そして、(ii)いかなる要員も係争地域に侵入することを防止しなければならない。さらに、グアルダバランコ環境運動のメンバーが係争地域に継続的に侵入していることに鑑み、ニカラグアは、ニカラグアの管轄下または監督下にあるいかなる私人をも、係争地域から排除し、侵入することを防止しなければならない。

裁判所は、仮保全措置の命令は拘束力を有し、したがって、両当事国とも遵守することが求められる国際法上の義務を生じることを再確認した。さらに、仮保全措置の遵守に関する問題は、本案審理の中で裁判所によって検討されることも想起した。本手続における決定は、本案に関連する問題、および、決定されるいかなるその他の問題にもいかなる予断を与えるものでもなく、それらの問題に関してコスタリカおよびニカラグア政府が議論を提起する権利に影響を与えるものではない、と付け加えた。

主文

以上の理由から、

（1）全員一致で、

二〇一一年三月八日付命令の中で指示された仮保全措置を再確認する。

（2）以下の仮保全措置を指示する。

(A) 全員一致で、

ニカラグアは、係争地域におけるいかなる浚渫も他の活動も慎まなければならず、また、とりわけ、二つの新たなカニョの関するいかなる種類の作業も慎まなければならない。

(B) 全員一致で、

上記（2）(A)および二〇一一年三月八日付命令の主文（1）の規定にもかかわらず、ニカラグアは、本命令の日付から二週間以内に、東のカニョの北側の浜辺の溝を埋めなければならない。ニカラグアは、同溝の埋め戻しの完了について、直ちに裁判所に報告を行わなければならず、同完了から一週間以内に、証拠写真を含むあらゆる必要な詳細を記載した報告書を裁判所に提出しなければならない。

(C) 全員一致で、

上記の（2）(B)の義務の履行に必要な場合を除いて、ニカラグアは、(i)係争地域から、文民、警察要員または保安要員にかかわらず、いかなる要員をも排除し始めなければならない、そして、(ii)いかなる要員をも係争地域に侵入することを防止しなければならない。

(D) 全員一致で、

ニカラグアは、ニカラグアの管轄下または監督下にあるいかなる私人をも、係争地域から排除し、侵入することを防止しなければならない。

(E) 一五対一で、

ラムサール条約事務局との協議の後、また、ニカラグアに事前報告を行ったうえで、コスタリカは、係争地域の環境に対する回復不能な損害を防止するために必要な範囲において、二つのカニョに関する適切な措置を執ることができる。この措置を執るにあたって、コスタリカは、サンファン川に対するいかなる悪影響をも防がなければならない。

賛成：裁判所長トムカ、裁判所次長セプルベダ‐アモール、裁判官小和田、キース、ベヌーナ、スコトニコフ、カンサード・トリンダーデ、ユースフ、グリーンウッド、薛、ドノヒュー、ガジャ、セブティンデ、バンダリ、特任裁判官ドゥガード

反対：特任裁判官ギョーム

(3) 全員一致で、

両当事国は、上記の仮保全措置の遵守に関して、三か月毎に、定期的に裁判所に報告をしなければならない。

三 研 究

コスタリカは、ニカラグアによる二つのカニョの建設という新たな事実に基づいて、二〇一一年三月八日付仮保全措置命令の修正ではなく、別個の請求として新たな仮保全措置の指示を要請した。したがって裁判所は、まず、コスタリカが依拠した規定が、裁判所の管轄権の基礎を一応提供するものであることを確認した。

次に、紛争の主題である権利と求められる仮保全措置との間に関連があることを確認し、さらに、そのような権利

に回復不能な損害が生じる可能性があるという意味で緊急性があるか確認した。裁判所は、新たなカニョの建設により、サンファン川がカリブ海と繋がる現実的な危険性があるという意味で緊急性があると判断し、新たな仮保全措置を指示した。

この後、裁判所は、二〇一三年四月一七日付命令で併合した道路建設に関する事件と本件の本案判決を二〇一五年一二月一六日に判示した（『本書』第一部第一三節　三　本案に関する判決）。

なお、本案判決により、本件に関してコスタリカに支払われる損害賠償の金額の問題について、両当事国間で合意に至らない場合には、裁判所が決定するという将来の手続きが留保された（『本書』第一部第一三節　三　本案に関する判決、主文(5)(b)、『本書』二三三頁参照）。

（秋月　弘子）

第二節　あらゆる形態の人種差別の撤廃に関する国際条約（人種差別撤廃条約）の適用事件

――人種差別撤廃条約適用事件（略称）

当事国　グルジア対ロシア

命　令　二〇〇八年一〇月一五日

（『国際司法裁判所―判決と意見』第四巻第一部第一四節収録）

一　仮保全措置の指示の要請

事件概要　グルジア[1]は、一九九一年一二月、ソ連の解体と共に独立国となった。この時期を前後して、グルジア領内にあった南オセチア自治州とアブハジア自治共和国が独立を宣言し、グルジアと両者との間に武力衝突がみられた。結局、南オセチアには、ロシア、グルジア、南オセチアの三者による平和維持軍が置かれ、アブハジアには、ロシア軍を中心とする独立国家共同体（ＣＩＳ）平和維持軍がおかれた。二〇〇八年八月七日～八日にかけて、南オセチアおよびアブハジアにおいてグルジアとロシアは戦争状態に入り、更に同一二日にはグルジア本土にまで戦線が拡大された。同一三日にはグルジアとロシアとの間で和平合意がなされたが、その後、ロシアは南オセチアとアブハジアの独立を承認した。グルジアは、二〇〇八年八月一二日、本件を提訴し、同一四日、ロシア軍隊による暴力的な差別行動に対して、人種差別撤廃条約に基づく権利保全のための仮保全措置の指示を要請した。裁判所は、両国に対して、仮保全措置の指示をした。
事実・判決・研究については、『国際司法裁判所―判決と意見』第四巻（二〇〇五―一〇年）第一部第一四節三三七頁～三五一頁を参照のこと。

二　先決的抗弁に関する判決

判　決　二〇一一年四月一日

事件概要　管轄権の存否に関して、ロシアは四つの先決的抗弁を主張した。裁判所は、ロシアの第二の抗弁である、人種差別撤廃条約の紛争解決に関する第二二条に規定される手続き的要件を欠いている、という主張を認め、管轄権を否定した。

一　事　実

事実は、仮保全措置の処ですでに述べた通りであるが（『国際司法裁判所―判決と意見』第四巻（二〇〇五―一〇年）第一部第一四節「人種差別撤廃条約適用事件」三三八頁参照）、両国は、裁判所の管轄権に関して、次のように主張した。

グルジアは、裁判所の管轄権の根拠を、両当事者が当事国となっている人種差別撤廃条約第二二条に求めた。

ロシアは、人種差別撤廃条約第二二条に基づく裁判所の管轄権に対して、先決的抗弁において、裁判所の管轄権がないことを主張した。ロシアは、四つの抗弁を提示した。第一に、人種差別撤廃条約の解釈または適用に関して両当事者間に紛争は存在しない。第二に、裁判所に訴えるための人種差別撤廃条約第二二条の手続的要件が満たされていない。第三に、申し立てられている不法な行為はロシア領土の外で生じたのであり、それ故に、本件を取り上げる場所的根拠を欠き、裁判所は管轄権を有しない。第四に、裁判所が管轄権を持つのは、人種差別撤廃条約が両国間に効力を持つに至った一九九九年七月二日以降に起きた事項についてである。

グルジアは、ロシアによる先決的抗弁を斥け、グルジアによる請求を審理する管轄権が存在し、かつ、その請求が受理可能なものであると認定すべきであると、主張した。

二　判　決

1　第一の先決的抗弁―紛争の存在

裁判所は、ロシアの第一の先決的抗弁である、二〇〇八年八月一二日、即ち、グルジアが訴状を提出した日以前に、アブハジアと南オセチアの内部およびその周辺の状況に関して、人種差別撤廃条約の解釈と適用についてロシアとグルジアとの間に紛争は存在しなかった、と言う点を審理することから始める。要約すれば、その抗弁は、二つの主張を提示した。第一に、アブハジアおよび南オセチアの領域内で行われた人種差別の申し立てを含む紛争が存在したのであれば、その紛争の当事者は、一方において、グルジア、他方において、アブハジアおよび南オセチアである。第二に、グルジアとロシアの間に紛争が存在するとしても、それは、人種差別撤廃条約の適用または解釈に関するものではない。

これに対してグルジアは、訴状が提出される以前の一〇年間以上にわたって、国家に帰属する人種差別の違法な行為に対するロシアとの重大な関係が生じてきたのであって、人種差別撤廃条約の管轄にある問題に関して両国間に長期にわたる紛争が存在していることは明らかである、と主張する。

(1) 紛争の意味

裁判所は、ロシアは、人種差別撤廃条約の第二二条にいう「紛争」(dispute)の用語が一般国際法に見られるものよりも狭く、したがって、その意を満たすのにより困難である特別の意味を有する、と主張していることを指摘する。ロシアは、人種差別撤廃条約の下で、条約当事国は、当事者間で「問題」が条約に制定されている手続きを含む五段階の過程を経て具体化するまで「紛争」中にあるとは考えない。この主張は、人種差別撤廃条約の第一一条から一六条の表現および「事案」(matter)、「苦情」(complaints)および「紛争」(disputes)の違いに依拠する。

裁判所は、また、グルジアは、第二二条の「紛争」の用語が特別の意味を持つという主張を拒絶する、ことを指摘する。グルジアは、人種差別撤廃条約の関連規定、特に、第一一条および第一三条は、「事案」(matter)、「係争問題」(issue)および「紛争」(dispute)の用語を区別なしにまたは特別の意味を与えて用いてはいない、と主張する。

裁判所は、「事案」、「苦情」、「紛争」および「係争問題」の用語が、第一一条から第一六条において、第二二条の「紛争」の用語に与えられる通常以上のより狭い解釈が求められるような系統的な方法で用いられている、とは考えない。更に、「紛争」の用語は、人種差別撤廃条約が採択された頃に幾つかの他の紛争付託条項(compromissory clauses)に見られるのと全く同じ方法で、第二二条の最初の部分に規定されたのである。このような一貫した慣例は、人種差別撤廃条約第二二条に含まれている紛争付託条項の「紛争」を一般に理解されている意味から逸脱すると理解する理由が存在しない、ということを示唆している。最後に、いずれにせよ、この問題に関してロシアからなされた提示は、より狭い解釈が採用される特別の形式を示してはいない。したがって、裁判所は、ロシアの第一の主張を拒絶し、裁判所の管轄権との関連で用いられる場合の「紛争」の用語の一般的意味に目を向けよう。

裁判所は、この問題に関する確立した判例を思い起こし、しばしば引用される一九二四年のマヴロマティスのパレスチナ譲許協定事件における常設国際司法裁判所による次の表明を示す。即ち、「紛争は、法または事実の要点に関する不一致、即ち、二人の人の間の法的見解又は利益の衝突である」と。国際司法裁判所は、当該事件に紛争が存在するか否かは、裁判所による「客観的決定」に関する問題であり、かつ、一方の当事者の主張が他方の当事者によって積極的に反対されていることが示されなければならない、ということを述べてきた。裁判所の決定は事実の審査に向かわなければならない。問題は、実体の問題であって、方式の問題ではない。裁判所が判例法において認めてきたように、紛争の存在は、応答が求められている状況にある請求に対して国家が応答しなかったことから推論される。紛争の存在と交渉の約束は原則の問題としては別個のものであるが、交渉は、紛争の存在を明らかにし、その主題を正確に叙述するのに助けとなり得る。

紛争は、原則として、訴状が裁判所に提出される時点に存在しなければならない。この点に関して、両当事者の立場は一致していた。更に、紛争の主題に関して、人種差別撤廃条約第二二条の表現に戻るために、紛争は、「この条約の解釈又は適用に関する」ものでなければならない。国家は、他方の国家とのやり取りにおいて、後に裁判所に当該条約の提出が出来るように特定の条約に明白に言及しなければならない、という必要はないが、そのやり取りは、反対する国家に対して請求が主題との関係で紛争が存在するまたは存在するであろうということを確認することが出来るだけの十分な明白性を持って条約の主題に言及しなければならない。明白な詳述は、問題になっている主題の一方の国家の理解について疑問を取り除き、他方の国家が注目することになろう。本件の両当事者は、その明白な詳述が本件に見られないという点で一致している。

(2) 紛争の存在についての証拠

裁判所は、当事者によって裁判所に提出された証拠に目を向け、グルジアが主張するように、訴状が提出された二〇〇八年八月一二日の時点で、人種差別撤廃条約の解釈と適用に関して、グルジアがロシアとの紛争を有していたか否かを決定する。裁判所は、次の三点を決定する必要がある。即ち、①記録が両国の間の法と事実の要点に関して不一致を示しているか否か、②その不一致が人種差別撤廃条約の第二二条に求められている同条約の「解釈と適用」

に関するものであるか否か、そして、③その不一致が訴状提出の時に存在していたか否か、である。グルジアがそのような請求をなしたか否か、そして、ロシアが、人種差別撤廃条約の第二二条に関して両者の間に紛争が存在する、ということに積極的に反対していたか否かである。

裁判所は、これらの論点の答えに関連する証拠を考察するに先立ち、その紛争が、疑いもなく、一九九二年六月から二〇〇八年八月の間、アブハジアおよび南オセチアにおける出来事に関連して生じていたことを認める。それらの紛争は、アブハジアおよび南オセチアの地位、武力衝突の勃発、および、国際人道法と少数者の権利を含む人権に対する違反を含む、広範な問題を含んでいた。グルジアが存在すると主張し、ロシアが存在を否定する紛争が確認されるべきであるということが、その複合的な状況の中にある。一つの状況は、一つの法体系以上のものに関連し、かつ、異なる紛争解決手続きに従う紛争を含むであろう。両当事者はその考え方を受け入れていた。

両当事者は、一九九〇年からグルジアが訴状を提出した時までの間のアブハジアと南オセチアにおける出来事に関する記録と声明を裁判所に提出した。これらの文書において、両当事者はそれらが公式の性格のものであることを強調した。裁判所は、公式の記録と声明に限定する。

両当事者は、グルジアが人種差別撤廃条約の当事国となりグルジアとロシアの間で人種差別撤廃条約の条約関係が確立した一九九九年七月二日以前に出された記録および声明と、それ以降に出された記録および声明とを区別し、それ以降のものに関しては、二〇〇八年八月七日夜から八日にかけて始まった武力衝突以前に出されたものと、その後、訴状が提出された八月一二日までに出されたものとを区別した。グルジアは、一九九九年以前の出来事に関連する声明を、「本訴訟におけるロシアに対するグルジアの請求の根拠としてではなく、民族浄化に対するロシアとの紛争が積年のかつ合法的であることの証拠として」引用した。裁判所は、また、グルジアが人種差別撤廃条約の当事国となった前後で発行された記録となされた声明とを区別する。

記録および声明は、その起草者、彼らの意図、その受け取り手、それらが出された時機、それらの内容がさまざまである。

両当事者は、その主たる注意を記録および声明の内容に向けたが、裁判所も同様に考える。この段階では、裁判所は、紛争は、人種差別の撤廃に関するそれぞれの権利および義務について両国によって述べられたその立場の直接の対立によって明白にされる、と認識する。しかし、既に述べたように、紛争の存在が請求に応答しないことから推論され得ることを認める。更に、一般に、国際法と実行において、国際関係において国家を代表するのは行政府である。したがって、両当事国の行政府による声明に注意を向ける。

記録および声明を審議するに先立ち、裁判所は、一九九〇年代に達した合意および一九九〇年代から二〇〇八年の早い段階までの安全保障理事会の決議を取り上げる。特に、それらは、ロシアがその期間に果たした様々な役割を明らかにする助けとなる。

(3)　関連合意および安全保障理事会決議

裁判所は、とりわけ、南オセチアに関して、一九九二年六月二四日にグルジアとロシアの間でグルジア・オセチア紛争の解決の原則についての合意（ソチ協定）を想起する。この協定は、停戦および軍隊の撤退を規定した。それらの措置の履行に対する管理のために、合同管理委員会が設置された。裁判所は、合同管理委員会の会合と決定を考慮する

アブハジアに関しては、裁判所は、ロシア大統領とグルジア共和国の国家評議会議長が一九九二年九月三日にモスクワ協定に署名したことを想起する。一九九三年七月九日、安全保障理事会は、事務総長に対し、グルジア政府とアブハジア当局の停戦の履行について、軍事監視団の準備をすることを要請した（決議八四九）。一九九三年七月二七日、ロシア外務副大臣の調停により停戦協定が署名された。当事者は、紛争地域に国際平和維持軍を招聘する必要があると考えた。国際連合グルジア監視団（ＵＮＯＭＩＧ）が安全保障理事会決議八五八（一九九三）によって設立さ

れた。裁判所は、他の合意や安全保障理事会決議に加えて、グルジアとアブハジアとの間に一九九三年一一月三〇日から同一二月一日の間ジュネーブで開催された「ジュネーブ・プロセス」として知られている協議を検討する。裁判所は、ジュネーブ・プロセスが事務総長の友好グループ（フランス、ドイツ、ロシア、イギリスおよびアメリカ）に援助されたことを想起する。裁判所は、それは、二〇〇八年八月の武力衝突の後のみであって、グルジアは、二〇〇八年九月一日、集団平和維持軍の行動の停止を要請したことを想起する。

(4)　一九九九年七月二日の両当事国間に人種差別撤廃条約が有効になる以前の記録および声明

裁判所は、一九九九年七月までに人種差別について紛争が存在したことを見出す根拠となる記録および声明は何もないと結論する。

裁判所の全般的な認定およびそれぞれの記録および声明に関してなされる個別的認定から、グルジアは、民族浄化に対するロシアとの紛争が積年のかつ合法的なものであるとの主張を支持するような、一九九九年七月に人種差別撤廃条約の当事者になった以前になされた記録および声明を引用していないと、裁判所は判断する。

(5)　人種差別撤廃条約が両当事者間に有効となった時点から二〇〇八年八月迄の記録および声明

裁判所は、まず最初に、一九九九年以降両当事国によって条約監視委員会に提出された報告書を一塊のものとして検討することがよいと判断する。それらの報告書は、人種差別撤廃条約、経済的、社会的及び文化的権利に関する国際規約、市民的及び政治的権利に関する国際規約および拷問等禁止条約に関係する。

裁判所は、国家は、条約義務違反の他の国家に対して申し立てをすることが出来ることを認める。一般に、条約監視委員会への定期的な報告書は、国家と委員会の間で処理されるものである。それは、条約の履行のためにとられる過程であり、その過程は他の国家とその義務に関係するものではない。このような特徴と本件に関連する報告書をこのように考えると、裁判所としては、本件において委員会への報告書が紛争の存在を決定するのに重要であるとは考えない。

人種差別撤廃条約が両当事国に有効となった時点から二〇〇八年八月までの間の記録および声明に目を向けると、特に、二〇〇一年一〇月にグルジア議会よって採択された決議に注目する。この決議は、「分離主義、国際テロリズムおよび侵略から」生じる苦痛に言及して始まる。それは、ロシア平和維持軍の配置以来、民族的浄化の政策は止まらなかった、と主張している。この決議において、ロシアは、争い（conflict）に関連する当事者として現れた。

裁判所は、二〇〇一年一〇月のグルジア議会の決議について、それは、グルジア政府によって承認されたものではなく、本件との関係で法的意義を与えることが出来ない。

他の記録および声明として、安全保障理事会決議一三九三（二〇〇二）、両当事者の代表の間の高次の会合の成果に関する記録、両当事者間の様々なやり取り、および、二〇〇五年一〇月一一日付の決議を含めて、グルジア議会によって採択されグルジア常駐代表によって事務総長に提出された数多くの決議がある。二〇〇五年一〇月一一日の議会決議に関して、裁判所は、それがグルジア常駐代表による安全保障理事会議長への二〇〇五年一〇月二七日付書簡において言及されていたことに注目する。しかし、当該書簡は議会決議の確認を含んではいなかった。裁判所は、人種差別撤廃条約の下の義務違反についてグルジア政府によってロシアに対する主張をこの書簡の中に見出すことはできないと判断する。

裁判所は、国際連合へ送付された議会決議に関するグルジアの強調を想起し、グルジア政府が議会の決議を公式の国連記録として回送されるように事務総長に送ったすべての場合において、グルジア政府は、人種差別や難民或いは人権全般のような人種差別撤廃条約の主題に関連するような課題に言及したことはなかった、ことを了解している。

裁判所は、一九九九年から二〇〇八年七月の間に両当事者によって出された記録および声明の審理に基づき、その期間中、人種差別撤廃条約に基づくロシアの義務の遵守に関して、グルジアとロシアの間に法的紛争は生じていなかった、と結論する。

(6) 二〇〇八年八月

この時期にグルジアが引用する最初の声明は、二〇〇八年八月九日の大統領命令である。裁判所は、この命令は、ロシアに人種差別の撤廃に関する義務違反があったと主張してはいない、と認定する。それの関心事は、違法な武力行使を申し立てることにある。

裁判所は、二〇〇八年八月九日から一二日のグルジアの主張は、元来、違法な武力行使についての主張であるが、ロシア軍による民族浄化にも明確に言及していた、と認定する。これらの主張は、ロシアに対して直接になされ、そして、ロシアによって拒否されたのである。裁判所は、二〇〇八年八月一〇日に安全保障理事会におけるグルジア代表とロシア代表との間のやり取り、同八月九日および一一日にグルジア大統領によってなされた主張および同八月一二日のロシア外務大臣によるこれに対する対応は、グルジアが訴状を提出した日までに、グルジアとロシアとの間に、本件においてグルジアが訴えているような人種差別撤廃条約に基づく義務のロシアによる遵守について紛争が存在していたことを証明している。

それゆえ、ロシアの第一の先決的抗弁は却下される。

2 第二の先決的抗弁――人種差別撤廃条約第二二条の手続的条件

(1) 序

ロシアの第二の先決的抗弁は、グルジアは人種差別撤廃条約第二二条に規定される二つの手続的条件、即ち、交渉およびこの条約に明示的に定められている手続を充足していない、というものである。これに対して、グルジアは、第二二条は、裁判所に訴える前に、交渉すべき明示的な義務を定めておらず、また、人種差別撤廃条約に規定される手続に訴えるべき義務も規定していないと主張する。

(2) 人種差別撤廃条約第二二条は裁判所へ訴える前の手続的条件を定めているか否か

両当事者は、次の二点に関して、人種差別撤廃条約第二二条のそれぞれの解釈を支持する多くの論議を示している。すなわち、(a)同条約の文脈によりかつその趣旨および目的に照らしての用語の通常の意味、および、(b)人種差別撤廃条約の準備作業、である。

(a) 人種差別撤廃条約第二二条の通常の意味

裁判所は、両当事者の立場を想起することから始める。その際、人種差別撤廃条約第二二条の解釈を提示する前に、先決的問題として三点を考察することが望ましい。

第一に、裁判所は、二〇〇八年一〇月一五日の仮保全措置指示命令の一一四項目において、『「交渉によって解決されない」という字句は、その普通の意味では、条約の枠内における公式の交渉は裁判所へ訴える前に充足されるべき前提条件であることを示唆してはいない、』ということを述べていることを想起する。しかしながら、裁判所は、また、第二二条は、人種差別撤廃条約の下に入る問題点についての討議が、請求当事者によって相手方当事者との間で試みられるべきであることを示唆するものであることを認定する。

更に、裁判所は、同じ命令において、この暫定的な結論は、本件本案を扱う管轄権を裁判所が有するか否かという問題に関する裁判所の最終的決定を害するものではないことを指摘していたことを想起する。

第二に、裁判所は、国家は裁判所へ訴える前に一定の手続に訴えなければならないか否かを決定することを求められている。この文脈において、condition、precondition、prior condition、condition precedent の用語は、時として同義語として用いられるが、時として相互に異なるものとして用いられる。第二二条の手続的要求は必須条件であるという意味で、それらの手続的要求は、裁判所へ訴える前に先行する条件でなければならない。

第三に、交渉に訴えることに言及することは、裁判所に管轄権を与える紛争付託条項においては珍しいことではない。第一に、紛争が存在し、紛争の範囲と主題を定めることは、相手国に注意を与える。常設国際司法裁判所も、マヴロマティス事件において、紛争が法的訴訟の問題となる前に、その主題は外交交渉という手段によって明確にされるべきであると述べた。第二に、両当事者は、拘束力ある第三者の司法的判断を避けて、相互の合意によって紛争を解決することを試みることが勧められる。第三に、事前に交渉または他の平和的紛争解決方法に訴えることは、国家によって与えられた合意の限界を示す点で重要な機能を果たす。

裁判所は、人種差別撤廃条約第二二条の用語は、通常の意味において、裁判所に訴える前に遂行されるべき必須条件（preconditions）を制定するものと結論する。

(b)　準備作業

既に述べた結論に照らせば、解釈の補助的手段である準備作業を検討する必要はない。しかしながら、両当事国は、「解決されない紛争」の字句のそれぞれの解釈にあたって、準備作業に関する広範な議論をしている。裁判所は、自らの結論を確認するために、準備作業を検討する。

問題に関する両当事国の主張は、人種差別撤廃条約の締結の作業の時に、紛争の強制的解決の考え方が多くの国家にとって容易に受け入れることが出来るものではなかった点に関連する。

このような一般的考察とは別に、人種差別撤廃条約の締結時に関しては、「解決されない紛争」の表現については殆んど議論がなされなかった、というのが事実である。唯一の例外は、ガーナ代表の意見表明であるが、特に解釈に影響を与えるものではなかった。

裁判所は、人種差別撤廃条約の制定の歴史からみて、準備作業が既に裁判所が述べた解釈の結論に影響を与えるものはないと結論する。

(3) 人種差別撤廃条約第二二条の下で裁判所に訴える前の条件が実行されたか否か

(a) 交渉の概念

何が交渉となるかを決定するに当たり、裁判所は、交渉は、単なる抗議や論争と異なるものと判断する。交渉は、両当事者間の法的見解や利害の明白な対立、一連の告発および反証或いは要求と直接の反対要求の交換より以上のものを必要とする。交渉の概念は、紛争の概念と異なり、かつ、紛争を解決するための意図を持って、紛争当事者の一方が他の紛争当事者との討議を持つことを真に試みることを求める。

更に、裁判所は、交渉を試みることや交渉を行うことは、紛争当事者間に現実の合意に達することを求めているものではないことに注目する。また、真の交渉の試みがない場合には、交渉という前提条件を充足したことにはならないことも明らかである。しかし、交渉が試みられ或いは交渉が始められた場合、交渉の失敗またはデッドロックに乗り上げた場合のみ交渉という前提条件が充足されたことになる。

本件において、裁判所は、グルジアが、人種差別撤廃条約の下のその実体的な義務のロシアによる遵守に関して、両者の紛争を解決する意図を持ってロシアとの交渉を行うことを真に試みたか否かを決定する。

(b) 両当事者は人種差別撤廃条約の解釈または適用に関する問題について交渉を持ったか否か

裁判所は、両当事者から提出された証拠が、グルジアが述べるように、二〇〇八年八月一二日の提訴時にグルジアとロシアとの間に人種差別撤廃条約の下の法的紛争の主題に関して交渉があったこと、および、それらの交渉が不成功であったことを示しているか否かを決定する。

両当事者から提出された証拠を審議した後に、裁判所は、人種差別撤廃条約の範囲内に入るグルジアとロシアの間の紛争は、訴状提出の直前の時期にのみ生じたと結論した。特に、二〇〇八年八月七日の夜から八日にかけての期間における南オセチアにおける軍事的敵対行為の開始の前の日付となっているグルジアによって提出された証拠は、人種差別撤廃条約の下の問題に関してグルジアとロシアの間の法的紛争の存在を示すことが出来なかった。

裁判所は、両当事者は紛争の問題、即ち、二〇〇八年八月九日から二〇〇八年八月一二日の訴状提出の日までの間、これは裁判所が人種差別撤廃条約の下に入り得る紛争が両当事者間に生じたと判定する期間であるが、その間において、人種差別撤廃に関する義務をロシアが遵守したかどうかという問題を交渉することが可能であったのは当然のことであると認識する。

この点について裁判所に二つの作業がある。一つは、記録における事実が、この期間に、グルジアとロシアが人種差別撤廃条約の解釈と適用に関する紛争の問題について交渉に従事したことを示しているか否かを決定することである。もう一つは、もし両当事者がそのような交渉に従事したのであれば、それらの交渉が失敗して、その結果、裁判所が第二二条の下の紛争と把握することが出来るか否か決定することである。

裁判所は、両当事者によって提出された証拠を検討する。特に、裁判所は、二〇〇八年八月一二日にモスクワで持たれたロシア外務大臣、フィンランド外務大臣およびOSCEの事務局長の記者会見に注目する。第一に、裁判所は、ロシアは軍事行動の発生を現在のグルジア指導者の責任であるとしていると認識する。第二に、ロシアは、ザーカシビリ大統領を信用しておらず、現在のグルジア指導者との間では相互に尊重する関係へ進展することは殆んど不可能であると断言している。第三に、ロシアは、交渉過程に入ることは大きな変化をもたらすであろう、ということを宣言している。第四に、ロシアは、軍事行動の停止およびグルジア、アブハジア、南オセチアの間の武力不行使に関する法的に拘束力のある合意に署名することを含め、平和回復への次のステップに関する見解を提案している。第五に、ロシアは、グルジアが武力不行使に関する取り決めを締結する用意があるというOSCEの事務局長からの確証を受け取っていた。加えて、ロシア外務大臣は、事実の問題として、話し合いはグルジアが犯した民族浄化、ジェノサイドおよび戦争犯罪に関するものであったと言っても過言ではないであろう、ということを明言した。

裁判所は、ロシア外務大臣の見解に基づき二つの点を注視する。第一に、人種差別撤廃条約の主題に関して、裁判所は、民族浄化の問題が両当事者間で真の交渉の論点となったことも交渉の試みがなされたこともなかった、ということに注目する。民族浄化に関する請求と反訴は人種差別撤廃条約の解釈と適用に関する紛争の存在の証拠となり得るが、両当事者による交渉の試みを示すものではない、というのが裁判所の見解である。第二に、裁判所は、グルジアとロシア間の交渉の論点は複雑であることに注視する。一方では、ロシアの外務大臣は、個人的にはザーカシビリ大統領について不満を示し、ロシアは、交渉のみならずザーカシビリ大統領との会話さえも気に留めることを考慮しないと述べた。他方において、同外務大臣は、ザーカシビリ大統領が彼のロシア市民に対する犯罪に関して現段階の軍事行動を終了させ、力の不行使に関する対話を再び開始する状況になるのを見ることを望まなかった。彼は、更に、グルジアに関しては、我々は常にグルジア人民に敬意を持って対処してきたと述べた。

ロシア外務大臣によるザーカシビリ大統領に対する一定の見解にも拘らず、裁判所は、ロシアは、軍事行動およびグルジア、アブハジアおよび南オセチア間の平和回復について将来の交渉の可能性を捨ててしまったわけではないと考える。しかしながら、裁判所は、そのような交渉の主題は人種差別の撤廃に関するロシアの義務の遵守ではなかった、と判断する。ロシアがグルジアとの交渉の主題と考えていたのは、軍事衝突の問題であって、本件に関する問題ではなかった。

ようするに、裁判所は、これらの声明をグルジアが人種差別撤廃条約の下に入る問題を交渉する真の試みとしていたと考慮することが出来ない。裁判所は、ロシアの第一の先決的抗弁の審議において両者の間に人種差別撤廃条約の下に入る紛争が存在すると認定したが、両当事者は、これらの問題を交渉しようと試みたことを示すことはできなかったと判定する。

裁判所は、また、民族浄化キャンペーンの中にあってグルジアと交渉することをロシアが拒絶したとのグルジアの主張、および、訴状提出前の二日間で第二二条に基づく管轄権を裁判所に与えるのに十分であるとのグルジアの主張に賛成することはできない。裁判所は、記録にある事実は、二〇〇八年八月九日から一二日の間に、グルジアは人種差別撤廃条約関連の問題をロシアと交渉する試みをしなかったこと、その結果として、グルジアとロシアは人種差別撤廃条約の下の義務のロシアによる遵守に関して交渉に従事しなかったことを示していると結論する。

それ故、裁判所は、第二二条に含まれる要求を満たすものは何もないと結論する。人種差別撤廃条約の第二二条は、本件において裁判所の管轄権を見出すのに役立つことはできない。したがって、ロシアの第二の先決的抗弁は支持される。

ロシアの第二の先決的抗弁が支持されたので、裁判所は、管轄権に関し被告側より提示された他の抗弁について判決を下す必要はない。

二〇〇八年一〇月一五日の裁判所命令の失効

二〇〇八年一〇月一五日の裁判所による仮保全措置の指示命令は、本判決の言い渡しによってその効力を失う。しかしながら、両当事国は、本命令の中で言及されている人種差別撤廃条約の下の義務を順守しなければならない。

主文

以上の理由から、

(1) (a) 一二対四で

ロシアの第一の先決的抗弁を拒絶する。

反対：裁判官トムカ、コロマ、スコトニコフ、史

(b) 一〇対六で

ロシアの第二の先決的抗弁を支持する。

反対：裁判官小和田、ジンマ、エブラヒム、カンサード・トリンダーデ、ドノヒュー、ガジャ

(2) 一〇対六で

二〇〇八年八月一二日にグルジアによって提出された訴状を受け入れる管轄権がないと判定する。

反対：裁判官小和田、ジンマ、エブラヒム、カンサード・トリンダーデ、ドノヒュー、ガジャ

三　研　究

本件における主たる問題点は、管轄権の存否について仮保全措置の段階と先決的抗弁の審理とで結論が分かれたこと、紛争の存否に関する問題、および、人種差別撤廃条約の紛争付託条項である第二二条の解釈問題の三点である。仮保全措置命令を指示する段階で管轄権を認めたにもかかわらず、最終的に管轄権を認めなかった例は、本件が三つめであるという（グリーンウッド意見）。しかし、これ以前の二例（アングロ・イラニアン石油会社事件、メキシコ対米国のアベナ他メキシコ国民事件の解釈請求）は、そのまま先例とはならない。その意味では、実質的に見て、最初の先例とも言えよう。理論的には、仮保全措置時における管轄権の判断が暫定的なものであるとすれば、管轄権の存否にかかわる時点での本格的判断が異なることは認められるとも言えよう。この点は従来の例でも認められてきた。しかし、本件共同反対意見が述べるように、仮保全措置段階の判断が暫定的なことが認められるとしても、それを覆すにはよほどの理由がなければならない旨を主張することも可能であろう。その点、それを覆すような理由が述べられていないとの批判がなされている。

本件の検討において、紛争が存在するか否かについて多くの部分が割かれている。先例における場合と比較して過度に形式的であると少数意見は述べている（共同反対意見）。裁判官の意見は、人種差別撤廃条約に関する紛争は八月以前にも存在したとの主張や（共同反対意見）、そもそも紛争は存在しなかったとの主張もみられ（ストコニコフ反対意見）、意見が分かれていたことの反映として、より厳格な方法を採用したとも言えよう。

人種差別撤廃条約に紛争付託条項の解釈問題については、多数国間条約においてこの種の規定がよくみられることからすれば、本件において詳細な検討がなされたことは、今後の同種の問題について資するところがあろう。

交渉に関しても、仮保全措置の時には比較的簡単に認めたものが、本件では、否認されている。紛争の発生を提訴日の数日前と限定し、その間に条約の主題に関する交渉は当事国間で行われなかったとして、交渉の存在を否認した。本件は、交渉の不在のみを理由に管轄権を否認した最初の事件であるという（共同反対意見）。共同反対意見は、第二二条は交渉を提訴の前提条件とはしていないと主張し、交渉の不在を理由に管轄権を否認した多数派の判断を形式的であると批判している。また、先例では交渉の試みだけでも十分としており、その点本判決は厳格な条件を課しているとの反対意見もみられる（カンサード・トリンダーデ）。

注

（1）国名の呼称について、我が国においては二〇一五（平成二七）年四月二二日以降、「グルジア」から「ジョージア」へと変更された。二〇〇九年三月、グルジア政府より、国名表記をロシア語表記のグルジア（Gruziya）から英語表記に基づくジョージア（Georgia）への変更の要請があった。その後も類似の機会の要請および国際社会における呼称等を総合的に勘案した結果、二〇一四年一〇月二四日にこれを受け入れる国名変更の法改正ため「在外公館の名称および並びに在外公館に勤務する外務公務員の給与に関する法律案」が上程されて、二〇一五年四月二二日の公布・施行されたものである。ただし、これ以前はグルジアの呼称を用いていたこととなっており、本稿もこれに従い、グルジアの呼称を用いる。

参考文献（仮保全措置措置と先決的抗弁の両方を含む）

石塚智佐「多数国間条約の裁判条項にもとづく国際司法裁判所の管轄権：裁判所の司法政策と当事国の訴訟戦略の連関に着目して」一橋法学　一一巻一号（二〇一二）。
Tobias Thienel, "Georgia Conflict, Racial Discrimination and the ICJ: The Order on Provisional Measures of 15 October 2008" Human Rights Law Review, Vol. 9 (2009), pp. 465ff.

Sandy Ghandhi, "International Court of Justice Application of the International Convention on the Elimination of All Forms of Racial Discrimination （Georgia v. Russian Federation） Provisional Measures Order of 15 October 2008" International and Comparative Law Quaterly, Vol. 53 (2009), pp.713.

Natalia Lucak, "Georgia v. Russian Federation: A Question of the Jurisdiction of the International Court of Justice" Maryland Journal of International Law, Vol. 27 (2012), pp.323ff.

Phoebe Okowa, "The International Court of Justice and the Georgia/Russia Dispute." Human Rights Law Review, Vol.11 (2011), pp.739ff.

Bart M. J. Szewczyk, "Application of the International Convention on the Elimination of All Forms of Racial Discrimination (Georgia v. Russian Federation). Preliminary Objections." American Journal of International Law, Vol.105 (2011). 747ff.

William P. Lane, "Keeping Good Faith in Diplomacy: Negotiations and Jurisdiction in the ICJs Application of the CERD." Boston College International and Comparative Law Review, Vol. 35 (2013), pp.33ff.

（廣部　和也）

第三節　民事および商事問題における裁判管轄権ならびに判決の執行に関する事件

取り下げ命令

当事国　ベルギー対スイス

命令日　二〇一一年四月五日

事件概要　二〇〇九年一二月二一日、ベルギー王国（以下「ベルギー」）は、スイス連邦（以下「スイス」）が、スイスの裁判所でベルギー裁判所の判決を認めないことが、民事および商事問題における裁判管轄権ならびに判決の執行に関する一九八八年九月一六日のルガノ条約に違反しているとして、スイスを、国際司法裁判所に提訴した。しかし、ベルギーは、二〇一一年三月二一日、スイスが裁判手続中に発した声明を受け入れ、事件を取り下げる要請を行い、スイスがこれに異議を唱えなかったため、事件は付託事件リストから削除された。

一　事　実

民事および商事問題における裁判管轄権ならびに判決の執行に関する一九八八年九月一六日のルガノ条約の解釈および適用、ならびにスイス裁判所の決定に関する一般国際法の規則の適用を巡る紛争について、二〇〇九年一二月二一日にベルギーは、スイスを国際司法裁判所（ＩＣＪ）に訴えた。

裁判所の管轄権について、ベルギーは、裁判所規程第三六条二項に従って、ベルギーが一九五八年六月一七日に、スイスが一九四八年七月二八日に、行なった、現在も有効である、ＩＣＪの強制管轄権を認める一方的宣言を引用した。ベルギーは、ルガノ条約はＩＣＪに訴える条件を定める「紛争解決条項を含まず」またヨーロッパ共同体司法裁判所は「この分野における管轄権がない」ことを指摘する。

その訴状において、問題となっている紛争は、「以前のベルギー航空で、現在破産している、サベナの主要株主」間の民事および商事紛争に関する「ベルギーとスイスにおける並行した司法手続きから生じた」と、ベルギーは述べている。問題となっているスイスの株主は、以前のスイス航空のエスエアグループとその傘下にあるエスエアラインで、ベルギーの株主はベルギー国と株を所有する三つの会社である。

一九九五年のスイス株主のサベナの普通株の取得およびベルギー株主とのその協力関係に関する契約は、特にサベナの資金調達と合同経営のために、一九九五年から二〇〇一年の間に効力を発した。また一連の契約は、紛争が発生した場合にはブリュッセル裁判所の排他的管轄権とベルギー法の適用を規定していた。

ベルギーがその訴状において主張する事実は次の通りである。

二〇〇一年七月三日、ベルギー株主は、スイス株主がその契約上の約束（*contractual commitments*）と契約上ではない義務（non-contractual duties）に違反し、ベルギー株主に被害をもたらしたという立場を取りつつ、ブリュッセルの商業裁判所に、失った投資（lost investments）とスイス株主による不履行の結果として生じた支出を埋め合わせるための損害賠償を求めて、スイス株主を訴えた。

本件に関する管轄権を判断した後、商業裁判所は「スイス株主の種々の権利侵害行為の例を認定したがベルギー株主により提起された損害賠償請求は却下した。」両当事者はこの決定に対しブリュッセルの上訴裁判所に上訴し、上訴裁判所は、二〇〇五年部分判決により、ルガノ条約を基礎とした紛争に関するベルギー裁判所の管轄権を支持した。本案に関する手続きは同裁判所で継続中であり、事件は二〇一〇年二月および三月にそこで弁論が行われることになっている。

スイス社によりチューリッヒ裁判所に提出された強制和議前支払猶予（*sursis concordataire*）を求める請求に関す

る種々の手続において、ベルギー株主はスイス社に対するベルギー株主の債務請求を宣言することを求めた。連邦最高裁判所を含むスイス裁判所は、スイス株主の民事責任に関するベルギーの将来の決定を承認すること若しくはベルギー手続きの結果までその手続を延期することを拒否してきた。

ベルギーによれば、これらの拒否は、ルガノ条約の種々の規定また「国家権力、とりわけ司法分野におけるもの、の行使を支配する一般国際法の規則」に違反する。

スイス駐在ベルギー大使は、二〇〇九年七月二九日に紛争を国際司法裁判所に付託するベルギーの意図をスイス外務大臣に通知した。二〇〇九年一一月二六日に、ベルンのベルギー大使館は、かかる手続きにおけるスイス当局の立場が通知されることを依頼しつつ、口上書によりこの意図を確認した。

ベルギーは、その訴状の結論として、以下のことを判決し且つ宣言することを裁判所に要請している。

（一）裁判所は、民事および商事問題における裁判管轄権ならびに判決の執行に関する一九八八年九月一六日のルガノ条約の、ならびに国家権力、とりわけ司法分野におけるもの、の行使を支配する一般国際法の規則の解釈および適用に関するベルギーとスイスとの間の紛争を扱う管轄権を有する。

（二）ベルギーの請求は、受理可能である。

（三）ベルギー国、ゼフィール・フィン、S．F．P．およびS．F．I．（合併以降、SFPIとなった）に対するエスエアグループおよびエスエアラインの契約上ならびに契約上ではない責任に関するベルギーにおける更なる決定は、エスエアグループおよびエスエアラインの債務返済計画手続（debt-scheduling proceedings）においてはスイスでは認められないと判決したスイス裁判所の決定の故に、スイスはルガノ条約、とりわけ第一条二項(2)、一六条(5)、二六条一項および二八条に違反している。

（四）強制和議による清算（*liquidation concordataire*）に伴う、ベルギー国、ゼフィール・フィン、S．F．

P．およびS．F．I．（合併以降、SFPIとなった）とエスエアグループおよびエスエアラインとの間の紛争において、特にベルギー国、ゼフィール・フィン、S．F．P．およびS．F．I．（合併以降、SFPIとなった）に対するエスエアグループおよびエスエアラインの契約上ならびに契約上ではない責任に関するベルギーにおける更なる決定は、エスエアグループおよびエスエアラインの債務返済計画手続（debt-scheduling proceedings）についてはスイスでは認められないという理由で、その国内法に従って手続きを延期することが拒否されたことにより、スイスが、国のあらゆる権力、特に司法分野におけるものは、理に叶って（reasonably）行使されなければならないという一般国際法の規則に違反している。

（五） 強制和議による清算（*liquidation concordataire*）に伴う、ベルギー国、ゼフィール・フィン、S．F．P．およびS．F．I．（合併以降、SFPIとなった）とエスエアグループおよびエスエアラインとの間の紛争において、前者に対するエスエアグループおよびエスエアラインの契約上ならびに契約上でない責任に関してベルギー裁判所の現在行われている手続きの結論まで、手続きを延期することをスイス司法当局が拒否した故に、スイスは、ルガノ条約、とりわけ第一条第二項(2)、一七条、二一条および二二条ならびにルガノ条約の同一解釈に関する第二議定書第一条に違反している。

（六） 以上のことからスイスの国際責任は明白である。

（七） スイスは、ベルギー国、ゼフィール・フィン、S．F．P．およびS．F．I．（合併以降、SFPIとなった）に対するエスエアグループおよびエスエアラインの契約上ならびに契約上でない責任に関するベルギー裁判所の決定が、エスエアグループおよびエスエアラインの債務返済計画手続の目的のためにルガノ条約に従ってスイスで認められるべきことを可能にするためあらゆる適切な措置を講じなければならない。

（八） 強制和議による清算（*liquidation concordataire*）に伴う、ベルギー国、ゼフィール・フィン、S．F．P．およびS．F．I．（合併以降、SFPIとなった）とエスエアグループおよびエスエアラインとの間の紛争において、前者に対するエスエアグループおよびエスエアラインの契約上ならびに契約上でない責任に関してベルギー裁判所の現在行われている手続きの結論まで、スイス裁判所がその手続きを中止することを確保するためあらゆる適切な措置を講じなければならない。

ベルギーは、裁判所規程第二六条二および三項ならびに裁判所規則第一七条一項に従って特別裁判部により審理されることを要請した。

裁判所は、二〇一〇年二月四日の命令で、ベルギーの申述書の提出期限を二〇一〇年八月二三日に、スイスの答弁書の提出期限を二〇一一年四月二五日と決定した。裁判所は、二〇一〇年八月一〇日の命令で、ベルギー政府の要請で、ベルギーの申述書の提出期限を二〇一〇年一一月二三日に、スイスの答弁書の提出期限を二〇一一年一〇月二四日に、各々延長することを決定した。申述書は、期限内に提出された。スイスは、裁判所規則第七九条一項に定められた提出期限内の二〇一一年二月一八日に、裁判所の管轄権および請求の受理可能性に関して本件における先決的抗弁を提起した。

二〇一一年三月二一日付けのまた同日ファクシミリで書記局が受領した書簡において、ベルギーの代理人は、スイスが、その先決的抗弁において、「スイス連邦最高裁判所の二〇〇八年九月三〇日判決における、将来出され得るベルギー判決を認めない（non-recognizability）というその言及は、既判力（*res judicata*）を有しておらずまた下級の州裁判所または連邦最高裁判所自身のいずれも拘束しないこと、またそれ故、ベルギー判決が、一旦下されたならば、適用可能な条約規定に従ってスイスにおいて承認されることを妨げるものは何もないことを指摘した」ことを述べ、以上のことを考慮して、ベルギーの代理人は、「この声明に照らして、ベルギーは、……欧州連合の委員会と連携して、スイスに対して始めていた手続きを取り下げることを考慮した」と付け加えた。同じ書簡により、ベルギーの代理人は、裁判所規則第八九条に言及して、「ベルギーの手続きの取り下げを記録し、事件が付託事件リストから削除されることを指示する命令を発することを裁判所に請求した」

二　命　令

裁判所は、ベルギー書簡の複写を直ちにスイス政府に通報した。その中で、裁判所規則第八九条二項に規定された、スイスがこの手続きの取り下げに異議があるか否かを述べる期限を、二〇一一年三月二八日に定めたことが通知された。

裁判所が定めた期限内に、スイスはその取り下げに異議を唱えなかった。

主文

手続きのベルギーによる取り下げを記録し、本件を付託事件リストから削除することを命令する。

三　研　究

ベルギーの航空会社であるサベナ航空が一九九〇年代に経営状態が厳しくなり、スイス航空と資本提携を結んで体制を立て直そうとした。しかし、二〇〇一年の同時多発テロ以降、スイス航空も経営危機に陥り、サベナ航空を援助することができず、結果として同年一一月にはサベナ航空が経営危機に陥り運航を停止し、翌年にはスイス航空も経営破綻した。その債務処理に関する株主間の訴訟の効力を巡って生じたのが、本件紛争である。異なる国家で、同一事例について同時並行的に裁判が行われた場合、それぞれの裁判所で相反する内容の判決が出された場合には、事態はより紛糾してしまうことになるので、それを防止するために締結されているのが、ルガノ条約である。

本件事例は、ベルギー国内で行われていた進行中の裁判と平行してスイス国内で行われた裁判で、スイスの裁判所がベルギー裁判所の将来の決定を承認することやベルギーにおける手続きの結果までスイスでの手続きを延期することを拒否したことから、ベルギーがルガノ条約違反を主張して提訴したものである。

ただ、今回の事件の内容を見ると、ベルギー国内で行われた裁判とスイス国内で行われた裁判の当事者は同一であるが、訴訟内容を見ると、完全には同一ではないことは明らかである。したがって、このような場合にも、ルガノ条約が適用されるのかどうか、実質的審理に入った場合には、ルガノ条約に規定された文言である、exclusive jurisdiction の解釈について、興味深い議論が展開されたことと思われる。

しかし、スイスが提出した先決的抗弁において、スイスが「スイス連邦最高裁判所の二〇〇八年九月三〇日判決で、将来出され得るベルギー判決を認めない」と言及したことは、「既判力（*res judicata*）を有しておらずまた下級の州裁判所または連邦最高裁判所自身のいずれも拘束しないこと」等を指摘したことを受けてベルギーが取り下げたものであるが、スイス政府が、自国の連邦裁判所の判決における言及には、既判力がないと言い、その言葉を受けてベルギーが取り下げを決定するなど、裁判所に提出されている資料からだけでは、なかなか理解できない事件である。


（山村　恒雄）

第四節　ニカラグア＝コロンビア間の領域および海洋境界紛争事件

一　先決的抗弁に関する判決

当事国　ニカラグア対コロンビア

判決日　二〇〇七年一二月一三日

（『国際司法裁判所―判決と意見』第四巻第一部第一〇節収録）

地図①

近隣諸国関係図（　　内は本件当事国
　　内は訴訟参加要請国）

事件概要　ニカラグアは、コロンビアとの間のカリブ海にあるいくつかの島および岩礁等に対する主権、ならびに、両国間の海洋境界線をめぐる紛争を解決するために、裁判所に訴えを提起した。ニカラグアは、裁判所の管轄権の根拠を、ボゴタ条約第三一条、および、裁判所規程第三六条二項に基づく両国による義務的管轄権受諾宣言に置いた。コロンビアは、この二つの管轄権の根拠はいずれも容認できないとして、先決的抗弁を行った。裁判所は、サン・アンドレス、プロビデンシア、サンタ・カタリナの三つの諸島に対する主権の問題に関する管轄権は、紛争が国際条約で解決済みであるうえに、法律的紛争も存在しないので、管轄権なしとしたが、その他の岩礁等の海洋地形に対する主権の主張、および、両国間の海洋境界線画定の問題については、管轄権を認める判決を下した。

先決的抗弁に関する事実・判決・研究については、『国際司法裁判所―判決と意見』第四巻（二〇〇五―一〇年）第一部第一〇節二七四～二九三頁を参照のこと。

二　コスタリカの訴訟参加の許可の要請に関する判決

判決日　二〇一一年五月四日

事件概要　二〇〇一年一二月六日、ニカラグアは、コロンビアとの間のカリブ海にあるいくつかの島および岩礁等に対する主権、ならびに、両国間の海洋境界線をめぐる紛争を解決するために、国際司法裁判所に訴えを提起したが、コロンビアは裁判所の管轄権を争って先決的抗弁を行った。裁判所は、二〇〇七年一二月一三日の判決で、一部の島については条約ですでに紛争が解決しているとして管轄権を否定したが、その他の岩礁等の海洋地形に対する主権の問題および海洋境界画定の問題については、管轄権を容認する判断を示した。二〇一〇年二月二五日、コスタリカは、裁判所規程第六二条に基づいて、本訴に対する訴訟参加の許可を要請した。裁判所は、コスタリカを、本訴の判決によって影響を受けることのある法律的性質の利害関係を有する国と認めることはできないとして、訴訟参加を不許可とする判決を下した。

一　事実

二〇一〇年二月二五日、コスタリカ共和国（以下「コスタリカ」）は、ニカラグア＝コロンビア間の領域および海洋境界紛争の裁判（以下「本訴」）に関して、裁判所規程第六二条に基づく訴訟参加の許可を要請した。

訴状（Application）によると、コスタリカの訴訟参加の要請は、本訴に関して同国が持つ「法律上の権利および利害関係」（legal rights and interests）を裁判所に情報提供（inform）し、ニカラグア＝コロンビア間の海洋境界に関する裁判所の判決が同国のかかる法律上の権利および利害関係に影響を及ぼさないよう確保するという限定的目的をもって行われると指摘する。裁判所は、裁判所規則第八三条一項に従い、コスタリカの訴状の謄本をニカラグアおよびコロンビアに送付し、訴状に対する見解を書面で提出するよう招請した。

裁判所が設定した期限である二〇一〇年五月二六日までに、ニカラグアおよびコロンビア両国政府は、それぞれ、コスタリカの訴状に対する見解を書面で提出した。ニカラグアは、コスタリカの訴訟参加の要請は裁判所規程および同規則に合致しないと判断する旨回答した。他方コロンビアは、訴状に書かれているコスタリカの訴訟参加要請に反対しない旨を理由を付して表明した。裁判所は、ニカラグアがコスタリカの訴訟参加に反対していることを考慮して、本訴の両当事国およびコスタリカに対して、二〇一〇年六月一六日の書簡によって、口頭審理を行うと通報した。

口頭審理において、コスタリカは、「裁判所規程第六二条の規定に従って、裁判所が、コスタリカ共和国に対して、本訴の裁判によって影響を受けることのある法律的性質の利害関係を裁判所に情報提供する目的で訴訟参加する権利を認めるよう要請する」と述べた。また、コスタリカは、この件に関して、裁判所規則の第八五条一項および同条三項の、訴訟参加が認められた国に与えられる諸権利に関する規定の適用を求めた。

これに対して、ニカラグアは、コスタリカの訴訟参加の要請は裁判所規程第六二条ならびに同規則第八一条二項(a)および(b)に規定する要件を満たしていないと主張した。

他方、コロンビアは、口頭審理においてコスタリカの要請は規程第六二条の要件を満たしていると判断するので、コスタリカが本訴に非当事者（non-party）として訴訟参加する許可を要請していることについて、異議をさしはさまないと、書簡で述べた見解を繰り返した。

二　判　決

I　法的枠組み

コスタリカの要請の法的基礎は、裁判所規程第六二条および同規則第八一条にある。これらの条文に規定されている訴訟参加は、本訴に付随する手続き（proceeding incidental to the main proceedings）である。したがって、訴訟参加要請国には「裁判によって影響を受けることのある法律的性質の利害関係」、および「その利害関係と本訴で下されるであろう判決との関連性（link）」を立証（set out）することが求められる。

1. 影響を受けることのある法律的性質の利害関係

裁判所の判断によれば、本訴の当事者は当該事件において各当事者の一定の権利を認めるよう裁判所に求めるのに対して、訴訟参加を要請する国は、裁判所規程第六二条に基づいて、裁判によって要請国の法律的性質の利害関係が影響を受けると主張するにすぎない。したがって、「非当事者」（non-party）として訴訟に参加することを要請する国（要請国）は、要請国の権利そのものが影響を受けることを立証する必要はなく、同国の法律的性質の利害関係が影響を受けることを立証すれば足りる。別言すれば、規程第六二条の意味における法律的性質の利害関係は、認定された権利と同等の保護を受けるものではなく、またそれゆえに、認定された権利と同等の証明の要件を求められるものでもない。

また本訴と付随的手続きとの関係に触れると、すでに別の事件で述べたように、「第六二条のもとで訴訟参加を要請する国の法律的性質の利害関係が影響を受けることがあるのは、判決の主文（dispositif）だけではなく、主文に必然的に結びつく理由（reasons）も関わってくる（*Sovereignty over Pulau Ligitan and Pulau Sipadan (Indonesia/Malaysia), Application for Permission to Intervene, Judgment, I.C.J. Reports 2001*, p.596, para. 47.）[1]。」

2. 詳細な参加の目的

裁判所規則第八一条二項(b)は、訴訟参加の要請に「詳細な参加の目的（precise object of the intervention）」を記載することを要求している。

ここで裁判所は、コスタリカの非当事者としての訴訟参加の許可要請の目的が、カリブ海における同国の「法律的性質の権利および利害関係」（the rights and interests of a legal nature）をあらゆる可能な法律的手段を用いて保護し、そのために裁判所規程第六二条に規定する手続きを用いることにあるということを指摘する。そしてその目的のために、コスタリカは、ニカラグア＝コロンビア間の海洋境界に関する裁判所の判決により影響を受けることのある同国の法律的性質の権利および利害関係を裁判所に情報提供すると述べる。さらにコスタリカは、訴訟参加の許可要請の目的が以上のことにあるので、コスタリカと本訴の各当事者との間に紛争が存在することを確認することを求めるものではなく、また、かかる紛争を解決することを要請するものでもないと指摘する。

このコスタリカの要請に対して、ニカラグアは、同要請は詳細な参加の目的を明示しておらず、裁判所に対して同国の権利および利害関係を情報提供するという「あいまいな（vague）」目的を示すにとどまっており不十分であると指摘した。他方コロンビアは、裁判所規程第六二条および同規則第八一条の要件をコスタリカが満たしていると判断するとした。

この点に関して、裁判所は次のように判断する。ニカラグア＝コロンビア間の紛争に関する判決に影響を受けることのある法律的性質の利害関係を裁判所に情報提供することがコスタリカの「詳細な参加の目的」であることは疑いないが、同時に、同国の訴状によれば、もし裁判所がコスタリカの法律的性質の利害関係の存在を認めて訴訟参加を許可した場合、コスタリカは本訴においてかかる利害関係を保護することに関わることができるとも指摘する。

さらに裁判所は以下のことを付言する。訴訟参加許可要請に関する書面および口頭による審理は、影響を受けることのある法律的性質の利害関係を証明することに焦点を絞るべきである。これらの審理は、訴訟参加許可要請国や本訴の各当事者が、訴訟参加許可要請を認めるか否かの検討において、本訴の本案（question of substance）を議論する機会として用いてはならない。

3. 裁判所の管轄権の基礎および範囲

コスタリカは、管轄権の基礎として、同国が裁判所規程第三六条二項の宣言を行ったこと、および、同国がボゴタ条約の当事国であることを指摘するとともに、同国は非当事者として訴訟参加を求めていること、および、それゆえに、同国と本訴の各当事者との間の管轄権の基礎を証明する必要はないということを指摘した。

この点に関して、裁判所は次のように判示する。裁判所規程は、訴訟参加の条件として、本訴の各当事者と、非当事者として訴訟参加の許可を求める国との間に。管轄権の基礎の存在を要求していない。かかる管轄権の基礎が要求されるのは、訴訟参加要請国が当事者（party）として訴訟参加を求める場合である。

また、ニカラグアは、裁判所規程第五九条の「裁判所の裁判は、当事者間において且つその特定の事件に関してのみ拘束力を有する」という裁判所の判決の「相対的効力」（relative effect）は、第三国のあらゆる種類の利害関係を保護することに役立つと述べる。この点について裁判所は、「規程第五九条の保護は必ずしもつねに十分だとは言えない」と別の判決で述べたことを想起する（*Land and Maritime Boundary between Cameroon and Nigeria* (*Cameroon v. Nigeria: Equatorial Guinea intervening*), *Judgment, I.C.J. Reports 2002*, p.421, para. 238）[2]。

さらにニカラグアは、コスタリカには別途訴訟を提起することによって、法律的利害関係の「単なる保護」（mere protection）を超えて「法律的利害関係の承認」（recognition of its legal interests）を確保する道も残されているとも指摘する。しかしこの点に関して裁判所は、新たな訴訟を提起する可能性があるからといって、裁判所規程第六二条が認める訴訟参加許可要請の権利が消失するわけではないということを指摘する。

4．訴訟参加の要請を裏付ける証拠

裁判所規則第八一条三項は、訴訟参加許可の要請には「添付する援用書類の目録（a list of the documents in support）を記載する。」と規定している。この点に関して、コスタリカの要請書にはかかる援用書類も、また主張を裏付ける明確な証拠も添付されていないと、ニカラグアは指摘する。この援用書類あるいは図案さえもが添付されていないことは、コスタリカが主張する「法律的利害関係」（legal interests）を正確に確定することを困難にすると、ニカラグアは述べる。これに対して、コスタリカは、書類の添付は義務ではなく、要請の主張を裏づける証拠を選別するのは要請国の裁量の問題であると反論する。

この論点に関して、裁判所は次のように判断する。裁判によって影響を受けることのある法律的性質の利害関係を立証する責任は訴訟参加許可要請国にあるから、図案を含むどのような書類を訴状に添付するかは、要請国の判断による。裁判所規則第八一条三項は、かかる書類を要請書に添付する場合は、その目録を同時に提出することを義務づけているにすぎない。訴訟参加許可を要請する場合、入手できるすべての証拠を提示するのは要請国の責任である。ただし、このことは、もしかかる要請が否認された場合において、ここに提供された情報を、裁判所が本訴において考慮することを妨げるものではない。

Ⅱ．コスタリカの訴訟参加許可要請の検討—コスタリカが主張する法律的性質の利害関係

次に裁判所は、コスタリカが、本訴の判決によって影響を受けることのある「法律的性質の利害関係」を十分に立証しているか否かを検討する。

訴状において、コスタリカは次のように述べる。

「裁判所の判決によって影響を受けることのある法律的性質の利害関係とは、カリブ海の海域において、コスタリカが同海域に接しているという事実によって国際法上有する主権的権利および管轄権を行使することに関する利害関係である。」

コスタリカによると、ニカラグアが想定する海洋境界線とコスタリカが主張する「利害関係のある最小の海域」(minimum area of interest)は重なるところがあるから、本訴の判決はコスタリカの法律的利害関係に影響を与える可能性があるとする。

ところで、裁判所は、コスタリカが当初は同国がコロンビアと結ぼうとした一九七七年ファシオ＝フェルナンデス条約(1977 Facio-Fernandez Treaty、署名はしたが批准はしなかった)が本訴の判決によって影響を受けないことを確保することに利害関係があるとしていたが、その後口頭審理の過程で、一九七七年の条約は本訴の判決によって影響を受けることのある法律的性質の利害関係に該当しないと、立場を変えたことに留意する。

ニカラグアは以下のようにも主張する。すなわち、コスタリカとニカラグアが隣国であり両者の間の海洋境界が明確にされていないという事実だけをもってしては、ニカラグアとコロンビアの間の向かい合った海洋境界画定のための裁判に訴訟参加する利害関係の存在を証明するには十分とは言えない。コスタリカは、訴訟参加の前提条件である同国の妥当(proper)で、実質的(real)で、現実的(present)な利害関係が本訴の判決で影響を受けることを証明することが絶対に必要である。

またニカラグアは、コスタリカが主張する「利害関係のある最小の海域」に関連して、「コスタリカの利害関係は、同国がコロンビアおよびパナマとの間で合意した海洋境界線という狭い海域に限定され、その範囲に留まる」とも主張する。

結論として、ニカラグアは次のように述べる。「コスタリカは、訴訟参加の前提条件である同国の直接的

（direct）、具体的（concrete）、現実的（present）な法律的性質の利害関係の存在を証明していない。」

他方、コロンビアは次のように述べる。コスタリカが主張する法律上の権利および利害関係には、同国がコロンビアとの間で締結した境界画定協定に規定する法律的権利および義務も含まれるから、本訴の判決によって影響を受けることのある法律的性質の権利および利害関係がコスタリカにあるとする同国の主張を、支持する。

この争点に関して、裁判所は次のように判断する。ニカラグアとコロンビアは、コスタリカが法律的利害関係を有する海域の範囲について見解を異にするが、両国は、少なくとも、本訴において両国がそれぞれ主張する海域の一部においてコスタリカの法律的性質の利害関係が存在することは認めている。もっとも、裁判所は、コスタリカが法律的利害関係を有する海域の厳密な地理的範囲を検討することまでは、求められていない。

本件において、コスタリカは、本訴によって影響を受けることのある法律的性質の利害関係が存在する海域を明確に示しているが、このことのみでは、コスタリカの訴訟参加許可要請を認めるには十分ではない。コスタリカは、本訴によって同国の法律的性質の利害関係が影響を受けることを立証する必要があるからである。

コスタリカは、ニカラグアが主張する海域の南端がどこかを明確に示していないために、コスタリカが利害関係を有する海域とニカラグアが主張する同国の海域とが重なり合うか否かがはっきりせず、ニカラグアの立場を不確定なものにしていると述べる。しかし、裁判所が別の判決で示したように、第三国の利害関係が存在する海域の地理的範囲を明確にすることなく、かかる利害関係を保護するために訴訟参加許可要請を認めることはあり得る（*Land and Maritime Boundary between Cameroon and Nigeria*（*Cameroon v. Nigeria: Equatorial Guinea intervening*）, *Judgment, I.C.J. Reports 2002*, p.421, para. 238）[(3)]。

ところで本訴において、コロンビアは、ニカラグアが主張する海域の南端を画定することを求めてはいない。コロンビアは、まさに第三国の利害関係に影響が及ぶことを回避するために、かかる線引きを求めなかったのである。さらにニカラグアも、本訴において画定される海域は、コスタリカが法律的性質の利害関係を有する海域のはるか手前に限定し、その先はコスタリカの海域の方向を示す矢印をもって示すことに合意している。

以上のことから、裁判所は、本件においてコスタリカの法律的性質の利害関係が影響を受けることがあるのは、本訴で裁判所が求められているニカラグアとコロンビアの間の海洋境界線が一定の範囲を超えて南方に拡大された場合においてのみであると判断する。裁判所は、本訴における両当事者間の海洋境界線の画定に際して、過去の判例(jurisprudence)に従い、必要であれば、第三国の法律的性質の利害関係が存在する海域の手前で線引きの作業を終えることにする。

以上の理由から、裁判所は、本訴によって影響を受けることのある法律的性質の利害関係の立証にコスタリカが成功していないと判断する。

主文

以上の理由から、裁判所は以下の通り判決する。

九対七(反対はアル・ハサウネ、ジンマ、エブラヒム、カンサード・トリンダーデ、ユースフ、ドノヒュー、ガジャ)で、

コスタリカ共和国によって裁判所規程第六二条に従って提出された、非当事者としての本訴への訴訟参加の許可の要請は、認められない。

三　研　究

コスタリカの訴訟参加が認められなかった主な理由は、本訴の両当事者が、第三国、とくにコスタリカの法律的性質の利害関係への裁判の影響を回避するために、あえて裁判所に求める画定すべき海域からコスタリカが主張する海域を除外するよう配慮したからと考えられる。しかし、カンサード・トリンダーデ判事およびユースフ判事が共同反

対意見で述べているように、コスタリカが関係する海域が除外されているという裁判所の最終的判断は、コスタリカを訴訟参加させないでどうして公平に下せるのかという疑問は残る。

実際、ニカラグア、コロンビア両国は、本訴において両国がそれぞれ主張する海域の一部にコスタリカの法律的性質の利害関係が存在することは認めているのである。両国は、コスタリカへの影響を考えて、裁判所に求める画定すべき海域を、コスタリカが主張する海域を除外するよう配慮したに過ぎない。したがって、将来本訴において画定しない海域に関して、ニカラグア、コロンビア、コスタリカ三国の間で、海洋境界画定問題が浮上する可能性が残されていると考えられる。

ところで、裁判所規程第六二条に規定する第三国の本訴への訴訟参加は、「事件の裁判によって影響を受けることのある法律的性質の利害関係をもつと認める国」に許可されるものであるが、コスタリカの訴訟参加の目的には「コスタリカの法律上の権利および利害関係（legal rights and interests）を裁判所に情報提供（inform）すること」として、「利害関係」に加えて「法律的権利」が追加されている。裁判所は、この問題を正面から扱ってはいないが、判決の第二六項において次のように指摘する。

「非当事者として訴訟参加を要請する国は、その権利の一つが影響を受けることを立証する必要はない。その国の法律的性質の利害関係が影響を受けることを立証するだけで十分である。・・・言い換えると、裁判所規程第六二条に言う法律的性質の利害関係は確立された権利と同等の保護を受けるものではなく、したがって、立証の際にも同等の厳格さを要求されない。」

この裁判所の判断について、キース判事は、個別意見において、ウィンブルドン号事件における常設国際司法裁判所の判決（一九二三年）、および、チュニジア=リビア間の大陸棚に関する事件におけるマルタの訴訟参加許可要請に関する国際司法裁判所の判決（一九八一年）など八つの判決における判断を分析して、「権利」と「法律的性質の利害関係」を峻別して扱うことは現実的ではないと結論づけている。

この点に関してアル・ハサウネ判事は、反対意見において、裁判所規程第六二条の「法律的性質の利害関係」という表現は、この言葉が訴訟参加との関係で採用された常設国際司法裁判所の規程の起草過程（一九二〇年）を検討して、「諮問委員会における妥協の産物」と結論づけている。すなわち、フィルモア卿が「利害関係」（interests）という言葉を提案したのに対してローダー委員長が「権利」（rights）を提案し、妥協として「法律的性質の利害関係」（an interest of a legal nature）に落ち着いたと言うのである。もっとも、アル・ハサウネ判事は、諮問委員会の意図は、この表現によって「権利」と「利害関係」の中間にある第三のカテゴリーをつくることにあったのではないとする。同判事は、その後の訴訟参加に関する判例は、「権利」、「法律的利害関係」、「特権」を同じ意味に使っていると結論づける。

同じ起草過程の検討を行ったカンサード・トリンダーデ判事とユースフ判事の共同反対意見は、このアル・ハサウネ判事の結論とは異なり、「法律的性質の利害関係」は「権利」でも「利害関係」でもない「複合（hybrid）的」な概念であるとする。すなわち、「法律的性質の利害関係」はその存在の立証に「権利」ほど厳格な要件を課されないが、他方で、裁判所が言うように規程第五九条の第三者利益保護が「不十分」だから、緩い要件で訴訟参加を認めて良いということでもないとする。

本件で明らかになった裁判官の間の見解の対立を考えると、「法律的性質の利害関係」をめぐる議論は、今後国際司法裁判所が訴訟参加問題を扱う際に、繰り返し提起される論点となる可能性がある。

注

（1） 松田幹夫「リギタン島及びシパダン島の主権に関する事件—訴訟参加許可に関するフィリピンの申請」（インドネシア

およびマレーシア、二〇〇一年一〇月二三日判決）波多野里望・廣部和也編著『国際司法裁判所―判決と意見』第三巻（一九九四―二〇〇四年）（国際書院、二〇〇七年）四九三〜四九五頁。
（2）尾崎重義「カメルーン・ナイジェリア間の領土・海洋境界画定事件」（カメルーン対ナイジェリア、二〇〇二年一〇月一〇日判決）波多野里望・廣部和也編著『前掲書』一一〇〜一七九頁。
（3）尾崎重義「前掲評釈―三　赤道ギニアによる訴訟参加許可の要請」（カメルーン対ナイジェリア、赤道ギニア訴訟参加、一九九九年一〇月二一日判決）一五一〜一六一頁。

参考文献

（1）大河内美香「国際司法裁判所における訴訟参加と紛争の相対的解決との交錯（三）」『東京都立大学法学会雑誌』（第四三巻一号、二〇〇二年）
（2）小田滋「国際司法裁判所における第三国の訴訟参加」『国際法外交雑誌』（第八四巻一号、一九八五年四月）一〜三八頁。
（3）砂川和泉「国際司法裁判所における訴訟参加―管轄権の問題を中心に」『神戸法學雑誌』（第四八巻一号、一九九八年六月）三一〜六九頁。

三　ホンジュラスの訴訟参加の許可の要請に関する判決

判決日　二〇一一年五月四日

事件概要　二〇〇一年一二月六日、ニカラグアは、コロンビアとの間のカリブ海にあるいくつかの島および岩礁等に対する主権、ならびに、両国間の海洋境界線をめぐる紛争を解決するために、国際司法裁判所に訴えを提起したが、コロンビアは裁判所の管轄権を争って先決的抗弁を行った。裁判所は、二〇〇七年一二月一三日の判決で、一部の島については条約ですでに紛争が解決しているとして管轄権を否定したが、その他の岩礁等の海洋地形に対する主権の問題および海洋境界画定の問題については、管轄権を容認する判断を示した。二〇一〇年六月一〇日、ホンジュラスは、裁判所規程第六二条に基づいて、本訴に対する訴訟参加の許可を要請した。裁判所は、ホンジュラスを、本訴の判決によって影響を受けることのある法律的性質の利害関係を有する国と認めることはできないとして、訴訟参加を不許可とする判決を下した。

一　事　実

二〇一〇年六月一〇日、ホンジュラス共和国（以下「ホンジュラス」）は、ニカラグア＝コロンビア間の領域および海洋境界紛争の裁判（以下「本訴」）に関して、裁判所規程第六二条に基づく訴訟参加の許可を要請した。ホンジュラスによると訴訟参加の目的は以下の三つであった。

(1)　カリブ海におけるホンジュラスの権利を、あらゆる可能な法的手段、とくに裁判所規程第六二条の手続きを用いることにより守ること。

(2)　ニカラグア＝コロンビア間の海洋境界線をめぐる事件に関して裁判所が下す判決によって影響を受けることのあるホンジュラスの法律上の権利および利害関係（legal rights and interest）の性質を裁判所に情報提供（inform）すること。

(3)　ニカラグア＝コロンビア間の裁判手続きにホンジュラスが紛争当事国として（as a State party）訴訟参加することを要請すること。また、万一裁判所がこの要請を認めない場合には、その「代替として」（in the alternative）、「非当事者として」（as a non-party）訴訟参加の許可を要請すること。

裁判所規則第八三条一項の規定に従って、ホンジュラスの要請はニカラグアおよびコロンビアに通報され、書面による意見の提出が招請された。

ニカラグアおよびコロンビア両国は、設定された二〇一〇年九月二日の期限内に書面による意見表明を行った。ニカラグアは、提出された文書の中で、ホンジュラスの訴訟参加の要請は裁判所規程および同規則の要件を満たしておらず、したがって、「(要請に対する)許可には反対し、裁判所にはホンジュラスの訴訟参加の要請を却下(dismiss)するよう求め」た。一方、コロンビアは、提出された文書において、「非当事者(non-party)としての訴訟参加の許可」であれば「ホンジュラスの要請に異議を唱えない」と述べた。しかし、事件の当事者(party)としての訴訟参加については、裁判所の判断に委ねる(falls to the Court to decide)とした。ニカラグアがホンジュラスの訴訟参加に異議を申し立てたので、裁判所は規則第八四条二項に従って、ホンジュラスおよび本訴の両当事者の意見を聴取するための口頭審理を、二〇一〇年九月一五日に行うことにした。

口頭審理におけるホンジュラスおよび本訴の両当事国の主張は以下の通りであった。

ホンジュラス――①裁判所の判決によって影響を受けることのあるカリブ海の関係海域におけるホンジュラスの法律的性質の利害関係に関して当事者として訴訟参加することを許可するよう求める。②代替として、かかる利害関係に関して非当事者として訴訟参加することを許可するよう求める。

ニカラグア――ホンジュラスの請求は、二〇〇七年一〇月八日に裁判所が出した判決の既判事項(*res judicata*)の権威(authority)に対する公然たる挑戦である。さらにホンジュラスの要請は、裁判所規程第六二条、ならびに、同規則第八一条二項(a)および(b)の要件を満たしておらず、したがって、ニカラグアは、かかる訴訟参加の許可に反対し、ホンジュラスの訴訟参加の申請を却下するよう裁判所に求める。

コロンビア――ホンジュラスの要請は、裁判所規程第六二条の要件を満たしているので、同国が本訴に非当事者として訴訟参加することについて、コロンビアは異議を唱えない。ホンジュラスの本訴の当事者としての訴訟参加の要請に関しては、規程第六二条の規定に従って裁判所の判断に委ねる。

二　判　決

I．法的枠組み

ホンジュラスの要請の法的基礎は、裁判所規程第六二条および同規則第八一条にある。そこに規定される訴訟参加は、本訴に付随する手続き（proceeding incidental to the main proceedings）である。したがって、訴訟参加許可要請国は「裁判によって影響を受けることのある法律的性質の利害関係」を証明することが求められる。

1．ホンジュラスの訴訟参加の能力

ホンジュラスの要請の内容は、①本訴の当事者として、または、②本訴の非当事者として、訴訟参加することである。前者であれば、その目的は、ホンジュラスと、ニカラグアおよびコロンビアとの間の海洋境界線を最終的に確定することである。後者であれば、その目的は、ニカラグア＝コロンビア間の海洋境界線に関する裁判所の判決によって影響を受けることのあるホンジュラスの法律上の権利および利害関係を保護するために、そうした権利および利害関係の性質を裁判所に情報提供することである。

当事者としての訴訟参加の場合は、訴訟参加許可要請国と本訴の当事者との間に裁判所の管轄権が存在することが要求される。ホンジュラスによれば、本訴に当事者として訴訟参加するための管轄権の基礎は、ボゴタ条約第三一条に求められるとする。しかし、ボゴタ条約第三一条の「国際法上の紛争を国際司法裁判所において解決する」とする一般的規定は、同条約第六条によって制限されている。すなわち、同第六条は「上記の手続き（第三一条が規定する国際司法裁判所の管轄権の承認を含む）は、当事者間の取決め、仲裁判断、もしくは国際裁判判決で解決されているか、または本条約の締結の日に有効な協定もしくは条約で規定されている事項に関しては、適用されない」と規定し

ている。この点に関して、ホンジュラスは、この制限は、個々の事項ごとに検討すべきであって、包括的に訴訟参加のための管轄権の存在を否定する根拠として考慮すべきではないと主張する。

これに対して、ニカラグアは、当事者としてであれ、また非当事者としてであれ、ホンジュラスが目指す訴訟参加は、裁判所規程第六二条によって規律されており、それによれば、当該国は、「裁判によって影響を受けることのある法律的性質の利害関係」を証明する必要があると主張する。また、ニカラグアは、当事者、非当事者いずれの場合であっても、ボゴタ条約第六条によってすでに解決された事項に関係する問題であるので、ホンジュラスの本訴への訴訟参加は認められないとも主張する。

他方、コロンビアは、訴訟参加は付随的手続きであるから、新しい事件の導入の手段として用いてはならないと釘をさしたうえで、当事者、非当事者いずれの場合であっても、訴訟参加をする場合は、法律的性質の利害関係の存在を証明する必要があると指摘する。

以上の点に関して、裁判所は次のように判断する。まず、裁判所規程第六二条は、当事者としても、また非当事者としても、訴訟参加の可能性を認めている。次に、訴訟参加許可要請国は、管轄権の基礎の存在を証明する必要があり、主張される管轄権の有効性の判断は裁判所が行う。もっとも、当事者として訴訟参加許可を要請する場合は、規則第八一条二項(c)によって「参加を請求する国と事件の当事者の間に存在すると主張されるあらゆる管轄権の根拠」を要請書に記載することが要求されているが、非当事者として参加する場合にはこの要件は満たす必要がない。

2．影響を受けることのある法律的性質の利害関係

ホンジュラスは、さらに次の二点を主張する。① 法律的性質の利害関係が本訴の判決によって影響を受けることがあるかどうかの判断は、訴訟参加許可要請国が行う。② 訴訟参加が適切かどうかの判断も要請国が行う。別言すると、ホンジュラスは、訴訟参加の可否は、要請国が判断するのであって、裁判所にはその裁量はないと主張する。

しかしニカラグアは、訴訟参加許可要請国は要請の権利のみがあるのであって、裁判によって影響を受けることがある法律的性質の利害関係は、その真正性が裁判所によって客観的に判断されなければならないと主張する。ニカラグアによれば、訴訟参加許可の要請には、真に法律的な利害関係が損なわれるおそれがあるという信頼できる根拠がなければならない。

以上の見解に対して、裁判所は次のように判断する。まず、裁判所規程および同規則が定めるように、要請国が本件における法律的性質の利害関係を立証しなければならず、そのうえで、裁判所は要請国によって主張される利害関係と判決との間の関連性（link）を決定する。「事件に関係する国以外の国が当事国である条約の解釈が問題となる場合」の訴訟参加を規定する規程第六三条の場合には、第三国の訴訟参加は「権利」として認められているが、第六二条の訴訟参加は、第三国に訴訟参加許可を要請する権利のみを認めているのであって、その要請の可否の決定は裁判所の権限のもとにある。

本訴と付随的手続きの関係について触れると、すでに別の事件で述べたように、「第六二条のもとで訴訟参加を要請する国の法律的性質の利害関係が影響を受けることがあるのは、判決の主文（dispositif）だけではなく、主文に必然的に結びつく理由（reasons）も関わってくる（*Sovereignty over Pulau Ligitan and Pulau Sipadan*（*Indonesia/Malaysia*）, *Application for Permission to Intervene, Judgment, I.C.J. Reports 2001*, p.596, para. 47.)[1]。」

3．詳細な参加の目的

裁判所規則第八一条二項(b)は、訴訟参加許可の要請に「詳細な参加の目的」を記載することを要求している。

このことに関連して、ホンジュラスは、当事者としての訴訟参加の要請については、同国とニカラグアおよびコロンビアとの間にある関係海域の境界線を決定すること、とくに、一九八六年条約のもとの三国の海洋境界線の三分割点（tripoint）を決定することを要求している。また、代替として、非当事者としての訴訟参加が許可される場合には、その目的は、本訴の判決によって影響を受けることのあるカリブ海におけるホンジュラスの法的権利および利害関係を裁判所に情報提供することである。

ニカラグアは、ホンジュラスの訴訟参加の真の意図は、二〇〇七年の判決によって引かれた両国間の海洋境界線を、全体として見直すよう裁判所に決定してもらうことにあると主張する。一方コロンビアは、訴訟参加によって新たな事件が生まれることがあってはならず、あくまでも本訴はニカラグア＝コロンビア間の海洋境界線画定事件であると主張する。

以上を考慮して、裁判所は次のように判断する。まず、訴訟参加の存在意義（*raison d'être*）は、裁判所の判決によって影響を受けることのある法律的性質の利害関係を有する第三国に対して、自己の利益を守るために、本訴に参加する権利を認めることにある。したがって、訴訟参加許可要請国が、本訴に絡ませて、新しい事件を裁判所に持ち込むようなことは、認められない。訴訟参加が許された国は、自らの要請を裁判所に提出することができるが、その要請は本訴の主題と関連づけられなければならない。ある国が訴訟参加を認められたからといって、その国は、本訴の性格を変更することまで認められたことにはならない。

したがって、訴訟参加の詳細な目的と紛争の主題との関係を判断する目的は、訴訟参加許可要請国が、将来の判決によって影響を受けることのある法律的性質の利害関係を真に守ろうとしているか否かを確認することにある。

Ⅱ．ホンジュラスの訴訟参加許可の要請の検討

ホンジュラスは、裁判所の判決によって影響を受けることのある法律的性質の利害関係を示すにあたって、訴状（Application）において、「ホンジュラスとコロンビアとの間の一九八六年の海洋境界線条約は、北緯一五度の北側で西経八二度の東側の海域（一〇八頁の地図②参照）はホンジュラスの法律上正当な権利および利害関係に関わるということを承認している」と主張する。そのうえでホンジュラスは、二〇〇七年の「ニカラグアとホンジュラス

の間のカリブ海における領土および海洋紛争」（「ニカラグア＝ホンジュラス間のカリブ海領土・海洋紛争事件」）に関する本裁判所の判決（*Territorial and Maritime Dispute between Nicaragua and Honduras in the Caribbean Sea* （*Nicaragua v. Honduras*）（*Judgment, I.C.J. Reports 2007* (*II*), p.658.）[(2)]は、この海域のホンジュラスの権利および利害関係を十分に確認しておらず、本訴においてはその確認が求められるとも主張する。

さらにホンジュラスは、次のように主張する。裁判所は、本訴において、ニカラグアが提示している海域の配分について決定することになるから、裁判所は、一九八六年条約の有効性、および、同条約がコロンビア＝ニカラグア間の紛争海域におけるコロンビアの権利の有無を決定することを避けて通ることはできない。したがって、一九八六年条約の地位および内容が本訴においても論点となっている。

ホンジュラスは、一九八六年条約によって、西経八二度線の東側の海域においては、石油開発、海軍による巡回、漁業活動などの主権的権利および管轄権の行使の権利を有すると主張する。ニカラグアは一九八六年条約の締約国ではないから、同条約のみを根拠として問題海域が同国に属すると主張することはできない。したがって、ホンジュラスは、本訴における裁判所の判決は、ニカラグアの請求の関係部分を容認することになるとすれば、ホンジュラスの法律的性質の利害関係に不可避的に影響を与えると確信すると述べる。

ホンジュラスによると、二〇〇七年判決は、ニカラグア＝ホンジュラス間のカリブ海における境界線を完全に解決してはいない。同判決は、西経八二度線で止まっており、同線の東側については何の決定も下していない。裁判所は、二〇〇七年判決では、判断を求められていないという理由で一九八六年条約については何も判断を示していないので、この海域におけるホンジュラス、コロンビア、ニカラグア三国のそれぞれの主権的権利と管轄権については、未確定の状態にある。ホンジュラスによれば、裁判所は、二〇〇七年判決において、ホンジュラスとニカラグアとの間の海洋境界線の最終点（endpoint）を明確に示していない。ホンジュラスが求めるのは、当該海域におけるこれら三国の境界の起点となる「三分割点」（tripoint）を確定することである。

ニカラグアは、二〇〇七年判決で画定した線の南側で北緯一五度線の南側については、ホンジュラスは何らの法律的性質の利害関係をも有さないと主張する。ニカラグアによれば、一九八六年条約は、同国の主権を侵害しており、いかなる法的主張の根拠ともなりえない。二〇〇七年判決こそ、既判事項の原則の効果をもって、ニカラグア＝ホンジュラス間の海洋境界線を全体として最終的に解決している。また、この場合の既判事項の原則は、同判決の主文のみならず主文と不可分の関係にある理由（reasoning）にも及ぶ。ニカラグアは、ホンジュラスの請求は、すでに裁判所において解決済みの問題を蒸し返す試みであって、既判事項の原則を適用して却下すべきであるとも主張する。

他方、コロンビアは、ホンジュラスは裁判所規程第六二条のもとの非当事者としての訴訟参加の要件を満たしていると述べる。さらに、コロンビアは、ホンジュラスの当事者としての訴訟参加にも異議を差し挟まないとする。コロンビアの関心は、一九八六年条約が扱う海域におけるコロンビアのニカラグアとの関係における法的権利についての二〇〇七年判決の効果にある。コロンビアによれば、一九八六年条約において同国がホンジュラスに負う義務は、北緯一五度線の北側で西経八二度線の東側の海域におけるニカラグアに対する権利および利益を本訴において主張することについて何の障害にもならない。なぜなら、コロンビアが一九八六年条約によって約束したことは、ホンジュラスに対するものだからである。

1．ホンジュラスが請求する法律的性質の利害関係

ホンジュラスが請求する法律的性質の利害関係は、基本的に次の二つの論点に関係する。① 二〇〇七年判決は、ホンジュラスとニカラグアの間のカリブ海における両国の海洋境界線問題を全体として解決したか。② 本裁判所による本訴における判決（もし出たとして）が一九八六年条約によってホンジュラスが享受する権利に及ぼす効果は何か。

地図②

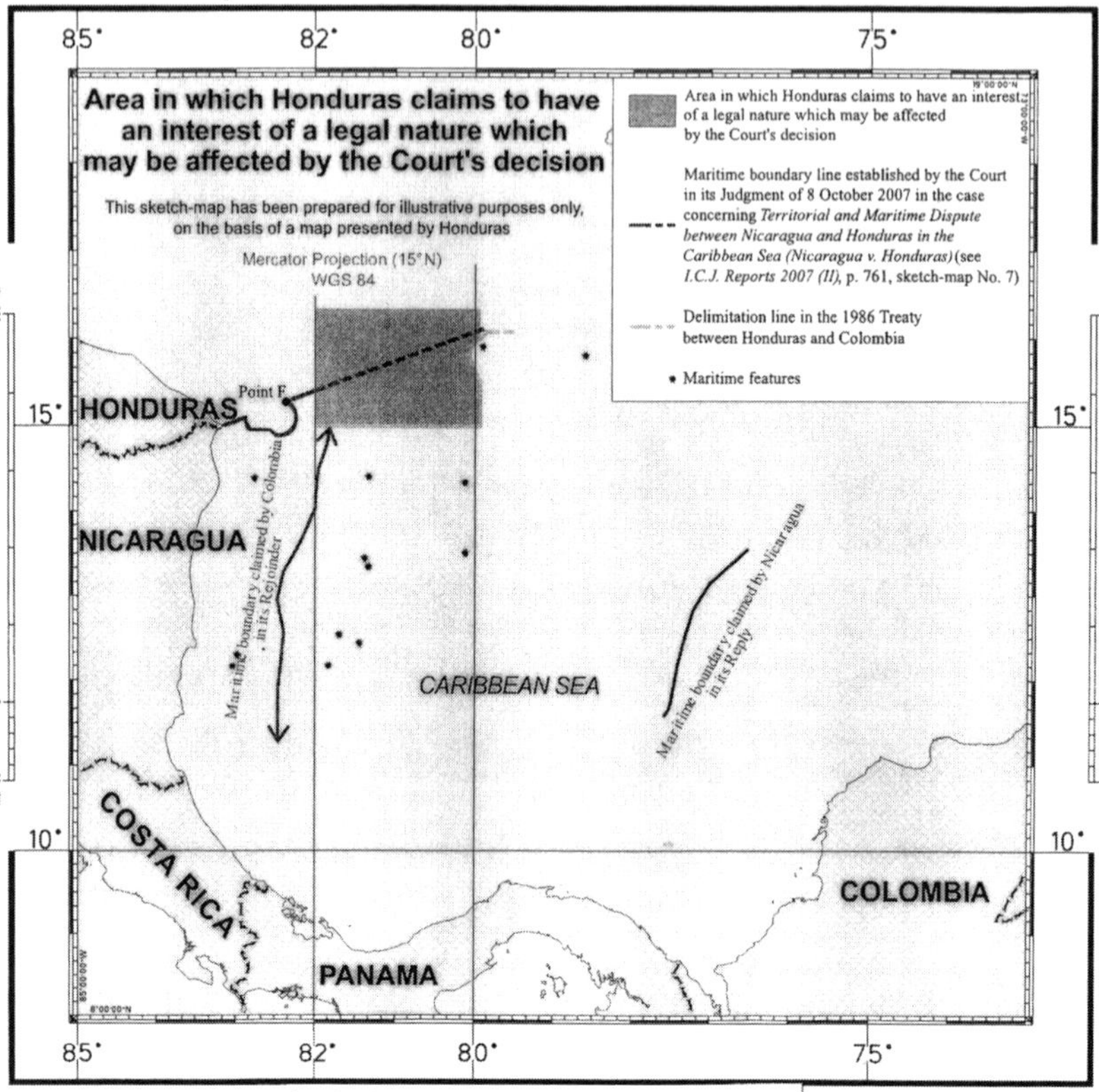

（正確を期するため、判決の地図をそのまま掲載）

ところで、まず裁判所は、二〇〇七年判決において、ホンジュラスとニカラグアの海洋境界線を検討する際に北緯一五度線は何の役割も果たしていないことを指摘する。裁判所が行ったことは、ホンジュラスが領有する海岸に近い島（複数）をある程度考慮に入れた直線をＦ点（Point F）から一定の方向に引いたことである。また、裁判所は、二〇〇七年判決において、西経八二度線の先についてまで判断を示していない。したがって、同判決は、北緯一五度線の北側、西経八二度線の東側の長方形の海域については、ホンジュラスの主張するような法律的利害関係がニカラグアまたはコロンビアとの関係において生じてこない。

2．既判事項の原則の適用

ホンジュラスは、二〇〇七年の判決の理由部分は既判事項には当たらないので、既判事項の原則によって訴訟参加の権利が阻害されることはないと主張する。

この点に関しては、裁判所は以下の諸点について検討する必要がある。

まず、当該海域の二分割線の北側に対するホンジュラスの権利については、ニカラグアもコロンビアも異論を唱えていない。したがって、この海域に関してホンジュラスの法律的性質の利害関係が問題になることはない。

次に、二〇〇七年判決は、主文の第(3)点で述べるように、F点から先は、七〇度一四分四一・二五秒の方向に引かれる直線が第三国の権利に影響を与える点までとするとしていることを指摘する。そして、その結論に至る理由において説明されているように、この第三国の権利が確認されるまでは、二分割線の最終地点は未確定である。

3．ホンジュラスの要請と一九八六年条約の関係

一九八六年条約と二〇〇七年判決の関係については、ホンジュラスとコロンビアの間に見解の相違が見られる。ホンジュラスは、二〇〇七年判決が一九八六年条約の地位と適用に影響を与えているとするならば、一九八六年条約においてホンジュラスがコロンビアに対して負う義務と、二〇〇七年判決でホンジュラスがニカラグアに対して負う義務との間に矛盾が生ずると主張する。しかし、コロンビアは、コロンビアとニカラグアの間の海洋境界線の画定が本訴での裁判所の任務であるから、一九八六年条約に関する判断はするべきではないと主張する。

問題の長方形の海域には、ホンジュラス、コロンビア、ニカラグアの三国が関係する。一九八六年条約のような二国間条約は、第三国に対して何らの権利もまた義務も生じさせない。この「二当事者間の法（*res inter alios acta*）」の原則に従えば、二〇〇七年判決は一九八六年条約を根拠とするはずがない。コロンビアとニカラグアとの間の海洋

境界線は、両当事国の海岸線と海洋地形とによって決定される。その際に、裁判所が一九八六年条約に基礎を置くことはない。

最後に、裁判所は、ホンジュラスが主張する一九八六年条約の境界線の起点となる「三分割点」に関する論点については、論ずる必要はないと判断する。二〇〇七年判決および一九八六年条約に関する諸点について以上において明らかにしたように、ホンジュラスの言う「三分割点」は本訴とは何の関連性もない。

以上の検討に照らして、裁判所は、ホンジュラスが、本訴の判決によって影響を受けることのある法律的性質の利害関係を同国が有するということを説得力ある形で裁判所に示すことに成功していないと結論する。

主文

以上の理由から、裁判所は以下の通り判決する。

一三対二（反対はエブラヒム、ドノヒュー）で、

ホンジュラス共和国によって裁判所規程第六二条に従って提出された、当事者または非当事者としての本訴への訴訟参加の許可の要請は、認められない。

三　研　究

ホンジュラスの訴訟参加許可要請は、コスタリカの訴訟参加許可要請が本訴に「非当事者」(non-party) として参加することを求めたのに対して、まず「当事国として」(as a State party) 参加することを求め、万一裁判所がこの要請を認めない場合には、その「代替として」(in the alternative) 非当事者としての訴訟参加を求めている。このホンジュラスの二段階の要請に対して、裁判所は一括して「当事者または非当事者としての本訴への訴訟参加の許可

の要請は、認められない」と判断した。

確かに判決も指摘しているように、裁判所規程第六二条の規定は、「当事者としての参加」と「非当事者としての参加」を区別していない。しかし、ドノヒュー判事が反対意見において強調しているように、訴訟参加のこの二つの形態は、本訴の当事国および訴訟参加許可要請国への影響が潜在的にまったく異なる。実際、判決も当事者としての訴訟参加の場合は裁判所規則第八一条二項(c)の「参加を請求する国と事件の当事者の間に存在するとされるあらゆる管轄権の根拠」を要請書に記載することが要求されるが、「非当事者として参加する場合にはこの要件は満たす必要がない」として、取り扱いを区別している。

そうだとすると、判決も、この二つの参加形態を区別して論じ、主文も「当事者としての参加について」と「非当事者としての参加について」を分けて二段階で判断を示した方が、論点をより明確にできたのではないかと思われる。実際、エブラヒム判事およびドノヒュー判事の反対意見は、「当事者としての参加」については判決の立場に同意しているのであって、見解を異にするのは「非当事者としての参加」に関する判決の結論（ホンジュラスの訴訟参加を認めないとする）の部分であったのである。

ドノヒュー判事は、「ホンジュラスの非当事者としての訴訟参加は認めるべきである」とする理由を、反対意見において次の二点にまとめる。第一に、ホンジュラスが主張する同国の海域と、本訴でニカラグアおよびコロンビアが主張する海域とは、重なる部分があるから、ホンジュラスは本訴の裁判によって影響を受けることのある法律的性質の利害関係があるという点である。第二に、二〇〇七年に裁判所が下したニカラグア＝ホンジュラス間のカリブ海領土・海洋紛争事件に関する判決において、第三国への影響を考慮して最終点（endpoint）を明確に示さなかったが、本訴においては、コロンビアがこの点を明確にすることを求めており、もしそれが認められるとすると二〇〇七年判決で明示されなかった最終点が明確になるという形でホンジュラスの「法律的性質の利害関係」に影響を与える可能性があるという点である。

このドノヒュー判事の二つの論点については、判決は地理的関係を含めて詳細に検討したうえで結論を出していて、一五人の裁判官のうち一三人がそれを支持していることを考えると、その判断の重みを尊重しなければならないと思われる。

ところで、ホンジュラスの訴訟参加許可の要請は、「ホンジュラスの法律上の権利および利害関係（legal rights and interest）の性質を裁判所に情報提供（inform）することに」あるとしている。コスタリカの訴訟参加許可要請の場合と同様に、裁判所規程第六二条が要請国に要求している「影響を受けることのある『法律的性質の利害関係』」とホンジュラスが求める「法律上の権利および利害関係」が概念的にどう関係するのかという問題が潜在的にある。この点に関して、アル・ハサウネ判事は、本判決に付した宣言において、「権利」と「法律的性質の利害関係」を区別して扱う必要はないとする持論を、コスタリカの訴訟参加に関する判決の自身の反対意見に論及しながら強調している。ただ、本判決においては、コスタリカの訴訟参加に関する判決に比べてこの点の区別が明確にされていないために、他の判事はとくに個別意見や反対意見においてこの点を詳細には論じていない。

注

（1）松田幹夫「リギタン島及びシパダン島の主権に関する事件―訴訟参加に関するフィリピンの申請」（インドネシアおよびマレーシア、二〇〇一年一〇月二三日判決）波多野里望・廣部和也編著『国際司法裁判所―判決と意見』第三巻（一九九四―二〇〇四年）（国際書院、二〇〇七年）四九三～四九五頁。

（2）東　壽太郎「ニカラグア＝ホンジュラス間のカリブ海領土・海洋紛争事件」（ニカラグア対ホンジュラス、二〇〇七年一〇月八日判決）『国際司法裁判所―判決と意見』第四巻（二〇〇五―一〇年）第一部第九節。

参考文献

（1） 大河内美香「国際司法裁判所における訴訟参加と紛争の相対的解決との交錯（二）」『東京都立大学法学会雑誌』（第四三巻一号、二〇〇二年七月）四二七―四六一頁。

（2） 小田滋「国際司法裁判所における第三国の訴訟参加」『国際法外交雑誌』（第八四巻一号、一九八五年四月）一～三八頁。

（3） 砂川和泉「国際司法裁判所における訴訟参加－管轄権の問題を中心に」『神戸法學雑誌』（第四八巻一号、一九九八年六月）三一～六九頁。

四　本案に関する判決

判決日　二〇一二年一一月一九日

事件概要　二〇〇一年一二月六日、ニカラグアは、コロンビアとの間のカリブ海にあるいくつかの島や岩礁等に対する主権、ならびに、両国間の海洋境界線をめぐる紛争を解決するために国際司法裁判所に訴えを提起したが、コロンビアは裁判所の管轄権を争って先決的抗弁を行った。裁判所は、二〇〇七年一二月一三日の判決で、一部の島については条約ですでに紛争が解決しているとして管轄権を否定したが、その他の島や岩礁等の海洋地形に対する主権の問題および海洋境界線画定の問題については、管轄権を容認する判断を示した。二〇一〇年二月二五日、コスタリカは、また、同年六月一〇日、ホンジュラスは、それぞれ裁判所に対して訴訟参加の許可を要請した。二〇一一年五月四日、裁判所は、いずれの国の訴訟参加許可要請に対しても不許可の決定を下した。

本件はその本案判決である。裁判所は、①アルバカーキ、バジョ・ヌエボ等についてはコロンビアの主張通りにその主権を認め、②ニカラグアおよびコロンビアの本土の海岸線から地理的および法的枠組みにより測られる大陸

地図③

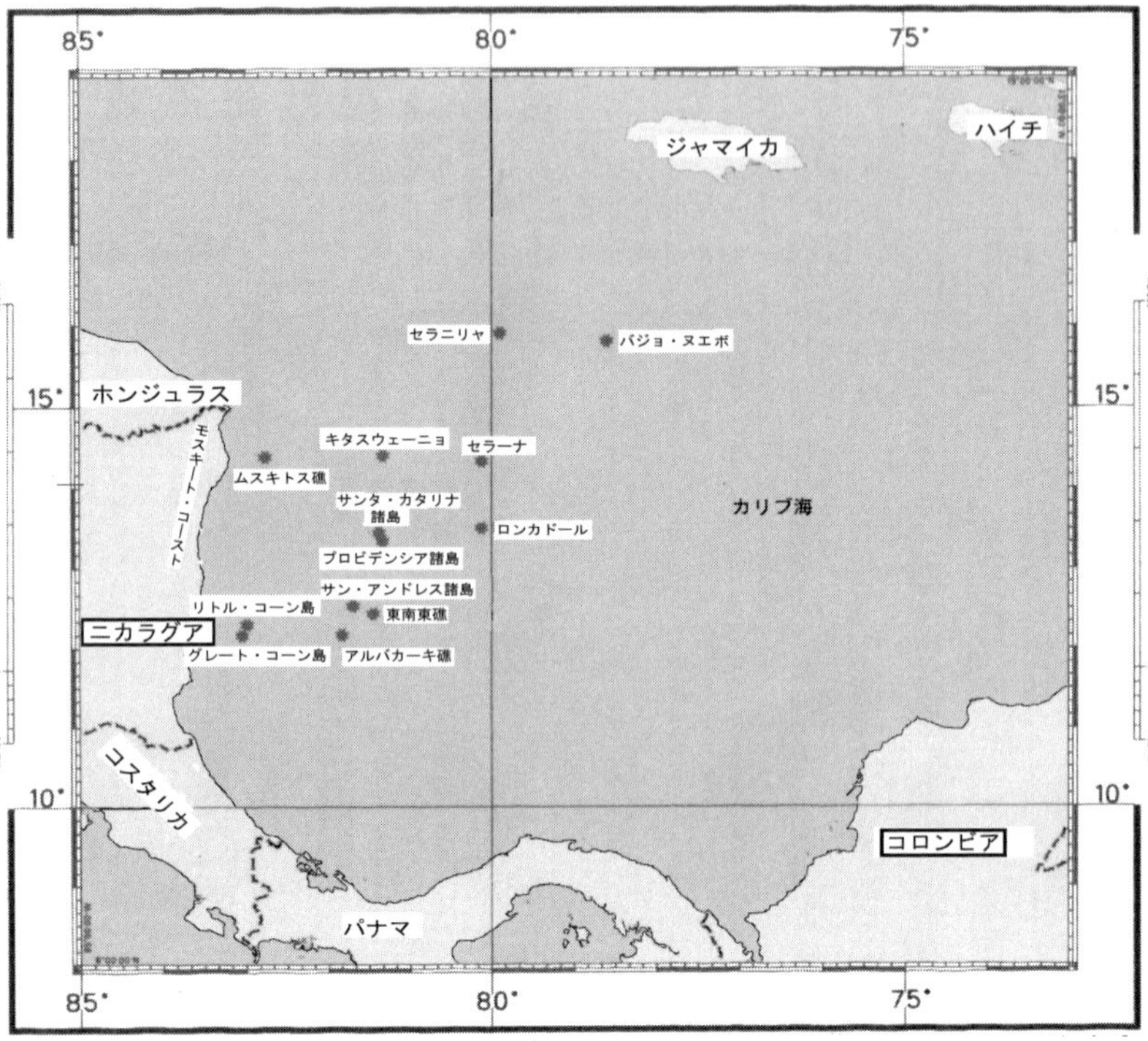

判決に示された地図をもとに筆者が作成したもの

棚の重複する部分の境界線は等しく分割することが適切な境界線画定の方式であるというニカラグアの主張は認めるが、その他の大陸棚に関連するニカラグアの要求は否定し、③ニカラグア＝コロンビア間の大陸棚および排他的経済水域の境界線を緯度および経度で示された六点を結ぶ線およびその先に引かれる線で画定し、④キタスウェーニョの海洋境界線は、QS32の低潮線から一二海里まで、および、セレーナとその周辺の海洋地形についても低潮線からそれぞれ一二海里までとする判断を示した。

一 事実

二〇〇一年一二月六日、ニカラグアはコロンビアを相手取って、カリブ海における両国間の領域および海洋境界線に関する紛争を裁判所に提起した。裁判所は、二〇〇七年一二月一三日、コロンビアが提出した先決的抗弁を、条約で解決済みのサン・アンドレス、プロビデンシア、サンタ・カタリナについては認めたが、その他の争点に関しては否認する判決を下した。また、裁判所は、コスタリカおよびホンジュラスが提出した訴訟参加許可要請に対しては、いずれの国についても、二〇一一年五月四日の判決で不許可とした。そのうえで、裁判所は本案の審議に入った。

本案に関して、ニカラグアは訴状の中で以下のように主張した。

(1) プロビデンシア、サン・アンドレス、サンタ・カタリナ、およびそれらに付属するすべての島や小島、さらにロンカドール、セレーナ、セラニリャ、キタスウェーニョは領有の対象となる範囲において、ニカラグアに主権がある。

(2) ニカラグアとコロンビアにそれぞれ帰属する大陸棚と排他的経済水域の間に、単一の海洋境界線を、衡平の原則（equitable principle）、および一般国際法（general international law）のもとでこの種の単一の海洋境界線画定の際に適用される関連事情（relevant circumstances）に従って画定すること。

(3) ニカラグアは、コロンビアが、サン・アンドレスおよびプロビデンシアならびに西経八二度線までの間に散在する小島や海域を法的権原なしに占有することによって得た不当利得について、損害賠償を要求する権利を留保する。また、ニカラグア船籍の漁船およびニカラグアの許可を得て操業する漁船へのコロンビアによる妨害行為に対する賠償請求権も留保する。

ニカラグアは、さらに書面審査における訴状（Application）において、以下の主張を行った。

(1) ニカラグアは、サン・アンドレス、プロビデンシア、サンタ・カタリナ、およびそれらに付属する諸小島に対して主権を有する。

(2) ニカラグアは、以下の砂洲（cays）に対して主権を有する。アルバカーキ、エステ・スデステ、ロンカドール、ノース・ケイ、サウスウェスト・ケイ、セラーナの浅瀬（bank）の上のすべての砂洲、ロウ・ケイ、およびバジョ・ヌエボの浅瀬の上のすべての砂洲。

(3) キタスウェーニョの浅瀬にある地形（features）のうち国際法上島として認められるものを見つけそれがニカラグアの主権のもとにあることを確認することを裁判所に求める。

(4) 一九二八年三月二四日に署名されたバルセナス・エスゲラ条約（Barucenas-Esguerra Treaty）は法的に効力を有さず、とくに、コロンビアのサン・アンドレスおよびプロビデンシアに対する主権の主張の根拠とはならない。

(5) かりに裁判所がバルセナス・エスゲラ条約を有効であると判断したとしても、コロンビアによる同条約違反によってニカラグアは同条約を破棄する権利を有する。

(6) かりに裁判所がバルセナス・エスゲラ条約は正式に締結されその後も有効であると判断した場合には、同条約が西経八二度線に沿った海域の境界線を確定していないと判決すること。

(7) かりに裁判所がサン・アンドレスおよびプロビデンシアに対するコロンビアの主権を認めたとしても、これらの島は独立のもの（enclaved）として一二海里の領海のみを認めることが、地理的・法的枠組みによって正当化される適切で衡平な解決である。

(8) 砂洲がコロンビアの主権下にあると認められた場合には、それらの周囲に三海里の囲い（3 nautical mile enclave）で海洋境界線を引くことが、衡平な解決である。

(9) ニカラグアとコロンビアの本土の海岸線が投影する地理的・法的枠組みによる境界線画定の適切な方式は、両国の海岸線から測った単一の中間線によることである。

また、ニカラグアは抗弁書（Reply）において、以下の主張を行った。

(1) ニカラグアは、同国のカリブ海沿岸にあってサン・アンドレス群島に含まれないすべての海洋地形（maritime features）、とくに以下の砂洲に対して主権を有する。アルバカーキ、エステ・スデステ、ロンカドール、ノース・ケイ、サウスウェスト・ケイおよびセラーナの浅瀬の上にあるすべての砂洲、イースト・ケイ、ビーコン・ケイおよびセラニリャの浅瀬の上にあるすべての砂洲、ロウ・ケイおよびバジョ・ヌエボの浅瀬の上にあるすべての砂洲。

(2) もし裁判所がキタスウェーニョの浅瀬に国際法上島とみなされる地形が存在すると判断する場合は、これらの地形はニカラグアの主権下にあると認めるよう要請する。

(3) ニカラグアとコロンビアの本土の海岸線から、それぞれ地理的・法的枠組みで測られる大陸棚の境界線は、次の諸点を結ぶ線であるというのが、領域画定の適切な方式である。

	北　緯	西　経
1.	一三度三三分一八秒	七六度三〇分五三秒
2.	一三度三一分一二秒	七六度三三分四七秒
3.	一三度〇八分三三秒	七七度〇〇分三三秒
4.	一二度四九分五二秒	七七度一三分一四秒
5.	一二度三〇分三六秒	七七度一九分四九秒
6.	一二度一一分〇〇秒	七七度二五分一四秒

7.　一一度四三分三八秒　　　　　七七度三〇分三三秒
8.　一一度三八分四〇秒　　　　　七七度三二分一九秒
9.　一一度三四分〇五秒　　　　　七七度三五分五五秒

(4)　サン・アンドレスおよびプロビデンシア（サンタ・カタリナ）は独立のものとして一二海里の境界線で囲むというのが、地理的・法的枠組みによって正当化される適切な解決である。

(5)　コロンビアの主権下にあると認められるすべての砂洲は、それらの周囲に三海里の囲いで海洋境界線を引くことが、衡平な解決である。

(6)　コロンビアが、ニカラグアによる西経八二度線の東側での天燃資源へのアクセスおよびその利用を阻害および妨害する行為を行い、それによって国際法上の義務に違反したと判決し宣言するとともに、以下のことを命ずること。

(i)　コロンビアは、このようなニカラグアの権利を侵害するすべての阻害または妨害活動をただちに停止すること。

(ii)　この国際義務違反から生ずるニカラグアの損害および被害に対して、コロンビアは賠償金を支払う義務がある。

(iii)　具体的な賠償金額は、のちの裁判審理を通して決められる。

一方、コロンビアは、答弁書（Counter Memorial）において次のように反論した。

(1)　コロンビアは、当事国間で争われている海洋地形のすべて、とくに以下のものに対して、主権を有する。アルバカーキ、イースト・サウスイースト、ロンカドール、セレーナ、キタスウェーニョ、セラニリャ、バジョ・

(2) ヌエボ、およびサン・アンドレス群島を構成する付属の地形。

ニカラグアとコロンビアとの間の排他的経済水域および大陸棚の境界線は、当事国の領海の基線のもっとも近い地点から等距離にある単一の中間線とする。

また、コロンビアは、再抗弁書（Rejoinder）において、答弁書で指摘した二点を繰り返すとともに、新たにニカラグアが要請した裁判所による宣言発出の要求を棄却するよう求めた。

なお、二〇一二年五月一日の口頭審理において、ニカラグアは次の最終意見書を提出した。

「ニカラグア共和国は、裁判所規則第六〇条の規定に基づき、かつ、書面および口頭審理での訴答を踏まえて、

I. 裁判所が以下の通り判決し宣言することを求める。

(1) ニカラグア共和国は、同国のカリブ海沿岸にあってサン・アンドレス群島に含まれない全ての海洋地形（maritime features）、とくに以下の砂州に対して主権を有する。アルバカーキ島、エステ・スデステ島、ロンカドール・ケイ、ノース・ケイ、サウスウェスト・ケイ、およびセラーナの浅瀬の上にあるすべての砂州、イースト・ケイ、ビーコン・ケイおよびセラニリャの浅瀬の上にあるすべての砂州、ロウ・ケイおよびバジョ・ヌエボの浅瀬の上にあるすべての砂州。

(2) もし裁判所がキタスウェーニョの浅瀬に国際法上島とみなされる地形が存在すると判断する場合は、これらの地形はニカラグアの主権下にあると認める。

(3) ニカラグアとコロンビアの本土の海岸線から、それぞれ地理的および法的枠組みで測られる大陸棚に対する重複する権利については、両国の間で等しく分割するのが領域画定の適切な方式である。

(4) サン・アンドレスおよびプロビデンシアとサンタ・カタリナは、独立の島として一二海里の境界線で囲まれ、

そこに対して海洋に対する権利（maritime entitlement）が及ぶというのが、地理的・法的枠組みによって正当化される適切な解決である。

(5) コロンビアに帰属すると認められる全ての砂州は、それらの周囲に三海里の囲いで海洋境界線を引くのが衡平な解決である。

Ⅱ．さらに、裁判所が、以下のことを判決し宣言することを求める。

「西経八二度線の東側でのニカラグアによる天然資源へのアクセスおよびその利用を阻害または妨害するコロンビアの行為は、国際法上の義務に違反する。」

同年五月四日の口頭審理において、コロンビアも次の最終意見書を提出した。

「コロンビア共和国は、裁判所規則第六〇条の規定に基づき、かつ、書面および口頭審理での訴答を踏まえて、裁判所が以下の通り判決し宣言することを求める。

(1) ニカラグアの新たな大陸棚に対する請求は受理不可能であり、したがって、ニカラグアの最終意見書のI(3)（両国の大陸棚の境界線は、重復する部分を等しく分割する線とするとの主張）は棄却する。

(2) コロンビアは、本訴の当事者の間で係争中のすべての海洋地形、とくに以下のものに対して、主権を有する。アルバカーキ、イースト・サウスイースト、ロンカドール、セラーナ、キタスウェーニョ、セラニリャ、バジョ・ヌエボおよびサン・アンドレス群島を構成するすべての付属地形。

(3)　ニカラグアとコロンビアの間の排他的経済水域および大陸棚の画線は、単一の海洋境界線、すなわち、この意見書に添付されている地図に示されているように、それぞれの領海を測る基線に最も近い等距離の点を結ぶ中間線によって行われる。

(4)　ニカラグアの書面による意見書のⅡは棄却する。」

裁判所は、二〇一二年一一月一九日、争点を六点にまとめ、第二点の、海を挟んで相対する国の間の大陸棚の重複部分の境界については、両当事者間で等しく分割するのが適切な境界画定の方式であるというニカラグアが要請した宣言を容認する点を除き、すべての点で全員一致で判決を下した。全員一致によらなかった第二の点は、一四対一(反対は小和田判事)で支持された。

二　判　決

(1)　主権の主張について

海洋地形は領有の対象になり得るか

最初に裁判所は、海洋地形が国家による領有の対象になり得るか否かについて、検討する。島が大小にかかわりなく領有の対象になることは、国際法上確立している。他方、低潮高地（low-tide elevations）は、当該国の領海内に存在する場合を除き、領有の対象とはならない。本訴の両当事国は、アルバカーキ、ロンカドール、セラーナ、セラニリャ、バジョ・ヌエボは、つねに海面上にある島なので、領有の対象となることについて合意している。しかし、キタスウェーニョ周辺の海洋地形に関しては、島かどうかについて両国間に見解の相違が見られる。この点については、コロンビアが提出したロバート・スミス博士の調査報告書によれば、QS32と呼ばれる海洋地形は、つねに海面上にあるとされる。裁判所はこの科学的調査結果を考慮して、QS32は島であり領有の対象となり得ると判断する。

キタスウェーニョにあるその他の海洋地形に関しては、コロンビアが提出した証拠は、それらを島とするには不十分であるため、裁判所は国際法上の低潮高地であると判断する。

紛争海域における主権の問題

一九二八年三月二四日にコロンビアとニカラグアが署名した「領域問題に関する条約」(「一九二八年条約」)は、サン・アンドレス、プロビデンシア、サンタ・カタリナ、およびサン・アンドレス群島を構成するその他の島、小島、サンゴ礁はコロンビアの主権のもとにあると規定する。ここで問題になるのは、「サン・アンドレス群島」の意味であるが、一九二八年条約はこのことについて何も規定していない。一九二八年条約の批准書交換のために両国が一九三〇年に締結した議定書(「一九三〇年議定書」)は、同群島の西側の限界を西経八二度線と規定しているだけで同群島の東側の限界は何も示していない。両国が提出した歴史的文書もサン・アンドレス群島の構成について明確にするものはない。したがって、裁判所は、一九二八年条約も、また歴史的記録も、サン・アンドレス群島が何によって構成されているかを明確に示してはいないと結論する。

そこで裁判所は、双方が主張するその他の判断の基礎を検討しなければならない。まず、ウティ・ポシデティス(*uti possidetis juris*)の原則があげられるが、この原則は、本件に関しては何の役にも立たない。なぜなら、両国がスペインから独立する以前に、植民地行政区画(colonial provinces)に当該群島が所属していたことを明確に示す記録が存在しないからである。

次に、裁判所は、コロンビアが主張する実効的支配(effectivités、領域を支配する権限の行使)について検討する。コロンビアによれば、同国は当該領域に対して、行政権、立法権、経済活動の規制、公共事業、法執行措置、軍艦の訪問、捜索救命活動、領事の駐在などの実効的支配を実行してきた。コロンビアは、当該領域に対して、数十年にわたり継続的に一貫して主権を行使してきた。この間、一九六九年に両国間に紛争が発生するまでは、コロンビアはニカラグアから何の抗議も受けることはなかった。さらに、コロンビアが当該領域を行政的に管理した証拠があるのとは対照的に、ニカラグアによる行政的管理の証拠は何も示されていない。以上のことは、当該海洋地形に対するコロンビアの主権の主張を強く裏付ける事実であると裁判所は判断する。

(2) 大陸棚の境界線について

次に裁判所は、ニカラグアが主張する両国間の二〇〇海里を超える大陸棚の境界線画定の問題の検討に移る。まず裁判所は、コロンビアが「海洋法に関する国際連合条約」(「国連海洋法条約」)の締約国ではないことを指摘する。したがってこの場合に適用される法は、慣習国際法である。ところで国連海洋法条約第七六条一項で規定する大陸棚の定義は、慣習国際法の一部となっていることに留意しなければならない。

さらに裁判所は、「ニカラグア＝ホンジュラス間のカリブ海領土・海洋紛争事件」(Territorial and Maritime Dispute between Nicaragua and Honduras in the Caribbean Sea) に関する判決において指摘したように、「国連海洋法条約の締約国は、二〇〇海里を超える大陸棚への権利主張は、同条約第七六条の規定に沿うものでなければならら」ず、かつ、同規定のもとで設置された「大陸棚の限界に関する委員会」(「大陸棚限界委員会」) の審査を受けなければならないと判断する。国連海洋法条約の前文に規定されている主旨および目的に照らせば、コロンビアが同条約の締約国ではない事実をもってニカラグアは第七六条の義務を免れることはできない。ところでニカラグアは、大陸棚限界委員会に「予備的情報 (preliminary information)」のみを提出したことになっている。これは、同国自身が認めているように、同委員会が大陸棚の外縁確定のために勧告をすることに必要な要件を満たすものではない。裁判所の手元にはこれ以上の情報はないので、本件においては、ニカラグアは、コロンビアの本土から測って二〇〇海里までのコロンビアの大陸棚とニカラグアが主張する大陸棚が重複するということを立証してはいないと判断する。したがって、裁判所は、ニカラグアが要請するような大陸棚の境界線を画定する立場にはない。別言すれば、ニカラグアのこの点に関する主張は認められない。

(3) 海洋境界線の問題

適用法規

上記において検討した両当事国間の大陸棚の外縁の境界線の問題とは別に、ニカラグアが同国の本土および近隣の島々から測って二〇〇海里までの大陸棚と排他的経済水域に対して有する権利は、コロンビアが領有すると裁判所が判示した島々から測って二〇〇海里までの大陸棚および排他的経済水域と重複するところがある。

すでに指摘したように、この点に関する適用法は慣習国際法である。裁判所は、国連海洋法条約第七四条および七六条に規定する海洋境界線に関する原則ならびに島の制度に関する第一二一条は、慣習国際法を「具体的に反映」(reflect) するものであると考える。

関連する海岸線

次に大陸棚および排他的経済水域の境界線を画定するための関連する海岸線について検討する。裁判所は、ニカラグアについては、関連する海岸線はニカラグアの全海岸線であると考える。その際、大陸棚および排他的経済水域のための二〇〇海里を測る基線は、同国の沿岸に点在する島々を含めるものとする。ただし、これらの島々は海岸線に沿って点在しているので、海岸線の長さには影響しない。

コロンビアについては、ニカラグアの自然延長 (natural prolongation) に基づく大陸棚の主張は容認されなかったので、本件において問題となるのは、コロンビアが主張する大陸棚および排他的経済水域のうちニカラグアが主張する大陸棚および排他的経済水域と重複する部分、すなわち、コロンビアの本土から測られる大陸棚および排他的経済水域ではなく、コロンビアの主権が認められた島々から測られる大陸棚および排他的経済水域である。したがって、関連する海岸線は、これらの島々、具体的にはサン・アンドレス、プロビデンシア、そしてサンタ・カタリナの海岸線である。また、アルバカーキ、イースト・サウスイースト、ロンカドール、セラーナも考慮されるべきである。ただし、キタスウェーニョ、セラニリャ、バジョ・ヌエボは距離が離れており考慮すべきではないと考える。

以上をまとめると、ニカラグアの関連する海岸線は五三一キロメートル、コロンビアの海岸線は六五キロメートル、比率にするとコロンビア一に対してニカラグア八・二となる。

関連海域

「関連海域（relevant area）」は、海洋境界線を画定するための手法（methodology）として考慮されるものである。一般的地理的文脈において関連する海岸線の形状によって、関連海域は、一部の海洋部分を含むことがあるし、また扱っている事例に関連がない海洋部分は除くこともある。さらに、関連海域は、境界線を引いた場合に極端に不均衡（disproportionate）な結果を生ずる場合にも意味を持ってくる。ここで強調すべきことは、関連海域は、厳密（precise）に測られるものではなく、むしろ近似値（approximate）だと言うことである。境界線を引く目的は、海洋境界の衡平（equitable）な配分であって、平等（equal）な配分ではないからである。

関連海域は、当事国の権利が重複する海の部分である。本件においては、関連海域は、ニカラグアの領海を測定する基線から東方に二〇〇海里までの海域である。ところで、ニカラグアは、国連海洋法条約第一六条二項に従ってかかる基線の位置を国連事務総長に通報していない。したがって、本件の関連する海域は近似値とならざるを得ない。

この関連海域の北と南において、利害関係を有する第三国が存在する。北に目を向けると、二〇〇七年一〇月八日に裁判所が決めたニカラグアとホンジュラスの間の海洋境界線があり、また、一九九三年の二国間条約で定められたコロンビアとジャマイカの間の海洋境界線がある。さらに、コロンビアとジャマイカが「共同レジーム海域（Joint Regime Area）」（境界線を引かないまま共同開発することに合意した海域）と指定した部分もある。南については、コロンビアとパナマとの間の、一九七六年に署名され翌七七年に発効した二国間条約に基づいて引かれた境界線があり、一九七七年に署名された二国間条約（未発効）によって画定したコロンビアとコスタリカの間の境界線もある。

地図④

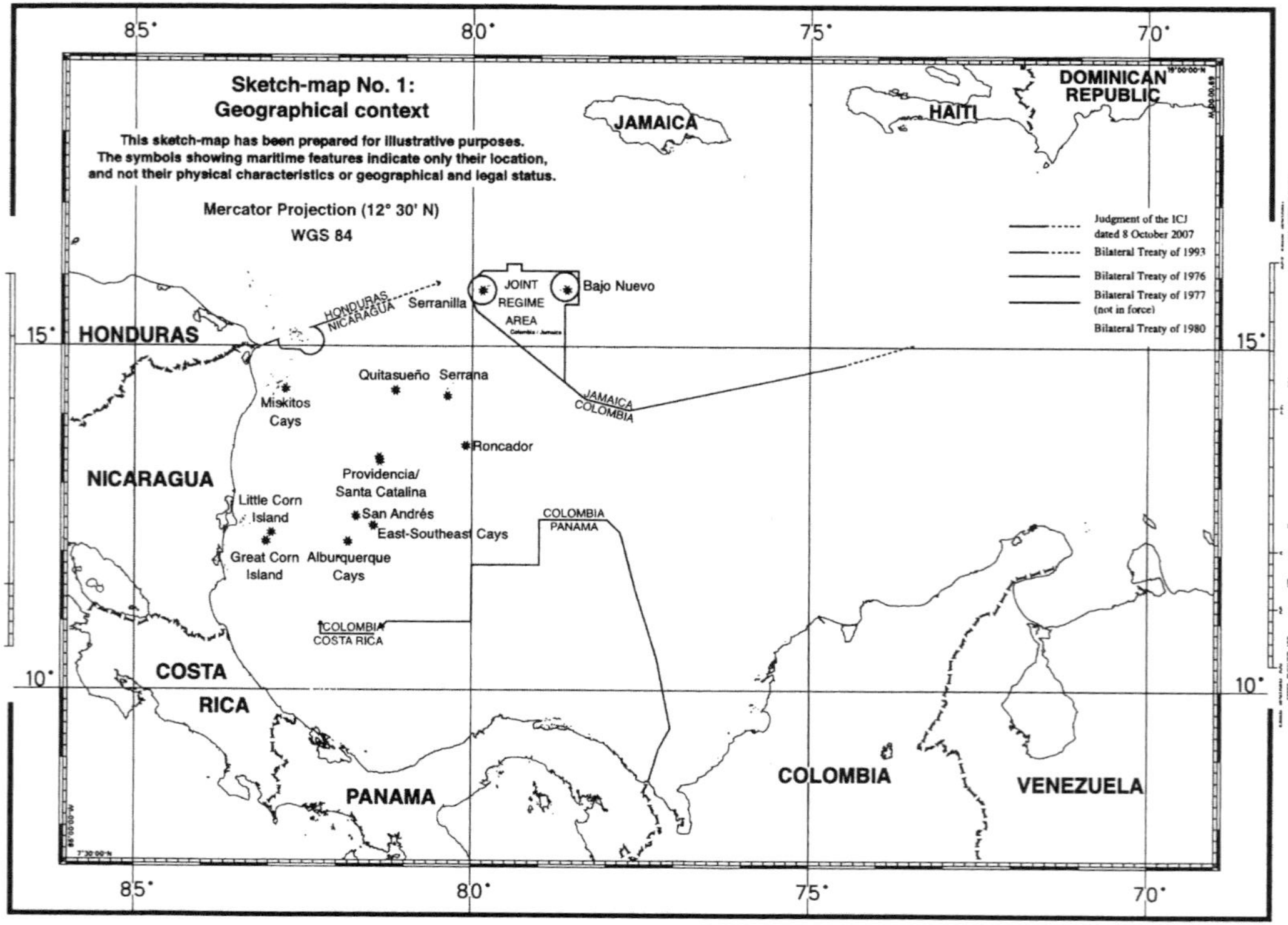

正確を期するため、判決の地図をそのまま掲載

これらの二国間条約は、それぞれの当事国の間の法的関係において意味を持つものであって、ニカラグアにとっては直接関係を生ずるものではない。別言すれば、いずれの二国間条約も、ニカラグアにとっては、コスタリカ、ジャマイカ、パナマそれぞれとの関係での権利や義務に影響を与えることはないし、逆にこれら三カ国に対して、ニカラグアとの関係で、義務を課したり権利を付与したりするものでもない。したがって、コロンビアとニカラグアの間の境界線を画定することによって、裁判所は、これら三カ国とニカラグアの間の権利や義務に影響を与えることを意図するものではないことを指摘する。

以上のことから、裁判所は、本件における関連海域は、北は、二〇〇七年一〇月八日の裁判所判決によってニカラグアとホンジュラスの間に引かれた海洋境界線に沿って北緯一六度線に至るまで進む。そのあと、東の方向にコロンビア＝ジャマイカ間の「共同レジーム海域」に至るまで進む。そこから共同レジーム海域の境界線をたどりセラニリャから一二海里の線に沿ってニカラグアから二〇〇海里の地点までとなる。これが北の境界線である。南は、関連する海域は東側のニカラグアから二〇〇海里の線とコロンビア＝パナマ間で合意された境界線とが交差する点にはじまる。そこからコロンビア＝パナマ境界線に沿ってコロンビア＝コスタリカ間で合意された境界線と交差するところまで西にそして北に進む。その先はコロンビア＝コスタリカ線を西方向にコスタリカとニカラグアそれぞれの海岸線からの等距離線と交差する点まで行く。以上の線で囲まれた関連する海域の面積は、おおよそ二〇万九千二八〇平方キロメートルになる。（地図④参照）

海洋地形から生ずる当事国の権利

サン・アンドレス、プロビデンシア、サンタ・カタリナはいずれも島であるので、その周辺に領海、大陸棚、そして排他的経済水域を設定することができることについてニカラグアとコロンビアの間で意見の相違はない。この権利は、原則として、すべての方向に向けて二〇〇海里まで広げることができる。両当事国が対立しているのは、アルバカーキ、ロンカドール、セラーナ、セラニリャ、そしてバジョ・ヌエボから生ずるこの種の権利についてである。

まず裁判所は、セラニリャとバジョ・ヌエボは、先に示した関連海域の外側にあるので、本件において、各当事国の海洋境界に関する権利の範囲を決定することを求められてはいないことを指摘する。他方、アルバカーキ、イースト・サウスイースト、ロンカドール、およびセラーナについては、いずれも島であるので、今日の国際法のもとでは、沿岸国が一二海里までの領海を設定することができる。その場合、国連海洋法条約第一二一条三項の例外規定（人間居住や独自の経済生活が維持できない岩は大陸棚および排他的経済水域を設定できないとする規定）は関係してこない。これらの島々および周辺の諸小島に大陸棚および排他的経済水域が設定できるかどうかに関しては、これらの海域がサン・アンドレス、プロビデンシア、サンタ・カタリナの大陸棚および排他的経済水域に含まれるので、本件においては検討する必要がない。

また裁判所は、コロンビアがキタスウェーニョのQS32の周辺に一二海里の領海を設定する権利を有することを認める。ただし、いずれの当事国も、QS32が「人間の居住又は独自の経済生活を維持することのできない岩」（国連海洋法条約第一二一条三項）以上のものであることを示唆していないことから、この海洋地形は大陸棚および排他的経済水域を設定できないと判断する。

境界線画定の方式

海洋境界線画定に際しては、裁判所は次の三段階方式をとる。まず第一段階は、当事国間の領土（島を含む）の間に暫定境界線（provisional delimitation）を引くことである。この線は、当事国の海岸線のもっとも適した基点（base points）を使って引かれる。第二段階は、暫定的に引かれた等距離線または中間線（暫定中間線）を、衡平な結果を導くために調整または移動しなければならない関連事情（relevant circumstances）が存在するかどうかを検討することである。第三段階は、不均衡テストである。これは、第二段階で引かれた境界線によって各当事国に認め

地図⑤

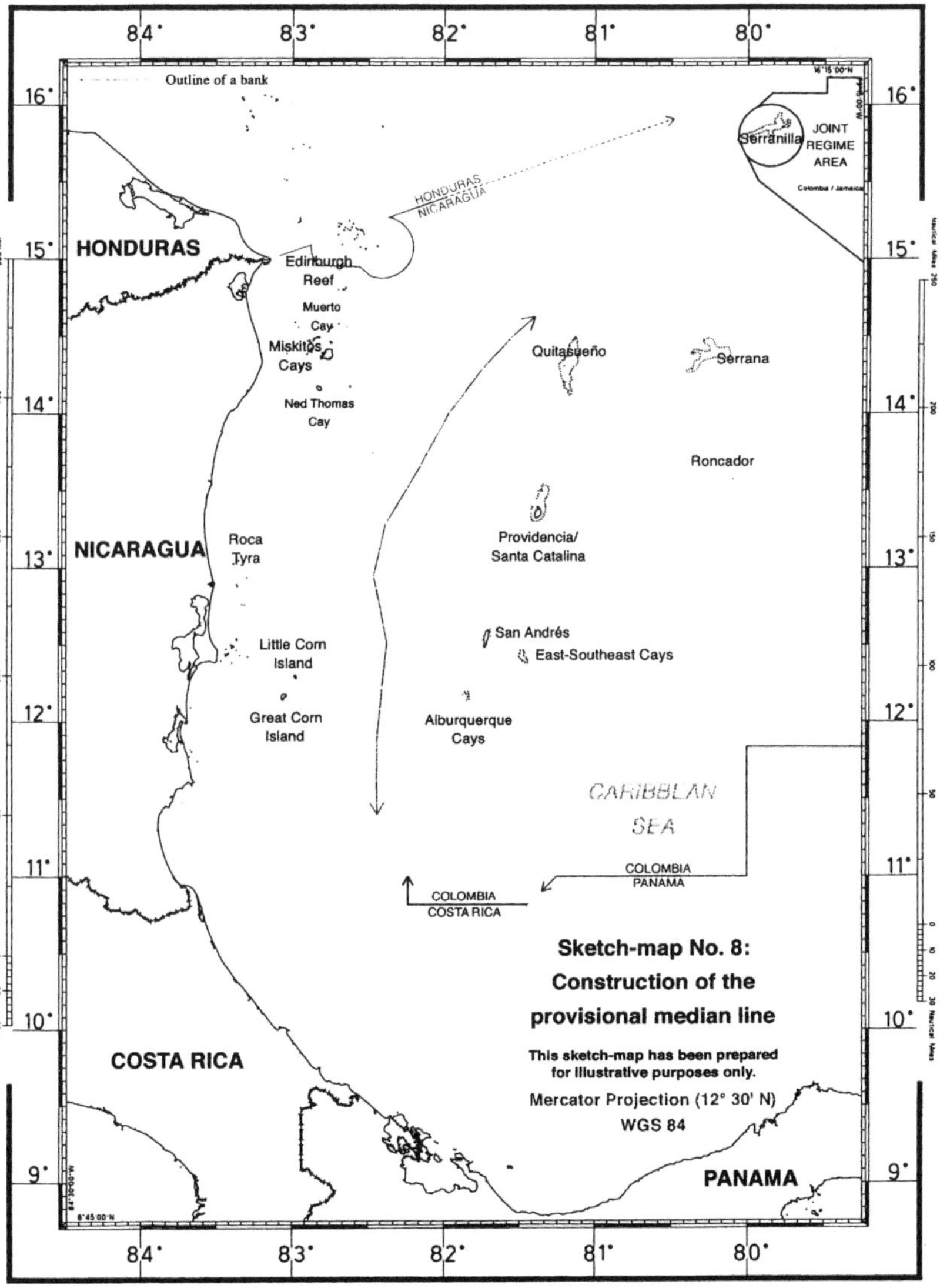

正確を期するため、判決の地図をそのまま掲載

られた関連海域の範囲が、各当事国の関連する海岸線の比率から極端に乖離していないかどうかを検討することである。

基点の決定および暫定境界線の設定

ニカラグアの海岸線に関しては、裁判所は、エディンバラ礁、ムエルト、ミスキトス、ネッド・トーマス、ロカ・ティラ、リトル・コーン島、グレート・コーン島を基点として用いる（地図⑤参照）。

コロンビアに関しては、キタスウェーニョは、暫定中間線を引くうえで考慮すべきではないと考える。なぜなら、キタスウェーニョには、たしかに高潮時においても海面上に出る部分はあるにはあるが、それは一平方メートルほどの小さな海洋地形に過ぎないからである。ごく小さな海洋地形を基点に選ぶとすると、関連する地形の全体像を誤ってとらえることになるので、暫定中間線を引く際には考慮に入れないことが適切である。同様の理由で、セラーナおよびロウも基点とすべきではない。したがって、コロンビア側の起点は、サンタ・カタリナ、プロビデンシア、サン・アンドレスの三つの島とアルバカーキとする。

以上のニカラグア側とコロンビア側それぞれの基点をもとに暫定中間線を引くと、Sketch-map No. 8のようになる（地図⑤）。

関連する事情

次に裁判所は、衡平な解決を達成するためにいくつかの関連する事情を考慮する。

① 関連する海岸線の長さの違い

暫定中間線を調整または移動する一つの要素は、両当事国の海岸線の長さの相当な違い（substantial difference）

である。本件に関する海岸線の長さの違いは、コロンビア一に対してニカラグア八．二である。これは明らかに暫定中間線の調整または移動を必要とする実質的な違いである。

② 全体の地理的文脈

裁判所は、コロンビアの島々が「ニカラグアの大陸棚」の上に存在しているというニカラグアの主張に対しては、何らの重きも置くべきではないと信ずる。過去に繰り返し確認してきたように、沿岸国の二〇〇海里内で海洋に対する権利が重複する場合の境界画定に関しては、地理的および地形学的考慮は何らの影響も与えない。

しかし、裁判所は、衡平な解決を達成するために、境界線はできる限り合理的で相互に均衡のとれた方法で両当事国の海洋への権利が確保されるように引かれなければならないと考える。暫定中間線は、ニカラグアの海岸線から東方に向けて広がるニカラグアの主張する海域の七五％を失うことを意味する。この削減効果は、衡平な結果を得るために暫定中間線を調整または移動させる必要のある関連する考慮事項となる。

③ 当事国の行動

裁判所は、当事国の行動に関しては、暫定中間線を調整したり移動したりしなければならないほどの特別な事情は存在しないと判断する。

④ 安全保障および法執行の考慮

裁判所は、暫定中間線の調整または移動を検討する際に、安全保障上の配慮を適切に行うこととする。

⑤　衡平な天然資源へのアクセス

裁判所は、本件においては、天然資源へのアクセスの問題が暫定中間線の調整または移動を必要とするほど配慮しなければならない特別なものとは考えない。

⑥　当該海域においてすでに確定している境界線

裁判所は、パナマがコロンビアとの合意によって、両国の境界線の北側および西側に対するコロンビアの権利を承認したと認める。同様に、コロンビアとコスタリカの間の未批准ではあるが署名された条約によって、コスタリカは、両国間の境界線の北側および東側に対するコロンビアの権利を、少なくとも実際上承認（potential recognition）している。さらにコロンビア＝ジャマイカ間条約は「共同レジーム海域」の境界線の南西部分に対するコロンビアの権利をジャマイカは承認している。しかし、裁判所は、これらのコロンビアの権利の承認が、ニカラグア＝コロンビア間の海洋境界線画定の際に裁判所が考慮すべき関連する事情だというコロンビアの主張に同意することはできない。二国間条約が自動的に第三国の権利に影響を与えることがないということは、国際法の基本原則である。この原則に従えば、コロンビアがジャマイカおよびパナマとそれぞれ結んだ条約、および、コロンビアがコスタリカと署名した条約は、コロンビアに対して、ニカラグアとの関係において権利を付与することはあり得ない。とくに、海洋境界に関してコロンビアの権利とニカラグアの権利が重複する場合において、これらの条約がコロンビアに対してニカラグアよりも多くの権利を与えるということはないのである。

さらに付言すれば、裁判所規程第五九条が規定するように、裁判所の判決は、紛争当事国以外のいかなる第三国に対しても拘束力を持たないことは明白である。そして、裁判所は、第三国の権利が関係する海域の中にまで境界線を引くことがないよう細心の注意を払ってきた。

海洋境界線の線引き

以上の通り、裁判所は、暫定中間線では海洋境界線が衡平な結果をもたらさないいくつかの関連する事情を確認したので、それらを考慮して暫定中間線を移動させる。ここで裁判所は、ニカラグアの海岸線とアルバカーキ、サン・アンドレス、プロビデンシア、サンタ・カタリナの西側の海岸線の間に引かれる境界線（それは相対する海岸線の間の境界線）と、これらの島々の東側にあって関係がやや込み入っている部分とである。最初の部分については、両国の海岸線の長さの違いが非常に大きく、大幅な移動をせざるを得ない。しかしその境界線の移動は、コロンビアが主権を持つ島の海岸線から一二海里までの領海の中に入り込むところにまで移動することはできない。

海洋境界線画定の際に、衡平な解決に到達するために関連する事情を考慮する手法は、いくつかある。本件において裁判所が採用する手法は、コロンビアの基点に一点、ニカラグアの基点に三点を与えるというものである。そして、コロンビアの基点はすべて一点の比重で考慮されるが、ニカラグアの基点については、ミスキトス、ネッド・トーマス、およびリトル・コーン島のみが加重評価される。これらの島に三倍の加重をした結果、その他のニカラグア側の基点は考慮されない。このように加重された境界線は、いくつかのつなぎ目を持った弧となっている（地図⑥を参照）。この境界線の形は、複数の弧とそのつなぎ目から成るため、適用上の困難を生じさせる可能性がある。そこで裁判所は、さらに調整を進めつなぎ目を少なくし測量的線（直線）で結ぶようにした（地図⑦を参照）。

ところで、裁判所は、地図⑦の点1から北方向、あるいは点5から南方向に延長すると衡平な結果とはならなくなると考える。点1および点5をそのまま延長すると、ニカラグアの関連する海岸線の方がコロンビアの関連する海岸線より八倍も長いにもかかわらず、コロンビアの取り分がニカラグアに比べて極端に大きくなるからである。その結果、裁判所が最初に検討した「関連する事情」に十分な考慮を与えていないことになる。そのうえ、ニカラグアに与えられる海洋海域はニカラグアの海岸から測った海域からコロンビアの島々の東側の部分を取り上げている結果、第二の「関連する事情」である「全体の地理的文脈」を無視することになる。裁判所は、関連する海岸線の長さの違い

地図⑥

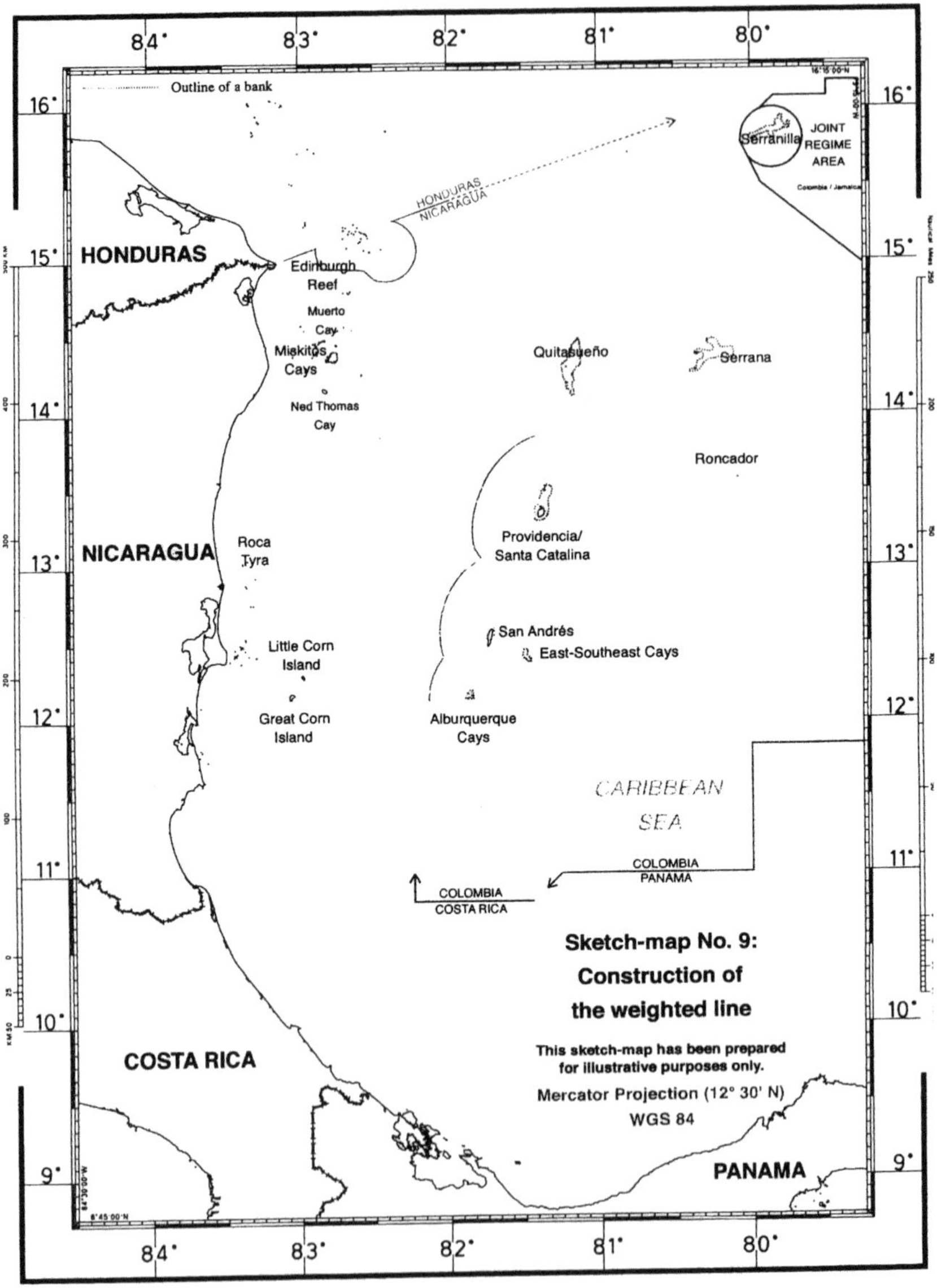

正確を期するため、判決の地図をそのまま掲載

地図⑦

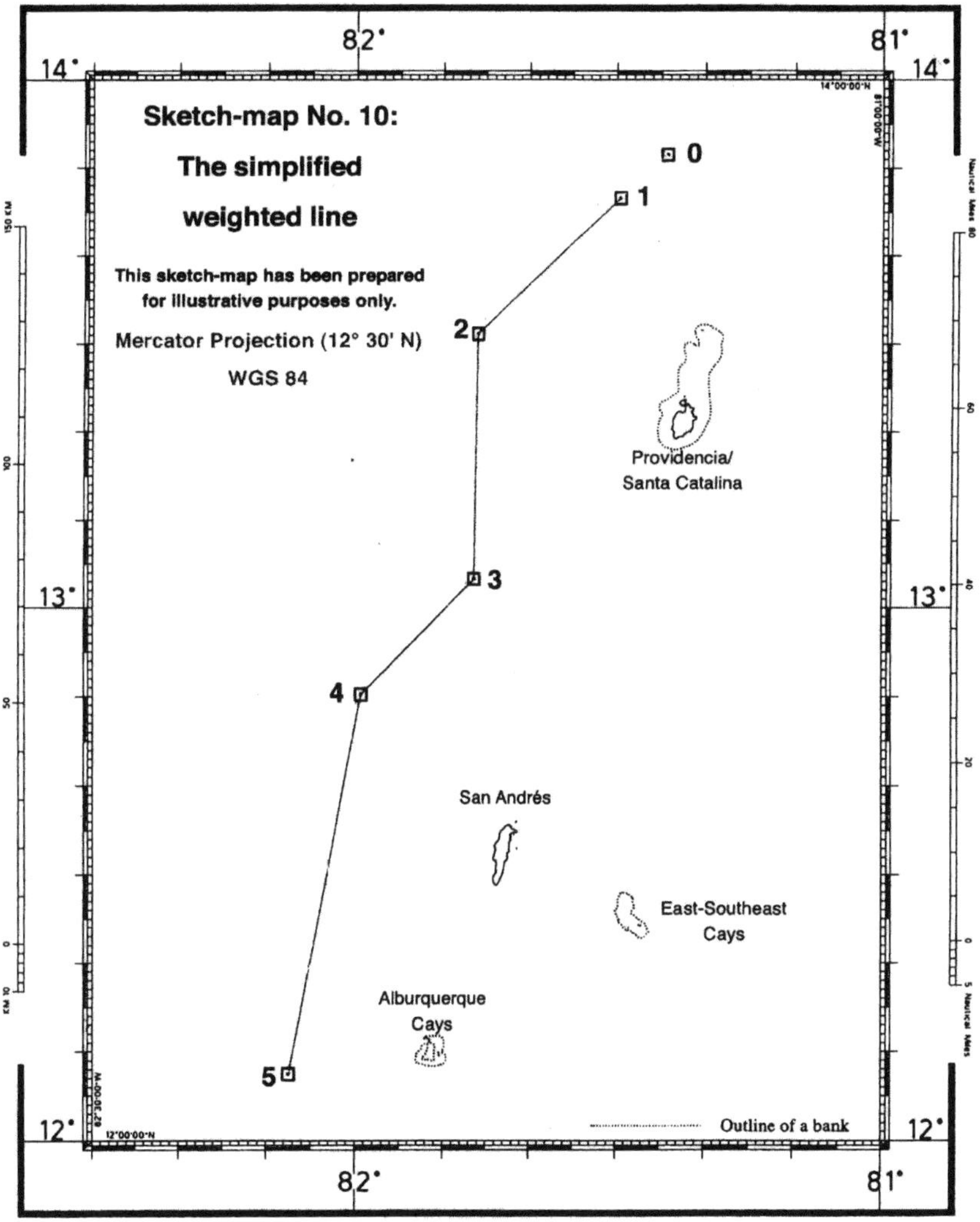

正確を期するため、判決の地図をそのまま掲載

地図⑧

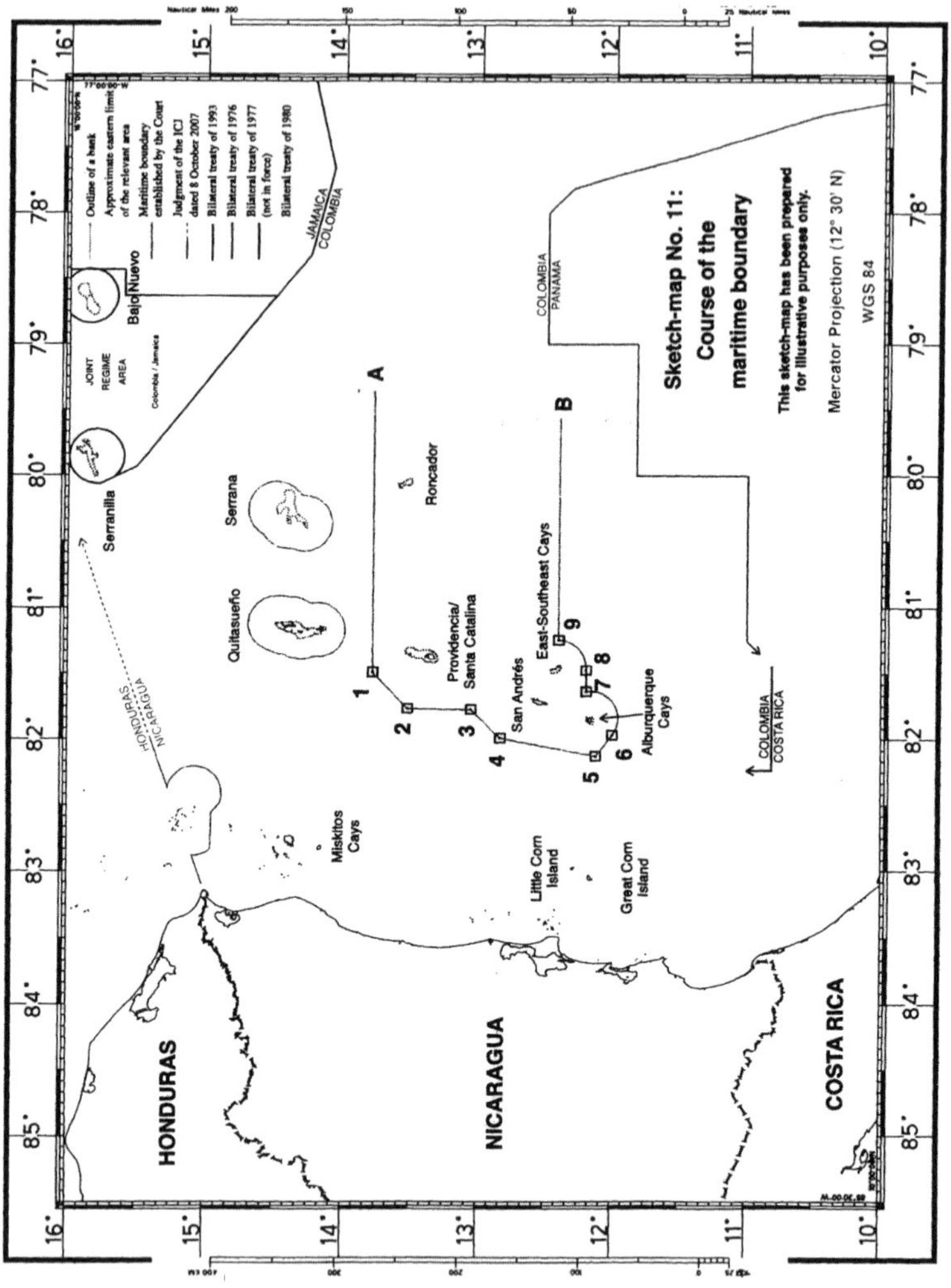

正確を期するため、判決の地図をそのまま掲載

と、それぞれの海岸線が投影する海域から大きな部分を切り取ることがないよう、適切な配慮をしなければならないと考える。裁判所は、これらの「関連する事情」に重きを置くことによって衡平な結果に到達できると考え、その具体的方法としては、点1および点5からそれぞれ緯線（横線）に沿って海洋境界線を引くことによって達成できると判断する。こうして引かれた海洋境界線は、地図⑧（判決に添付されたSketch-map No. 11）に示されている。

不均衡テスト

最後に考慮すべきことは不均衡テストである。この場合、裁判所は、厳格な均衡を達成することを目指しているわけではない。海洋境界線の画定は、当事国の関連する海岸線の長さの比率と与えられた関連する海域の比率が、近似的な関係にすらならなくても良いと考える。裁判所の任務は、不均衡が極端に大きくなり、そのため結果を傷つけ衡平さを欠いたものとならないよう留意することである。裁判所は、本件に関わるすべての事情を勘案し、ここに示した海洋境界線は、このような不均衡によって不公平な結果が生ずることはないと結論する。

(4)　裁判所による宣言を求めるニカラグアの要請

ニカラグアは、海洋境界に関する要請に加えて、最終意見書（Final Submission）において、「コロンビアは、ニカラグアが西経八二度線の東側にある自国の天然資源にアクセスし利用することを阻害または妨害することにより国際法上の義務に違反している」と判決し宣言することを要請した。

この点に関して、裁判所は以下のように判断する。裁判所による宣言を求めるニカラグアの要請は、海洋境界線に関する本案審理の過程でなされたもので、その時点では本案に関する裁判所の判断は示されていなかった。裁判所の本判決の結果、ニカラグアとコロンビアの間の海洋境界線が、関連する海域全体において確定した。そして、ニカラグアが天然資源に関して宣言を求めている海域はコロンビアに帰属することが決まった。その結果、ニカラグアの要請はその基礎を失ったと言うべきである。

主文

裁判所は、以下のように判決する。

(1) 全員一致で

コロンビア共和国は、以下の島々に対して主権を有する。アルバカーキ、バジョ・ヌエボ、イースト・サウスイースト、キタスウェーニョ、ロンカドール、セラーナ、およびセラニリャ。

(2) 一四対一（反対は小和田）で

ニカラグア共和国の最終意見書I(3)に含まれている要請は受理可能であると判断する。その要請とは、裁判所が以下の判決を下し宣言を発することである。「ニカラグアとコロンビアの本土の海岸線から、それぞれ地理的および法的枠組みで測られる大陸棚に対する重複する権利については、両国の間で等しく分割するのが境界画定の適切な方式である。」

(3) 全員一致で

ニカラグア共和国の最終意見書I(3)の請求は認められない。

(4) 全員一致で

ニカラグア共和国とコロンビア共和国の間の大陸棚および排他的経済水域の海洋境界線は次の六点を直線で結ぶ単

一の線で示される。

	北緯	西経
1.	一三度四六分三五．七秒	八一度二九分三四．七秒
2.	一三度三一分〇八．〇秒	八一度四五分五九．四秒
3.	一三度〇三分一五．八秒	八一度四六分二二．七秒
4.	一二度五〇分一二．八秒	八一度五九分二二．六秒
5.	一二度〇七分二八．八秒	八二度〇七分二七．七秒
6.	一二度〇〇分〇四．五秒	八一度五七分五七．八秒

海洋境界線は、点1の先は、北緯一三度四六分三五．七秒の線を東に、ニカラグアの領海を測る基線から二〇〇海里の線に交差する点Aまでまっすぐ進む。また、点6の先は、アルバカーキの沿岸一二海里の弧に沿ってイースト・サウスイーストの沿岸一二海里の弧に交差する点7（北緯一二度一一分五三．五秒、西経八一度三八分一六．六秒）まで進む。境界線は、さらに、イースト・サウスイーストの沿岸一二海里の弧に沿って点8（北緯一二度一一分五三．五秒、西経八一度二八分二九．五秒）を過ぎてその弧のもっとも東に当たる点9（北緯一二度二四分〇九．三秒、西経八一度一四分四三．九秒）に行きつく。そこで北緯一二度二四分〇九．三秒の線に沿って東に折れ、ニカラグアの領海を測る基線から二〇〇海里の線に交差する点Bまで直進する。（地図⑧を参照）

(5)　全員一致で

キタスウェーニョおよびセラーナの周辺の海洋境界線は、キタスウェーニョについてはQS32の低潮線から一二海里の線とし、セラーナについてはセラーナおよびその他の周辺にある砂洲の低潮線から測って一二海里の線とする。

(6) 全員一致で

ニカラグアが最終意見書において述べている要請、すなわち裁判所は、「西経八二度線の東側でのニカラグアによる天然資源へのアクセスおよびその利用を阻害または妨害するコロンビアの行為は、国際法上の義務に違反する」と宣言するようにとの要請は、棄却する。

三 研究

(1) 現在世界各地で海洋境界線をめぐる紛争が多発している。日本の近くでも日本が関わる東シナ海における中国との海洋境界線画定問題、また、中国がフィリピン、ベトナム、インドネシア、マレーシア等との間で争いとなっている南シナ海における領有、境界線画定問題が、大きな国際問題として浮上してきている。これらの紛争にある程度示唆を与える内容が、本件の本案判決には含まれている。とくに以下の諸点は重要と思われる。

① 領有の対象となる海洋地形とそうでない地形の区別の仕方の明確化。

② 島などに対する領有権の基礎としての実効的支配（effectivités）の意味。

③ 海洋境界線画定において、これまでの裁判所における類似の海洋境界画定事件に関する判例を踏襲して、いわゆる三段階方式をほぼ定式化したこと。すなわち、第一段階としてまず等距離原則または中間線に基づく暫定境界線を引き、次に第二段階として、関連事情に基づく衡平原則の適用、最後に第三段階として極端な不均衡を是正する調整作業を行って境界線を画定するというものである。

④ 裁判所は、海洋境界画定の方式としていわゆる三段階方式を採用し本件に適用したが、その際に、第一段階で

引いた暫定境界線を第二段階で関連する事情を考慮して調整した。この関連する事情について、裁判所は、コロンビアの島々がニカラグアの大陸棚の上に存在しているというニカラグアの主張には何らの重きも置かず、「沿岸国の二〇〇海里内で海洋に対する権利が重複する場合の境界画定に関しては、地理的および地形学的考慮は何らの影響も与えない」と判断した。日中間の大陸棚の境界画定問題を含めて、今後の海洋境界紛争解決に示唆を与えるものと言える。

(2) しかし、本判決においては、いくつかの国際法的に議論を呼ぶ可能性がある判断も示されている。とくに以下の諸点が問題となると考えられる。

① コロンビアは国連海洋法条約の当事国ではないにもかかわらず、詳細な理由を明示することなく、同条約の諸規定を慣習法を具体的に反映（reflect）するものであるとして本件に適用している。しかし、たとえば、裁判所は、ニカラグアが海洋法条約第七六条の規定に基づいて大陸棚限界委員会が同国の大陸棚の外縁確定のための勧告をする要件を手続的に満たしていないため、ニカラグアは同国が主張する大陸棚の外縁までの権利を主張できないとしている。これは、ニカラグアの主張に関して、海洋法条約の締約国ではないコロンビアとの関係において、法的ではないとしても事実上は、慣習国際法の規則ではなく、海洋法条約の規定に基づく判断を下したことになるのではないかとの疑問が残る。

② コロンビア＝コスタリカ間の海洋境界に関する二国間条約は、一九七七年に署名されたが未発効である。それにもかかわらず、裁判所は本件において事実上有効に成立した条約とみなして関連海域の確定のために使用している。

③ コロンビアがジャマイカ、パナマ、コスタリカ、それぞれとの間で締結した二国間条約は、本件当事国である

ニカラグアとコロンビアの間の条約ではないから、本件には適用しないと裁判所は判断している。しかし、これらの二国間条約は、伝統的国際法において条約の種類および効力との関係で論じられてきた「処分的条約」と見ることができ、条約そのものは第三国に対して効力が及ばないとしても、そこで確定した領域的、物権的な法的地位は、「万人に妥当する（対世的）」（*valent erga omnes*）効果を持ち、第三国も尊重しなければならないと考えられる。こうした議論にも踏み込んだ説明があると判決の説得力が増したのではないかと思われる。

④ 国連海洋法条約では、大陸棚と排他的経済水域の二つの制度は、関連はあるが別個の制度として、排他的経済水域は第五部、大陸棚は第六部と、部を分けて規定している。しかし、本件において、裁判所は、この二つの制度をほとんど区別することなく並行的に扱っている。そのうえで、本件の海洋境界線画定においては、おもに大陸棚に関する海洋法条約の諸規定や判例等に基づいて具体的な線引きをしている。そこに何らかの問題はないのだろうか。たとえば、本件において、ニカラグアは、天燃資源（漁業資源）へのアクセスおよび利用をコロンビアによって阻害または妨害されたことを問題にしたが、大陸棚への主権的権利の行使はその上の海洋部分の漁業資源に自動的に適用されるものではなく、かりにその部分について排他的経済水域が設定されているとすると、その制度のもとで議論されるべき性質の問題と考えられるが、裁判所はこの問題をそのように扱っていない。

(3) 以上のように、本件の本案判決は、海洋境界線画定に関して、多くの示唆に富む判断を示しているが、いくつかの課題も残している。

参考文献

（1） 江藤淳一「海洋境界画定における関連事情の考慮―判例を通じた客観化の過程」『国際法外交雑誌』（第一〇七巻二号、

二〇〇八年八月）一二〜四〇頁。

（2）江藤淳一「海洋境界画定に関する国際判例の動向」『国際問題』（第五六五号、二〇〇七年一〇月）五〜一四頁。

（3）大谷良雄「国際法方々⑱－島の領有及び海域の境界画定事件（中）—ニカラグア対コロンビア—ＩＣＪ」『時の法令』（第一九二三号、二〇一三年二月一五日）五八〜六四頁。

（4）大谷良雄「国際法方々⑲—島の領有及び海域の境界画定事件（下）—ニカラグア対コロンビア—ＩＣＪ」『時の法令』（第一九二五号、二〇一三年三月一五日）三八〜四一頁。

（5）三好正弘「海洋境界画定の判例に見る法理」『国際法外交雑誌』（第一〇七巻二号、二〇〇八年八月）一〜一一頁。

（6）Nienke Grossman, "Territorial and Maritime Dispute (*Nicaragua v. Colombia*) International Court of Justice judgment on disputed islands and maritime boundaries", *American Journal of International Law*, Vol.107, No.2, April 2013, pp.396-403.

（7）Yoshifumi Tanaka, "Reflections on the Territorial and Maritime Dispute between Nicaragua and Colombia before the International Court of Justice", *Leiden Journal of International Law*, Vol.26, No.4, December 2013, pp.909-931.

（横田　洋三）

第五節　国家の裁判権免除

一　反訴に関する命令

当事国　ドイツ対イタリア
命　令　二〇一〇年七月六日
（『国際司法裁判所―判決と意見』第四巻第一部第二〇節収録）

事件概要　ドイツは、第二次大戦中にドイツが行った国際人道法違反に起因する対ドイツ民事請求をイタリアが認めたのはドイツが享有する裁判権免除を尊重しないという点で国際義務違反であるとして、イタリアを訴えた。これに対し、イタリアは、裁判所規則第八〇条を引用して、ドイツは国際人道法違反によるイタリア人犠牲者に補償せよと、反訴を付託した。裁判所は、紛争は両当事国間で欧州解決条約が発効する前に存在した事実・事態に関係するから、同条約の時間的範囲外にあると認定した。したがって、裁判所は、イタリア付託の反訴は規則第八〇条が要求する管轄権内にないと結論づけ、受理不可能との命令を下した。

事実・命令・研究については、『国際司法裁判所―判決と意見』第四巻（二〇〇五―一〇年）第一部第二〇節四五七～四六二頁を参照のこと。

二　ギリシャの訴訟参加

命　令　二〇一一年七月四日

事件概要　ギリシャは、国家の裁判権免除事件への参加許可を裁判所に要請した。第二次大戦中ドイツ軍がギリシャのディストモ村で犯した虐殺について、ギリシャの法廷は、ギリシャ国民に有利な判決を与えた。イタリアがその判決をイタリアで執行可能と宣言したのはドイツの裁判権免除を侵害すると、ドイツは主張していた。ドイツも、イタリアも、ギリシャの参加許可要請には反対しなかった。本裁判所は、ギリシャが規程第六二条が要求する「法律的性質の利害関係」をもつと認定し、ディストモ事件に限り非当事国としてギリシャが参加することを許可した。これは、本裁判所が参加を許可した三番目の事例である。

一　事　実

二〇一一年一月一三日、ギリシャは、裁判所規程第六二条を引用して、国家の裁判権免除に関する事件（ドイツ対イタリア）に参加することを許可するようにとの要請を提出した。ギリシャは、その意図は、第二次大戦中の事件について、それ自身（ギリシャ国内）の法廷によって与えられ、かつ、イタリアの法廷によって執行された判決に関する手続の面で、もっぱら参加することにあると述べる（paras. 1, 2）。

ドイツは、ギリシャの参加許可要請が規程第六二条一項の基準を満たさないことを指摘する確実な事情に裁判所の注意を引きつけるが、この要請には正式に反対しない、と明示的に述べた。イタリアは、ギリシャの要請に反対しないと指摘して、第六二条一項の要件が満たされるか否かは裁判所が決定すると力説した（para. 5）。

一九四四年六月一〇日、ドイツによるギリシャ占領中、ドイツ軍は、ギリシャのディストモ村（village of

Distomo）で、虐殺（massacre）を犯した。ギリシャの第一審法廷は、一九九七年、ドイツに欠席（default）判決を下し、虐殺の犠牲者の親族への損害賠償を認めた。その判決は、その後、二〇〇〇年にギリシャ最高裁判所によって確認された。しかし、これら判決は、外国に対する判決執行のためギリシャ民事訴訟法のもとで要求されるギリシャ法務大臣の承認がなかったから、ギリシャで執行されなかった（para. 9）。

ディストモ事件の依頼人は、ギリシャおよびドイツを相手どって、ヨーロッパ人権裁判所で、手続を起こした。二〇〇二年、同裁判所は、国家免除の原則を引用して、依頼人の訴状は受理不可能と判決した（para. 10）。

ギリシャの依頼人は、前記ギリシャの判決をイタリアで執行可能にしようと努めた。フィレンツェ上訴裁判所は、二〇〇五年、ギリシャ最高裁判所判決はイタリアで執行可能であると判決した。イタリア最高裁判所は、二〇〇八年、同上訴裁判所の判決を確認した（para. 11）。

なお、ガジャがイタリア選定の特任裁判官である。

二　命　令

本裁判所は、本裁判所に対するドイツの要請のうち「3　イタリアは、……ギリシャの判決を執行可能と宣言することにより、ドイツの裁判権免除への一層の違反を犯した」に関して認定を行うため、国家免除の原則に照らして、ディストモ事件におけるギリシャの判決を考慮することを必要と認める（para. 25）。

本裁判所は、本裁判所が主たる手続で言い渡すであろう判決によって影響を受けることのある法律的性質の利害関係をもつことをギリシャが十分に立証したと認定する（para. 26）。

裁判所規則第八一条二項(b)によれば、規程第六二条のもとで参加しようとする国家は、「詳細な参加目的」を述べなければならない。ギリシャは、詳細な参加目的は本件におけるドイツ提出の請求にかんがみ本裁判所の判決によって影響を受けることのあるギリシャの法的権利および利害関係の性質を本裁判所に知らせることであると述べる

(paras. 27, 28)。

本裁判所は、この参加が本命令二五項で引用されたギリシャの判決に限定される限りにおいて、ギリシャは非当事国（non-party）として参加することを許可されると認定する（para. 32）。

主文

以上の理由から、裁判所は、

（1）一五対一（ガジャ特任裁判官）で、ギリシャは、本命令三二項で述べられる範囲および目的で規程第六二条により本件の非当事国として参加することを許可されると決定する。

（2）（略 —— 松田）

三　研　究

（1）三例目の訴訟参加

本件は、裁判所が第六二条のもとでの訴訟参加を許可した三例目である。裁判所は、一方当事国または双方当事国の反対にもかかわらず、訴訟参加を許可することができるものの、事実上、当事国の見解は、裁判所の決定と相関関係をもつ（correlate）。ドイツは、ギリシャが規程の要件を満たしたかどうかにつき疑問を表明したが、両当事国は、ギリシャの参加要請に反対しなかった。

こうして、本件は、赤道ギニアの訴訟参加請求に両当事国が反対せず、参加を許可されたという点で、二例目のカメルーン・ナイジェリア間の領土・海洋境界画定事件に類似した[1]。

（2）ガジャ特任裁判官の「宣言」

ガジャ特任裁判官は、国際法およびＥＵ法両方のもとで問題のギリシャ判決をイタリアが執行する義務のない場合、イタリアが外国判決の承認および執行について国内法を適用すること、ならびに、それ自身の選択で執行を許可または拒否することはギリシャとの関係で自由であると主張する。したがって、ギリシャの判決がイタリアで執行されることを知っても、ギリシャは法律的性質の利害関係をもつとはいえないと、多数意見に反論した（para. 2）。

すでにみたように、ガジャは、表決では反対票を投じた。しかし、彼の意見のタイトルは、「反対意見」ではなく「宣言」である。宣言については、一九七八年の裁判所規則改正までは、個別意見ないし反対意見と区別がつかない例もないではなかったとのことであるが[2]、改正後であっても、その種の例はなくならなかったといえるのではないか。

（3）非当事国としての参加

ギリシャは非当事国としての参加を許可されたが、それは、どういう意味であろうか。有力なコメンタリーは、規程第六三条（第三国の加入している協定の解釈）とのアナロジーによれば、非当事国は参加が関係する程度でその判決によって拘束されるという。コメンタリーは、非当事国がそれ自身の権利の保護を求めても、「判決が他国の権利を承認する場合、参加国は、他国の権利と抵触する現在または将来の請求権すべてを確実に失うであろう」と続けるが、カギカッコ内は、一九八一年チュニジア・リビア大陸棚事件における小田判事の個別意見の一部である[3]。非当事国参加については、規程にも規則にも規定がないから、小田判事の個別意見が、有力な手がかりとなるわけである。

注

（1）J.K Cogan “Current Developments” A.J.I.L. vol. 106（2012）p.602.
（2）小田滋『国際司法裁判所』（日本評論社、一九八七年）三五四頁。
（3）A. Zimmermann et al（ed）The Statute of the International Court of Justice : A Commentary（Oxford U.P., 2006）p.1361. n. 186 ; ICJ Reports 1981, p.27.

参考文献

（1）尾崎重義「カメルーン・ナイジェリア間の領土・海洋境界画定事件」波多野里望・廣部和也編著『国際司法裁判所―判決と意見』第三巻（一九九四―二〇〇四年）（国際書院、二〇〇七年）一五八頁以下。
（2）大河内美香「国際司法裁判所における訴訟参加と紛争の相対的解決との交錯（三）」『東京都立大学法学会雑誌』四三巻一号（二〇〇二年）四三六頁以下。
（3）小田滋「国際司法裁判所における第三国の訴訟参加」『国際法外交雑誌』八四巻一号（一九八五年）三五頁以下。

三　本案に関する判決

当事国　ドイツ対イタリア
訴訟参加国　ギリシャ
判決日　二〇一二年二月三日

事件概要　裁判所は、原告国ドイツに対して被告国イタリアが提起した反訴を退け、第三国ギリシャの訴訟参加を認めた後、本案審理に入った。裁判所は、免除が礼譲ではなく国際法によって規律されているという点で両当事国が合意したことに留意した上で、本件に関し両当事国を拘束する条約がないため、条約より慣習国際法に注目した。ここで裁判所が重視したのは、慣習法の基礎となる国家実行とくに国内諸法廷の判決および国内法である。イタリアは、第二次大戦中ドイツが侵害した規則の強行規範性を主張した。しかし、裁判所は、イギリスその他の国内法廷によって拒否されたことなどを理由に、イタリアの主張を認めずドイツ勝訴の判決を与えた。

一　事　実

裁判所が直面する問題は、第二次大戦中のドイツ軍の行為を原因とする補償請求を扱う裁判手続においてイタリアの諸法廷がドイツに免除を認めなければならなかったかどうかである。その文脈において、裁判所は、適用可能な法に関して両当事国間に相当な合意があることに注目する。とくに、両当事国は、免除が国際法によって規律されており単なる礼譲問題ではないということで合意する（para. 53）。

二　判　決

ドイツ・イタリア間で免除を受ける資格は、条約よりむしろ慣習国際法から引き出される。ドイツは一九七二年の欧州国家免除条約の当事国の一つであるが、イタリアはそうではない。また、両当事国とも、二〇〇四年採択の国連国家免除条約（以下「国連条約」未発効）の当事国ではない（para. 54）。

裁判所は、規程第三八条一項(b)に従って、国家に免除を与える「法として認められた一般慣行（general practice）の証拠としての国際慣習」の存在、ならびに、その免除の範囲および程度がなにであるかを決定しなければならない。とくに、裁判所が一九六九年の北海大陸棚事件で明らかにしたように、慣習国際法規則の存在に要求されるのは、法的信念（*opinio juris*）とともに、「定着した実行（a settled practice）」である。本文脈でとくに重要なのは、国内諸法廷の判決および国内法である（para. 55）。

諸国が主権的行為（*acta jure imperii*）に関して免除を受ける資格があるという点で、両当事国は合意する。ただ、ドイツがその免除に制限はないと主張するのに対し、イタリアは、法廷地国（forum State）領域で行われた人の死亡、身体の障害または有体財産の損害を引き起こす不法行為（torts）または違法行為（delicts）に免除は拡大しないから、イタリアの法廷ではドイツは免除を受ける資格がないと反論する（para. 61）。

国内法の形式をとる国家実行をみると、九件の国内法が不法行為のための免除を否定するのに対し、二件の国内法が、軍隊による行為を排除する。国内判決の形式をとる国家実行では、八カ国の判決が、軍隊および軍艦が遂行する行為は免除されると言い渡した。本件にとってもっとも関連のある国家実行は、国家が武力紛争の過程でその軍隊が行ったとされる行為を扱う裁判手続において免除を受ける資格があるか否かの問題に関係した国内判決に見い出されるべきである（paras. 71, 72, 73）。

判決の形式をとる国家実行は、次の主張を支持する。関連する行為が法廷地国領域で行われても、主権的行為に対する国家免除は、武力紛争処理中の軍隊および他の国家機関による人の死亡、身体の傷害または有体財産の損害を引き起こす行為のための民事手続に拡大し続ける（para. 77）

裁判所は、慣習国際法が人権法または武力紛争法の重大な違反の場合国家は免除を受ける資格がないという点まで発達して来たか否かを調査しなければならない。本裁判手続の主題であるイタリア諸法廷の判決は別として、そのような場合国家が免除資格を剥奪されるという主張を支持すると考えられる国家実行は、ほとんど存在しない（para. 83）。

イタリアは、一九四三年から四五年までの期間、ドイツが違反した規則の強行規範としての地位（*jus cogens status*）を強調する。それは、強行規範の単数または複数の規則と他国に免除を認めることを一国に要求する慣習法規則とのあいだの抵触の存在に依存する。しかし、二つのセットの規則は、別々の問題を扱う。国家免除の規則は、性質上手続き的であって、一国の法廷が他国に関して裁判権を行使できるか否かを決定することに限定される。それら規則は、イタリア国内の裁判手続の対象となった行為が合法的であるか非合法的であるかの問題に関係しない（paras. 92, 93）。

二〇〇二年の逮捕状事件において、裁判所は、強行規範という概念への明示的言及がないにもかかわらず、コンゴ民主共和国の外相が強行規範の性質を疑いもなく帯びる規則の刑事上の違反に問われているという事実は、慣習国際法の問題として彼のために免除を要求する資格をコンゴ民主共和国から剥奪しないと判決した。裁判所は、同じ理由づけが他国の法廷における裁判手続からの一国の免除に関する慣習国際法の適用に当てはまると考える（para. 95）。

国家免除法に取って代わるとする強行規範についての主張は、イギリス、カナダ、ポーランド、ニュージーランドなどの国内法廷によって拒否された。本裁判手続の主題であるイタリア諸法廷の判決は、例外である。国家免除に関するイギリス、シンガポール、オーストラリア、イスラエルその他の国内法のどれも、強行規範違反が申し立てられた場合、免除を制限しなかった（para. 96）。

二〇〇七年、ギリシャの依頼人数名は、補償支払いをドイツに命じたギリシャの判決をイタリアで執行可能と宣言する二〇〇六年のイタリアの判決に依拠して、コモ湖（イタリア北部）の近くにあるドイツの国家財産ビゴーニ荘に対する担保権（legal charge）をコモの土地登記所で設定した。ドイツは、そのような強制的な措置はドイツが国際法のもとで資格をもつ免除を侵害すると、本裁判所で主張した（paras. 109–110）。

ドイツは、国連条約第一九条「判決後の強制的な措置からの免除」に述べられる規則を引用した。同条約は未発効であるが、ドイツの見解では、一般国際法のもとでの現行規則を法典化した。したがって、その文言は、慣習国際法を反映するので、拘束的であると主張する（para. 115）。

強制的な措置の主題であった財産が全く非商業的である政治的目的したがってドイツの主権的任務に属する目的のために使用されていることは、明白である。裁判所は、ビゴーニ荘への担保権設定についてはドイツに対して負う免除を尊重すべき義務にイタリアが違反したものと認定する（paras. 119, 120）。

主文

これらの理由によって、裁判所は、次のように認定する。

（1）イタリアは、一九四三年から四五年までドイツが行った国際人道法違反に基づき提起された民事請求を認めることにより、ドイツが国際法のもとで享有する免除を尊重すべき義務に違反した（一二対三）。

（2）イタリアは、ビゴーニ荘に対して強制的な措置をとることにより、ドイツが国際法のもとで享有する免除を尊重すべき義務に違反した（一四対一）。

（3）イタリアは、ドイツがギリシャで行った国際人道法違反に基づくギリシャ諸法廷の判決をイタリアで執行可能と宣言することにより、ドイツが国際法のもとで享有する免除を尊重すべき義務に違反した（一四対一）。

（4）イタリアは、適正な法を制定するか他の選択手段に訴えることにより、ドイツが国際法のもとで享有する免除を侵害するその諸法廷の判決および他の司法当局の決定が効果をもつことを停止すると保証しなければならない（一四対一）。

（5）ドイツによる他のすべての申し立てを拒否する（全員一致）。

三　研　究

敗訴国イタリアが選定した特任裁判官ガジャの反対意見は、判決理由の中の「法廷地国で行われた………不法行為に免除は拡大しない……」(para. 61) という箇所を意識したようで、「不法行為除外 (tort exception)」の範囲に集中した。ガジャは、この除外は国家免除法のグレイ・エリアであって、諸国はさまざまの立場をとり得ると述べた。彼は、強行規範に依拠して、市民虐殺は「不法行為除外」から排除 (exclude) されないので、イタリアの諸法廷の判決の中には国際法違反ではないものがあると主張した (paras. 9, 10, 12)。しかし、第二次大戦後注目されるようになった強行規範を大戦中にさかのぼらせるイタリアの態度は、事後法禁止の原則に照らしても、問題である。

参考文献

（1）　A. Orakhelashvili, "International Decisions", A. J. I. L. vol. 106 (2012), pp. 611–612.

（2） R. van Alebeek, "Jurisdictional Immunities of the State (Germany v. Italy)", *German Yearbook of International Law 2012*, p. 289.

（松田　幹夫）

第六節　一九六二年六月一五日のプレア・ビヘア寺院事件判決の解釈請求

当事国　カンボジア対タイ

一　仮保全措置の指示の要請

命　令　二〇一一年七月一八日

事件概要　カンボジアとタイの国境をなすダングレック山脈中のプレア・ビヘア寺院とその周辺地域の帰属について紛争が発生した。一九六二年の判決で国際司法裁判所は、寺院を含む同地域をカンボジアの主権下にあるものとし、駐屯していたタイ軍隊の撤退を求めた。その後も同地域をめぐる領土紛争は絶えず、カンボジアは、二〇一一年四月二八日に一九六二年判決の意義および解釈ならびに紛争領域における仮保全措置の指示を要請した。裁判所は、プレア・ビヘア寺院とその周辺地域を含む「暫定非武装地帯」を設け、両当事国が同地帯から軍事要員を撤退させること、カンボジアの寺院地域での非軍事活動を認めることを命令した。

一　事　実

プレア・ビヘア寺院は、カンボジアとタイのほぼ国境上に位置する古聖地で一部廃墟になっていたが、なお相当の美術的・考古学的関心がもたれており、国境紛争の当時でも双方の巡礼の場とされていた。寺院周辺の国境画定については、カンボジアを含むインドシナ三国の保護国であったフランスとシャム（一九四五年タイと改称）との間の一九〇四年二月一三日の国境条約が、関係地域の国境は分水嶺に沿うべきことを定めていた。一九〇七年、同条約に基づいて設置されたフランス・シャム合同国境画定委員会は、プレア・ビヘアを国境のカンボジア側におく測量地図を作成し、一九〇八年にパリでこれを公刊し、シャム側に提示した。一九三四年にシャムの測量によって地図上の国境と分水嶺に不一致があることが発見されたが、シャムは何の意思も示さなかった。その後もタイは国境の変更ないし確認の機会があったが、プレア・ビヘアについて異議を出すことはなく、同地域をカンボジア側に示している地図をそのまま使用していた。一九四六年いらい、タイはフランス（後に独立したカンボジア）からの数次にわたる外交通牒を無視して駐兵を続けていた。一九五八年、バンコックでの領土問題会議で、タイが問題の法的側面の決定を拒んだために交渉は決裂し、カンボジアは問題を国際司法裁判所に提訴した。

タイは、地図が不正確・錯誤を含んでいるとしてその効力を争ったが、裁判所は、タイの地図に係わる一連の作為・不作為からみてもはやタイが地図の効力を争う資格がないとした。判決主文では、九対三で「以上の理由により、プレア・ビヘア寺院がカンボジアの主権下の領土に位置することを認める。（第一節）また、タイは、寺院に駐屯する軍隊、警察、或いは警備兵、守備兵を撤退させる義務がある。（第二節）と判示した。

二　判決

カンボジアは、二〇一一年四月二八日、事件を提起した訴状によって、規程第六〇条および規則第九八条にもとづき、プレア・ビヘア寺院事件の一九六二年六月一五日の判決の解釈を要請した。

カンボジアは、一九六二年判決の主文第一節で、国際司法裁判所が、「プレア・ビヘア寺院はカンボジアの主権下にある領土に位置する」と宣言したこと、「当該地域で法的に確立された国境が両当事国の間に存在することを先ず承認していた」のでなければ、そのような結論に至ったはずはないこと、「両当事国が、カンボジアが申述書の付属書Iとして提出した地図、すなわちプレア・ビヘア寺院地域のカンボジア・タイ間の国境を表わすものとしてフランス・シャム混合委員会によって一九〇七年に引かれた地図上の線を承認していた」こと、更に、「原則として解釈請求は判決の主文に係わるものでなければならないが、主文と不可分の判決理由にも係わることが出来る」などという裁判所の管轄権の考え方を援用した。

カンボジアは、このように一九六二年判決の解釈にあたる裁判所の管轄権の存在を肯定したあと、判決主文第二節に基づく裁判所の管轄権について主張する。

先ず、カンボジアは、「タイは、寺院またはカンボジア領土上の寺院周辺地域に駐屯する軍隊、警察、あるいは警備兵、守備兵を撤退させる義務がある」と宣言した一九六二年判決の主文第二節を援用した。カンボジアによれば、この義務はプレア・ビヘア寺院とその周辺地域はカンボジアの領土上に位置することから生ずるので、寺院自体からの撤退はもちろん、撤退は寺院地域全体に及ぶのである。カンボジアは、「判決主文が示したこの義務の文言は、全体として理解されなければならず、タイにカンボジア領土へ侵入しないことを求める終わることのない義務なのである」とする。判決の解釈請求を審理する管轄権は、「判決の意義または範囲について争いがある場合には、裁判所はいずれかの当事者の要請によってこれを解決する」という規程第六〇条に直接に基礎を持つとしてカンボジアは申述書の最後で次の請求を提出した。

プレア・ビヘア寺院は、判決によって承認された国境のカンボジア側に位置しているという事実の法的結果としてカンボジアの主権下の領土に位置しており、カンボジアはこうした事実と法的論拠を基礎として裁判所に以下のことを判示することを要請する。

タイが寺院またはカンボジア領土上の寺院周辺地域に駐屯する軍隊、警察、あるいは警備兵、守備兵を撤退させるべき義務は、カンボジア領土の保全を尊重する一時的および終わることのない義務の当然の結果であって、カンボジア領土は判決附属地図Ｉの線によって寺院とその周辺地域に画定されていたのである。

仮保全措置指示の要請

二〇一一年四月二八日、カンボジアは、規程第四一条および規則第七三条に基づいて申述書を提出するに当たり、裁判所が一九六二年判決の解釈請求を裁決するまでに、タイによるカンボジア領土への侵入を止めさせるために仮保全措置の指示請求を提起した。カンボジアは、その請求にあたって、申述書で援用した裁判所の管轄権の基礎に言及した。

カンボジアの主張は、二〇一一年四月二二日以来、深刻な武力衝突がプレア・ビヘア寺院地域およびカンボジアとタイの境界沿いの数か所で起こっており、タイにこれら衝突の責任があるとするのである。カンボジアによれば、こうした衝突は、死者、負傷者、地方住民の避難の発生をおこしている。

カンボジアは更に、もしこの請求が拒否され、また、タイがその行動を続行するならば、プレア・ビヘア寺院に損害が生じるだけでなく、これら武力衝突の結果生じる人命の喪失と人間への危害は更に悪化するであろうと主張する。カンボジアは裁判所の決定により、主権、領土保全およびタイに課せられている不干渉の義務に関する権利の保護、ならびに紛争の悪化の防止のために緊急に措置が必要であると主張する。

仮保全措置請求の最後に、カンボジアは、解釈請求に関する判決によって次の仮保全措置を支持するよう要請している。

（i）プレア・ビヘア寺院があるカンボジア領土の関係部分から全タイ軍隊の即時かつ無条件撤退、（ii）寺院地域におけるタイの全軍事活動の禁止、（iii）カンボジアの権利を侵害し、本件紛争を悪化させるようないかなる行為または行動をもタイが自制すること。さらに、カンボジアは、事態の重大性に配慮して、この仮保全措置請求を緊急事項とすることを要請した。

第二回口頭陳述の最後に、タイは、二〇一一年四月二八日カンボジアが持ち込んだ事件を付託事件リストから削除するよう要請した。

一九六二年判決の意義または範囲、および裁判所の管轄権に関する紛争裁判所は、規程第六〇条に基づく判決解釈の手続と関連して仮保全措置指示の請求を受けた時には、裁判所が解釈請求を審理するさいに同条で規定されている条件が満足されているかどうかを審理しなければならない。

第六〇条は、判決は終結とし、上訴を許さない。判決の意義または範囲について争いがある場合には、裁判所はいずれかの当事者の要請によってこれを解釈すると規定している。

この規程は規則第九八条で補充されており、同条第一項は、判決の意義または範囲について争いがある場合は、その判決の解釈を請求することができるとしている。

規程第六〇条に基づく管轄権は、原判決事件の両当事国間のものとは異なる管轄権の基礎が存在することを条件づけられていない。また、原判決事件での管轄権の基礎が消滅していたとしても、裁判所は、意義または範囲について紛争が生じた場合には解釈請求を審理することができる。それでも、規程第六〇条の枠内に入る「紛争」が一見して存在すると思われる場合に限って、判決解釈の手続として仮保全措置を指示することができる。

規程第六〇条の定める「紛争」dispute は、裁判所が与えた判決の意義と範囲についての当事国の間の意見や見解の相違 difference と理解されなければならない。またかかる紛争の存在は、規程第三六条二項の紛争の存在を決定する基準と同じ基準を必要とするものではない。

規程第六〇条の意味での紛争は、問題としている判決の主文に関係するものでなければならず、判決主文と不可分のものとなっていない限り、判決理由には関係しえない。したがって、紛争が規程第六〇条の意味で本件の当事国間に紛争が存在するか否かを確認しなければならない。両当事国がとっている立場から見て、「意見と見解の相違は、一九六二年判決の意義と範囲について存在しているように思われる。裁判所は、この相違は（i）第一に、判決主文の第二節に用いられている「カンボジア領土上の周辺地域」という語句の意義と範囲、（ii）次に同じ第二節のタイに課された義務の性質、軍隊、警察力、警備兵、守備兵を撤退させること、特にこの義務が終りのないものか、一時的かの問題、（iii）最後に、両当事国間の国境を示すものとして附属地図Ｉに示された線を判決が拘束力のあるものとして認めたのか、或いは認めなかったのかの問題等で存在する。常設国際司法裁判所では、ある特別のポイントが拘束力をもって決定されたか否かについての意見の相違が、規程第六〇条にとって問題となる事件となると述べたことがあった。

一九六二年判決の意義と範囲について当事国の間に紛争が存在し、本裁判所は、規程第六〇条に従ってカンボジアが提起した判決の解釈請求を審理することができると考えられるので、裁判所は結論として、本件を付託事件リストから削除すべしとするタイの請求を容れることはできず、必要な諸条件が満たされれば、カンボジアの求める仮保全措置を支持することのできる十分な基礎があると考える。

そこで仮保全措置の指示に必要とされる条件を検討することとする。

主張されている権利の是認しうる plausible 理由をもつ性質およびその権利と請求されている措置との間の連結点

規程第四一条に基づく仮保全措置指示の権能は裁判所の決定によって両当事国のそれぞれの権利を保護することを目的とし、その措置によって後に各当事国に帰属するものと判示される権利を保護するものでなければならない。そこで裁判所は、第一に、一方当事国が主張する権利が是認しうる理由があるものである場合にのみ、裁判所はその権能を行使することができ、第二に、規程第六〇条による手続において、仮保全措置を請求する当事国が原係争判決から引き出すよう求める権利が、その判決の解釈からみて、ともかく是認しうることを前提とする。更に、主張される権利とそれら権利を保護するための仮保全措置との間に連結点が確立されなければならず、規程第六〇条による手続において、一方当事国が請求する仮保全措置と係争判決から引き出すことを求める権利との間に、判決の解釈からみて連結点が存在しなければならない。

解釈請求において主張される権利の是認しうる性質

解釈請求で主張されている権利の是認しうる性質に関する両当事国の立場を想起すると、規程第六〇条は解釈請求になんら期限を課していないことが、最初に明らかにされなければならない。判決の意義と範囲について紛争が存在する限り解釈請求を審理することができ、そのような紛争は、判決が下された後に起こる事実からも確実に生じ得る。本手続の現段階では、裁判所は、一九六二年判決のカンボジアによる解釈と、それから引き出すことを求める権利に、最終的に従わなくてもよい。仮保全措置指示を判断するためには、これらの権利がともかく是認しうる理由があるかどうかを決定するだけでよいのである。

一九六二年判決主文において、裁判所は特に、プレア・ビヘア寺院はカンボジアの主権下の領土に位置すること、タイはカンボジア領土上の寺院とその周辺地域に駐屯している軍隊を撤退させる義務があることを宣言した。カンボジアがその権利を主張するため提起した一九六二年の判決の解釈―すなわち、プレア・ビヘア寺院地域の主権を尊重する権利および領土保全の権利―は、裁判所が両当事国間の国境の存在を承認した時すでにこの結論に達することが出来ていたし、寺院とその周辺地域が国境のカンボジア側にあることを認めていた。カンボジアは、「カンボジア領土上の周辺地域」の用語は寺院の境内を取り巻く地域を含み、したがって、タイは、その地域に対するカンボジア主権を侵害しないという終りのない義務を持っていると主張する。

裁判所は、カンボジアの主張する権利は、それがカンボジアの解釈する一九六二年判決に基礎をおくものであるかぎり、是認しうる理由があり、この結論は本件手続の主題の結果を予断するものではないけれども、仮保全措置指示の請求を審理するためには十分であると結論する。

主張されている権利と請求された措置との間の連結点

この点に関する両当事国の立場からみて、解釈に関する手続において、裁判所が判決で拘束力を持って決定したことの意義と範囲を明確にすることが求められている。カンボジアは、裁判所がプレア・ビヘア寺院事件の判決で拘束力をもって決定したことの意義と範囲を明確にすることを求めており、寺院地域の主権の範囲 extent について判決主文の意義と範囲を明記するよう要請した。カンボジアは、裁判所の最終決定までに、一九六二年判決主文から引き出したこの地域に対する主権に属する権利の保護をまさにそのとおりに求めている。裁判所は、求められている仮保全措置はカンボジアが解釈請求で援用した権利を保護することを求めているのであり、主張されている権利と請求されている措置との間には必要な連結点が確立されていると結論する。

回復不可能な損害の危険、緊急性

規程第四一条によって、裁判所は、裁判の主題となっている権利に回復不可能な損害が発生しそうな時に仮保全措置を指示する権能を持っている。その仮保全措置指示の権能は、回復不可能な損害が裁判所が最終的決定を行う前に当該権利に引き起こされるような現実の切迫した危険という意味で緊急性がある時にのみ行使されるのである。したがって、本手続においても、そのような危険が存在するかどうかについて審理しなければならない。

手続の現段階で、裁判所が注視している事態が仮保全措置の指示を求めているか否かのことだけが審理を求められている。本件では、プレア・ビヘア寺院地域で両当事国間でさまざまの場合に事件が起こっていることが事件関係文書で明らかになっている。二〇〇八年七月一五日には、武力衝突が発生し、その地域で引き続き発生していて、特に二〇一一年二月四日から七日の間に、死亡者、負傷者の発生、地域住民の移動という事態に到った。また寺院と寺院に関係する財産に損害が及んだ。二〇一一年二月一四日、安保理は両当事国間に停戦を呼びかけ、紛争の解決を求めるASEANを支持すると表明した。そこで、ASEAN議長国は、オブザーバーを国境沿いに配置することを提案したが、両当事国がそれが実施される方法について合意できなかったので、この提案は実現しなかった。紛争を解決するこうした努力はあったが、寺院地域では、二〇一一年四月二六日に当事国間で再び砲火の交換があった。

停戦になっても、事件に関する権利義務が奪われることはなく、したがって手続の現段階で、二〇一一年四月二八日に双方の軍隊指揮官の間で交渉された口頭の停戦がプレア・ビヘア寺院地域に及ぶか及ばないかを確証する必要はない。寺院地域で一九六二年判決によってカンボジアが有すると主張する権利は、その地域の軍事活動によって、生命の喪失、身体傷害、寺院とそれに関係する財産に回復不可能な損害を蒙っている。寺院を取り巻く領土上には競合する請求があり、プレア・ビヘア寺院地域の事態は不安定のままで悪化せざるを得ないので、持続する緊張、衝突解決策の欠如のために、カンボジアの主張する権利に引き起こされる回復不可能な損害には現実の緊急の危険が存在する。

結論として

第一に裁判所は規程第四一条に定められている仮保全措置を指示することができ、本件の事態はそれを要請していると結論する。次に裁判所規則第七五条二項が明白にのべるように、裁判所は要請された措置とは全体的にもしくは部分的に異なる措置を指示し、または要請を行った当事者自身がとるか、もしくは遵守すべき措置を指示する権能を持っている。裁判所はこの権能を数回にわたって行使してきた。また、特定の権利を保全するため仮保全措置を指示するときには、当事国の請求とは独立して、裁判所自体が必要とする時には紛争の悪化もしくは拡大を防止する意図を持って仮保全措置を指示する権能を持っている。

裁判所は、本件の事態においては、指示されるべき措置はカンボジアが求めている措置と同じか、あるいはそれに限界づけられるべきであるとは考えない。裁判所に提出された文書を分析して、両当事国に宛てる措置を指示するのが適切であると考える。

プレア・ビヘア寺院地域は両当事国の武力衝突の場となってきたし、同様の衝突が再び起きる可能性がある。解釈請求に対する判決までに上記地域で人や財産に回復不可能な損害が生じないように守るために、カンボジアの解釈請求に与えられる判決上の利益に損害を与えないように、すべての武装兵力は寺院地域周辺地帯から暫定的に排除されなければならない。

本件手続で問題となっている権利を保護するために、すべての軍事要員から暫定的に解放される地帯を定めることが必要である。この暫定非武装地帯は、A点（北緯一四度二三分、東経一〇四度、四一分）、B点（北緯一四度二四分、東経一〇四度三八分一五）、C点（北緯一四度二五分、東経一〇四度三八分四〇）およびD点（北緯一四度二五分、東経一〇四度四二分二〇）を接続する直線によって画定される（東南辺に寺院を含みタイ側に延びる不等辺四辺形）。両当事国は、この命令に従うために、定められた地帯に現在存在しているすべての武装要員を撤退させなければならず、両当事国はこの暫定非武装地帯の軍隊の存在だけでなく、この地帯での軍事活動も慎まなければならない。

両当事国は、ASEANで締結した協力関係を続行し、特にASEANで任命されたオブザーバーがこの暫定非武装化地帯に入ることを認めなければならない。

プレア・ビヘア寺院自体はカンボジアに帰属していること、カンボジアはあらゆる事態において、寺院に自由に入ることができ、非軍事要員に生鮮支給品を供給することができるのでなければならない。したがってタイは、こうした自由な交通を妨げないようにすべての必要な措置をとらなければならない。

裁判所は両当事国に、（i）国連憲章はすべての加盟国に、その国際関係において武力による威嚇、または武力の行使をいかなる国の領土保全または政治的対立に対するものも、また、国際連合の目的と両立しない他のいかなる方法に寄る物も慎まなければならないこと、（ii）すべての加盟国は、その国際紛争を平和的手段によって国際の平和および安全ならびに正義を危うくしないように解決しなければならないこと、（iii）両当事国は、憲章と一般国際法によって、これら国際法の基本原則を尊重しなければならないこと、を想起させる。

最後に、裁判所は、規程第四一条に基づく仮保全措置に関する命令は、拘束力を持ち、したがって両当事国が従わなければならない国際法的義務を形成することを強調する。仮保全措置指示の要請に関する本件手続で与えられた決定は、裁判所が解釈の要請に関して処理すべきいかなる問題をも予断するものではない。

主文

裁判所は、

（1）全員一致により、二〇一一年四月二八日にカンボジアが提起した事件を付託事件リストから削除せよというタイの請求を認めない。

（2）次のような仮保全措置を指示する。

(a) 一一対五で、

両当事国は直ちに本命令六二節で定められたように、現在暫定非武装地帯に存在する軍事要員を撤退させ、同地帯内に軍隊をおくこと、および同地帯に向けた武装活動を慎まなければならない。

(b) 一五対一で、

タイは、カンボジアのプレア・ビヘア寺院への自由往復、またはカンボジアの寺院内の非軍事要員への生鮮支給品の供給を妨げてはならない。

(c) 一五対一で、

両当事国は、ASEANで締結した協力関係を続行し、特にASEANで任命されたオブザーバーがこの暫定非武装地帯にはいることを認めなければならない。

(d) 一五対一で、

両当事国は、審理中の紛争を悪化させ、または拡大させ、同紛争の解決をさらに困難にさせるいかなる行動も慎まなければならない。

（3）一五対一で、

各当事国は、裁判所に上記仮保全措置を承諾することを通報しなければならない。

（4）裁判所は、解釈請求に関する判決を与えるまで、本命令の主題となっている事項に拘束されるものとすると決定する。

三 研 究

1 仮保全処置の必要

カンボジアは、判決の意義または解釈に関する紛争を解決することを求める請求を行うにあたって、特に、次の三点について明確にすることを求めた。第一に「カンボジア領土上の寺院周辺地域」の意義と範囲、第二に、一九六二年判決は、両国間の国境とされる線を拘束力をもつものとして承認したか、否か、第三に、一定の軍事要員を撤退させる義務は、継続的なものか、一時的なものか、というものであった。ところが、二〇〇八年から両当事国間に寺院地域で武力衝突が発生し、二〇一一年に入って人命・財産に損害が及ぶ事態となり、カンボジアは、規程第四一条および規則第七三条に基づいて、一九六二年判決の解釈請求判決までに、タイによるカンボジア領土への侵入を止めさせるための仮保全措置の指示請求を提起した。そこで裁判所は、前記三点について詳細な審理を行うことなく、仮保全措置を指示するための管轄権の有無および仮保全措置指示の必要性について審理した。そして、命令の「結論として」の部分でいささか唐突に次のように決定した。

本件の事態は仮保全措置の指示を必要としており、「特定の権利を保全するため同措置を指示するときには、当事国の請求とは独立して、裁判所自体が必要とする時には、紛争の悪化もしくは拡大を防止する意図を持って仮保全措置を指示する権能を持っている」

この趣旨に従って、裁判所は「非武装地帯」を設け、両当事国の軍事要員の撤退と軍事活動の謹慎を指示した。さらに、両当事国にＡＳＥＡＮで定めた協力関係を維持し、国連憲章に基づく平和的解決を計ることを要請した。

2　暫定非武装地帯の合法性

裁判所が仮保全措置を指示した命令は約四〇件あるが、現実のまたはありうべき衝突を避けるために、明記した地帯から軍隊を撤退させることを命じた仮保全措置は三件あった。また三件とも、事件の最終判決が下されるまでの仮保全措置であって、本件のように既に領域が画定されている地域からの撤退命令ではなかった。本件のように、裁判所によって人為的に設けられ、当事国の何れかの主権に属する領域の一部をなす「暫定非武装地帯」からの撤退ではなかった。

命令の（2）(a)だけが、一一対五で決定されたが、五人の反対意見と三人の個別意見はこの点に関して共通の疑問を呈している。

規程第四一条の条件がみたされるかぎり、裁判所が仮保全措置を指示する権限があるという本件命令の考え方に異論はない。問題は、裁判所が妥当な根拠に基づいて非武装地帯を設定したか否かである。本件命令では、両当事国の何れかが問題なく主権をもっている領域の一部に暫定非武装地帯を設けている。これまでの事例では、主権の存否が争われている地域、紛争の主題そのものとなっている地域から撤退することを求めている。しかし本件では、裁判所は暫定的であるにせよ、完全な主権を有することを何人も争わない自国領土の一部から両当事国の軍隊を撤退させることを命じている。これでは、仮保全措置を指示する裁判所の権限および裁判所の与えられた管轄権を越えているというのが反対意見の指摘である。

3　仮保全措置の紛争防止機能の拡張

「国境紛争事件」の仮保全措置命令（一九八六年）でも、当事国が提出する仮保全措置の申請とは別に、裁判所は事情によって必要と認めるときは、規程第四一条により、紛争の悪化ないし拡大を防止するための仮保全措置を指示する権限を有するとして、権利の保全とは別に紛争の防止を認めた。それまでの命令では、「各当事国の権利を保全するために必要と認められる事情があるときにのみ」行使しうると限定的にとらえられていたから、この命令によって第四一条は拡大解釈されたものと評される。

一九九六年になると「カメルーンとナイジェリアとの間の陸地および海の境界に関する事件」の仮保全措置（一九九六年）では、「当事国による権利保全措置とは関係なく、裁判所は規程第四一条により、状況が必要とする場合はいつでも紛争の悪化もしくは拡大を防止するために仮保全措置を指示する能力を有する」と判示された。指示された措置には、軍隊の撤退の要請も含まれている。そこで「国際司法裁判所の仮保全措置機能は、国連憲章第四〇条の下での安全保障理事会の暫定措置機能に接近していることがみとめられる」と評された。

本件命令では、裁判所の仮保全措置の指示は、ＡＳＥＡＮとの協力関係、国連憲章規定の援用におよび、国際司法機関が国際政治機関の機能をも利用することになった。裁判所の権能を純粋な司法機能に止めるか、軍事衝突に至るような紛争の防止のためには本件のような措置を認めるべきか、裁判所内でも論の分かれていることところである。

二　本案に関する判決

判決日　二〇一三年一一月一一日

事件概要　カンボジアとタイの国境をなすダングレク山脈中のプレア・ビヘア寺院とその周辺地域の帰属について、一九六二年六月一五日に判決があり、裁判所は、関係地域に対するカンボジアの主権を認め、同地域からのタイの軍隊・警備兵等の撤退を求めた。関係地域の正しい位置について両国間に理解の相違があって、タイの人員が完全に撤退していないことから、カンボジアは、一九六二年判決の解釈を求める請求を行った。裁判所は、上記判決、とくに、判決主文の解釈を行って、カンボジアが関係地域に主権を有し、したがって、タイは同地域に駐屯している警備兵等を撤退させる義務があることを確認した。

一　事　実

プレア・ビヘア寺院はダングレク山脈東部の同名称の絶壁丘（Promontory）にあり、その山脈は地域二国間のカンボジアが南に、タイが北にある国境となっている。一九〇四年二月一三日、カンボジアの保護国であったフランスとタイの当時の国名であったシャムとが条約を結び、ダングレク地域の国境は、ナムセン Nam Sen およびメコン Mekong の流域と、ナンマウン Nam Maun の間の分水嶺線に沿うものと明記した。一九〇四年条約は、両当事国が任命する公務員で構成し、両国間の国境を画定する任務をもつ混合委員会を設置することを規定した。第一回混合委員会は一九〇四年に開会された。国境画定作業の最終段階は地図の準備と公刊とされ、三人の混合委員会のメンバーを含む四人のフランス公務員のチームがその任務にあたった。一九〇四年、同チームはシャムと仏領インドシナ（カンボジアはその一部を構成する）の間の国境の大部分に及ぶ一連の一一の地図を準備した。特に、「ダングレク―インドシナ・シャム間の画定委員会」と題する地図では、国境がプレア・ビヘアの北側を通り、したがって寺院をカンボジア側に置いていた。

一九五三年一一月九日のカンボジアの独立後、タイは一九五四年にプレア・ビヘア寺院を占拠した。寺院をめぐる両当事国間の交渉は不調に終り、一九五九年一〇月六日、カンボジアは、国際司法裁判所に事件を一方的に付託した。本案に関する段階で、カンボジアは上記の地図を訴答書面に加え、「添付地図Ⅰ」（Annex I map）として援用した。カンボジアは、この地図はタイによって受諾され、条約解決の一部となったので両当事国を拘束するものとなったと主張した。カンボジアによれば、この地図に示された国境線は、両国間の国境になった。タイは、地図がタイに拘束力を持つことを否定し、両国間の境界は一九〇四年条約の条文が規定するように分水嶺線に沿うものであって、寺院はタイ領土にあると主張した。

一九六二年判決の主文は次の通りであった。

1．裁判所は、プレア・ビヘア寺院がカンボジアの主権下の領土に位置することを認める。

2．タイは、寺院または、カンボジア領である周辺地域に駐屯する軍隊、警察、あるいは警備兵、守備兵を撤退させる義務がある。

3．タイは、一九五四年タイによる寺院占拠の日以後、タイ当局によって寺院または寺院地域から持ち出され、カンボジア第五提案で明記された種類の物品をカンボジアに返還する義務がある。

一九六二年判決にしたがって、タイは寺院の建物からは撤退した。タイは、寺院廃墟をプレア・ビヘアの絶壁丘の残余部分から隔てる有刺鉄線の柵を設けた。この柵は、一九六二年七月一〇日にタイ閣僚会議 Council of Ministers of Thailand が採択していたが、本件裁判手続まで公開されていなかった決議の附属地図に描かれた線の経路に沿っていた。タイ閣僚会議は、その線をタイが撤退を求められている地域の限界と考えていたのである。

二　判　決

1　管轄権と受理可能性

解釈請求に関する規程第六〇条に基づく裁判所の管轄権は、原判決の当事国間の管轄権の存在に条件づけられておらず、規程第六〇条によって、裁判所はその与えた判決の意義または範囲に関する紛争が存在するならば解釈請求を受け入れることができる。本裁判所の判例によれば、規程第六〇条の意味の範囲内の紛争は、当該判決の主文に関わるものでなければならず、判決理由が主文から切り離せないものでない限り、判決理由には関係し得ない。

一九六二年判決に続く期間に始まった事件や陳述からみて、タイは、裁判所が主文第二節の「寺院周辺地域」という用語を定義しなかったと考え、また周辺地域の限界を一方的に決定することができると考えていたことを明らかに示している。特に、この立場はタイ閣僚会議の一九六二年決議に表れている。閣僚会議は、カンボジアが寺院の廃墟および寺院が建っている土地だけを取得するという仕組みに基づいて、タイが警察、警備兵、守備兵を撤退させる義務がある寺院の周辺地域の限界の位置を決定したのである。この決定を実施するにあたって、タイは、その閣僚会議決議によって決定された線に沿って地上に有刺鉄線柵を作り、プレア・ビヘア寺院周辺地域はこの限界を超えて拡張できないという看板を立てたのである。

タイの主張に反して、裁判所の記録は、カンボジアがタイの撤退は一九六二年判決を完全に履行したものとは認めなかったことを示している。カンボジアは、一九六二年判決でカンボジア側に承認されたと考えていた領土にタイの人員がいることに抗議した。カンボジアはまた、タイが立てた有刺鉄線柵は裁判所判決に反してカンボジアの領土を完全に無視できないほどに侵害したと訴えた。この見解の相違は、寺院の位置を二〇〇七年~二〇〇八年にユネスコ世界遺産に登録するカンボジアの請求の際の両当事国の書簡でも再現された。

裁判所の意見では、こうした事件や陳述はカンボジアが解釈請求を提出した時点で、両当事国の間で一九六二年判決の意義や範囲について紛争となっていたことを明らかに示している。そこで裁判所は、この紛争が規程第六〇条に基づく裁判所の管轄権の範囲に入るか否かを確認するために、精密な訴訟事項に向かうこととする。一九六二年判決の意義と範囲に関する両当事国間の紛争は、三つの明確な側面に関係していた。第一に、一九六二年判決が、添付地図Ⅰに描かれた線は寺院地域の両当事国間の国境となるということを拘束力を持って決定したか、否かに関する紛争があった。第二に、一九六二年判決の主文第二節で言及された「カンボジア領土の周辺地域」という語句の意義と範囲に関する紛争と密接に関係していた。第二節は、寺院はカンボジア主権下の領土に位置するという主文第一節の結果であった。最後に、主文第二節で課せられたタイの撤退義務の性質に関する紛争である。

一九六二年判決の意義と範囲に対する両当事国の相異なる見解については、裁判所は一九六二年判決の主文第二節および裁判所が添付地図Ⅰに関して述べたことの法的効果について解釈する必要があると考える。裁判所は以上の検討から、規程第六〇条に基づいて、一九六二年判決の意義と範囲について両当事国間に紛争が存在すると結論する。

したがって、一九六二年判決の解釈請求を受け入れる管轄権があり、請求は受理可能である。

2　一九六二年判決の解釈

規程第六〇条による裁判所の任務　規程第六〇条による裁判所の任務は、裁判所が解釈請求を受けた一九六二年判決で決定したことの意義と範囲を明らかにすることである。したがって、裁判所は、厳格に原判決の限界内に止まらなければならず、拘束力をもって判決で認定した事項に疑問をさしはさむことはできず、さらに原判決で決定しなかった問題に解答を与えることはできない。原判決の主文の意義と範囲を決定するにあたって、裁判所は、慣行に従って、主文の厳密な解釈を明らかにする限度で判決の論証に注目することとする。一九六二年の口頭弁論手続の訴答書面および記録は、何の証拠であるか、何の証拠でないか、また各当事国によって争点がいかに形成されたかを示すものとして、判決の解釈に関係がある。裁判所は、解釈を与えるにあたって、判決について解釈のさいに審議したこと以外の事実の検討は自制するものとする。

一九六二年判決の三つの特色は、この判決が上記の配慮に照らして読まれれば明白になる。この判決は寺院が位置する地域上の領土主権に関する紛争をあつかったものであって、国境を決定することに関わったのではないということである。主文では、添付地図Iにも、国境の場所にも触れていない。判決に地図は加えられておらず、裁判所は添付地図I線の誤表示という困難な問題にも意見を表していない。この問題は、一九六二年の手続で当事国間で議論され、国境の画定に関する判決にとって明らかに重要なものであった。

第二に、しかし添付地図Iは、裁判所の理由づけにとって中心的な役割を演じていた。裁判所は両当事国の添付地図Iの受諾によって、その地図が条約による解決をもたらし、解決の不可分の一部となったと述べ、したがって、条約解釈の問題として、紛争地域の地図に引かれた線に有利に判断を下さざるを得ないと感ずると結論したのであった。

第三に、この紛争を定義するにあたって、裁判所は、「プレア・ビヘア寺院区域」での主権にだけ関心をもっていたことを明らかにした。

一九六二年判決の主文　　主文の第二、第三節の認定は、主文第一節の決定から導かれる結果であると明白に述べられている。主文の全三節は全体として検討されるべきであり、それらの意義と範囲を確認する作業は、個々の用語や語句を孤立して解釈するという方法に陥ってはならない。

第一節の意義は明白である。その節で裁判所は、カンボジアの主要な主張、すなわち寺院はカンボジアの主権下にある土地に位置していると裁定した。しかし裁判所は主文の第二、第三節を検討した後に再び第一項の範囲に戻る必要がある。

当事国間の主要な争点は主文第二節に関するものであった。第二節では、裁判所は、第一節の決定の結果として、寺院またはカンボジア領土上の寺院の周辺地域からタイの軍隊、警察、警備兵、守備兵の撤退を求めた。この第二節は、タイがその人員を撤退させることを求められてるカンボジアの領土を明示しておらず、これら人員をどこに撤退させるべきかについても述べていなかった。

主文第二節によって、裁判所は、タイの人員が駐屯している場所について、一九六二年に裁判所に提出された証拠を検討することから始めなければならないと考えた。唯一の証拠はアッカーマン Ackerman 教授から与えられていた。同氏はタイ側から専門家および証人として招かれ、裁判手続で提出する報告書の準備中の一九六一年七月の数日間寺院を訪れていた。カンボジア側弁護人の反対尋問のさいに、アッカーマン教授は、寺院訪問中に、彼がプレア・ビヘア絶壁丘で見た人は、ただタイ国境警備分遣隊と一人の寺院警備兵だけだったと証言した。彼が述べたところでは、警備分遣隊は寺院の北東に設けられた駐留地にある木造家屋に配置され、他方で警備兵は分遣隊の駐留地の西側の近距離にある別の家屋で生活していた。

裁判所が主文第二節でタイにタイ人員の撤退を求めた意図は、アッカーマン教授が証言した警察分遣隊に撤退の義務を適用することにあった。というのは、唯一人の寺院警備兵をのぞいては、寺院の近くには他のタイの人員がいるという証拠はなかったからである。したがって、「カンボジア領土上の周辺地域」という用語は、少なくとも一九六二年の裁判手続の時に警察分遣隊が駐屯していた地域にまで拡大するように解釈されなければならない。その地域はタイ閣僚会議の線の北側に存在しているから、タイが主張するような主文第二節の領土範囲の正しい解釈とはなり得ないのである。

その結論は多くの他の要因によって確認することができる。寺院周辺地域の記述で裁判所が強調したように、寺院は容易に確認できる地理的特色のある場所にある。その特色は絶壁丘ということである。東側、南側および南西側には、絶壁丘はカンボジア平原へ向かってけわしい急斜面となって下っている。西側と北西側では、土地は、アッカーマン教授が証拠の中で「プノン・トラップ山 Pnom Trap mountain とプラ・ビハーン山 Phra Viharn mountain の間の・・・谷間」と記述した場所へ落ちている。カンボジア平原から寺院へ行くことがもっとも容易にできるのはその谷間を通ることである。プノン・トラップの丘はこの谷間の西側面から立ち上がっている。寺院の「周辺地帯」概念の自然な理解は、プレア・ビヘア絶壁丘全体へ広がることである。

主文第二節の領土範囲は、一九六二年にタイ閣僚会議が選んだ部分に限定されることなく、絶壁丘全体へ拡大されなければならない。カンボジアの立場については、その「周辺地域」の解釈を受け入れることはできない。カンボジアは、周辺地域がプレア・ビヘア絶壁丘だけでなく、プノン・トラップの丘も含むと主張した。これが、主文第二節の正しい解釈ではないと裁判所が考える複数の理由がある。第一に、プノン・トラップとプレア・ビヘア絶壁丘には、一九六二年裁判で用いられた地図で明らかに別のものと示された顕著な地理的特色がある。特に裁判所が判決の中で注視した唯一の地図、添付地図Ⅰではそうであった。第二に一九六二年裁判の記録の中に、カンボジアがプノン・トラップ、を「寺院の地域」または「寺院区域」に入るものと扱っていないいくつかの表示がある。第三に、一九六二年にタイの軍隊や警察がプノン・トラップにいたという証拠はなかったし、プノン・トラップから、タイは兵力を撤退させるべきであるというカンボジアの提案もなかった。最後に、カンボジアの解釈は、添付地図Ⅰの国境線が、タイが擁護する分水嶺線と交差する点の位置を確認することに依存している。しかし、一九六二年判決で、裁判所は、分水嶺の位置に関心はなく、分水嶺がどこにあるかを決めることもなかった。したがって、裁判所が「周辺地域」という用語を使った時、分水嶺線を意識していたとすることは信じがたい。

こうした考察は、疑問の余地がまったくないわけではないが、一九六二年に、裁判所がこの広い地域を考えてはいなかったこと、したがって、「カンボジア領土上の（寺院の）周辺地域」をプレア・ビヘア絶壁丘の外の土地にまで適用できると考えるという意図はなかったと裁判所は結論したのである。裁判所はプノン・トラップ、あるいはプレア・ビヘア絶壁丘の限界を超える地域に対する主権の問題を扱ったのではないからである。

一九六二年の手続の訴答書面からみると、一九六二年判決の理由づけによれば、添付地図Ⅰの線の南方のプレア・ビヘア・絶壁丘の限界は自然な地形的特色から成っているように思われる。東方、南方および南西方向では、絶壁丘はカンボジア平原へけわしい急斜面で落ちている。両当事国は一九六二年の合意で、この急斜面とその足もとの土地はカンボジアの主権下にあるとした。西方、北西方向では、プレア・ビヘアを隣接する丘プノン・トラップから分離する谷間、カンボジア平原へ向かって南方へ落ちる谷間へ向かって、急斜面よりゆるい傾斜の坂となって、しかし深く落ちる。プノン・トラップは紛争地域の外側にあり、一九六二年判決はその地域がタイ領土にあるか、カンボジア領土にあるかの問題に触れなかった。したがって、プレア・ビヘア絶壁丘はプノン・トラップ丘の足もとで終わる。

北方では絶壁丘の限界は添付地図Ⅰの線である。その線が急斜面と接するところにある寺院の北東の地点から、プノン・トラップ丘の足もとで谷間から上がり始める北西の地点までの線である。

裁判所は、一九六二年判決の主文第二節は、タイに対して、絶壁丘の全域から駐屯しているタイの人員をタイ領土に撤退させるよう求めていると判断する。

主文第二節と主文の他の節との関係

一九六二年の主文第三節は全体として検討されなければならない。第二節の意義と範囲を決定したので、主文第二節と残る二節の関係に移る。当事国間に第三節に関する紛争はないが、主文の残りの部分の意義と範囲に影響を与える部分について検討する。

裁判所は、主文第一節で、寺院はカンボジアの主権下にある領土に位置すると決定したので、その認定の結果として、タイは「寺院またはカンボジア領土の周辺地域」に駐屯している軍隊やその他の人員を撤退させ、「寺院または寺院地域」から持ち去った物を戻す義務があると決定した。第二節および第三節はそれぞれ、寺院自体を超えて拡がる領土地域について義務を課した。第二節は、この地域は明白にカンボジア領土と表示した。第三節は、この地域をカンボジア領土と明示することはしなかったが、「寺院地域」から持ち去られた美術品等を戻す義務は、この地域がカンボジア領土と認定されたことによる論理的結果がもたらしたのである。「カンボジア領土上の（寺院）周辺地域」という第二節の用語は、第三節の「寺院の地域」とともに、領土上の同じ土地の一区画を指すのである。裁判所がこの領土の一区画に関して課した義務は、第一節での認定の結果である。第二節と第三節で課せられた義務は第一節で認定された領土が、第二・第三節で認定された領土と一致する場合にのみ第一節の主権の認定の論理的結果となることになる。

したがって、裁判所は主文全三節の土地の範囲は同じであると結論する。「プレア・ビヘア寺院はカンボジアの主権下にある領土に位置する」という第一節は、第二・第三節と同じようにプレア・ビヘア絶壁丘にあるものとされなければならない。こうした事情の中で、一九六二年判決がカンボジアとタイとの間の境界を拘束力を持って決定したかどうかという問題に取り組む必要はなくなった。プレア・ビヘアの絶壁丘に対する主権にのみ関係する紛争では、裁判所は、添付地図Ⅰの線に対して北方に伸びてその線を超えることのない絶壁丘は、カンボジアの主権下にあると結論した。これが一九六二年紛争の争点であり、裁判所は、それを一九六二年判決の解釈に関する現在の紛争の心臓部に当たると考える。

第二節でタイに課された義務は、カンボジアが主張する意味で、継続する義務であるか否かの問題に取りかかる必要はない。本件裁判手続では、タイはカンボジア領土の一体性を尊重する一般的および継続的な法的義務を持つことを受諾しており、それは裁判所によってカンボジア主権下にあると認定された領土の紛争に適用があるからである。ひとたび領土主権に関する紛争が解決され、不安定が除去されれば、各当事国は、すべての国家がすべての他の国家の領土的一体性を尊重しなければならないという義務を誠実に履行しなければならない。同様に、両当事国は、相互のいかなる紛争も平和的手段によって解決する義務がある。

国連憲章の諸原則に由来するこうした義務は、本件との関係では格別の重要性を持っている。

本件裁判手続と一九五九—一九六二年の裁判手続の記録から明らかなように、プレア・ビヘア寺院は、その地域の人々にとって宗教的文化的意義のある遺産であって、今やユネスコに世界遺産として登録されている。この点に関しては、カンボジアとタイは当事国になっている世界遺産条約第六条にしたがって、世界遺産としての史蹟を保護するために、相互に、また国際社会と協力しなければならない。さらに、各当事国は、こうした遺産を直接的でも間接的でも傷つけるような故意の措置を取らないようにする義務を負っている。こうした義務のために、裁判所はカンボジア平原から寺院への往来を保障することの重要性を強調したい。

結論として裁判所は、一九六二年判決の主文第一節は、プレア・ビヘア絶壁丘の全域にカンボジアが主権をもつこと、その結果として、第二節は、その領土に駐屯しているタイの軍隊、警察隊、あるいは、タイの警備兵、守備兵をそこから撤退させることを求める。

主文

(1) 全会一致で、裁判所は、規程第六〇条により、カンボジアが提起した一九六二年判決の解釈請求を受け入れる管轄権を有し、その請求は受理可能であると決定する。

（2）全員一致で、裁判所は解釈にもとづいて、一九六二年六月一五日の判決は、カンボジアがプレア・ビヘア絶壁丘の全領域に主権を有すること、その結果として、タイがその領域に駐屯しているタイの軍隊、警察隊、あるいは警備兵、守備兵をそこから撤退させる義務があることを宣言する。

三　研　究

プレア・ビヘア寺院近くの国境は、カンボジアとタイの一九〇四年の国境条約によって、両国の国境の一般的形状は分水嶺線であるべきとされ、正確な国境線は同条約第三条にもとづいて一九〇七年に設置されるフランス＝シャム合同国境画定委員会によって作製される地図によって定められることになっていた。しかし実際には、地図は本裁判判決が言及したとおり、フランスの四人の委員会が作製した。同地図は、分水嶺線の北側にあるプレア・ビヘア寺院とその周辺地域を、国境線の南側におく測量地図であった。これが国境の位置をめぐる両当事国間の理解の相違をもたらすことになったのである。

フランスは、一九〇八年にこの地図を公刊するとともに、シャム側に提示した。一九三四年、シャムの当局者はこの地域の測量によって国境線と分水嶺線の不一致を発見したが、何の意思も示さなかった。その後もタイは、何度が国境の変更ないし確認の機会があったが、プレア・ビヘアについて異議を出すこともなく、プレア・ビヘアをカンボジア側に示す地図をそのまま使用していた。一九三〇年に、タイのダムロン殿下が公式に寺院を訪問したさいに、殿下は、プレア・ビヘアにおいてフランス国旗の下カンボジア駐在フランス弁理公使の公式接待をうけた。こうした一連の事実から見て、一九六二年判決は「プレア・ビヘアに対するカンボジアの主張を、タイが黙示的に承認したという結果になると考える」と判示した。タイは、判決を履行すべき国連加盟国としての義務を尊重するという立場から一九六二年七月六日、国連事務総長に対して、現存のあるいは将来援用可能となるすべての法的手続きに訴えて、プレア・ビヘア寺院の回復を達成するという権利に関する留保を維持する意見と、判決に対する抗議をのべた通牒を通告した。しかし、「事実」に記されているように、タイは寺院の北に有刺鉄線柵を設けて、寺院近辺にいた警察分遣隊等を柵の北に移動させただけで「プレア・ビヘア寺院とその周辺地域」から撤退させてはいなかった。カンボジアはこの点を問題として、一九六二年判決の解釈請求を提起したのである。

この判決では、裁判所は一九六二年判決の判旨そのものは正当なものとした上で、つまり、一九六二年判決では国境線が寺院の北にあり、したがってカンボジアが、プレア・ビヘア寺院とその周辺地域である「絶壁丘」に主権をもつと認定した。タイは、原判決の国境の位置そのものに意義を申し立てていたので、原判決を正当なものとして扱うとなれば当然の解釈である。

なお、これまでの判決に見られなかった判旨がある。国連加盟国としては、世界遺産として登録された史跡については、これを傷つけるような措置をとらないこと、ならびに、史蹟への往来を保証することの重要性を強調していることである。

参考文献

（1）東　壽太郎「プレア・ビヘア寺院事件」波多野里望・松田幹夫編著『国際司法裁判所―判決と意見』第一巻（一九四八―六三年）（国際書院、一九九九年）二八六―二九九頁。
（2）東　壽太郎「国境紛争事件」（一九八六年一月一〇日命令）波多野里望・尾崎重義編著『国際司法裁判所―判決と意見』第二巻（一九六四―九三年）（国際書院、一九九六年）三一三―三二四頁。
（3）尾崎重義「カメルーン・ナイジェリア間の領土・海洋境界画定事件」（仮保全措置の要請　一九九六年三月一五日命令）波多野里望・廣部和也編著『国際司法裁判所―判決と意見』第三巻（一九九四―二〇〇四年）（国際書院、二〇〇七年）一一〇―一七九頁。
（4）秋月弘子「国境地帯においてニカラグアによって実施されたある種の活動事件」（仮保全措置の要請　二〇一一年三月八

日命令）『本書』一七―六〇頁。

（東　壽太郎）

第七節　一九九五年九月一三日の暫定合意の適用事件

当事国　マケドニア旧ユーゴスラビア共和国
　　　　対ギリシャ
判決日　二〇一一年一二月五日

事件概要　ユーゴスラビア社会主義連邦共和国（以下ＳＦＲＹ）を構成していたマケドニア社会主義共和国は一九九一年ＳＦＲＹから分離独立し、国名をマケドニア共和国と改め、国際連合（以下国連）およびその他国際組織への加盟を申請したが、ギリシャが、マケドニアという呼称はギリシャ領土の重要部分を含む欧州南東部地域を指すものであるとして、マケドニア共和国の国連加盟に反対するとの立場を表明した。マケドニア共和国は一九九三年四月八日に国連への加盟を承認されたが、同国の国名は、一九九三年四月七日の安全保障理事会（以下安保理）決議に基づき、その名称をめぐる紛争が解決されるまでの間、国連においては暫定的に「マケドニア旧ユーゴスラビア共和国」（以下マケドニアまたは原告国）と呼称されることになった。一九九五年九月一三日マケドニアとギリシャとの間で締結された暫定合意において、ギリシャは同国が加盟している国連以外の国際機構へのマケドニアの加盟に反対してはならないと規定されたが、二〇〇八年四月の北大西洋条約機構（以下ＮＡＴＯ）のブカレスト首脳会議においてマケドニアのＮＡＴＯ加盟は承認されなかった。そのため、マケドニアは二〇〇八年一一月、ギリシャが暫定合意に違反してマケドニアのＮＡＴＯ加盟に反対したとの訴えを国際司法裁判所（以下裁判所）に提起した。裁判所は、ギリシャはマケドニアのＮＡＴＯ加盟に反対したことによって、暫定合意に違反した、と判示した。

一　事　実

一九九一年以前において、ＳＦＲＹはマケドニア社会主義共和国を含む六共和国から構成されていた。ＳＦＲＹの分裂過程において、マケドニア社会主義共和国議会は一九九一年一月二五日、「マケドニア社会主義共和国の主権に関する宣言」を採択した。一九九一年六月七日、同議会は憲法を改正する法案を採択して、国名をマケドニア共和国と改めた。次いで同議会は一九九一年八月、新国家としての独立を宣言しかつ国際的承認を求める決議を採択した。

マケドニア共和国は一九九二年七月三〇日国連への加盟を申請したが、ギリシャが一九九三年一月二五日マケドニア共和国という名称が採択されたことを理由として、同国の国連加盟に反対するとの立場を表明した。ギリシャの見解によれば、マケドニアという文言はギリシャおよび幾つかの第三国の領土と国民の重要部分を含む欧州南東部地域を指しており、それゆえギリシャはマケドニア共和国の国連加盟に反対するものであると説明した。ギリシャはさらに、この名称問題が解決されたならば、マケドニア共和国の国連および欧州共同体（ＥＵ）への加盟に反対しないとの意向を表明した。

一九九三年四月七日、国連安保理は国連憲章第四条二項に基づき、マケドニア共和国の国連加盟申請に関する決議八一七（一九九三）を採択した。同決議において、安保理は総会に対して、「文書S/25147にその加盟申請が掲載されている国は国連への加盟を承認されるものとし、同国はその国名をめぐって生じた相違（difference）が解決されるまでの間、国連内ではあらゆる場合に（for all purposes）暫定的にマケドニア旧ユーゴスラビア共和国と言及されるよう」勧告した。総会は一九九三年四月七日付安保理決議の勧告に従い、決議A/RES/47/225をもってマケドニア旧ユーゴスラビア共和国の国連加盟を承認した（一九九三年四月八日）。その後同国の名称めぐる相違は依然解決されなかったので、安保理は一九九三年六月一八日、当事国に対して「懸案の問題のすみやかな解決を達成するために、国連事務総長の支援のもとでの努力を引き続き行うよう」要請する決議八四五（一九九三）を採択した。当事国はそのための交渉を行ったが、当該名称問題に関し相互に受諾可能な解決には至らなかった。

マケドニア旧ユーゴスラビア共和国は国連への加盟を承認された後国連の各種専門機関の構成国になったが、当該名称問題は依然解決されず、ギリシャがすでに構成国になっている国連以外の若干の国際機構または機関に加盟する前者の試みは成功しなかった。このような経緯にもかかわらず、両当事者は一九九五年九月一三日外交関係の樹立およびその他の関連問題を定めた暫定合意に署名した（一九九五年一〇月一三日発効）。同暫定合意における締約国代表の署名箇所において、マケドニア旧ユーゴスラビア共和国は「第二欄の締約国」（Party of the Second Part）、ギリシャは「第一欄の締約国」（Party of the First Part）と言及され、問題とされている国名の使用が回避された。

当該名称問題に関し、暫定合意第五条一項において、両締約国は「安全保障理事会決議八四五（一九九三）に従い、同決議及び安全保障理事会決議八一七（一九九三）に言及された相違（difference）について合意に達するために、国際連合事務総長の支援のもとでの交渉を引き続き行う」ことに合意した。他方、両締約国は同暫定合意において、「第一欄の締約国」（ギリシャ）が加盟している国際機構または機関への「第二欄の締約国」（マケドニア旧ユーゴスラビア共和国）の加盟に関する規定を設けた。この点に関し、暫定合意第一一条一項は次のように定める。

「本暫定合意の発効後、第一欄の締約国は、同締約国が構成国である国際的、多数国間並びに地域的機構及び機関への第二欄の締約国の加盟申請又は加盟に異議を申し立てないことに同意する。

ただし、第一欄の締約国は、第二欄の締約国がそれらの機構又は機関において、国際連合安全保障理事会決議八一七（一九九三）第二項に掲げられている名称とは異なるように言及されるならば、その限りにおいて（to the extent）前記の加盟に異議を申し立てる権利を留保する。」

右の暫定合意発効後、マケドニア旧ユーゴスラビア共和国は、ギリシャが既に加盟国となっている多数の国際機関において加盟国としての地位を付与された。マケドニア旧ユーゴスラビア共和国のＮＡＴＯ加盟申請は、二〇〇八年四月二―三日にルーマニアの首都ブカレストで開催されたＮＡＴＯ加盟国会合（以下ブカレスト首脳会議）において検討されたが、同共和国はこの会議に招請されなかった。首脳会議終了後に発せられた声明は、「名称問題についての相互に受諾可能な解決が達成され次第」、同「共和国」に対して加盟の招請がなされると述べていた。

二〇〇八年一一月一七日、マケドニア旧ユーゴスラビア共和国は、一九九五年九月一三日の暫定合意の解釈と適用に関する紛争について、ギリシャを相手とする訴えを裁判所に提起した。マケドニア旧ユーゴスラビア共和国は、裁判所に対し次のように判示するよう要請した。すなわち、ギリシャが暫定合意第一一条一項のもとでの法的義務に違反したと認定し、また、NATOまたはギリシャが加盟国となっている他の国際的・地域的国際機構または機関への加盟招請もしくは同「共和国」によってなされるかもしれない加盟申請との関係で、ギリシャが暫定合意第一一条一項のもとでの義務を履行するようにすること、の二点である。

マケドニア旧ユーゴスラビア共和国は、裁判所の管轄権の根拠として、暫定合意第二一条二項を援用した。第二一条二項は、「本暫定合意の解釈又は適用に関し締約国間に生じた相違（difference）又は紛争（dispute）は、第五条一項に掲げる相違（difference）を除き、締約国のいずれかによって国際司法裁判所に付託される」と定める。前述のように、暫定合意第五条一項は、両締約国に対して、安保理決議八四五および八一七において言及された「相違」について引き続き交渉を行うことを要請している。

二　判　決

I　裁判所の管轄権および訴えの受理可能性

1　ギリシャ（以下被告国）は、紛争が暫定合意第五条一項に掲げるマケドニア旧ユーゴスラビア共和国（以下原告国）の名称をめぐる相違にかかわるものであり、したがって、暫定合意第二一条二項に規定された例外（exception）に基づき、本紛争は裁判所の管轄権から除かれると申し立てた。（para. 26）

被告国は、この例外の範囲は広く、名称の相違についての最終的解決に関するなんらかの紛争のみならず、「その紛争を決定すれば、名称をめぐる相違について直接的にまたは間接的に予断を下すことになるであろうなんらかの紛争」も裁判所の管轄権から除かれると主張する。(para. 31)

被告国はさらに次のように主張する。すなわち、裁判所は名称をめぐる相違についての解決がなされていないことの問題について判断を下すことなく原告国の訴えを取り扱うことはできない。被告国の主張によれば、名称をめぐる相違について解決がなされていないということを唯一の理由として被告国は原告国のＮＡＴＯ加盟に異議を申し立てたと主張されているからである。(para. 32)

他方、原告国は、本件紛争の主題は暫定合意第五条一項に言及されている相違とは直接的にも間接的にもかかわるものではないと主張する。原告国の主張によれば、本件訴えは、裁判所に対して第五条一項に言及されている名称をめぐる相違を解決すること、またはその相違に関して何らかの見解を表明することを要請していないので、第二一条二項によって除外されるものではない。(para. 33)

安保理決議八一七（一九九三）および八四五（一九九三）は、両当事者が、交渉により解決することを要請された、当事者間においてそれについての相違が存在すると認めた原告国の名称（最終的名称）と、その相違が解決されるまでの間原告国について国連内であらゆる場合に言及される暫定的名称との間を区別した。暫定合意は同じアプローチを採用し、これを他の国際機関への原告国の加盟申請および加盟に適用する。すなわち、暫定合意第五条一項は当事者に対して原告国の最終的名称をめぐる相違について交渉することを要請しているのに対し、第一一条一項は被告国に対して、原告国が当該機構において安保理決議八一七（一九九三）における名称とは異なるように言及されない限り、国際機構への原告国の加盟申請および加盟には異議を申し立てないとの義務を課している。裁判所は、暫定合意第二一条二項および第五条一項の文言から、これら条項に掲げられており、また、両締約国が裁判所の管轄権から除くことを意図した相違とは、原告国の最終的名称をめぐる相違であって、第一一条一項のもとでの被告国の義務に関わる相違ではないことは明白であると考える。(para. 35)

暫定合意第一一条二項における例外に依拠した裁判所の管轄権に対する被告国の抗弁は、支持されない。(para. 38)

2　本件における裁判所の管轄権および訴えの受理可能性に対する抗弁として、被告国は、NATOへの原告国の加盟招請を先送りするとの決定はブカレスト首脳会議において右機構によって「全会一致」をもってなされた集団的決定であって、被告国による個別的または自主的決定ではないので、訴えの目的はNATOおよびその他の構成国の行為にかかわるものであると主張する。つまり、被告国は、訴えられた行為はNATO全体に帰属されるものであって、被告国だけに帰属されるものではないと主張する。(para. 39)

訴状の文言によれば、原告国の訴えは専ら、被告国が暫定合意第一一条一項のもとでの義務に違反したとの申立に依拠している。同条項は、とくに被告国の行為について言及しており、その行為が原告国の加盟に関する所与の機構の実際の最終決定に影響を与えたかどうかとはかかわりをもたない。裁判所は、原告国がブカレスト首脳会議の最終日における決定採択以前の期間における被告国の行為を争っているのであって、その決定そのものを争っていないことに留意する。したがって、裁判所における争点は、NATOの決定が被告国に帰属されるかどうかではなく、被告国自らの行為の結果として暫定合意に違反したかどうかである。裁判所への訴えには、NATOが、原告国に対する同機構への加盟招請を先送りしたことは適法であったかどうかについて判断を下すことを裁判所に要請していると解釈されるものは存在しない。紛争は、NATOの行為またはNATOの構成国の行為にかかわるものではなく、専ら被告国の行為にかかわるものである。(para. 42)

本件紛争がNATOおよびその構成国に帰属される行為に関わるものであるとの申立に依拠した被告国の抗弁は、支持されない。(para. 44)

３　被告国は、裁判所の判決がＮＡＴＯの決定を取り消したりまたは修正することができないゆえに、本件における裁判所の判決はなんらの効果をもたないと主張する。被告国はさらに、裁判所が原告国の主張を支持したとしても、その判決は原告国のＮＡＴＯ加盟に関しては実際的な効果をもたないと主張する。(para. 45)

裁判所の判決が、ブカレスト首脳会議でのＮＡＴＯの決定を変更することもＮＡＴＯとの関係で原告国に対していかなる権利をも設定することもできないという被告国の主張は正しいが、それは原告国の要請ではない。原告国の訴えの核心にあるのは、被告国の行為であって、ＮＡＴＯまたはその構成国に帰属される行為ではないことは明白である。原告国は、裁判所に対して、ブカレスト首脳会議でのＮＡＴＯの決定を覆すことや同機構への加盟条件を変更することを要請しているのではない。(para. 50)

裁判所の判決はなんらの効果をもたないという申立に依拠した訴えの受理可能性に関する被告国の抗弁は、支持されない。(para. 54)

４　被告国は、裁判所が管轄権を行使するならば、安保理決議八一七（一九九三）において同理事会によって想定された（envisaged）外交プロセスに干渉することになり、このことは裁判所の司法任務に反すると主張する。(para. 55)

両締約国は、暫定合意のなかに、裁判所に管轄権を付与する条項とともに（第二一条）、原告国の名称をめぐる相違に関する交渉を継続することを要請する条項（第五条一項）を含めた。両締約国が、将来において裁判所による審理（ruling）が安保理によって要請された外交交渉に干渉することになるだろうと考慮したのであれば、暫定合意の解釈および適用に関する紛争を裁判所に付託することに合意しなかったであろう。(para. 59)

裁判所の判決が現在進行中の外交交渉に干渉することになるとの申立に依拠した被告国の訴えの受理可能性に関する抗弁は、支持されない。(para. 60)

Ⅱ　本案

1　被告国は、暫定合意第一一条一項のもとでの義務を履行しなかったか

⑴　暫定合意第一一条一項の前段は、被告国に対して、ＮＡＴＯへの原告国の「加盟申請又は加盟」に異議を申し立てないことを義務付けている。裁判所は、「異議を申し立てない」という義務が被告国に対して国際機構への原告国の加盟を積極的に支持することを要請するものではないことに留意する。さらに、両当事者は、「異議を申し立てない」という義務が、結果についての義務ではなく、行動についての義務であることについては同意している。(para. 67)

原告国によれば、暫定合意の趣旨および目的にてらして、「異議を申し立てない」との文言は広い意味に読まれるべきであって、反対票を投ずることに限られず、国際機構または機関における全会一致の決定に反対するかまたはそれを阻止することを意図した行為もしくは不作為も含まれる。(para. 68)

被告国は、「異議を申し立てない」との義務をより狭く解釈する。被告国の見解においては、「異議を申し立てる」ということは、反対票を投ずるかまたは拒否権を行使するという特定の否認行為がなければならず、全会一致プロセスにおける棄権または支持の保留は含まれない。被告国によれば、「異議を申し立てない」との文言は、通常であれば被告国が有している権利に制約を課しているので、原則として狭く解釈されるべきであると主張する。(para. 69)

裁判所は、暫定合意第一一条一項前段には、新構成国の加盟を決定するために表決手続きを用いる諸機構に対して異議を申し立てないとの被告国の義務の範囲を狭めるものは存在しないと考える。両締約国が、第一一条一項から、投票を要請しない手続きに服するＮＡＴＯのような機構を除く意図があったことを示唆するものはない。さらに、裁判所に付託された問題は、原告国の加盟申請に関しブカレスト首脳会議においてＮＡＴＯによってとられた決定が、専らまたは主として被告国の反対に従ったかもしくは部分的に（marginally）その反対に従ったかどうかではない。両当事者が認めているように、第一一条一項前段に基づく義務は、結果ではなく行動の義務である。したがって、裁

判所に付託された問題は、被告国が第一一条一項に掲げられている、異議を申し立てないとの義務に従わなかったかどうかである。(para. 70)

裁判所はここで両当事者が提出した証拠を検討し、これらの証拠によって、被告国は原告国のＮＡＴＯ加盟に異議を申し立てたとの原告国の主張が裏付けられるかどうかを検討する。(para. 72)

二〇〇七年に被告国が他のＮＡＴＯ加盟国に送付した覚書は、名称問題の解決こそ「ギリシャがＮＡＴＯ加盟交渉を開始するためマケドニア旧ユーゴスラビア共和国への招請を受諾するための決定的基準となろう」と記述する。(para. 74)

二〇〇八年二月二二日、被告国の首相は同国の国会会期中、名称をめぐる当事者間の相違に関し、「相互に受諾可能な解決なくして、同盟関係は樹立されず、隣国に対しＮＡＴＯ（Alliance）への参加招請もありえない。解決がないということは、招請もないということを意味する」との発言をなしている。記録によれば、同首相は二〇〇八年三月において少なくとも三回この立場を公に繰り返し表明した。(para. 75)

二〇〇八年三月一七日、被告国の外相は、原告国に言及して、「妥結に至らなければ、彼らの加盟を阻止する」と言明、同年三月二七日には与党議員団へのスピーチにおいて、（名称問題の—報告者注）解決がなされない限り、「当然、隣国に対してＮＡＴＯへの参加を招請することには同意できない。解決がなければ、招請もない。われわれはそう云ってきたし、そうするつもりだ、そしてそのことは誰もが承知している」と述べた。(para. 76)

原告国は、ブカレスト首脳会議が閉幕した二〇〇八年四月三日、被告国の首相がギリシャ国民に向けてなした次の声明を指摘する。

「アルバニアとクロアチアがＮＡＴＯに加盟することは、全会一致で決定された。ギリシャの拒否権により、マケドニア旧ユーゴスラビア共和国はＮＡＴＯには参加していない。

私はあらゆる人々に・・・名称問題が解決できなければ、ＮＡＴＯ（Alliance）への参加招請が妨げられることになろうと述べてきた。そして、私はそうしたのである。スコピエは、名称問題が解決された後においてのみNATOの加盟国になることができる。」(para. 77)

原告国はさらに、ブカレスト会議後の被告国の外交公信に依拠する。同公信において、被告国はブカレスト首脳会議における自国の立場を強調している。原告国はとくに、被告国の国連常駐代表からコスタリカの国連常駐代表に宛てた次の二〇〇八年四月一四日付書簡を紹介する。

「ブカレストにおける最近の首脳会議においては、名称問題の実行可能な最終的解決に至らなかったことにかんがみ、ギリシャはマケドニア旧ユーゴスラビア共和国を北大西洋同盟に加わるよう招請することに同意することができなかった。」(para. 78)

二〇〇八年六月一日、被告国が米州機構およびその加盟国に宛てた覚書において、被告国は次のような記述をなしている。

「二〇〇八年四月のブカレストにおけるNATO首脳会議において、右同盟指導者は、ギリシャの提案に基づき、名称問題につき相互に受諾可能な解決が達成されるまで、マケドニア旧ユーゴスラビア共和国に対しNATOへ参加するよう招請することを先送りすることに合意した。」(para. 79)

裁判所の見解においては、裁判所に提出された証拠から、ブカレスト首脳会議の前後およびその最中において、公式の外交書簡および高官の声明をもって、被告国にとっては、原告国の名称をめぐる紛争の解決が後者のNATO加盟を受諾する「決定的基準」であったことを明言している。被告国はブカレスト首脳会議において、原告国の名称が依然解決されていないことに言及しつつ、後者のNATO加盟に対する反対(objection)を明確に表明した。(para. 81)

ゆえに、裁判所は、被告国が暫定合意第一一条一項の意味において原告国のNATO加盟に異議を申し立てたと結論する。(para. 83)

(2) 裁判所はここで、原告国のNATO加盟に対する被告国の反対が、暫定合意第一一条一項後段に掲げられている例外に該当するかどうかを検討する。(para. 84)

裁判所は、両当事者が一つの状況についての第一一条一項後段の解釈について合意していることに留意する。すなわち、原告国がある機構によって暫定的呼称ではない名称によって言及される場合には、同条項後段に含まれている例外によって被告国は原告国の当該機構への加盟に異議を申し立てることができるということである。被告国は、さらに、次の二つの状況において異議を申し立てる権利を有すると主張する。第一に、原告国が当該機構において同国の憲法上の名称を用いる場合であり、第二に、第三国が当該機構において原告国を同国の憲法上の名称で言及する場合である。(para. 89)

他方、両当事者は、原告国がNATOへの加盟を承認された場合には、原告国はNATO内において、自国を安保理決議八一七に掲げられた暫定的呼称ではなく憲法上の名称をもって言及する意図があったことを認める。それゆえ、裁判所は、そのような場合に、被告国が第一一条一項後段によって異議を申し立てることができるかどうかを決定しなければならない。(para. 90)

裁判所は、両締約国が受動態を用いて第一一条一項後段を規定したことに注目する。同条項は、安保理決議八一七第二項「に掲げられている名称とは異なるように(原告国が)言及される(to be referred)ならば、その限りにおいて(to the extent)」と規定する。この受動態の使用は、この条項が、当該機構によって原告国がどのように言及されるのかということのみならず、原告国が自らを言及する場合も対象とするとの被告国の見解と、両立させることは困難である。「その限りにおいて」という文言の挿入に関しては、この文言が、当該機構による懸念された実行(anticipated practice)のみならず、他の加盟国による原告国の憲法上の名称の使用によっても被告国の異議を申し立てる権利が作動されることになると解釈されない限り、法的効果を持たないとの被告国の主張を想起する。裁判所は、この文言が、被告国が主張するように解釈される場合にのみ、法的効果をもつことになるということに同意できない。たとえば、当該機構が原告国を憲法上の名称をもって言及する限りにおいては、被告国は反対する権利を有すると解釈されるならば、この文言は法的意味を有することになろう。したがって、裁判所は、原告国が当該機構において自国を憲法上の名称で言及する場合には、第一一条一項の後段規定によって、被告国は原告国のいずれかの機構への加盟に反対することができるということでない限り、「その限りにおいて」という文言は法的効果を持たない、との被告国の主張を退ける。(para. 92)

裁判所にとっての核心的問題は、原告国がＮＡＴＯにおいて自らを憲法上の名称で言及するであろうということが、「安全保障理事会決議八一七(一九九三)第二項に掲げられている名称とは異なるように・・・言及される」ことを意味するかどうかである。右決議は、国連憲章第四条二項にしたがって採択された。同条項は、国が国連加盟国になることとの承認は、安保理の勧告に基づいて総会の決定によって行われると規定する。したがって、安保理決議八一七第二項は主として、個々の国連加盟国ではなく、国連の他の機関、すなわち、総会に宛てられたものであると主張されよう。他方、右決議八一七第二項の表現―「あらゆる場合に」―は広い範囲を指しているので、国連内における原告国を含む加盟国の行為にも及ぶと解釈されよう。(para. 93)

暫定合意第一条一項は、被告国が原告国を「独立主権国家」として承認し、また、被告国は原告国を暫定的呼称(マケドニア旧ユーゴスラビア共和国)をもって言及すると規定する。しかし、暫定合意はいずれの規定においても、原告国に対して被告国との関係において暫定的呼称の使用を要請していない。反対に、暫定合意の発効と同時に両当事者間において締結された「暫定合意に関連する実際的措置」に関する「覚書」は、原告国は被告国との関係においては「マケドニア共和国」と言及すると明確に規定している。そのため、暫定合意の発効以降、被告国は、原告国があらゆる場合に憲法上の名称の使用を禁止されているとは主張していない。(para. 95)

裁判所はさらに、暫定合意第一一条一項後段の文言と、原告国または締約国の双方に対して明示的な制約を課している、同合意の他の規定を比較検討する。例えば、暫定合意七条二項において、原告国は同国が以前国旗において使用していた象徴（symbol）の使用の「停止（cease）」に同意した。つまり、この条項には、原告国がこれまでの行動を改める（change）ことという要請が含まれている。「友好関係及び信頼醸成措置」という見出しのもとでの条項―すなわち、第六条の三つの条項―も、すべてが原告国による約束として表示されている。対照的に、両締約国は、国連において原告国が憲法上の名称を一貫して使用していたことを知っていたが、原告国による行動の変更を要請する文言を用いずに、第一一条一項後段を起草した。締約国が暫定合意をもって国際諸機構における原告国による憲法上の名称の使用を改めるよう要請しようとしたのであるならば、第六条および第七条二項における当該義務についてなしたように、その旨の明示的な義務を含めたであろう。（para. 96）

暫定合意第一一条一項後段と他の条項との比較検討が有意義であることは、暫定合意（the treaty）の全般的構成と同合意の趣旨および目的を考慮することによっても支持される。両当事者はそれぞれ暫定合意の趣旨および目的に言及する際に同合意に関し相異なる側面を強調しているが、両当事者は、同暫定合意が、次のような全般的趣旨と目的を有する包括的取り決め（exchange）であるという共通の見解をもっているように思われる。すなわち、かかる趣旨と目的とは、第一に、締約国間の諸関係（二国間および国際諸機構における関係）の正常化をもたらすものであること、第二に、名称をめぐる相違に関して誠意のある交渉を要請するものであること、第三に、特定の象徴の使用を規制しまた政治的干渉、敵対活動および中傷宣伝を禁止するための実効的措置を要請する諸条項に合意することである。これらの諸規定を合わせて検討した場合、第一一条一項の前段と後段は、被告国が原告国による諸機構への加盟を阻止する行為を終わらせることを要請される場合の条件を明示することによって、第一の趣旨を推し進めている。この取り決めの他の要素―原告国側にその行為を改めることを義務づける等の保証（assurances）を含む条項―も、同合意の中に含まれている。暫定合意の構成および趣旨・目的に照らして、両締約国は、第一一条一項における単なる含意（implication）だけをもって原告国に対して重要な新たな制約―すなわち、自国を憲法上の名称で呼ぶと

いう一貫した実行を制約すること―を課すつもりはなかったと思われる。(para. 97)

裁判所は、ブカレスト首脳会議以前のNATOに関する両当事者の実行について検討する。同首脳会議に至るまでの数年間、原告国はNATOとの関係においては一貫して憲法上の名称を使用した。原告国がNATOおよびその他の国際機構との関係で憲法上の名称を使用してきたにもかかわらず、被告国が当該期間においてNATOとの関係で原告国による憲法上の名称の使用に懸念を表明したという証拠はないし、また、被告国が原告国による過去または将来における憲法上の名称の使用を理由としてNATOへの加盟に異議を申し立てることを示唆する証拠も存在しない。証拠によれば、被告国は、名称をめぐる相違について最終的解決に至らなかったことにかんがみて、被告国は原告国のNATO加盟に異議を申し立てたことは明白である。(para. 100)

以上の分析にかんがみて、裁判所は、いずれかの国際機構において自国を憲法上の名称で言及するとの原告国の意図は、当該機構において安保理決議八一七第二項「に掲げられている名称とは異なるように言及される」ことを意味するものではないと結論する。したがって、暫定合意第一一条一項後段に掲げられた例外によって、被告国は原告国のNATO加盟に異議を申し立てることはできない。(para. 103)

(3) 暫定合意第二二条は、「本暫定合意は他の国又は主体に向けられたものではなく、また、締約国が他の国又は国際機構と締結した現行の二国間又は多国間協定から生ずる権利及び義務を侵害するものではない」と定める。(para. 104)

被告国によれば、裁判所が被告国は暫定合意第一一条一項に違反し、原告国のNATO加盟に異議を申し立てたと結論したとしても、かかる異議は第二二条の効果のゆえに暫定合意に違反したことにはならない。被告国は、第二二条を、先行の協定のもとでの暫定合意締約国の権利・義務が暫定合意における締約国の義務に優先することを意味するものであると解釈する。とくに、被告国は、第一一条一項のもとでの被告国の異議を申し立てる権利に対する制約と「抵触する場合には、ＮＡＴＯのもとでのギリシャの権利、およびＮＡＴＯ又は他のＮＡＴＯ加盟国に対して負う義務が優先しなければならない」ゆえに、同国は随意に原告国のＮＡＴＯ加盟に異議を申し立てることができると主張する。被告国は、その主張を、ＮＡＴＯ条約第一〇条のもとでのＮＡＴＯへのいずれかの国の加盟に同意する（または同意しない）権利、および「ＮＡＴＯの関心事項の協議に積極的かつすみやかに参加する」義務に依拠させた。(para. 106)

しかし、被告国は、口頭手続きにおいて、「加盟申請の状況に照らして当該機構の諸規則および基準により、異議の申立が要請されるならば、また、その場合に限り」異議を申し立てる権利を有すると主張して、暫定合意第一一条についての同国の解釈の範囲を狭めたように思われる。被告国の見解においては、各加盟国は、加盟候補国がＮＡＴＯへの加盟基準をみたしていないと考慮するならば、その懸念を提起する権利のみならずそうする義務をも有する。(para. 107)

被告国による暫定合意第二二条の解釈に関し、裁判所は、先行の協定のもとでの「権利」（「義務」に加えて）が、暫定合意第一一条一項における原告国によるいずれかの機構への加盟に異議を申し立てない義務に優先するとの被告国の当初の主張の幅の広さに注目する。第二二条についてこのような解釈が受け入れられるならば、その義務は無意味なものにされよう。なぜなら、被告国は通常、第三国と先行の協定のもとで加盟承認決定に関し意見を表明する「権利」を有していることが予期されるからである。裁判所は、両締約国が第二二条をもって第一一条一項前段を無意味なものにする意図はなかったと考慮し、被告国によって当初提起された広義の解釈を受け入れることはできない。(para. 109)

裁判所はここで、先行の条約のもとでの「義務」が暫定合意における義務に優先するとの第二二条についての被告国のより幅の狭い解釈を検討する。このより狭い解釈を受け入れるとするならば、裁判所の分析における次の検討は、被告国が、ＮＡＴＯ条約のもとで、その義務を履行すれば、ＮＡＴＯへの原告国の加盟に異議を申し立てないと

の義務に反することになる義務を負っているかどうかを評価することである。（para. 110）

被告国は、ＮＡＴＯ条約のいずれの規定が同国に対して原告国の加盟に異議を申し立てることを要請しているかについて説得力のある主張をなさなかった。その代わりとして、被告国は、加盟決定に関して判断を下す「義務」を主張することによって、加盟決定に関し立場を明確にする一般的「権利」を「義務」に転化させ、原告国のいずれかの機構への加盟に異議を申し立てないとの義務から免れようと試みる。かかる主張は、第二二条について被告国によって当初提起された広義の解釈と同じ欠陥を有する。すなわち、かかる主張は、第一一条一項前段の価値を損なうことになろう。したがって、裁判所は、被告国が、ＮＡＴＯ条約のもとでの要請によって原告国のＮＡＴＯ加盟に異議を申し立てることを強いられたことを立証しなかったと結論する。（para. 111）

2　被告国によって援用された正当化のための追加事由

被告国は、暫定合意のもとでの義務を履行したとの主要な申立に代わるものとして、原告国のＮＡＴＯ加盟に反対したことの違法性は「契約不履行の抗弁」（*exceptio non adimpleti contractus*）の原則によって阻却されると主張する。被告国はさらに、暫定合意のもとでの義務の不履行は、条約の重大な違反に対する対応措置（response）、および国家責任法のもとでの対抗措置（countermeasure）によっても正当化されると主張する。（para. 114）

被告国によれば、「契約不履行の抗弁」は国際法の一般原則であって、同原則に基づき被告国は「（原告国によって）履行されなかった義務と相対応する義務の履行を差し控える」ことができる。被告国によれば、この原則は、相手締約国が暫定合意の「基本的条項」を履行しなかった場合に適用される。（para. 115）

被告国は、暫定合意のもとでの同国の義務を無視することは、（原告国による）条約（a treaty）の重大な違反に対する対応措置として正当化されると主張する。被告国は、一九六九年条約法に関するウィーン条約（以下「条約法条約」）第六〇条に基づき暫定合意の一部の運用停止が「正当化される」との立場をとった。（para. 118）

被告国はさらに、暫定合意のもとでの同国の義務の不履行は、対抗措置として正当化されると主張する。被告国は当初、ＮＡＴＯへの原告国の加盟反対が対抗措置として正当化されると主張しなかったが、後に同国が加盟に反対したとみなされたならば（supposed objection）、それは対抗措置を構成することになろうと主張した。（para. 120）

裁判所は、被告国が「契約不履行の抗弁」原則、条約法条約第六〇条に基づく部分的運用停止および対抗措置に関わる主張を提起したが、被告国がこれら三点の主張に共通する最低限の要件を提示していることに注目する。第一に、被告国はこれらの主張を、原告国のＮＡＴＯ加盟に被告国が反対する前に、原告国が暫定合意のいくつかの規定に違反したとの申立に依拠させた。第二に、被告国の主張はいずれも、被告国側に、原告国のＮＡＴＯ加盟に対する反対が原告国による違反に対応してなされたことを立証することを要請する。（para. 123）

(1) 裁判所は初めに、暫定合意第一一条一項後段が、原告国に対して、暫定的な呼称（マケドニア旧ユーゴスラビア共和国）以外の名称で言及されてはならないという義務を課しているとの被告国の主張を検討する。（para. 124）

裁判所は、一見して、第一一条一項後段の文言は原告国に対して義務を課していないことに留意する。裁判所はさらに、第一一条一項は被告国だけに義務を課していることに留意する。同条項後段はこの義務に対する重大な例外を含めているが、その例外が原告国にとっての義務に転換されるものではない。したがって、原告国による第一一条一項後段についての違反はないと認める。（para. 126）

(2) 裁判所は次に、原告国が誠実に（in good faith）交渉する義務に違反したとの被告国の主張を検討する。（para. 127）

裁判所は、暫定合意第五条一項には、両締約国が誠実に交渉することを要請する明示的な文言は含まれていないが、本条項のもとでかかる義務が含意されていることに留意する。（para. 131）

記録によれば、第五条一項に基づく交渉の過程で、原告国は憲法上の名称から離れるという提案に抵抗し、また、被告国は原告国の名称における「マケドニア」という文言の使用に反対した。さらに、記録によれば、当事者双方の政治指導者が、時には、名称紛争に関し硬直的な姿勢を示す公式声明を出している。かかる声明は懸念を生じさせたが、国連特別調停官が両当事者に対して一連の提案を示し、とくに、同調停官は、ブカレスト首脳会議に先立つ期間において両当事者が真摯に（in earnest）交渉したとの見解を表明した。この期間における証拠は、全般的にみて、原告国が、専ら憲法上の名称を用いること、または「二重表示」（dual formula）を用いることのいずれとも異なる諸提案にある程度の柔軟性を示したことを示唆しているのに対し、被告国も明らかに当初の立場を変え、二〇〇七年九月に原告国の複合名称（compound formulation）に含まれている「マケドニア」という文言に合意すると宣言した。（para. 135）

被告国は、原告国が誠実に交渉するとの義務に違反したことを立証できなかった。（para. 138）

(3)　暫定合意第六条二項は、「第二欄の締約国は、その憲法とくに改正された第四九条において、第二欄の締約国が他の国における第二欄の締約国の国民ではない者の地位及び権利を保護するために、他の締約国の国内事項に干渉するための根拠を構成しているか又はいずれ構成することになると解釈されるか若しくは解釈されるべきことは存在しないことを、ここに厳粛に宣言する」と規定する。（para. 139）

被告国は、原告国が自国の憲法を、原告国の国民ではない者のために被告国の国内事項に干渉する権利をもたらすように解釈したことを示す有力な証拠を提示しなかった。裁判所は、原告国が第六条二項に違反したとは認めない。（para. 142）

(4)　暫定合意第七条一項は、「各締約国は、国営機関による敵対活動又は宣伝を禁止しかつ民間主体による暴力、憎悪又は敵意を相互に助長するおそれのある行為を抑止する実効的措置をすみやかにとるものとする」と規定する。

（para. 143）

被告国は、たとえば、七条一項に違反する行為として、原告国の教科書の内容に言及して同国の国営機関が敵対行動を禁止する実効的措置をとらなかったこと（para. 144）、原告国は民間主体による当該行為を抑止する義務に違反したこと、また、原告国は一貫してスコピエの被告国の連絡事務所の施設および要員を保護しなかったことを指摘した。（para. 145）

裁判所は、当事者の中立およびそれらとの関連で提出された膨大な文書から、原告国が第七条一項に違反したとの判断を支持できる証拠は存在しないと認める。指摘された教科書の内容は、原告国が「敵対活動又は宣伝」を禁止しなかったと結論できる根拠となるものではない。さらに、原告国が民間主体による当該行為を抑止しなかったとの被告国の主張は説得力を欠いている。裁判所は、外交関係に関するウイーン条約第二二条に含まれている使節団の公館を保護しかつ公館の安寧の妨害または公館の威厳の侵害を防止するとの義務に留意し、使節団の財産に損害を与えるいかなる事件も遺憾であると考える。しかし、このような事件は「その事実から当然に」（*ipso facto*）、原告国が民間主体による特定の行為を抑止するという第七条一項の義務に違反したことを証明するものではない。しかも、原告国は、被告国の外交要員および使節に対して十分な保護を与える努力をなしたことを示す証拠を提出した。（para. 147）

（5）　暫定合意第七条二項は、「本暫定合意の発効後、第二欄の締約国は、暫定合意の効力発生以前にその締約国の国旗に表示されていたあらゆる形態の象徴をいかようにも使用してはならない」と規定する。（para. 148）

被告国は、原告国が要請に従い国旗を変更したことを争わなかった。被告国の中立は、二〇〇四年における原告国の国防省の出版物に描かれた同国陸軍の連隊によって用いられた象徴など、国旗以外の象徴に関わる。（para. 150）

原告国は当該連隊は二〇〇四年に解散されたと主張し、また、被告国によってもその象徴が二〇〇四年以後も引き

続き使用されたとの主張もなされなかった。(para. 151)

原告国の軍隊が第七条二項によって禁止された象徴を使用した事例が、一つあったとの結論が支持される。(para. 153)

(6) 暫定合意第七条三項は、「いずれかの締約国が、その国の歴史又は文化遺産の一部を構成する一又は二以上の象徴が他の締約国によって使用されていると信ずる場合には、かかる使用について他の締約国の注意を喚起するものとし、他の締約国は妥当な是正措置をとるか、又はかかる措置をとる必要があると考慮しない理由を示すものとする。」(para. 154)

被告国によれば、原告国は、切手の発行、彫像の建設および首府空港の名称変更を含む様々な形で第七条三項に違反した。(para. 155)

第七条三項は特定の象徴の使用の禁止を含めていないので、空港の改名自体は違反を構成しない。問題は、被告国がブカレスト首脳会議以前に原告国の「注意」を喚起したかどうかである。この問題に関し、原告国に対して通報がなされたという証拠はない。(para. 157)

(7) 被告国の正当化のための追加事由に関する結論

(i) 「契約不履行の抗弁」原則に関する結論

裁判所は、一例を除き(暫定合意第七条二項により禁止された象徴の使用―判決 para. 153―報告者注)、被告国が原告国による暫定合意違反を立証できなかったことを想起する。さらに、被告国は、二〇〇四年における原告国による象徴の使用と、二〇〇八年における被告国によるNATO加盟反対との関係を立証できなかった。すなわち、被告国が原告国のNATO加盟に反対したのは、第七条二項の明白な違反に対応し、「契約不履行の抗弁」原則によってその反対の違法性が阻却されるとの考えに基づいて、そうしたのであるとの証拠を提示できなかった。つまり、被告国は、「契約不履行の抗弁」原則の適用上必要とされると被告国が主張する要件が、本件においてみたされていることを立証できなかった。したがって、裁判所は、この原則が現代国際法の一部を構成するかどうかを決定する必要はない。(para. 161)

(ii)重大な違反に対する対応措置に関する結論

被告国は、原告国のNATO加盟に対する被告国の反対は、原告国による暫定合意違反に対しての、条約法条約第六〇条における対応措置とみなされると主張した。(para. 162)

裁判所は、立証された唯一の違反は第七条二項に反する象徴の表示であり、その状況は二〇〇四年に終了したとの結論を想起する。裁判所は、この事件が条約法条約第六〇条の意味での重大な違反であるとみなされえないと考える。(para. 163)

(iii)対抗措置に関する結論

被告国は、原告国のNATO加盟に対する反対は、原告国による暫定合意違反についての均衡のとれた対抗措置として正当化されると主張する。裁判所が既に明示したように、被告国によって立証された唯一の違反が、原告国による二〇〇四年における第七条二項によって禁止された象徴の使用である。裁判所は、原告国の加盟に対する被告国の反対が、第七条二項で禁止された象徴の使用を停止させる目的でなされたとの主張を受け入れ難い。裁判所が先に留意したように、第七条二項に違反したと判断された象徴の使用は二〇〇四年に終了している。裁判所は、さらに、被告国が、原告国のNATO加盟申請との関係で二〇〇八年にとった行動が，約四年前になされた原告国による暫定合意第七条二項違反に対する対抗措置であったことを立証できなかったと考慮する。したがって、裁判所は、原告国のNATO加盟に対する反対は、その反対の違法性を阻却する対抗措置として正当化されるとの被告国の主張を退ける。(para. 164)

主文

以上の理由から、裁判所は、

(1) 一四対二で、マケドニア旧ユーゴスラビア共和国によって提起された訴えを審理する管轄権を有し、かつ、その訴えは受理されると判決する。

賛成：小和田裁判所長、トムカ裁判所次長、裁判官コロマ、ジンマ、エブラヒム、キース、セペルベタ・アモール、ベヌーナ、スコトニコフ、カンサード・トリンダーテ、ユースフ、グリーンウッド、ドノヒュー、特任裁判官ブカス。

反対：裁判官薛、特任裁判官ルクナス。

(2) 一五対一で、マケドニア旧ユーゴスラビア共和国のNATO加盟に反対したことによって、ギリシャは、暫定合意第一一条一項のもとでの同国の義務に違反したと判決する。

反対：特任裁判官ルクナス。

三　研　究

1　管轄権問題

本件は、付託条項である暫定合意第二一条二項に基づき付託された。同条項によれば、暫定合意の解釈または適用に関する締約国間における相違または紛争が本裁判所に付託されるが、同暫定合意第五条に掲げられた相違は裁判所の管轄権から除かれる。第五条一項は、締約国に対して安保理決議八一七（一九九三）および八四五（一九九三）に言及されている相違について、引き続き交渉を行うことを要請する。安保理決議八一七（一九九三）は、原告国の「国名をめぐる相違」が解決されるまでの間、原告国は国連内では暫定的にマケドニア旧ユーゴスラビア共和国と呼称するよう勧告する。被告国ギリシャは、本件紛争は原告国の名称にかかわるものであって、したがって、裁判所は第二一条二項に規定された例外により、本件に対して管轄権を行使できないと主張する。裁判所は、暫定合意の両締約国が裁判所の管轄権から除くことを意図した相違とは、原告国の「最終的な名称」をめぐる相違であると解釈する（判決 para. 35）一方で、原告国の訴えは専ら、ギリシャが暫定合意第一一条一項のもとでの義務に違反したとの申立に依拠しているものであることを確認する（para. 42）。

薛判事は、その反対意見において、裁判所は暫定合意第五条一項における「相違」についてかなり狭い解釈を採用していると指摘する（薛判事反対意見一頁）。薛判事によれば、本件紛争の核心的争点は、原告国によって追求されたと申し立てられたいわゆる「二重表示」の問題である（同上反対意見二頁）。安保理決議八一七（一九九三）に基づき原告国には暫定的呼称（マケドニア旧ユーゴスラビア共和国）が与えられたが、他方で原告国は国際諸機構において自国を憲法上の名称（マケドニア共和国）で言及してきた。薛判事によれば、原告国は自国に言及するときまたは第三国との関係では憲法上の名称の使用に固執してきたのに対し、ギリシャはかかる使用に抗議するという行動をとってきた（同上反対意見二頁）。薛判事によれば、この「二重表示」が原告国によって意図的に追求されたとするならば、この問題は明らかに名称問題の最終的解決と関連性を有することになる、つまり、本件においては「二重表示」の問題の検討に立ち入らなければブカレスト首脳会議におけるギリシャの行動を検討することは不可能であり、そのような検討がなされねばならないとするならば、その検討は第五条一項のもとでの「相違」を扱うことになり、したがってそれは裁判所の管轄権の範囲を越えることになる（同上反対意見三―四頁）。

薛判事の観点では、二〇〇八年のブカレスト首脳会議においてギリシャが原告国のＮＡＴＯ加盟に反対したのは、原告国が憲法上の名称の使用に固執したためであるということであると思われる。しかし、ブカレスト首脳会議におけるギリシャの行動に関しては、裁判所の評価は異なる。裁判所は、名称問題の最終的解決がなされていないゆえに、原告国のＮＡＴＯ加盟に反対したとのギリシャの主張に留意する（para. 81）。つまり、裁判所は、ギリシャは、原告国が憲法上の名称の使用に固執したゆえに、原告国のNATO加盟に反対したのではない、と考慮したのである。裁判所はさらに、ギリシャが、両当事者間の関係において原告国が憲法上の名称の使用を容認した事例に言及して、ギリシャは、原告国があらゆる場合において憲法上の名称の使用が禁止されると主張しなかったことに留意した(para. 95)。

ジンマ判事によれば、ブカレスト首脳会議以前および同会議時、ギリシャが原告国のNATO加盟に反対したのは、原告国に名称問題を撤回させるための政治的企てにすぎなかった(ジンマ判事分離意見 para. 3)。すなわち、同判事の観点においては、ギリシャが原告国のNATO加盟に反対したのは、後者が憲法上の名称に固執したからではなく、別の政治的動機によるものであった。

2　司法判断適合性の問題

薛判事は、その反対意見において、暫定合意第一一条一項の狭義の解釈によって、裁判所が本件について管轄権を有すると判断したとしても、司法判断適合性の観点から、裁判所は管轄権の行使を差し控えるべきであったと主張する(薛判事の反対意見四頁)。この点に関し、薛判事は要旨次のように述べている。

(i)　裁判所は、原告国がその第三の申立において要請した点、すなわち、ギリシャに対して、暫定合意第一一条一項のもとでの義務に違反する行動を将来差し控えることを命令する必要はないと判断した。ギリシャがその義務に違反したとの宣言が、妥当な精神的満足(satisfaction)を構成するからである。裁判所はその判例において、かかる宣言的判決の意図は「これをさいごにかつ当事者間において拘束力をもって法律上の状態の承認を確保することにある。このように、確定された法律状態は、それから生ずる法律的効果に関する限り、再び問題とされえないものである」[1](常設国際司法裁判所、ホルジョウ工場事件に関する第七号及び第八号判決の解釈、一九二七年判決第一一号、*P.C.I.J.Series A,No.13,p.20*)。本件において、かかる宣言的判決がその目的を達成することができるかどうかは疑わしい。ＮＡＴＯの決定が有効である限りにおいて、原告国のＮＡＴＯ加盟に加盟に関する当事者の将来の行動に関し実際的な効果を持つことはないだろう。（同上反対意見四頁）。

(ii)　両当事者は、暫定合意のもとで、名称問題をすみやかに解決することを約束した。第三者による解決の強要、あるいは本裁判所であれその直接的もしくは間接的介入は、この点にかんがみ望ましいことではない。裁判所が大分以前に指摘したように、「国際紛争の司法的解決は、その目的のために本裁判所が設立されたのであるが、単に当事者間における紛争の直接的・友好的解決の代替手段にすぎない。したがって、裁判所は、規程と一致する限り、かかる直接的・友好的解決を促さねばならない」（常設国際司法裁判所、上部サボアとジェックス地方の自由地帯に関する事件における一九二九年八月一九日命令、*P.C.I.J.,Series A,No.22,p.13*）。名称問題のすみやかな解決は両当事者の最上の利益に沿うが、本件における司法任務の行使はこの目的を達成することにはならないであろう（同上反対意見五頁）。

薛判事の反対意見の(i)に関しては、事態はまさに同判事が予測したような展開を示している。本件訴えにおいて、原告国は、本裁判所によってギリシャが暫定合意のもとでの義務に違反したと認定されたならば、ＮＡＴＯへの加盟が早々に実現すると期待したものと思われる。しかし、現実は原告国の期待を裏切るものであった。二〇一六年一月現在、原告国のＮＡＴＯ加盟は未だ実現していない。原告国のＮＡＴＯ加盟問題に関する被告国の姿勢は、本件判決後により強硬になったと判断されないまでも、少なくとも本件判決以前となんら変わっていないと評価される。二〇一二年五月二〇―二一日のシカゴでのＮＡＴＯ首脳会議において、加盟国は「国際連合の枠内で名称問題について相互に受諾可能な解決に到達次第マケドニア共和国にＮＡＴＯへの加盟を招請する」との二〇〇八年ブカレスト首脳会議での決定が再度採決されたのである。[2]ギリシャが、本件判決を履行し原告国のＮＡＴＯ加盟問題に対する政策を撤回したとするならば、シカゴ首脳会議においてかかる決議が採択されることはなかったであろう。ギリシャは現在においても本判決を履行していない以上、当該問題に関し依然として従来の立場を維持しているものとみられる。

しかし、本裁判所の判決を無視するというギリシャのかかる態度は本裁判所の権威を無視するものであり、ひいては国際法秩序に対する挑戦ともみなされるべきものであり、望ましいことではない。国連憲章第九四条二項は、「事件の一方の当事者が裁判所の与える判決に基づいて自国が負う義務を履行しないときは、他方の当事者は、安全保障理事会に訴えることができる。理事会は必要と認めるときは、判決を執行するために勧告をし、又はとるべき措置を決定することができる」と定める（二〇一六年一月現在、国連安保理によって第九四条二項の意味での勧告または措置はとられていない。マケドニアの名称をめぐる問題に関しては、両国間において依然交渉が続けられているが、交渉妥結の見通しは暗いようだ。二〇一五年一二月一七日付ロイター電によると、ギリシャ外相との会談を終えた後マケドニア外相は、「両国間には登るべき巨大な山岳がある」と述べた[3]）。

薛判事の反対意見における(ii)の点に関しては、若干の異論が提起されよう。確かに、薛判事が指摘するように、紛争はまず当事者間において直接的かつ友好的に解決されることが望ましい。しかし、強者と弱者との間の交渉であれば、後者に不公正な結果がもたらされることもあろうし、また、二国間または多国間交渉が膠着状態に陥った場合には、国際的裁判または仲裁に委ねざるを得ない場合もあろう。本件において、原告国にとっては、ギリシャは原告国によるＮＡＴＯ加盟に反対しないと解釈される暫定合意の締結にもかかわらず、その加盟に反対したということは、ＮＡＴＯへの加盟を早々に実現するためには本裁判所に訴えを提起する以外に選択肢はなかったものと思われる[4]。

(3)　「契約不履行の抗弁」原則

裁判所は、一五対一という異例の大差をもって、ギリシャは暫定合意のもとでの義務に違反したと判断した。本件において、ギリシャは、裁判所によって暫定合意第一一条一項に違反したと認定されたとしても、その行為は原告国による先行の暫定合意違反との関係での「契約不履行の抗弁」の原則を援用することによって、その違法性が阻却されるとの興味深い申立を展開した（判決 para. 114）。ギリシャによれば、「契約不履行の抗弁」は国際法上の一般原則であって、同原則に基づきギリシャは「(原告国によって)履行されなかった義務と相対応する義務の履行を差し控えることができる」(para. 115)。また、ギリシャによれば、この原則は原告国が暫定合意の「基本的条項」を履行しなかった場合に適用される(同上)。しかし、裁判所は、ギリシャはこの原則の適用上必要とされると同国が主張する要件が本件において立証されなかったので、この原則が現代国際法の一部であるかどうかを決定する必要はないとして、この原則の検討に立ち入らなかった(para. 161)。

ジンマ判事は、その分離意見において、裁判所は「契約不履行の抗弁」原則について有権的判断を下す機会を逃したとして、あえてこの原則が、ギリシャが主張するように、国際法の一般原則であるかどうかを検討する。同判事の回答は「否」であった(ジンマ判事の分離意見para. 29)。ジンマ判事によれば、「契約不履行の抗弁」原則は条約法条約(一九八〇年一月発効)以前において、「死亡を宣告された」(同上分離意見para. 26)。しかし最近、この原則を「蘇生させる試み」がなされたとして、ジンマ判事は次の事例に言及する。すなわち、国際法委員会の国家責任条文草案第二読会において、特別報告者のジェームズ・クロフォード(James Crawford)は、「契約不履行の抗弁」原則の承認を訴え、次の第三〇条bisを提案した。「他の国による先行の同一又は関連する国際義務違反の直接の結果として、国の義務に合致するように行動することを妨げられるときは、その国の国際義務と合致しない行為の違法性は阻却される」。国際法委員会においては、国家責任の領域内で再登場してきたこの原則と条約法との関係について批判が集中し、結局、第三〇条bisは捨てられたのであった(同上分離意見para. 26-28)。

(4) 対応措置および対抗措置

ギリシャは、暫定合意のもとでの同国の義務を無視したとみなされたとしても、それは原告国による暫定合意の重大な違反に対する対応措置であると主張する(para. 161)。条約法条約第六〇条は、「条約違反の結果としての条約の終了又は運用停止」の見出しのもと、その一項において「二国間の条約につきその一方の当事国による重大な違反があった場合には、他方の当事国は、当該違反を条約の終了又は条約の全部若しくは一部の運用停止の根拠として援用することができる」と定める。ギリシャは対応措置についての定義を示していないが、その意味するところは、具体的には同上条約第六〇条の見出しにおける「条約違反の結果としての条約の終了又は運用停止」を指しているものと思われる（対応措置という用語自体は、国際法上確立されたものではなく国際政治上の用語であるとみられる）。

ギリシャはさらに、原告国によるNATO加盟に対するギリシャの反対は、原告国による暫定違反に対する均衡のとれた、国家責任法上の対抗措置として正当化されると主張した（para. 114）。（国際法委員会）国家責任条文第二二条は、「他の国に対する国際義務に合致しない国の行為の違法性は、その行為が第三部第三章に従って当該他の国に対してとられる対抗措置を構成する場合には、その限度で阻却される」と定める。なお、同条文第五一条は、「対抗措置は、国際違法行為の重大性及び関連する権利を考慮して、被った侵害と均衡するものでなければならない」と定める。

しかし、裁判所は、対応措置および対抗措置概念に依拠したギリシャの抗弁を認めなかった。ギリシャが援用した対応措置および対抗措置が正当化されるためには、まず、原告国による暫定合意違反の存在が立証されなければならない。暫定合意第七条二項に基づき、原告国は同合意発効以前に同国の国旗に表示されていた象徴の使用を禁止された。しかし、原告国の軍隊のある連隊が二〇〇四年まで、同条項において禁止された象徴を使用していた。これが、裁判所によって確認された、原告国による唯一の暫定合意違反であった（para. 153）。しかし、このような違反はマイナーなものであり、裁判所もこのような違反は条約法条約第六〇条の意味での重大な違反にはあたらないと結論する（para. 163）。ちなみに、条約法条約第六〇条三項において、重大な条約違反とは、「(a)条約の否定であってこの条約により認められないもの」、「(b)条約の趣旨及び目的の実現に不可欠な規定についての違反」であると定義されている。他方、ギリシャが援用した対抗措置の抗弁に関しては、裁判所は、原告国による上述の唯一の暫定合意違反は二〇〇四年に停止されたことに注目し（para. 151）、かかる唯一の暫定合意違反は既に停止されたにもかかわらず、（二〇〇八年における）原告国のＮＡＴＯ加盟に対するギリシャの反対は、暫定合意で禁止された象徴の使用を停止させる目的でなされたとのギリシャの主張は受け入れ難い、と判示した（para. 163）。ちなみに、対抗措置の概念および発動要件は前述のように国家責任条文において定義されている。同条文条約化されていないが、同条文は一般に慣習国際法を反映したものであるとみられている。[5]

注

（1）皆川　編著「国際法判例要録」二七四頁。

（2）マケドニア外務省文書「Macedonia&NATO」p.2.http://www.mfa.gov.mk/?=node/323.（2013/6/4）.

（3）二〇一五年一二月一七日付「ロイター電」http://www.dailymail.co.uk/wires/reuters/article-3364133（2016/1/20）.

（4）一九九一年八月の「マケドニア共和国」の独立に伴い生じた名称紛争が早々に解決される見通しはなく、したがって、同「共和国」のＮＡＴＯ加盟も容易には実現される状況にはなかった。二〇〇八年のブカレスト首脳会議直前、マシュー・ニメッツ国連特使が「マケドニア共和国（スコピエ）」という妥協案を示したが、両当事者ともこれを拒絶した。二〇〇九年八月にも、ニメッツ特使によって、「The Republic of Northern Macedonia」（北部マケドニア共和国）あるいは「The Northern Republic of Macedonia」（マケドニア北部共和国）という名称が提案されたが、両当事者ともそのいずれをも受諾していない。（Marijan Pop-Angelov, A DISPUTED NAME:IS THERE A SOLUTION TO NAME ISSUE BETWEEN MACEDONIA AND GREECE?, Georgetown University,December 2010. repository library georgtown edu/…pop-Angelov Mari.）（なお、マケドニアは、アフガニスタンで展開するＮＡＴＯ軍への派兵を行うなど、ＮＡＴＯ加盟に向けた各種取組みを行ってきたが、二〇一七年六月現在、ギリシャとの二国間問題の未解決等を理由にＮＡＴＯ側からの加盟招請は依然見送られているー外務省ホームページ：http://www.mofaj/area/macedonia/data.html/2017/07/18）

（5）JOHN P.GRANT. J.CRAIG BARKER ENCYCLOPEDIC DICTIONARY OF INTERNATIONAL LAW, p.130.

参考文献

INTERNATIONAL CRISIS GROUP (ICG), MACEDONIA'S NAME:WHY THE DIPUTE MATTERS AND HOW TO RESOLVE IT (10 December 2001). www/crisisgroup.org/~/media/files/Macedonia%2014/pdf. (2016/1/20).
笠原千尋「民族武力紛争の防止：マケドニアにおける権力掌握と国際社会の関与」上智大学紀要二〇一一年三月二五日号。

（森　喜憲）

第八節　アハマド・サディオ・ディアロ事件

当事国　　ギニア対コンゴ民主共和国

一　先決的抗弁に関する判決

判決日　　二〇〇七年五月二四日
（『国際司法裁判所―判決と意見』第四巻第一部第八節収録）

事件概要　一九九八年一二月にギニアは「ギニア国民である個人に対して行われた国際法の重大違反」に関する紛争について、コンゴ民主共和国（旧ザイール）に対して損害賠償と公式謝罪を求める訴訟を国際司法裁判所に提起した。管轄権の基礎として、裁判所の義務的管轄権を認める両国の宣言をギニアは援用した。二〇〇二年一〇月にコンゴ民主共和国はギニアの請求の受理可能性に関する先決的抗弁を提出したため、本案審理はその時点で中断した。先決的抗弁に関する書面審理および口頭弁論を経て、一部についてはコンゴ民主共和国の抗弁を支持してギニアの請求を受理不能とするが、残る部分についてはコンゴ民主共和国の抗弁を棄却してギニアの請求を受理可能とする判決が下された。

事実・判決・研究については、『国際司法裁判所―判決と意見』第四巻（二〇〇五―一〇年）第一部第八節二一二～二二七頁を参照のこと。

二　本案に関する判決

判決日　二〇一〇年一一月三〇日
（『国際司法裁判所―判決と意見』第四巻第一部第八節収録）

事件概要　二〇〇七年五月の先決的抗弁に関する判決の後、本案に関する書面審理・口頭弁論が再開され、訴訟提起から一二年を経て本案に関する判決が下された。この過程でギニアが提起した追加的請求は受理不能と判断され、二〇〇七年判決に従って、ギニア国民ディアロの個人としての権利、および会社の組合員としての直接の権利の保護に関して審理された。判決は「市民的及び政治的権利に関する国際規約」「人と人民の権利に関するアフリカ憲章」「領事関係に関するウィーン条約」の関連条項に違反するコンゴ民主共和国（旧ザイール）の人権侵害を認定したが、ディアロに対する組合員としての直接の権利の侵害はなかったと判示した。

事実・判決・研究については、『国際司法裁判所―判決と意見』第四巻（二〇〇五―一〇年）第一部第八節二二八～二四九頁を参照のこと。

三　金銭賠償に関する判決

判決日　二〇一二年六月一九日

事件概要　二〇一〇年一一月の本案判決は、ギニア国民ディアロの逮捕・拘留・追放から生じた彼の個人としての権利、即ち人権の侵害が「市民的及び政治的権利に関する国際規約」「人と人民の権利に関するアフリカ憲章」「領事関係に関するウィーン条約」の関連条項違反に相当するとして、コンゴ民主共和国（旧ザイール）はギニアに対して金銭賠償の義務を負うと裁定した。賠償額について当事者が六か月以内に合意に達しなかったため、本案判決主文第八項で予定された通り、一回の書面手続を経てディアロが被った物質的・非物質的侵害として合計九万五千米ドルの賠償額を裁判所は確定した。

一　事　実

金銭賠償に関する書面手続において、両当事者から以下の申立てが提出された。

ギニア政府は申述書で、裁判所に次のように求めた。

「恣意的な拘留と追放の結果ディアロが被った損害の賠償として、以下の金額をギニアに支払うようコンゴ民主共和国に命じることを裁判所に求める。

— ディアロの名誉を含む精神的および道義的損害に対して、二五万米ドル

— ディアロの拘留中および追放後の収入減益として、六四三万一四八米ドル

— 他の物質的損害として、五五万米ドル

— 得べかりし収入減益として、四三六万米ドル

以上、総額一一五九万一四八米ドルに上るが、法定滞納利息（statutory default interest）は含まれていない。

更に本訴訟を提起することを余儀なくされた結果として、本来ギニアが支払うべきでない五〇万米ドルと見積もられる回収不可能な訴訟費用をギニアは負担したので、その金額もコンゴ民主共和国がギニアに支払うよう裁判所に求める。」

コンゴ民主共和国は答弁書で、以下のように判決し宣言することを裁判所に求めた。

（1）一九九五年から九六年の違法な拘留・追放の結果、ディアロが被った非物質的侵害を回復するため、三万米ドルの賠償額が相当である。
（2）上記の賠償額に滞納利息は含まれない。
（3）ギニアに対して支払うべき賠償額についての裁判所の判決の日付から、コンゴ民主共和国は六か月の期限を与えられるものとする。
（4）ギニアにより申立てられた他の物質的損害に関しては、金銭賠償は相当でない。
（5）代表・代理人・顧問・補助者等の費用を含む自己の訴訟費用は、各当事者が負担しなければならない。
(para. 10)

二　判　決

二〇一〇年一一月の本案判決で示された裁判所の裁定に従って、ディアロの違法な逮捕・拘留・追放の結果としてコンゴ民主共和国によってギニアに支払われるべき賠償額は、本審理の現段階で裁判所が決定しなければならない。同判決において裁判所は、賠償額は「結果的な個人資産の喪失も含めて、一九九五年から九六年にかけてのディアロの違法な拘留・追放から生じた損害」に基づくと指摘した（一六三項）。

裁判所はまず、本案判決が基礎とした一定の事実を想起する。ディアロは一九九五年一一月五日から九六年一月一〇日まで引続き拘留され、更に二回目は一九九六年一月二五日から三一日まで拘留されたので、合計七二日間になる。またディアロが拘留されていた間に非人道的かつ品位を傷つける取扱いを受けていたというギニアの主張を、裁判所は認めなかった。そしてディアロは一九九六年一月三一日に追放通告を受けて、同日コンゴ民主共和国から追放されたと認定した。

次に裁判所は、本案判決で確定されたディアロの人権侵害に対する金銭賠償（compensation）の問題に移る。裁判所はコルフ海峡事件で、一度だけ損害賠償額を確定したことがある。本件でギニアは自国民であるディアロについて外交保護権を行使し、彼が被った侵害（injury）の賠償を求めている。ホルジョウ工場事件で常設国際司裁判所が述べたように、「賠償（reparation）は国際法に違反する行為の結果として、被害国の国民が被った損害（damage）に応じた補償（indemnity）から構成されるのは、国際法の原則である」（*P.C.I.J., Series A, No. 17*, pp.27-28.）。裁判所は違法な拘留・追放から生じる侵害を含めて、賠償額を決定する際の補償に関する一般原則を適用してきた他の国際裁判所や法廷・委員会（国際海洋法裁判所・欧州人権裁判所・米州人権裁判所・イラン＝米国請求権裁判所・エリトリア＝エチオピア請求委員会・国連補償委員会）の慣行を考慮した。（para. 13）

ギニアは次の四項目の損害について、金銭賠償を求めている。非物質的侵害（「精神的・道義的損害」とギニアは言及）と三項目の物質的損害として、個人資産の喪失・ディアロの拘留中と追放後の職業上の報酬の喪失（「収入減益」とギニアは言及）・「得べかりし収入」の喪失である。以上の各項目の損害について、裁判所は侵害が確認されるかを検討していく。その後に「違法行為と原告が被った侵害との間の十分直接的かつ特定の因果関係があるか否か」を斟酌して、「原告により主張された侵害が被告による違法行為の結果であるか否か、またそれはどの程度であるのか確定していく。」（ジェノサイド条約の適用に関する事件、*I.C.J. Reports 2007(I)*, pp.233-234.）侵害との因果関係の存在が確認されれば、その後裁判所は算定額を決定することになる。

本件においてギニアに支払われるべき賠償額の査定は、事実に関する両当事者の主張の裁判所による検討から始められる。裁判所は本案判決で、一般的な規則として特定の事実の存在を証明するのは、自己の主張が基礎とする事実を申立てる当事者であるとしたことを裁判所は想起する（五四―五六項）。更に裁判所は、この一般規則は本件において柔軟に適用されるべきで、特に被告国が一定の事実を証明するのに、より有利な立場にあるかもしれないと確認した。したがって裁判所の出発点は、損害の各項目における主張を裏付けるためにギニアが提出した証拠であり、コンゴ民主共和国から提出された証拠に照らして、裁判所はそれを評価する。またディアロの突然の追放が彼やギニア

による一定の書類の入手を阻害したかもしれないので、記録の検討に当っては柔軟さが必要とされる。(para. 16)
損害の様々な項目に移る前に裁判所は、本審理の範囲が二〇〇七年と二〇一〇年の判決によって決定されたことを想起する。アフリコン・ザイール社とアフリコンテナ・ザイール社の権利の侵害に関するギニアの請求を受理不能としたので、ディアロ自身ではなく両社が被った侵害についての請求を裁判所は考慮しない。加えて裁判所は本案判決で、両社の組合員としてのディアロの直接の権利侵害はなかったと認定したので、コンゴ民主共和国がその権利を侵害したとのギニアの主張に関して金銭賠償を裁定することはない。裁判所の検討はディアロの個人としての権利の侵害、即ち「個人資産の喪失を含めて、一九九五年から九六年にかけての彼の違法な拘留・追放から生じた損害」に限られる(一六三項)。

賠償が請求される損害の項目

A. ディアロが被った非物質的侵害の賠償

ギニアが言及する「精神的および道義的損害」またはコンゴ民主共和国が言う「非物質的侵害」とは、団体または個人が被る物質的侵害以外の被害(harm)を意味する。国際法上審理されるべき個人に対する非物質的な侵害は、様々な形態があろう。例えば混合請求委員会(米独間)のルシタニア事件において仲裁人は、「精神的苦痛、(請求者の)感情の侵害、屈辱、羞恥、品位を傷つけること、社会的地位の喪失、信用や名声の侵害」を挙げた。米州人権裁判所はグテレス＝ソーラー対コロンビア事件で、「非物質的損害には苦痛、苦しみ、被害者の中核的価値観の抑圧、そして日常生活における非物質的性質の変更が含まれよう」と認めた。(para. 18)

本件でギニアは「ディアロは感情的苦痛と衝撃を含む道義的・精神的被害、また同様にコンゴ民主共和国による逮捕・拘留・追放の結果としての社会的地位の喪失と名声の侵害を受けた」と主張している。この損害項目に関する特定の証拠はギニアから提出されていない。一方コンゴ民主共和国は、ディアロが「非物質的侵害」を受けた事実を争っていない。しかしコンゴ民主共和国は裁判所に対して、「拘留が短期間で、ディアロが虐待されていないという本件の特定の事情や、長期間コンゴに滞在していた間も継続的かつ緊密な関係を維持することができた本国、ギニアに彼が追放された事実」を考慮するよう要請した。

裁判所の見解では、非物質的侵害は特定の証拠がなくても立証される。ディアロの場合彼が非物質的侵害を受けた事実は、裁判所によって既に確認されたコンゴ民主共和国の違法行為から生じた避けられない結果である。本案判決において裁判所は、ディアロが逮捕の理由を告げられることなく、また救済を求める可能性もなく逮捕され、追放に至るまで彼が不当に長期間拘留されたこと、実体のない告発の対象とされたこと、三二年間居住して重要なビジネス活動に従事した国から違法に追放されたことを認定した。

裁判所はディアロが拘留された日数と、「市民的及び政治的権利に関する国際規約」（以下、規約）第一〇条一項に違反して虐待されたと証明されていないという本案判決の認定を考慮した。ただし本件の状況は、ディアロの非物質的侵害を更に悪化させる一定の要因の存在を示している。一つは違法な拘留と追放が起った前後関係である。本案判決で裁判所が留意したように、ディアロの追放と、彼が特にザイール政府或いは資本の実質的部分を国が所有する会社に対して、彼が持っていたと信ずる未払金を回収しようとした事実の間に関連を認めないのは困難で、加えてディアロに対する「いかなる弁明の機会もない追放措置を可能にすることを目的とした逮捕・拘留は、規約第九条一項とアフリカ憲章第六条の意味において恣意的と性格付けざるをえない。」（八二項）

非物質的侵害に対する賠償額は、当然ながら衡平な（equitable）考慮に基づく。ルシタニア事件において仲裁人が留意したように、非物質的侵害は「金銭によって計ったり評価するのが困難であるという事実だけで、実質的でないとは言えないし、それ故被害者は金銭賠償として補償されるべきでないという理由はない。」（*RIAA*, Vol.VII, p.40.）規約とアフリカ憲章各々の違反によって齎された物質的・非物質的侵害の賠償に当って、自由権規約委員会とアフリカ人権委員会は、支払額を特定することなく「適切な賠償」を勧告した。仲裁裁判所・地域的人権裁判所は、夫々の設立文書によって賠償額の査定権限を与えられているので、より具体的である。衡平な考慮に基づき、それらの裁判所は非物質的被害への賠償額を決定してきた。例えばアル＝ジェッダ対英国事件では、欧州人権裁判所が損害の決定に当り「原告の地位のみでなく侵害が起きた全般的な背景を含む事件の全ての状況において、正当・公平・妥当であることの柔軟かつ客観的な考慮に何よりも基づく衡平が、指導原則である」と述べた（*ECHR Reports* 2011, para. 114.）。同様に米州人権裁判所は、非物質的損害の賠償額は「司法権限の正当な行使によって、衡平を基礎として裁判所により決定される」と述べている（IACHR, Series C, No.88, para. 53.）。ディアロの被った非物質的侵害に関しては、上記パラグラフで説明された事情から、両当事者が賠償についての書面で言及した通貨により、八万五千米ドルが適切な賠償額と裁判所は判断する。（para. 25）

B．ディアロが被った物質的侵害の賠償

上述のように、ギニアは三項目の物質的損害について賠償を請求している。裁判所は、ディアロの個人資産の喪失に関する請求、次にディアロの違法な拘留の間およびコンゴ民主共和国からの彼の違法な追放後の、職業上の報酬の喪失に関する請求、最後に「得べかりし収入」についての請求を検討する。

1．ディアロの個人資産喪失（銀行預金を含む）

ディアロの突然の追放は、彼の住居にある個人資産の移送や処分の手配を妨げ、同様に銀行口座にある預金の喪失を齎したとギニアは主張する。ギニアは住居内の多くの高額品を含められなかったために低く見積もられているとしながらも、追放の一二日後に作成された住居内の物品目録（inventory）に言及する。これらの資産は取戻せないような形で失われ、銀行預金を含めた有形・無形資産の価値は五五万米ドルと見積もられる。これに対してコンゴ民主共和国は、裁判所への証拠として問題の目録を作成したのはギニアの責任であったにも関らず、後になって不完全で

コンゴ民主共和国内で処分する手配をしようとしたであろうと裁判所は考える。したがってこの損害項目についてギニアの高額な請求を受入れるのは妥当でないとしても、コンゴ民主共和国の違法な行動はディアロの住居にあった個人資産に関して、彼に一定の物質的侵害を齎したと裁判所は判断する。このような状況で裁判所は、衡平な考慮に基づき金銭賠償を認めるのを相当とする。(para. 33) 欧州人権裁判所と米州人権裁判所を含む他の裁判所は、適切な場合にはこの方法に従ってきた。

次に裁判所は、上記目録に挙げられていない一定の高額品がディアロの住居にあったとのギニアの主張を検討する。ギニアは申述書でいくつかの品目(ダイアモンドで飾られた時計と有名画家の絵画二点)に言及しているが、詳細を明らかにしていないし、それらの品がディアロの追放時に彼の住居にあったことを立証する証拠も提示していない。またこれらの品について叙述するディアロの陳述もない。販売記録を保管していると期待できる高額な贅沢品を売る有名な店舗で購入したと主張される品についてさえ購入記録はなく、記録はコンゴ国外にあるのでディアロが入手できる筈にも関らずである。ディアロが追放時にこれらの品を所有していて、コンゴ民主共和国による彼の処遇の結果それらが紛失したという、いかなる証拠もギニアは提示していない。以上の理由から裁判所は、目録に記載されていない高額品の紛失に関するギニアの主張を棄却する。(para. 34)

銀行口座にあったとされる預金について、ギニアは詳細や主張を立証するいかなる証拠も提示していない。複数の銀行口座の総預金残高、個別の口座の残高または各口座の名義人についての情報もない。更にディアロの違法な拘留・追放が、銀行口座の預金残高の喪失を齎したことを示す証拠もない。以上から、ディアロがコンゴ民主共和国にある彼の銀行口座預金を喪失し、或いはコンゴ民主共和国の違法行為が預金財産の喪失を彼に齎したことは、立証されていない。したがって裁判所は、銀行預金額の喪失に関するギニアの主張を棄却する。(para. 35)

以上の理由をもって裁判所は、上記高額品と銀行口座預金に関して、金銭賠償を認めない。しかしながら裁判所は、ディアロの個人資産に関する裁判所の上記33パラグラフの結論に鑑みて、更に衡平な考慮に基づいて、損害のこ

の項目について一万米ドルの賠償額を認める。(para. 36)

2. ディアロの違法な拘留中と違法な追放後の報酬喪失

ギニアは申述書の結論部分の申立てで、ディアロの拘留中と追放後の収入減益として六四三万米ドル余りを請求していることに、裁判所はまず留意する。しかしギニアは申述書の別の部分で、彼の拘留中の収入減益として八万米ドルという額に言及している。ギニアによると八万米ドルの請求は個別の申立てではないが、申述書の理由付けではディアロの追放後の主張された「収入減益」のみに関連する六四三万米ドルの請求とは明確に区別されている。したがって本判決においては、ディアロの拘留中の職業上の報酬喪失に対する八万ドルの請求を最初に検討し、次に彼の追放後の職業上の報酬喪失に対する六四三万米ドルの請求について吟味する。

一九九五年一一月五日の逮捕前にディアロは、アフリコン・ザイール社とアフリコンテナ・ザイール社の経営者として、毎月二万五千米ドルの報酬を得ていたとギニアは主張する。その額に基づいてギニアは、ディアロは拘留された七二日間の間に物価高騰を考慮して、八万米ドルの損失を被ったと算出した。拘留中ディアロは「通常の経営活動」を行うことができず、したがって会社が適切に運営されるよう確保することもできなかったと、更にギニアは主張する。これに対してコンゴ民主共和国は、ギニアは報酬の喪失に対する申立てを立証するいかなる証拠書面も提出しなかったと主張し、またディアロの拘留が彼が受けたであろう報酬の喪失を齎したということを、ギニアは証明していないとの見解である。両社の唯一の経営者であり組合員であったディアロが、何故自らに対する支払いを指示できなかったのか、ギニアは説明していないとコンゴ民主共和国は特に強調し、ディアロの拘留中の報酬の損失は賠償されるべきでないとする。

違法な拘留の結果としての収入の喪失に対する請求は、一般的に金銭賠償の一部と認識され、欧州人権裁判所や米州人権裁判所、国連補償委員会理事会がこの方法に従っている。したがって裁判所はまず、ディアロが拘留前に報酬を受取っていて、その報酬が月額二万五千米ドルであったとギニアは立証できたか否かを検討しなければならない。両社の経営者としてディアロが月二万五千米ドルを得ていたとの申立ては、金銭賠償に関する審理段階になって初めてなされた。ギニアはこの申立てを立証する証拠を示さず、銀行預金記録も税金証明も、またどちらかの会社が支払をしていたことを示す会計記録もない。ディアロの突然の追放が記録の入手を阻害し、妨げていたことはありえるが、報酬の損失に対する請求を支持する証拠の欠如は、会社に関する請求を支持するために本件の以前の段階で、ギニアから提出された両社の記録書面を含む証拠と比べて全く対照的である。(para. 41)

更にディアロは拘留前にも、両社から月二万五千米ドルの報酬を受けていなかったことを示す証拠がある。第一にアフリコン・ザイール社とアフリコンテナ・ザイール社に関する証拠は、ディアロの拘留の直前の数年間、両社に対する未払金の回収努力とは別に、両社とも営業していなかったことを強く示唆する。特にアフリコン・ザイール社の運営はギニアによってさえ、一九九〇年までには深刻な衰退を経たとされている。加えて裁判所が以前に留意したように、同社は一九八〇年代終りには全ての商業活動を停止し、そのために取引登録から除外されたとコンゴ民主共和国は主張し(二〇〇七年判決、二二項・本案判決、一〇八項)、これはギニアによっても争われていない。両社に対して支払われるべき金額についての紛争は、一九九六年のディアロ追放後も含めて一九九〇年代まで続いたようであるが、ディアロの拘留の直前の数年間にわたり、収入を生み出すような営業活動の証拠はない。第二にディアロが月額二万五千米ドルの報酬を受けていたという、金銭賠償に関する本審理の現段階でのギニアの主張にも関らず、彼は「一九九五年には既に貧窮に陥っていた」と先決的抗弁段階でギニアは裁判所に述べていた。裁判所に対するこの陳述は、一九九五年七月一二日にディアロがコンゴ民主共和国において「貧窮証明」(Certificate of Indigency) を自ら申請して入手し、会社に有利なコンゴ国内の判決の登録に必要な支払の免除を認められていた事実とも合致する。

以上から裁判所は、一九九五年から九六年にかけての拘留前にディアロがアフリコン・ザイール社とアフリコンテナ・ザイール社から毎月報酬を得ていて、その額が月額二万五千米ドルであったことをギニアは立証できなかったと

結論する。(para. 44)

またギニアは満足のいく形で、ディアロが両社の経営者として受取っていた報酬を、彼の拘留がどのように妨害したのか説明していない。もし両社がディアロの拘留の時点で彼に報酬を支払う立場にあったのであれば、社員は彼らの上司であり会社の経営者でもあるディアロに対して、必要な支払を続けることができたと期待される。更にディアロは一九九五年一一月五日から九六年一月一〇日まで拘留され、一旦釈放された後一九九六年一月二五日から一月三一日まで再度拘留された。したがってその間の二週間に、ディアロは初めの六六日間の拘留期間に両社が彼に支払わなかったとされる報酬を受取るための手配をする機会があった筈である。以上の状況でギニアは、ディアロが違法な拘留の結果として職業上の報酬の損失を被ったと立証していない。(para. 46)

ディアロの違法な拘留中に報酬を喪失したとの申立てに加えてギニアは、コンゴ民主共和国による彼の違法な追放が、アフリコン・ザイール社とアフリコンテナ・ザイール社の経営者としての報酬を受け続ける機会を奪ったと主張している。一九九五年から九六年にかけての彼の拘留以前にディアロが月二万五千米ドルの報酬を受けていたというギニアの申立てによると、一九九六年一月三一日の追放後に彼は更に四七五万五千米ドル余りの「職業上の収入」を失ったことになる。加えてこの金額は物価高騰による上昇を加味して補正されるべきであり、ディアロの追放後の職業上の報酬の喪失は六四三万米ドルと見積もられると主張された。コンゴ民主共和国はディアロの拘留以降に支払われなかった報酬についての申立て、特に彼が拘留・追放前に月額二万五千米ドルの報酬を受けていたとの申立てを、ギニアが立証する証拠に欠けるとの立場を繰返している。

ディアロの拘留中の職業上の報酬についての申立てを裁判所が棄却した理由は、ディアロの追放後の期間に関するギニアの申立てについても当てはまる。更にディアロの追放後の報酬に関するギニアの申立ては推論に基づいていて、違法に追放されなかったならば月額二万五千米ドルの報酬を受取り続けていたと仮定しているが、将来の収入の損失に関する賠償決定は不確実性を伴うものの、申立ては単に推論に基づくものであってはならない。したがって裁

判所は、ディアロの追放後の報酬に関するギニアの申立てについては、賠償を裁定できないと結論する。(para. 49)

以上のように裁判所は、ディアロの拘留中および追放後に彼が失ったと主張される報酬に対する金銭賠償を裁定しない。(para. 50)

3．得べかりし収入の喪失

ギニアはディアロの「得べかりし収入」に関して、追加的申立てをしている。特にディアロの違法な拘留とその後の追放が、アフリコン・ザイール社とアフリコンテナ・ザイール社の価値を下落させ、資産の分散を齎したとギニアは述べる。ディアロは両社の持株を第三者に譲渡することができなかったし、彼の得べかりし収入の喪失は「株式の取引価格」の五〇パーセントである、四三六万米ドルの価額に相当するとギニアは主張した。コンゴ民主共和国はディアロの主張された損失の計算は両社に所有される資産に基づいており、ディアロの個人資産ではないと指摘する。更にギニアは両社の資産が実際に失われた証拠を提出していないし、またギニアが言及する両社の資産は株式市場で売買することができなかったとコンゴ民主共和国は主張する。

ギニアの「得べかりし収入」に関する申立ては、ディアロの拘留と追放から生じた会社の価値の喪失についての申立てに相当すると、裁判所は判断する。会社に齎された侵害に関するギニアの申立ては受理しないとの本裁判所の先決的抗弁に関する判決（第九八項、主文第一項（b））から、この申立ては本審理の範囲を超えるものである。以上の理由により裁判所は、ディアロの「得べかりし収入」に関するギニアの申立てに関して金銭賠償を認めない。(para. 54)

コンゴ民主共和国の違法な行動の結果としてディアロに齎された物質的侵害に関するギニアの申立ての内容を吟味して、裁判所は一万米ドルのギニアに対する賠償を認める。(para. 55)

総賠償額と判決後の利息

ギニアに認められた賠償の総額は、二〇一二年八月三一日までに支払われることになっている九万五千米ドルである。裁判所は速やかな支払を期待し、判決後の利息を認めるのは他の国際裁判所や法廷の慣行に一致していることを考慮して、支払が遅れた場合の主要支払金額への判決後の利息は、二〇一二年九月一日から年利六パーセントと決定する。ディアロに関する外交的保護においてギニアに与えられる総額は、ディアロが被った侵害に対する賠償を提供するためのものであることを裁判所は想起する。（para. 57）

訴訟費用

ギニアは裁判所に対して、「本訴訟を提起することを余儀なくされた結果」ギニアは衡平に基づくと（in equity）負担を求められない回収不可能な支出を被ったので、五〇万米ドルの費用の償還を認めるよう求めている。コンゴ民主共和国はギニアによって提示された経費の償還要請を認めず、弁護人・代理人・その他の経費を含む自らの訴訟費用は、各当事者の負担とすべきとしている。ギニアは訴訟の主要部分を失ったのであり、更に申立てられた額は「恣意的かつ一括の（lump-sum）算定であり、重要で信用のおける証拠によって立証されていない」とコンゴ民主共和国は主張する。（para. 59）

規程第六四条は「裁判所が別段の決定をしない限り、各当事者は、各自の費用を負担する。」と規定していることを裁判所は想起する。この一般規則は今までのところ裁判所によって常に従われてきたが、第六四条は裁判所が当事者の一方に費用を割当てるのを適当とする状況があることを示唆している。しかしながら本件において、そのような事情が存在すると裁判所は判断しない。したがって各当事者は自らの費用を負担するものとする。（para. 60）

主文

以上の理由により、裁判所は、

（1）一五対一で、ディアロが被った非物質的侵害に関して、コンゴ民主共和国からのギニアに対する金銭賠償額を、八万五千米ドルと確定する。

賛成　裁判所長トムカ　裁判所次長セプルベダ-アモール　裁判官エブラヒム、キース、ベヌーナ、スコトニコフ、カンサード・トリンダーデ、ユースフ、小和田、グリーンウッド、薛、ドノヒュー、ガジャ、セブティンド　特任裁判官マヒウ

反対　特任裁判官マンプヤ

（2）一五対一で、ディアロの個人資産について彼が被った物質的侵害に関して、コンゴ民主共和国からのギニアに対する金銭賠償額を、一万米ドルと確定する。

反対　特任裁判官マンプヤ

（3）一四対二で、ディアロの違法な拘留中と違法な追放後の職業上の報酬喪失の結果、彼が被ったとされる物質的侵害に関する申立てについては、コンゴ民主共和国のギニアに対する金銭賠償は支払われないと判決する。

反対　裁判官ユースフ　特任裁判官マヒウ

（4）全員一致で、得べかりし収入の喪失の結果ディアロが被ったとされる物質的侵害に関する申立てについては、コンゴ民主共和国からのギニアに対する金銭賠償は支払われないと判決する。

（5）全員一致で、上記第一項と第二項における賠償金の総額は二〇一二年八月三一日までに支払われ、期日までに支払われない場合には、コンゴ民主共和国がギニアに対して支払うべき主要金額に対する利息として、二〇一二年九月一日から年利六パーセントの利率で賦課されると決定する。

（6）一五対一で、訴訟費用に関するギニアの申立てを棄却する。

三　研　究

本判決冒頭で述べられているように、国際司法裁判所（ＩＣＪ）が損害賠償額を査定したのは一九四九年のコルフ海峡事件以来二度目である。前回は被告国アルバニアが管轄権を争って出廷しないまま、鑑定人の報告に従ってイギリスの請求の全額を容認したが、今回は欧州・米州人権裁判所や国連補償委員会等の慣行を考慮して、国内裁判所に匹敵するようなきめ細かい審理を経て賠償額が確定された。その過程で補償に関する一般原則として、特に金銭への換算が困難な非物質的侵害について指導原則とされたのは、「衡平な（equitable）考慮」というかなり抽象的な原則であった。(1) 他の裁判所の判決が引用されているものの、それらが具体的にどのような賠償額を決定しているかについて、本判決は明確に示していない。むしろ個別意見や宣言において詳細に比較されており、三年以上の拘留に関する欧州人権裁判所の賠償額の査定が三万六千米ドル（アル＝ジェッダ対英国事件）であり、拷問・冤罪に関して米州人権裁判所が一〇万米ドルの賠償を命じた（グテレス＝ソーラー対コロンビア事件）のに対して、本件の賠償額は高額であると指摘される。(2) 反対に特任裁判官以外で唯一主文第三項に反対票を投じたユースフ判事は、違法な拘留の結果ディアロが被ったとされる物質的な損害に対しても、相応の賠償を認めるのが衡平であると主張した。(3)

判決で展開される賠償額の査定では、本案判決が示した一般規則に従って、自己の主張が基礎とする事実を申立てる当事者に立証責任が課されるが、ディアロの突然の追放という本件の事情から、柔軟な適用を必要とすると本判決は判断している。しかし実際には、損害の各項目についての主張を裏付けるためにギニアから提出された証拠に依拠しており、場合によっては以前に同国が提出した証拠や主張との齟齬が指摘された。即ちギニアが申立てる銀行預金を含む個人資産の喪失や収入減益は、十分立証されるに足る証拠に欠けるとされたのであり、これは個別意見・宣言でも等しく認められている。結果として一〇万米ドル弱の賠償額は、違法な逮捕・拘留・追放という人権侵害に対する金銭賠償としては、衡平であるかはともかくとして、一応妥当な金額であると考えられよう。

当初四〇〇億米ドルという莫大な賠償額を巡ってギニアによって提起された請求は、結局僅かその四〇万分の一にも満たない賠償額を確定されるに止まった。何故なら先決的抗弁に関する判決で、会社の権利侵害についてのディアロの代理による保護については、コンゴ民主共和国の抗弁を支持して請求が受理不能とされ、続いて本案判決が会社の組合員としてのディアロの直接の権利侵害を認めなかったからである。それでもギニアはディアロの収入減益や訴訟費用を加えて一二〇〇万米ドル余りを要求したが、判決の査定額はコンゴ民主共和国が相当とした三万米ドルに近い金額であった。したがって本案判決がコンゴ民主共和国によるディアロに対する権利侵害を認定したことから、ギニアの勝訴と評価できるのに比べて、本判決はコンゴ民主共和国の見解を支持していると言えよう。

かくしてギニアがコンゴ民主共和国を相手どって、ディアロについて外交保護権を行使して義務的管轄権受諾宣言に基づき開始された訴訟は、一五年近い歳月を経て漸く最終的な決着を見た。巨額の賠償を求めて始められた請求は、結局バルセロナ・トラクション事件同様株主の権利侵害を認めることはなかったが、(4)人権侵害が認定されてICJ自ら金銭賠償額を確定したことの意義は大きい。(5)しかし死刑執行のように人命が関ったり、国の威信を左右するような場合を除いて、賠償額を超える訴訟費用を掛けてまで、自国民の人権侵害に関して外交保護権を行使する国が今後再び現れるかは疑問であろう。

注

（1） Geslin,A., Le Floch,G., "Chronique de jurisprudence de la Cour international de justice （2011-2012）," *Journal de Droit International*, Tom.139 （2012）, No.4, p.1602.「衡平な考慮」については、金銭賠償に関する判決、二四項・三三項・三六項で言及されている。

（2） Declaration of Judge Greenwood, para. 9.

（3） Declaration of Judge Yusuf, para. 17.
（4） Declaration of Judge Greenwood, para. 2.
（5） Separate Opinion of Judge Cançado Trindade, para. 60.

（篠原　梓）

第九節　訴追または引渡し義務を巡る問題に関する事件

一　仮保全措置の指示の要請

当事国　ベルギー王国対セネガル共和国
命　令　二〇〇九年五月二八日
（『国際司法裁判所―判決と意見』第四巻第一部第一七節収録）

事件概要　ベルギーは「チャド元大統領アブレを刑事訴追するか、またはベルギーに引渡すセネガルの義務の履行」に関する紛争について、セネガルに対する訴訟を国際司法裁判所に提起した。裁判所の義務的管轄権を認める両国の宣言と拷問等禁止条約第三〇条一項が、管轄権の基礎として援用された。本案判決までの間、アブレをセネガル司法当局の支配・監視下に留めるため、権限内のあらゆる措置を講じるよう求める仮保全措置の指示が、同時に裁判所に要請された。命令は裁判所の一応の管轄権と、ベルギーの権利と要請された措置との関連は認めたものの、本件の事情において回復し難い損害の危険と緊急性は存在しないとして、要請には応じなかった。

事実・判決・研究については、『国際司法裁判所―判決と意見』第四巻（二〇〇五―一〇年）第一部第一七節四〇三～四一八頁参照のこと。

二　本案に関する判決

判決日　　二〇一二年七月二〇日

事件概要　裁判所は本件に関する一応の管轄権を認めたものの、ベルギーが提起した仮保全措置の指示要請に、回復し難い損害の危険と緊急性は存在しないとして応じなかった。その三年後に下された本案判決は、拷問等禁止条約の規定の解釈適用に関する当事者間の紛争の存在を認め、裁判所の管轄権を条約の紛争解決条項に基礎付けた。更に同条約によりセネガルに課される義務を「対世的義務」として、当事者適格を認めることにより、ベルギーの請求を受理可能と判断した。セネガルは同条約第六条二項と第七条一項に違反したと認定され、アブレを引渡さないのであれば、事件を訴追のため権限のある当局に付託しなければならないと判決された。

一　事　実

事件の事実背景については、仮保全措置の指示要請に対する二〇〇九年五月二八日の命令の項を参照されたい。その後も紛争は解決されることなく、二〇一〇年と二〇一一年に申述書・答弁書が提出され、二〇一二年五月の口頭弁論を経て本案判決が下された。

二　判　決

裁判所の管轄権

A.　紛争の存在

訴状でベルギーは裁判所に対して、「アブレを実行者・共犯者・従犯者として申立てられた拷問と人道に対する罪を含む行為について、セネガルは彼を刑事裁判にかける義務があり、アブレを訴追しないのであれば、彼がベルギー裁判所でこれらの罪について申し開きができるよう、セネガルはベルギーに彼を引渡す義務を負う」と判決し、宣言するよう求めた。ベルギーの最終申立てによると、セネガルは拷問等禁止条約第五条二項の義務に違反し、加えてアブレの主張された犯罪についていかなる行動もとらなかったことにより、同条約第六条二項と第七条一項および他の国際法規則に基づく義務に、過去・現在とも違反していると裁判所は認定するよう要請されている。他方拷問等禁止条約または他の関連する国際法規則の解釈適用に関して当事者間に紛争は存在せず、その結果裁判所は管轄権を欠くとセネガルは申立てる。このように当事者は紛争の存在、また紛争が存在するのであれば、その主題に関するかなり隔たった見解を述べたと裁判所は見る。紛争の存在はベルギーが援用した基礎に基づく裁判所の管轄権の要件なので、まずこの問題を検討する。

紛争が存在するか否かを確定するためには、「一方当事者の申立てが他方のものと実質的に対立していることが証明されなければならない」（南西アフリカ事件、先決的抗弁、*I.C.J. Reports 1962, p.328.*）と裁判所は想起する。以前に裁判所は「国際紛争が存在するか否かは客観的に決定される問題である」（平和条約の解釈（第一段階）、勧告的意見、*I.C.J. Reports 1950, p.74.*）と、そして「裁判所の決定は事実の検討にかかっている。問題は実体であり形式ではない。」（人種差別撤廃条約適用事件、先決的抗弁判決、三〇項）と述べた。また裁判所は「請求が裁判所に提起された時点で、紛争は原則として存在しているに違いない」（同上）ことに留意した。（para. 46）

申述書および最終弁論でのベルギーの最初の要請は、主張された加害者が「自国の管轄の下にある領域内に所在し」、かつ拷問等禁止条約第五条一項のいずれの締約国に対しても引渡しを行わない場合には、拷問行為についての「裁判権を設定するため、必要な措置をとる」ことを締約国に要求する条約第五条二項に、セネガルは違反したと裁判所は宣言すべきというものであった。自国の領域に所在する外国人によって外国で行われたとされる拷問行為に関する管轄権を行使することを、自国の司法当局に可能とする国内立法をセネガルが「遅滞なく」制定しなかったとベルギーは主張する。二〇〇七年になって漸く第五条二項の義務を遵守したことを争っていないが、被害者の国籍に関らずセネガル領域外で外国人によって行われたとされる拷問を含む犯罪について、セネガル裁判所の管轄権を拡大するために刑事訴訟法第六六九条を適切に改正したとセネガルは主張している。またセネガルは同国憲法第九条を、問題となる行為が行われた時点で国際法上の犯罪である場合には、不遡及原則がジェノサイド・人道に対する罪・戦争犯罪での個人の訴追を妨げることがないよう、二〇〇八年に改正したと指摘する。

ベルギーはセネガルが最終的に第五条二項の義務を遵守したことは承知しているが、セネガルが遅滞なく義務に従わなかった事実は、条約の他の義務の履行に関して否定的な帰結を齎したと主張する。条約第五条二項の解釈適用に関する当事者間の紛争は、請求が提起された時点までに終結していたと裁判所は認める。したがって裁判所は第五条二項の義務に関するベルギーの申立てを裁判する管轄権を有さない。しかしこの規定が要求する措置に関するセネガルの行為が、条約の他の義務の履行について齎すかもしれない帰結を裁判所が検討することは妨げられず、裁判所はそのような観点から管轄権を有する。

更にセネガルは拷問等禁止条約第六条二項および第七条一項の義務に違反したと、ベルギーは主張している。これらの規定は条約の締約国に対して、拷問行為を犯したとされる人物が領域内で発見された場合には「事実について予備調査」を行い、「引渡さないときは訴追のため自国の権限のある当局に事件を付託する」ことを要求している。セネガルはこれらの規定に含まれる義務の存在と範囲を巡る紛争が当事者間に存在しないので、その解釈適用に関する紛争は存在しないと主張している。

ベルギーとの外交上の遣取りにおいてセネガルは、条約義務に従っていると主張した。違反に対するセネガルの否認は、第六条二項と第七条一項が締約国により必要な行動がとられる時期に関して、一定の幅を認めているとの主張に基づくと見られる。セネガルも認めていたように、「裁判所で問題となっているのは、両国が締結している国際条約から生じる義務の履行がいかに理解されるべきかについての両国間の相違である。」条約第六条二項と第七条一項の解釈適用に基づくベルギーの申立てがセネガルにより否認されたので、この点での紛争が請求の提起の時点までに

存在していたと裁判所は判断し、この紛争は依然として存在していることに留意する。(para. 52)

またベルギーの請求は、人道に対する罪で「アブレに対する刑事裁判を行う」慣習国際法上の義務にセネガルが違反したと、裁判所が宣言することも要請している。この申立ては後に戦争犯罪とジェノサイドにまで拡げられた。この点についてもセネガルは、当事者間にいかなる紛争も発生していないと主張する。

ベルギーの国際逮捕状が国際人道法違反や、拷問・ジェノサイド・人道に対する罪・戦争犯罪・殺人等の犯罪に言及して、二〇〇五年九月二二日に引渡要請がセネガルに送付されたかが争点とされているが、セネガルがアブレを引渡さないのであれば、それらの罪に対して管轄権を行使する国際法上の義務をセネガルが有すと、これらの文書は述べたり、含意したりしていなかった。請求が提起された時点で慣習国際法に基づき、アブレに帰せられる上記犯罪について措置を執るセネガルの義務に関して、当事者間に争いが存在していたか否かが裁判所の管轄権との関連で問題とされる。上記の外交上の遣取りに照らして、当該時点でそのような紛争は存在していなかったと裁判所は判断する。当事者間の口上書で言及された唯一の義務は、拷問等禁止条約に規定される義務である。外国で外国人によって行われた慣習国際法上の犯罪の訴追義務があるか否かは、拷問等禁止条約の義務に従うという問題とは明らかに異なるし、全く別の法的問題を提起する。(para. 54)

請求が提起された時点の当事者間の争いは慣習国際法上の義務違反に関してではなく、したがって裁判所はベルギーのこの申立てを裁判する管轄権を有さないと結論する。(para. 55) 裁判所が管轄権の法的基礎が存在するか否かを確定しなければならないのは、拷問等禁止条約第六条二項と第七条一項の解釈適用に関する紛争についてだけである。

B. 管轄権の他の条件

裁判所が拷問等禁止条約第三〇条一項に基づき管轄権を有すために、充足されなければならない他の条件に移る。

その条件は紛争が交渉を通じて解決できず、そして仲裁が一方の当事者から要請された後、要請の日から六か月以内に仲裁の組織について当事者が合意できないことである。裁判所は次にこれらの条件を検討する。

第一の条件に関して裁判所は、「少なくとも紛争を解決するために他の当事者と議論する一方当事者による真正な試み」（人種差別撤廃条約適用事件、先決的抗弁判決、一五七項）があったかどうかを確認することから始める。裁判所の判例によると「交渉前置条件は交渉の失敗があった場合、または交渉が無益となったか暗礁に乗上げた場合にのみ充足される。」（同判決、一五九項）紛争が「交渉を通じて解決できない」との条件は、解決に到達できないという理論的な不可能性に言及していると解すことはできず、むしろ「交渉の継続が解決に至る合理的可能性がない」ことを意味する（南西アフリカ事件、先決的抗弁、*I.C.J. Reports 1962*, p.345.）。

アブレを裁判にかけるか引渡すかの義務の履行をベルギーがセネガルに主張した際、いくつかの書簡の交換と様々な会合がアブレ事件に関して当事者間で行われた。ベルギーは二〇〇六年一月一一日・三月九日・五月四日・六月二〇日のセネガル宛の口上書で、拷問等禁止条約第三〇条に規定される交渉の枠内で行動すると明確に述べていた。同じ趣旨がセネガル外務省との会合に関する、二〇〇六年六月二一日にダカールのベルギー大使より送付された報告書からも帰結する。セネガルはベルギーとの外交上の遣取りの、交渉との位置付けに反対しなかった。引渡しに同意せず、かつ訴追に向けた手続も困難であったにも関らず、それでもなお条約義務に従っていたとのセネガルの立場に鑑みて、交渉は紛争の解決へ向けて何ら進展しなかった。上記の期間を通じて、アブレの訴追に関する当事者の立場に変りはなかった。基本的立場が進展しなかった事実は、交渉が紛争を解決できず、また解決に至らなかったことを確認している。したがって紛争が交渉によって解決できないとの条約第三〇条一項の条件は、充たされたと裁判所は結論する。（para. 59）

仲裁付託の直接の要請は、二〇〇六年六月二〇日の口上書においてベルギーにより行われた。当該口上書においてベルギーは、「二〇〇五年一一月に開始されたセネガルとの交渉の試みは成功しなかった」と想起し、「その結果拷問等禁止条約第三〇条一項に従ってセネガルに対し、紛争を合意された条件の下で仲裁に付すことを求めた。」(para. 60) 裁判所はベルギーの仮保全措置指示要請に対する二〇〇九年五月二八日の命令で、この口上書が「アブレ事件への拷問等禁止条約の適用に関する紛争の解決のため、同条約第三〇条一項に従って仲裁への付託の明白な申出を含んでいる」と既に認めた(同命令、第五二項)。セネガルは二〇〇六年六月二〇日付の口上書を受領しなかったとしているが、二〇〇七年五月八日付の口上書を受領した後にもこの問題に言及していない。その時点でもセネガル側からは、仲裁要請に対する回答がなかった。

仲裁要請の後ベルギーは、仲裁への付託についての決定や仲裁手続について、いかなる詳細な提案も行わなかった。しかし裁判所の見解では、これは「仲裁の組織について紛争当事国が合意に達しない」という条件が充たされていないことを意味しない。同様の条約規定に関して裁判所は、

「仲裁の組織に関する当事者間の同意の欠如は推定されえない。そのような不同意の存在は、原告国による仲裁提案とそれに被告国が回答していないこと、または受諾しない意思を表明していることのみから導かれる。」(コンゴ領域における軍事活動事件(新提訴)、九二項)

と述べた。本件では仲裁の組織について当事者が合意できないことが、仲裁を要請された国から回答がない事実から帰結する。

拷問等禁止条約第三〇条一項は、仲裁要請から裁判所に事件が付託されるまで、少なくとも六か月を経過することを要求している。仲裁要請が行われてから二年以上後に請求が提起されたので、本件ではこの条件は充たされている。(para. 62)

拷問等禁止条約第三〇条一項の条件は充たされているので、条約第六条二項と第七条一項の解釈適用に関する当事者間の紛争を審理する管轄権を裁判所は有すと結論する。この結論に達したので裁判所は、規程第三六条二項の当事

者の宣言に基づき、本紛争に関して管轄権を有すか否かを検討する必要はないと判断する。(para. 63)

ベルギーの申立ての受理可能性

セネガルはベルギーの申立ての受理可能性に反対している。「引渡さない限りアブレ事件を訴追のため権限のある当局に付託する義務の違反で、セネガルの国際責任を問える資格をベルギーは有さない」と主張する。特にアブレに帰せられる行為の被害者のいずれも、行為が行われた時点でベルギー国民ではなかったと申立てている。ベルギーはこの申立てを争っていないが、「ベルギー裁判所の本件に対する管轄権は、チャド出身のベルギー国民より提起された告訴に基づいているので、ベルギーは受動的属人管轄権を行使しようとしている」として、訴状で本裁判所に同国の申立ては受理可能と判決することを要請した。ベルギーはまた「第五条に基づき自らの管轄権を行使して引渡しを要請する権利を援用した」ので、「特別の立場」(particular position)にあると口頭弁論において申立てた。更に「被害者の国籍に関らず、拷問等禁止条約に基づき全ての締約国は関連義務の履行を申立てる資格を有し、それ故不履行から生じる責任を問うことができる」と主張した。(para. 65)

アブレ事件における拷問等禁止条約の適用に関してセネガルに対する申立てを裁判所に提起するベルギーの資格について、当事者間の見解の相違はベルギーの当事者適格(standing)の問題を提起する。そのためにベルギーは自らの申立てを条約締約国としての資格のみでなく、同国を他の条約締約国から区別するような、そしてアブレ事件における特定の資格を同国に認めるような特別の利益(special interest)の存在にも基礎付けた。(para. 66)

裁判所はまず条約の締約国であることが、条約義務の他の締約国による違反の終結について、裁判所に申立てを提起する資格を有する国として十分であるかを検討する。前文で述べられているように条約の趣旨および目的は、拷問を「無くすための世界各地における努力を一層効果的なものとする」ことである。共有する価値という観点に立脚して拷問行為は防止され、もし起きた場合はその実行者が不処罰(impunity)を享受しないことを確保するという共通利益（common interest）を、条約締約国は有している。締約国が事実についての予備調査を行い、事件を自国の権限のある当局に訴追のため付託する義務は、容疑者または被害者の国籍そして犯罪が行われた場所に関らず、領域内に容疑者が所在することから生じる。領域内に容疑者が所在する国によるこれらの義務の履行に、他の全ての締約国は共通利益を有する。この共通利益は、条約の他の全ての締約国に対して、いずれの締約国も当該義務を有していることを意味する。全ての締約国は、関連する権利の保護に「法的利益」を有すのである（バルセロナ・トラクション事件、*I.C.J. Reports 1972*, p.32.）。いかなる場合においても各締約国はその履行に利益を有すという意味で、これらの義務は「条約上の対世的義務」（obligation *erga omnes partes*）であると定義されよう。（para. 68）この点で拷問等禁止条約の関連規定はジェノサイド条約の規定に似ているが、後者について裁判所は、「そのような条約で締約国は自身の利益を有さず、全ての締約国が共通利益、即ち条約の存在理由である高い目的の達成という利益を持つだけである。」と認めた（ジェノサイド条約の留保事件、勧告的意見、*I.C.J. Reports 1951*, p.23.）。拷問等禁止条約の関連義務を履行する共通利益は、各締約国に対して他の締約国による違反の終結に関して申立てを行う資格を含意している。もしそのために特別の利益が要求されるのであれば、多くの場合いかなる国もそのような申立てをする立場にないであろう。したがっていずれの締約国も、条約第六条二項と第七条一項の義務のような対世的義務違反を確認し、それを終結させるために他締約国の責任を追及できることになる。（para. 69）

以上の理由から裁判所は、拷問等禁止条約の締約国としてベルギーは本審理において、条約第六条二項と第七条一項の義務の違反について、セネガルの責任を追及する当事者適格を有すと結論する。（para. 70）その結果アブレ事件における条約の関連規定のセネガルによる履行に関して、ベルギーが特別の利益を有しているかについて意見を述べる必要はない。

ベルギーが主張する拷問等禁止条約違反

訴状においてベルギーは裁判所に対し、セネガルはアブレを刑事裁判にかける義務があり、そうでなければ彼をベルギーに引渡す義務があると判決し宣言するよう要請した。その最終申立てにおいて、アブレを引渡さないのであれば彼に対する刑事裁判を行わなかったことにより、セネガルは条約第六条二項と第七条一項の義務に違反し、現在も違反し続けていると判決し宣言するよう裁判所に求めた。審理においてベルギーは、第五条二項、第六条二項と第七条一項の義務は条約の趣旨および目的の達成のために相互に緊密に関連していて、条約前文によるとそれは「拷問を無くすための努力を一層効果的にする」ことであると指摘した。したがって国内法に適当な立法を導入することは、容疑者が所在する領域国が事実を承知した上で事件を訴追のため権限のある当局へ付託するのに必要な、事実についての予備調査を直ちに行うことを可能にする。

セネガルはベルギーの申立てを争い、拷問等禁止条約のいかなる規定にも違反していないと判断する。その見解によると、条約は「引渡すか訴追するか」の義務を、国がとらなければならない複数の行為に分けている。セネガルは同国がこれまでに執った措置は、国際的な約束に従っていたことを示すと主張する。まず第一にセネガルはアブレを引渡さないとしたが、公判を組織して彼を裁判にかけることを決定したと主張している。問題となる犯罪の容疑者に対して公正かつ衡平な（equitable）裁判を行うために、セネガルは条約第五条に従って二〇〇七年から二〇〇八年にかけて憲法と国内法を改正したと主張する。更に条約第六条に従ってアブレの自由を制限する措置を執り、アフリカ連合が期待するようにアブレの公判を準備する措置を執っていて、これは条約第七条に規定される訴追義務の充足に向かう第一段階に当ると見做されるべきと述べる。更にセネガルは、特に国が国内的措置を執らなければいけない場合において、国際義務をいかに果すかは大幅にその国の裁量に委ねられると付加えている。

裁判所は条約第五条二項違反に関する管轄権を有さないが、拷問の罪に対する裁判所の普遍的管轄権を設定する義務の履行とは、予備調査をして事件を訴追のために権限のある当局に付託するのに必要な条件の整備であることに留意する。これら全ての義務の目的は、引渡さないのであれば容疑者に対する裁判を可能とし、拷問行為の実行者の不処罰を根絶することにより、拷問を無くすための努力を一層効果的にするという条約の趣旨および目的を達成することである。拷問を罪として管轄権を設定する義務は、国際犯罪を防止するための多くの国際条約に類似の条項が認められる。条約が発効すると直ちに関係国が履行しなければならない義務は、このタイプの犯罪を訴追するのに必要な法的手段の整備により、法制度が機能して不処罰の危険を除去する努力への約束を果すことを確実にするので、特に予防的で抑止的な性格を有する。この予防的な性格は、締約国が増加するに従い一層著しくなるので、拷問等禁止条約は普遍的管轄権に基づいて容疑者の訴追を約束した一五〇カ国を結び付けている。(para. 75)

二〇〇七年まで必要な立法を採択しなかったことで、セネガルは訴追のために権限のある当局への事件の付託を遅らせたと裁判所は認める。実際にダカールの控訴審裁判所は、人道に対する罪、拷問や残虐な行為により訴えられたアブレに対する裁判を行う管轄権を、国内司法制度上可能とする立法に欠けるために、セネガルの裁判所は有さないとの結論を下した。ダカール控訴審裁判所は、「セネガルの立法府は刑法改訂と併せて、刑事訴訟法第六六九条に拷問罪を含めるよう改正しなければならず、そうすることで条約目的に従うことになろう。」と判示し、この判決は後にセネガル最高裁判所によって支持された。(para. 76)

以上のように二〇〇七年になって必要な立法が行われた事実は、条約第六条二項と第七条一項により課された義務のセネガルによる履行に必ずしも影響していない。裁判所は条約の異なる条項間に存在する関連に留意しつつ、次に条約第六条二項と第七条一項の主張された違反を検討する。

A．条約第六条二項の違反

条約第六条二項の文言では、拷問行為を行ったとされる個人が領域内に所在する国は「事実について直ちに予備調査を行」わなければならない。セネガルは問題を自国の検察当局に付託するか、或いは容疑者を引渡す根拠があるかどうかを決定するために、利用可能な情報を集めなければならないので、この手続的義務は明らかにセネガルに課されているとベルギーは考える。容疑者が所在する領域国は、必要があれば相互の司法共助を通じて援助可能となりそうな国に調査書簡を送って、証拠収集に効果的な措置を執るべきである。セネガルはこれらの措置を執らなかったことにより、条約第六条二項によって同国に課された義務に違反したとの見解をベルギーはとる。

条約第六条二項により課される義務の解釈についての裁判官からの質問に答えて、第六条二項が要求する調査の本質は関連する法制度にある程度依存するが、事件の特別の事情にも依存することをベルギーは指摘した。国が管轄権を行使すると決定した場合、それは訴追に責任のある当局に事件が送付される前に実行される調査であったろう。ベルギーによると、予備調査をセネガルが実行したことを示す情報は裁判所に提出されていないので、このことからセネガルは条約第六条二項に違反したと結論している。

同じ質問に答えてセネガルは調査は事実の証明を目的とするが、検察官はその結果に照らして裁判の根拠はないと判断するかもしれないので、調査が必ずしも訴追に至るとは限らないと主張した。これは単に手段の義務(obligation of means)であるとの見解をセネガルはとり、同国はそれを充たしたと主張している。(para. 82)

セネガルは条約第六条二項に従って、アブレに関する調査を実行したことの証拠となる資料を提出していなかったと裁判所は見る。セネガルが主張するように、条約締約国は履行に必要な全ての立法措置を採択するだけでは十分でなく、問題となる拷問行為のいずれに対しても、事実の証明から始めて管轄権を行使しなければならない。調査を行うための手段の選択は締約国に委ねられているが、条約第六条二項は容疑者が領域で発見されたら、直ちに事件の捜査を行うための措置を執ることを要求している。この条項は条約の趣旨および目的に照らして解釈されなければならず、それは拷問を無くすための努力を一層効果的にすることである。その過程に不可欠である問題とされる事実の確認は、少なくともアブレに対してセネガルで訴えが提起された二〇〇〇年以降において、本件では不可避とされていた。条約第五条二項の要求に従うための二〇〇七年と二〇〇八年の法と憲法の改正後にも、アブレに対する訴えが更に提起されたと裁判所は見る。しかしそのような訴えの後にも予備調査が開始されたことを示す資料は、裁判所に提出されていない。

拷問行為に責任のあるアブレが領域内に居て、彼に嫌疑をかける理由をセネガル当局が得た後、直ちに予備調査を開始しなかったと裁判所は認定する。二〇〇〇年にアブレに対する最初の訴えが提起された際、遅くともその時点となっていた。したがってセネガルは条約第六条二項の義務に違反したと裁判所は結論する。(para. 88)

B. 条約第七条一項の違反

条約第七条一項は以下のように規定している。

「第四条の犯罪の容疑者がその管轄の下にある領域内で発見された締約国は、第五条の規定に該当する場合において、当該容疑者を引渡さないときは、訴追のため自国の権限のある当局に事件を付託する。」

第七条一項に規定される訴追の義務は、拷問の処罰を可能とする適当な立法を要求し、その事項について普遍的管轄権を裁判所に与え、事実について調査するという前条の義務を締約国が履行した後に、拷問等禁止条約の枠組の中で通常履行される。これらの義務は全体として、もし立証されれば容疑者が刑事責任の結果を免れることを防止する目的に向けられた条約メカニズムの要素であると見做されよう。第七条一項の適用に関するベルギーの申立ては、そこに含まれる義務の性質と意味、ならびに本件におけるその履行に関するいくつかの問題を提起している。

(1) 第七条一項の義務の性質と意味

ベルギーによると第五条一項で言及される国、即ちその領域内で犯罪が行われたか、またはその国民が実行者であるか被害者である国からの、或いは第五条三項で言及される国、即ちその国内法に従って行使された刑事管轄権を有す他の国からの、容疑者について引渡要請があるか否かに関らず、容疑者所在国は彼を直ちに訴追することを要求される。第五条に規定されるような場合、当該国は引渡しに同意することができる。これは条約が認める一つの可能性であり、ベルギーによると条約上の「引渡すか訴追するか」という法諺の意味である。したがってその国が引渡しを選択しないのであれば、訴追の義務は何ら影響を受けずに残される。ベルギーの見解では、条約上のこの中核的義務の違反を免れるために引渡さなければならないのは、関係国が何らかの理由から訴追せず、加えて引渡要請を受けている場合に限られる。これに対してセネガルは条約が当然アブレの訴追を要求しているとの見解をとるが、条約に規定される手続に従うことでその努力をしたし、彼を引渡す条約上の義務をベルギーに対して負わないと申立てる。

第七条一項は容疑者の引渡要請の有無に関らず、訴追のために事件を権限のある当局に付託するよう関係国に求めていると裁判所は考える。何故なら第六条二項が容疑者の所在の時点で、直ちに予備調査をするよう国に義務付けているからである。事件を権限のある当局に付託する第七条一項に基づく義務は、提出された証拠に照らして容疑者の嫌疑につき裁判を開始するかどうかに帰結しよう。しかしながら容疑者が領域に所在する国が、条約規定が想定しているいずれかの場合において引渡要請を受けている時には、要請を受諾することで訴追義務を免れることができる。したがって条約によると、引渡しか訴追かの選択には同じ重きが置かれていない。引渡しは条約が提供する一つの選択であるのに対して、訴追は条約上の国際義務であり、その違反は国家責任を生じる違法行為である。(para. 95)

(2) 第七条一項の義務の時間的範囲

裁判官の一人がまず第一に、条約第七条一項がセネガルに課した義務は、条約がセネガルに対して発効した日付である一九八七年六月二六日より前に行われた犯罪にも適用されるのか否か、第二に本件の事情において条約がベルギーに対して発効した日付である一九九九年六月二五日より前に行われた犯罪にも、その義務が及ぶかどうかを当事者に質問した。これらの質問は、犯罪が行われた時期と各当事者に対する条約の発効日付に照らして、条約第七条一項の時際的適用に関係する。回答において両当事者は、拷問行為は条約とは独立して慣習国際法により国際犯罪と見做されることに同意している。(para. 97)

裁判官によって提起された質問の第一の側面、即ち条約は一九八七年六月二六日以前に行われた犯罪にも適用されるかに関してベルギーは、もし行為がその日付以前に生じたとしても、「引渡すか訴追するか」の義務違反はセネガルへの条約発効より後に起きたと主張した。更に第七条一項は特定の手続義務を定めることにより、不処罰の根絶の確保を目的に既存の法の強化を意図しているのであり、これらの状況から手続義務は条約のセネガルへの発効より以前に行われた犯罪にも適用できるとした。

裁判所の意見では拷問の禁止は慣習国際法の一部であり、強行規範（jus cogens）になっている。（para. 99）拷問禁止は広範な国家慣行に基づき、国々の法的信念（*opinio juris*）に根差している。それは普遍的に適用されている多くの国際文書（特に世界人権宣言・ジュネーブ諸条約・市民的及び政治的権利に関する国際規約・拷問等からの保護に関する総会決議3452/30）に規定され、ほぼ全ての国の国内法にも導入されている上、拷問行為は国内・国際裁判で適正に告発されている。

しかしながら条約における拷問行為の実行者を訴追する義務は、関係国に対する条約発効以後に起きた事実だけに適用される。（para. 100）拷問等禁止条約のいかなる部分も、その国への条約発効前に行われた拷問行為を第四条に基づき犯罪とし、第五条に従ってその行為に対する管轄権を設定するよう、締約国に要求する意図を表明していないことに裁判所は留意する。したがって裁判所の見解では、条約第七条一項の訴追義務はそのような行為には適用されない。拷問禁止委員会はO.R.M.M. and M.S. v. Argentina事件の一九八九年一一月二三日の決定において、「条約に関して『拷問』とは、条約の発効後に起きた拷問だけを意味する」と特に強調した（UN doc. A/45/44, Ann.V, p.112.）。しかし委員会がアブレの状況を審議した際、条約に含まれる義務の時間的範囲の問題は提起されず、委員会もこの問題を取上げることはなかった。

条約第七条一項に従って訴追するセネガルの義務は、セネガルに対して条約が効力を発生した一九八七年六月二六日以前に行われた行為に適用されないと裁判所は結論する。（para. 102）しかしアブレに対する告訴は、その日付以降に行われた多くの重大犯罪を含んでいることを裁判所は想起する。したがってセネガルは、それらの行為に関する訴えを訴追のために権限のある当局に付託する義務を有する。セネガルは一九八七年六月二六日以前に行われた行為について裁判を行うよう要求されていないが、条約のいかなる部分もそれを妨げてはいない。

次に裁判所は裁判官から提起された質問の第二の側面、即ち訴追義務の範囲に対してベルギーへの条約の発効日付の効果が何であったのかに進む。セネガルはベルギーが条約締約国となった後もアブレを訴追する義務に拘束されていたのであり、それ故一九九九年六月二五日以降に起きた条約違反を裁判所に訴える資格があるとベルギーは主張する。セネガルは、その日付以前に起きた行為に対する責任を問うベルギーの権利を争っている。第七条一項に規定される義務は「分割可能な（divisible）種類の対世的義務」に分類され、被害国のみが違反に対する制裁を求められるとセネガルは考える。したがってベルギーは一九九九年六月二五日以前の行為に関して被害国の立場に依拠する資格はないし、条約の遡及的適用を求めることもできないとセネガルは結論した。

ベルギーは条約締約国となった日付である一九九九年六月二五日から、第七条一項の義務のセネガルによる履行について、裁判所に裁定するよう求める資格を有効に得てきたと裁判所は判断する。本件において裁判所は、セネガルでアブレに対する訴えが提起された二〇〇〇年以降のセネガルの行為について、ベルギーはセネガルの責任を追求していることに留意する。（para. 104）また、以上の裁定は条約第六条二項の時際的適用についても有効であることに、裁判所は留意する。

（3）第七条一項の義務の履行

訴追義務の履行の時間的枠組が各事件の事情に、そして特に集められた証拠に依存することを認めながらも、容疑者所在国は訴追のために権限のある当局に問題を付託するという、課せられた義務の履行を無制限に遅らせることはできないとベルギーは考える。ベルギーによると遅延は、被害者と訴追された者の双方の権利を侵害する。セネガルにより援用された財政上の困難も、セネガルが調査を行わず裁判を開始していない事実を正当化することはできない。同じことは二〇〇六年一月にセネガルのアフリカ連合への問題の付託についても当てはまり、セネガルを条約義務の履行から免れさせないとベルギーは主張する。

一方セネガルは審理を通じて繰返し、アブレに対する裁判を行うために必要な措置を執ることにより、条約第七条一項の義務に従う自らの意思を確認している。被害者の数や証人が移動しなければならない距離、そして証拠集めの困難という特異な性格から、良好な条件の下に公判を準備するために資金援助を求めているだけであるとセネガルは主張する。セネガルはこれらの根拠に基づき、条約義務の不履行を正当化しようとはしなかったと申立てる。同様にセネガルはアフリカ連合への付託について、自らの義務を解除する意思ではなかったと主張している。

裁判所は、セネガルにより提起された財政上の困難は、アブレに対する裁判を開始しなかった事実を正当化できないという意見である。セネガルは資金援助の問題を、自国に課せられた義務に従わないことの正当化に利用しようとはしなかったと述べている。更にセネガルによっても承認されているように、問題のアフリカ連合への付託は条約義務に従う上でのセネガルの遅れを正当化できない。当局が裁判を行うに当って必要とされる迅速な努力は、裁判の全ての段階において容疑者に公正な取扱いを保証することも意図している。

慣習法を反映している条約法に関するウィーン条約第二七条に基づき、セネガルは自国の国内法規定を援用することにより、特に二〇〇〇年と二〇〇一年に国内裁判所が下した管轄権を欠くとの裁定や、二〇〇七年まで条約第五条二項に従って必要な立法を採択しなかったという事実を援用することにより、拷問等禁止条約第七条一項に規定される義務違反を正当化することはできないと裁判所は見る。(para. 113)

条約第七条一項は義務履行のための時間的枠組に関する指示を含んでいないが、条約の趣旨および目的と両立する態様で、合理的な期間内に履行されなければならないことが文言から必然的に推定される。同条の訴追義務は、「拷問を無くすための努力を一層効果的にする」という条約の趣旨および目的の達成を可能とすることを意図している。裁判が遅滞なく行われるべきなのは、そのような理由からである。

第七条一項違反の開始日に関する裁判官からの質問に答えて、その時期はアブレに対する訴えが提起された二〇〇〇年であるか、またはその後セネガル裁判所が管轄権を欠くことに基づきアブレに関する審理を終結させた、ダカール控訴審裁判所の判決を最高裁判所が支持した二〇〇一年三月であるとベルギーは回答した。第七条一項の義務は可能な限り早急に、特に二〇〇〇年にアブレに対して最初の訴えが提起された直後に、履行に必要な全ての措置を執るようセネガルに要求したと裁判所は判断する。そうしなかったためにセネガルは条約第七条一項の義務に違反したのであり、現在も違反し続けているのである。(para. 117)

救済(remedies)

最終申立てでベルギーは裁判所に対して第一に、拷問等禁止条約第五条二項に規定される普遍的管轄権の行使をセネガルの司法当局に可能とするのに必要な条項を、適切な時期に国内法に導入するのを怠ったことによりセネガルが国際義務に違反し、そしてアブレが行ったとされた犯罪で彼を刑事裁判にかけず、また刑事裁判のために彼をベルギーに引渡さないことにより、セネガルは同条約第六条二項と第七条一項の国際義務に違反したし、現在も違反し続けていると判決し宣言するよう求めた。第二にセネガルが訴追のために「アブレ事件」を遅滞なく権限のある当局に付託することにより、またはそうしないのであればアブレをベルギーに直ちに引渡すことにより、これらの国際違法行為を終結させるようセネガルに対して要求することを、裁判所が判決し宣言するようベルギーは求めている。

二〇〇七年までセネガルが普遍的管轄権に基づき裁判を行うのに必要な国内的措置を執らなかったことが、条約の他の義務の履行を遅らせたことを裁判所は想起する。更にセネガルはアブレによって行われたとされる拷問罪の予備調査をする条約第六条二項の義務、そして事件を訴追のため権限のある当局に付託する第七条一項の義務に違反したことを想起する。

これらの条約規定の目的は、いかなる締約国においても庇護(refuse)を求められないことを確実にして、拷問行為の実行者が処罰を免れることの防止である。容疑者所在国は、条約第五条に従ったいずれかの資格に基づき訴追し

て裁判する管轄権を有することを条件に、請求国に容疑者を引渡す選択肢を有すのである。(para. 120)

条約第六条二項と第七条一項の義務に従うのを怠ったことにより、セネガルは国際責任を負うと裁判所は強調する。その結果としてセネガルは国際違法行為に対する国家責任についての一般国際法に従って、継続している違法行為の終結を要求される。したがってセネガルはアブレを引渡さないのであれば、訴追のため権限のある当局に事件を付託するのに必要な措置を今後遅滞なく執らなければならない。

主文

以上の理由により、裁判所は、

(1) 全員一致で、二〇〇九年二月一九日付の訴状によりベルギーが裁判所に提起した、拷問等禁止条約第六条二項と第七条一項の解釈適用に関する当事者間の紛争を裁判する管轄権を、裁判所は有すと判決する。

(2) 一四対二で、慣習国際法上の義務のセネガルによる違反に関して、裁判所はベルギーの申立てを裁判する管轄権を有さないと判決する。

賛成　裁判所長トムカ　裁判所次長セプルベダ-アモール　裁判官小和田、キース、ベヌーナ、スコトニコフ、カンサード・トリンダーデ、ユースフ、グリーンウッド、薛、ドノヒュー、ガジャ、セブティンデ　特任裁判官カーシュ

反対　裁判官エブラヒム　特任裁判官スール

(3) 一四対二で、拷問等禁止条約第六条二項と第七条一項に基づくベルギーの申立ては受理可能と判決する。

反対　裁判官薛　特任裁判官スール

(4) 一四対二で、セネガルはアブレが行ったとされる犯罪に関する事実についての予備調査を直ちに行わなかったことにより、拷問等禁止条約第六条二項の義務に違反したと判決する。

反対　裁判官ユースフ、薛

（5）一四対二で、セネガルはアブレ事件を訴追のため自国の権限のある当局に付託しなかったことにより、拷問等禁止条約第七条一項の義務に違反したと判決する。

反対　裁判官薛　特任裁判官スール

（6）全員一致で、セネガルはアブレを引渡さないのであれば、遅滞なくアブレ事件を訴追のため自国の権限のある当局に付託しなければならないと判決する。

三　研　究

ベルギーによる仮保全措置の指示要請に対する二〇〇九年の命令では、拷問等禁止条約の紛争解決条項（第三〇条一項）に基づき、本件に対する裁判所の一応の管轄権が認められたが、回復し難い損害の危険と緊急性は存在しないとして、いかなる措置も命じられなかった。これを受けて本案判決では、裁判所の管轄権と請求の受理可能性に関する検討が判決文全体の半分近くを占めている。まず拷問等禁止条約の関連規定の解釈適用に関する当事者間の紛争の存在が認められ、更に交渉や仲裁付託の挫折等の紛争解決条項の条件が充たされているとしたが、管轄権の存在自体に反対の意見はなかったものの、要件の認定に対する疑義から、両当事者の受諾宣言に裁判所の管轄権を基礎付けるべきであったとの指摘が、一部の裁判官の個別意見で表明された[1]。また慣習国際法上の義務に対するセネガルの違反については、請求提起の時点で当事者間に紛争は存在しなかったとして裁判所の管轄権は否定されたが、これに対してはエブラヒム判事とスール特任裁判官が反対意見を述べている[2]。

次の受理可能性の判断ではベルギーの当事者適格が検討され、重要な議論が展開された。ベルギーは受動的属人管轄権を行使して引渡要請した自らの「特別の立場」、他の条約締約国とは異なる特定の資格を認める「特別の利益」を援用したが、判決はこの点の吟味を一切行っていない。むしろ拷問等禁止条約の義務は対世的義務であり、全ての締約国は条約目的の達成という共通の法的利益を保護するために、他の締約国による条約違反の終結を求める資格を有すると、バルセロナ・トラクション事件判決やジェノサイド条約の留保事件の勧告的意見を引用して明確に述べている。これにはスコトニコフ判事やスール特任裁判官等から反対が提起され、拷問等禁止条約が対世的義務を含むとしても全ての規定がそれに相当するのではなく、また条約第二一条の国家通報手続が任意の宣言によるとされている以上、ベルギーを含めて全ての締約国に当事者適格を認めることは、国家責任条文第四八条にも反するとの批判が見られた[3]。

ここで最も重要なことは、判決が認定したのは「条約上の対世的義務」（obligation *erga omnes partes*）であって、四十年以上前にバルセロナ・トラクション事件判決が傍論で提示した対世的義務とは異なると言えよう。かつて裁判所は対世的義務に「対応して保護を行うある種の権利が、一般国際法に統合されるに至った。他の例は、普遍的ないし準普遍的な性質をもつ国際文書によって与えられる。」としていたが[4]、後者が条約締約国間にだけ認められるような国家責任条文第四八条一項（ａ）の集団に対する義務であったのかは定かでない。先に述べたように慣習国際法上の義務違反に対する管轄権は否定され、受諾宣言に基づく管轄権の吟味も行われないまま、拷問等禁止条約の紛争解決条項に依拠して管轄権が行使された。確かに東ティモール事件判決で裁判所が述べたように、当該義務の対世的性格と裁判管轄権に対する同意は別の問題である[5]。しかし対世的義務の概念を巡り判決には多少の混乱が認められ、更に拷問禁止が何故対世的義務であるのか、何をもって「共通の利益」と認定されるのかの論証も、条約前文が引用されるだけでは十分ではないとの苦言が寄せられている[6]。

以上の考察に基づき判決後半では、拷問等禁止条約の関連規定の義務違反について検討されるが、第五条二項の裁判権設定のための措置については、セネガルが後に国内法を改正したことで紛争は既に終結していると認定された。しかし第六条二項の予備調査義務に違反し、そして第七条一項の義務に反して訴追のため権限のある当局に事件を付託していないことで、セネガルの違反は現在も継続していると判断された。これらの条約義務違反に対する救済として、判決はセネガルが継続する違反行為を直ちに終結させ、アブレを引渡さないのであれば、訴追のために必要な措置を遅滞なく執らなければならないと結論した。

ところが判決が果して本件で提起された紛争を真に解決しているのか、複数の判事から疑問が寄せられている。(7) 確かに第七条一項の義務の性質や範囲、履行方法等が吟味されている反面、具体的な期限や容疑者所在国による訴追と引渡請求との関係が明確に示されたわけではない。拷問等禁止条約における「引渡すか訴追するか」の義務は、締約国に同等の重きを置いた選択を課しているのではなく、引渡請求の有無に関りなく訴追義務は継続するのであり、引渡しの実行は訴追義務を免れさせるに過ぎないと判決は明言した。しかしベルギーの本件請求の趣旨は、セネガルが訴追を不当に遅延させている以上、引渡しに応じるべきとの裁判所の意見を求めていたと推測されよう。結局判決はセネガルの条約義務違反を認定しただけで、主文末尾の第六項は条約第七条一項に規定される義務を改めて確認するに止まっている。

本判決後の経緯を見ると、セネガルの拷問等禁止条約違反の裁判所による認定は、セネガルの方針に直ちに影響を与えたことが実証されたと言える。セネガルとアフリカ連合は判決直後の二〇一二年八月に協定を締結し、アブレに対する刑事裁判を行うべくカンボジア特別法廷をモデルとしたアフリカ特別法廷の設立を決定した。(8) 翌一三年一月には新法廷の規程が採択され、同年六月の検察官の命令で在宅逮捕されて監視下に置かれていたアブレに対する公判は、二〇一五年七月に開始された。ＩＣＪによる三年半にわたる迅速な審理を経て、セネガルの条約違反が認定されたことにより法の支配が実現し、拷問の根絶という国際社会の共通利益の保護に向けた前進が達成されたことの意義は非常に大きい。(9) 人権の保護に積極的な近年のＩＣＪの傾向を代表するような、そして国際社会の今後の動向を左右する歴史的判決であったと言えよう。

判事の一人によると、本判決の時点で五一の条約が「引渡すか訴追するか」の義務を締約国に課している。(10) 他方本判決で取上げられなかった慣習国際法上の当該義務については、国連国際法委員会（ＩＬＣ）が法典化に取組んでいたが、議論が行き詰って継続は難しいとの指摘も見られた。[11] したがって本判決が拷問等禁止条約の紛争解決条項に基づいて、条約規定における義務違反の認定に問題を絞っているのは、賢明な選択であったかもしれない。

注

（1） Separate Opinion of Judge Abraham, para. 4 ; Dissenting Opinion of Judge *ad hoc* Sur, para. 17.
（2） Separate Opinion of Judge Abraham, paras. 6-12 ; Dissenting Opinion of Judge *ad hoc* Sur, paras. 17-18.
（3） Separate Opinion of Judge Skotnikov, paras. 20, 21 ; Dissenting Opinion of Judge *ad hoc* Sur, paras. 37, 38.
（4） *I.C.J. Reports 1970*, p.32.
（5） *I.C.J. Reports 1995*, p.102.
（6） Thirlway,H., *The Sources of International Law*, Oxford U.P., 2014, pp.148-153.
（7） Separate Opinion of Judge Skotnikov, para. 8 ; Dissenting Opinion of Judge Xue, para. 48.
（8） Geslin,A., Le Floch,G., "Chronique de jurisprudence de la Cour international de justice （2011-2012）," *Journal de Droit International*, Tom.140 （2013）, No.4, p.1362.
（9） Mendes,E.P., *Global Governance, Human Rights and International Law : Combating the Tragic Flaw*, 2014, Routledge, p.69.
（10） Separate Opinion of Judge Abraham, para. 34. なおユースフ判事は同様の義務を含む多数国間条約を六〇以上と指摘している。Separate Opinion of Judge Yusuf, para. 18.
（11） 第五七会期で正式議題とされた「引渡しまたは訴追の義務」は、結局第六六会期において最終報告書の提出をもって審議終了とされた。この決定には、本判決が専ら拷問等禁止条約の規定の解釈に止まったことも、大きく影響したと言われている。国際法委員会研究会「国連国際法委員会第六六会期の審議概要」『国際法外交雑誌』第一一三巻第四号（二〇一五年一月）、一五七、一五八頁。

（篠原　梓）

第一〇節　南極海捕鯨事件

当事国　オーストラリア対日本
訴訟参加国　ニュージーランド
命　令　二〇一三年二月六日

一　ニュージーランドの訴訟参加

事件概要　本件は、南極海における日本の捕鯨は国際捕鯨取締条約（以下「捕鯨条約」）違反であると申し立てるオーストラリア（以下「豪」）の提訴によって始まった。ところが、ニュージーランド（以下「ＮＺ」）は、規程第六三条（第三国の加入している協定の解釈）を援用して、本件への参加を宣言した。裁判所は、両当事国から異議がないことなどを考慮して、同宣言は受理可能と命令した。

一　事　実

一〇一二年一一月二〇のＮＺの参加宣言がなぜ規程第六三条を援用したのかというと、ＮＺの参加が捕鯨条約第八条一項の解釈に関係するからである。同項は、「締約政府は、同政府が適当と認める数の制限及び他の条件に従って自国民のいずれかが科学的研究のために鯨を捕獲し、殺し、及び処理することを認可する特別許可書（a special permit authorizing）をこれに与えることができる」と規定する（paras. 1,13）。

二　命　令

ＮＺが裁判所規則第八二条（条約解釈の場合の参加）の要件を満たし、参加宣言が規程第六三条の規定に属し、両当事国が宣言の受理可能性に異議を唱えなかったことに留意して、裁判所は、参加宣言は受理可能と結論づける（para. 23）。

三　研　究

本件に参加するＮＺの権利は、捕鯨条約当事国としての地位から生じた。国際捕鯨委員会（International Whaling Commission. 以下「ＩＷＣ」）の活動に長年関与し、特別許可書の下での捕鯨を含む同条約の解釈・適用について見解をもつから、ＮＺは、裁判所で同条約関連規定の解釈を提起するため本件に参加しなければならないと決定した（参加宣言 para. 8）。

二　本案に関する判決

判決　二〇一四年三月三一日

事件概要　一九八二年にＩＷＣが採択した商業捕鯨モラトリアム（一時停止）を、日本も受け入れた。したがって、問題視される捕鯨は、捕鯨条約第八条（前出）に規定される特別計画書に基づく科学的研究のための捕鯨すなわち調査捕鯨であると、日本は反論した。しかし、裁判所は、日本が発行した特別計画書は、第八条に該当しないなどと認定して、日本の主張を退けた。日本は、初めて本裁判所の紛争当事国となった本件において敗訴した。

一　事　実

二〇一〇年五月三一日、豪は、左記に関する紛争について日本を相手当事国とする裁判手続を開始するとの訴状を本裁判所に提出した。

日本の第二期南極海鯨類捕獲調査計画（Second Phase of its Japanese Whale Research Program under Special Permit in the Antarctic）（ＪＡＲＰＡⅡ）による大規模捕鯨計画を日本が継続的に実施しているのは、日本が捕鯨条約の下で引き受けた義務……に違反した。

豪は、裁判所の管轄権の根拠として、豪の場合は二〇〇二年三月二二日、日本の場合は二〇〇七年七月九日に裁判所規程第三六条二項に従って行った宣言を援用した。裁判官席に豪国籍の裁判官がいないため、豪は、特任裁判官としてヒラリー・チャールズワース（豪国立大学教授）を選定した（リポート九頁。以下頁数のみ）。

ＪＡＲＰＡⅡという枠組の中でクジラを捕獲する特別許可書を発行することによって日本は両国が当事国である捕鯨条約の下での一定の義務に違反したと、豪は主張する。日本は、特別許可書は捕鯨条約第八条に規定される「科学的研究のため（purposes of scientific research）」に発行されるから、その活動は合法的であると主張する。（一八頁）。

二〇一四年三月三一日、次のような判決が言い渡された。

二　判　決

豪は、ＪＡＲＰＡⅡは、捕鯨条約第八条でいう科学的研究のための計画ではないと申し立てる。豪の見解では、これにより日本は捕鯨条約付表（Schedule）の下での一定の条件に違反したし、違反し続けている。豪の請求は、次の実体的義務の遵守と関係する。⑴「全ての資源についての商業的な目的のための鯨の殺害に関する捕獲枠（catch limits for the killing of whales)」をゼロに設定するモラトリアムを尊重すべき義務（一〇項(e)）、(2)南大洋保護区（Southern Ocean Sanctuary）におけるナガスクジラ（fin whales）の商業捕鯨を約束すべきでない義務（七項(b)）、(3)母船（factory ships）またはこれに付属する捕鯨船（whale catchers）によるミンククジラ（minke whales）以外のクジラの捕獲、殺害または処理（treating）についてのモラトリアムを遵守すべき義務（一〇項(d)）。その上、豪によれば、日本は、ＪＡＲＰＡⅡを認可したとき、科学的研究に対する許可の計画について三〇項で述べられる手続的要件（「締約国政府は、……許可の計画を……十分な時間的余裕をもって（科学）委員会（後出）の書記長に提供する」）を遵守しなかった（二四―二五頁）。

日本は、申し立てられた違反すべてを争う。付表の下での実体的義務に関して、日本は、豪が採用した義務のどれもＪＡＲＰＡⅡに適用されないと主張する。なぜなら、同計画は科学的研究のために着手されていて、捕鯨条約第八条が規定する免除によってカバーされるからである。日本は、三〇項の手続的要件の違反はなかったとも主張する。

捕鯨条約第八条の解釈および適用に関する論点が、本件の中心である。同条一項は、締約政府が科学的研究のためにクジラを殺し捕獲し処理することを認可する特別許可書を自国民のいずれかに与えることができる（may grant……）と規定する（二五頁）。

裁判所は、第八条は特別許可書の申請を拒否し、または、許可書が認める条件を特定する裁量を捕鯨条約当事国に与えると考える。しかしながら、申請された許可書によるクジラの殺害、捕獲および処理が科学的研究のためであるか否かは、単純にその国家の認識に依存することができない（二八頁）。

ＪＡＲＰＡⅡに先行したＪＡＲＰＡの合法性は本件の論点ではないが、ＪＡＲＰＡⅡについての見解を提出するさい、両当事国がＪＡＲＰＡとの種々の比較を行ったので、裁判所は、ＪＡＲＰＡについての記述から始める。

一九八二年、捕鯨条約の主要機関であるＩＷＣは、商業捕鯨に関するモラトリアムを採択するため、付表を改正した。日本は、改正に異議を申し立てたが、八六年、取り消した。モラトリアムは、八六―八七年漁期の後、日本に発効した。日本は、次の漁期にＪＡＲＰＡを開始した。ＪＡＲＰＡⅡ同様、ＪＡＲＰＡは、日本が第八条一項に従って発行した特別計画書に基づく計画であった（三五頁）。

豪は、ＪＡＲＰＡについて科学的研究という「みせかけ（guise）」の下で商業捕鯨を継続するために案出されたという立場をとる。一九八七―八八年の漁期に始まったＪＡＲＰＡは、二〇〇五―六年の漁期にＪＡＲＰＡⅡに引き継がれた。日本は、ＪＡＲＰＡは一〇項(e)でいう商業捕鯨モラトリアムの「検討（review）」および「包括的な評価（comprehensive assessment）」に役立つ科学的資料を収集するために開始されたと説明する（三六頁）。

二〇〇五年三月、日本は、「南極海の生態系モニタリングおよびクジラ資源についての新しい管理目標の展開」という副題をもつＪＡＲＰＡⅡと題される文書をＩＷＣの補助機関である科学委員会（Scientific Committee）に提出した。同委員会によるＪＡＲＰＡⅡ調査計画の検討後、二〇〇五年一一月、日本は、ＪＡＲＰＡⅡのために年間特別計画書を与えた。ＪＡＲＰＡの場合と同様、この特別計画書は、日本民法上の「一般財団法人（public-benefit corporation）」として一九八七年に設置された財団（foundation）である鯨類研究所（Institute of Cetacean Research）に対して発行された（三八頁）。

二つの調査計画を比較すると、相違点よりむしろ二つの計画の主題・目標・方法の間に相当なオーバーラップがあらわれていると裁判所は観察する。日本は、科学委員会がＪＡＲＰＡについての最終的な検討結果を出すのを待たずに、ＪＡＲＰＡⅡを開始した。調査区域で得られる資料の一貫性および継続性を維持することが重要であったと、日本側は説明する。しかし、このような説明の弱点は、ＪＡＲＰＡⅡが厳密に科学的考察によって引き出されなかったという見解に支持を与える（四七、四八頁）。

日本は、ＪＡＲＰＡⅡは長期の調査計画であって、特定の終了日（specified termination date）はないと主張する。なぜなら、その主要目標（たとえば、南極生態系のモニタリング）が継続的な調査計画であるからである。日本によれば、捕鯨条約第八条四項が「生物学的資料の継続的な収集及び分析が捕鯨業の健全で建設的な運営に不可欠である」と規定するとき、そのような無制限な（open-ended）調査を意図している（六二頁）。

全体的にみれば、ＪＡＲＰＡⅡは幅広く科学的研究として性格づけられる活動を包含するが、証拠は計画の企画および実施が目標達成に関して合理的であることを認めなかったと、裁判所は考える。裁判所は、ＪＡＲＰＡⅡに関するクジラの殺害、捕獲および処理のために日本によって与えられた特別許可書は第八条一項による「科学的研究のため」ではないと結論づける（六五頁）。

裁判所は、日本がクジラの殺害・捕獲・処理についての制限を定める付表の三規定に違反したと述べる豪の主張をとりあげる。第一に、すべての資源についての商業的な目的のためのクジラの殺害に関する捕獲枠ゼロを尊重すべき義務（一〇項ⓔ）。第二に、母船モラトリアム（一〇項ⓓ）。第三に、南大洋保護区における商業捕鯨の禁止（七項ⓑ）。（六六頁）。

第一について、裁判所は、第八条に適合しないすべての捕鯨（先住民族生存捕鯨（aboriginal subsistence whaling）を除く）は一〇項ⓔ（商業捕鯨モラトリアム）に服すると考える。日本は、ＪＡＲＰＡⅡのために許可書を与えた年（二〇〇五年から現在まで）の各年、一〇項ⓔの下での義務に従って行動しなかった。なぜなら、これらの計画書は捕獲枠をゼロより高く設定したからである。

第二についていえば、ＪＡＲＰＡⅡで使われた日新丸は母船であり、他の船舶は、捕鯨船として使われた。裁判所は、第八条に適合しないすべての捕鯨（先住民族生存捕鯨を除く）は一〇項ⓓ（母船式操業の部分的停止）に服すると考える。各漁期においてナガスクジラを捕獲し殺し処理した日本は、一〇項ⓓの下での義務に従って行動しなかった（六七頁）。

第三に、ＪＡＲＰＡⅡは、南大洋保護区で操業した。裁判所は、第八条に適合しないすべての捕鯨（先住民族生存捕鯨を除く）は七項ⓑに服すると考える。日本は、ナガスクジラを捕獲した各漁期において七項ⓑの下での義務に従って行動しなかった（六八頁）。

その他、豪は、許可計画を十分な時間的余裕をもって科学委員会に提供せよと規定する三〇項を遵守すべき義務に日本は違反したと主張した。しかし、裁判所は、ＪＡＲＰＡⅡが関する限り、日本は三〇項の要件を満足させたと判断する（六八、六九頁）。

ＪＡＲＰＡⅡは継続中の計画であると、裁判所はみる。これらの事情の下で、宣言的救済を越える措置が、是認される。したがって、裁判所は、日本がＪＡＲＰＡⅡとの関係でクジラを殺し捕獲しまたは処理するという現行の認可、許可または免除を取り消し、同計画実施中に第八条一項の下でのそれ以上の許可を与えることを差し控えるよう命令する（七〇頁）。

主文

以上の理由から、裁判所は、

（1）豪提出の訴状を受け入れる管轄権をもつと認定する（全員一致）。

（2）ＪＡＲＰＡⅡに関し日本が与えた特別許可書は第八条一項の許可書に該当しないと認定する。一二対四（小和田、エブラヒム、ベヌーナ、ユースフ）。

（3）日本がＪＡＲＰＡⅡの実施中ナガスクジラ、ザトウクジラ（humpback whales）および南極ミンククジラを殺し捕獲しまたは処理する特別許可書を与えることによって一〇項(e)の下での義務に従って行動しなかったと認定する。一二対四（小和田、エブラヒム、ベヌーナ、ユースフ）。

（4）日本がＪＡＲＰＡⅡの実施中ナガスクジラの殺害、捕獲および処理に関し一〇項(d)の下での義務に従って行動しなかったと認定する。一二対四（小和田、エブラヒム、ベヌーナ、ユースフ）。

（5）日本がＪＡＲＰＡⅡの実施中「南大洋保護区」におけるナガスクジラの殺害、捕獲および処理に関し七項(b)の下での義務に従って行動しなかったと認定する。一二対四（小和田、エブラヒム、ベヌーナ、ユースフ）。

（6）日本がＪＡＲＰＡⅡに関し三〇項の下での義務を遵守したと認定する。一三対三（セブティンデ、バンダリ、チャールズワース）。

（7）日本がＪＡＲＰＡⅡに関した与えられた現行の認可、許可または免許を取り消し、同計画の実施中それ以上の許可を与えることを差し控えることを決定する。一二対四（小和田、エブラヒム、ベヌーナ、ユースフ）。（七一一七二頁）。

三　研　究

(1)　モラトリアムに関する問題

判決も認めるように、一九八二年、ＩＷＣがモラトリアムを採択したため、日本はＪＡＲＰＡを開始した。モラトリアムは、本紛争発生の有力原因である。モラトリアムに関して付表一〇項(e)は、遅くとも一九九〇年までに（by 1990 at the latest）クジラ資源に与える影響について包括的評価を行うとともに捕獲枠の設定を検討すると規定している。日本は、これを信じて、九〇年からの捕鯨再開を期待したが、ＩＷＣ加盟八八カ国中、反捕鯨国が四九カ国を占めるため、モラトリアムは解除されていない。

このような経緯があるにもかかわらず、モラトリアムに批判的なトーンが判決にみられないのは、納得しかねる。この点、小和田判事は、反対意見において、モラトリアムの解除または検討をＩＷＣに可能ならしめるよう日本は科学的研究のための活動計画を推進して来たと指摘した（Annex to Summary 2014/3 p.2)。日本が商業捕鯨を再開するかどうかはともかく、このような指摘は妥当である。

(2)　その他の問題

調査捕鯨は、水産庁が前記の鯨類研究所に委託し、同研究所は、捕鯨、鯨肉販売などを共同船舶株式会社に再委託している。しかし、商業捕鯨が再開されるとしても、前途は多難である。なぜなら、同株式会社を構成するマルハニチロホールディングス、日本水産、極洋の三社とも商業捕鯨再参入に否定的であるからである。日本人の鯨肉消費量は一人あたり年間三〇―四〇グラムに減少しており、採算がとれなくなってきた。

それでも、クジラは日本の食文化という伝統を維持したいならば、沿岸捕鯨に依存するのが、一つの方法であろう。現在、網走・函館・鮎川（宮城県）・和田（千葉県）・太地（和歌山県）の五カ所が、沿岸捕鯨の基地として残っている。沿岸捕鯨は、商業捕鯨としてはＩＷＣの規制外であるツチクジラやゴンドウクジラを捕獲し、北西太平洋での調査捕鯨としてミンククジラを捕獲している。

沿岸捕鯨関係者が要望するのは、判決も特別視した先住民族生存捕鯨と同様な位置づけである。ここで先住民族とは、アラスカのエスキモー、カナダのイヌイット、ロシア・チュコート半島のコリヤークらである。付表一三項(b)は、彼らの生存のための捕獲枠について、鯨肉および生産物を「地元における消費のためにのみ用いる場合に限り」クジラの捕獲を許可すると規定している。このように、なんらかの形で付表に規定されることを沿岸捕鯨関係者は要望しているようであるが、この問題に関する水産庁の態度は明確ではない。

参考文献

（1）小松正之『クジラと日本人』（青春出版社、二〇〇二年）。
（2）秋道智彌『クジラは誰のものか』（ちくま新書、二〇〇九年）。
（3）古木杜恵「〝調査〟捕鯨は誰のものか」世界二〇一四年六月号。
（4）『ニューズウィーク日本版』二〇一四年四月一五日号。
（5）『朝日新聞縮刷版』二〇一四年四月号・九月号。
（6）S. E. Rolland “International Decisions” A.J.I.L. Vol. 18 (2014).
（7）東壽太郎・松田幹夫編著『国際社会における法と裁判』（国際書院、二〇一四年一三五―一四一頁。

（松田　幹夫）

第一一節　ブルキナファソとニジェールの国境紛争事件

一　本案に関する判決

当事国　ブルキナファソおよびニジェール

判決日　二〇一三年四月一六日

事件概要　一九六〇年に独立するまでフランスの植民地であったブルキナファソ（独立当時は上部ボルタ共和国）とニジェール共和国は、独立後、両国間の国境線を画定するための作業を行ったが、一部の区域について合意することができなかった。そこで両国は、二〇〇九年に国境線の未画定区域についての両国の主張の違いについての紛争を、国際司法裁判所に付託する特別の合意に署名した。この特別の合意に基づき、両国はこの紛争を二〇一〇年七月二〇日に同裁判所に提出した。同裁判所は、特別の合意に規定された適用法に基づいて両国の主張を検討し、二〇一三年四月一六日に、国境線を示す判決を下した。

一　事　実

フランス領西アフリカは、植民地に分かれ総督（governor-general）により率いられまた、各植民地は、「総督代理」の肩書きをもつ「植民地総督（colonial-governor）」により率いられていた。植民地は、セルクルの司令官（*commandants de cercle*）が統治するセルクル（*cercle*）と呼ばれる基本単位で出来ており、各セルクルは、幾つかの村が集まったカントン（*canton*）で構成されていた。

一九〇四年一〇月一八日付命令で、フランス共和国大統領（以下「大統領」）は、「上部セネガルおよびニジェール

(the colony of Haut-Sénégal et Niger)の植民地」を設立した。この新しく創設された植民地は、文民行政の下にあるセルクル、および「ニジェール軍事領(Military Territory of Niger)」と呼ばれる軍事行政の下にある地区で構成されていた。一九一一年九月七日、大統領は、「上部セネガルおよびニジェールの植民地」から「ニジェール軍事領」を分離し新たな行政地区とする命令を発した。一九一九年三月一日付の大統領命令により、その時まで「上部セネガルおよびニジェール」の一部であった、ガウア、ボボーディウラッソ、デドゥグゥー、ワガドゥグ、ドリ、セイおよびファダ・ヌグルマの各セルクルは、「上部ボルタ」の名前をもつ分離された植民地となった。一九二〇年一二月四日付の大統領命令により、「ニジェール軍事領」は、一九二二年一月一日より、「ニジェール領」に変わり、一九二二年一〇月一三日の命令で、自治権を持つ植民地となった。

一九二六年一二月二八日付の大統領命令により、上部ボルタの植民地のセイセルクルは、ニジェール植民地に編入された。大統領の命令は、総督の命令書が、「この地区における二つの植民地の境の経路を決定するものとする」とも規定した。

一九二七年八月三一日、フランス領西アフリカ臨時総督は、「上部ボルタおよびニジェールの植民地の境界線を確定(fix)」する決定を発した。一九三二年九月五日付の大統領命令により、上部ボルタ植民地は分解され、その領域は、ニジェール、フランス領スーダンおよびコートジボワールに分けられた。上部ボルタは、一九四七年九月四日のNo.47-1707法によりその一九三二年境界線の範囲内で再構成された。

一九五八年、上部ボルタおよびニジェールの両植民地は、上部ボルタ共和国とニジェール共和国(以下「ニジェール」とする)となり、ニジェールは一九六〇年八月三日に、上部ボルタ共和国は一九六〇年八月五日に独立を達成した。一九八四年八月四日、上部ボルタ共和国は国名をブルキナファソとした。

独立後、両国はその共通の国境線の確定(determination)に関する一九六四年六月二三日の合意議定書(the

Protocol of Agreement）を締結した。同議定書によれば、国境線の確定のための基本文書として、一九二七年命令書（Arrêté）および同年のその修正表（Erratum）ならびに一九六〇年にフランス国土地理院が制作した二〇万分の一の地図（以下「ＩＧＮ地図」または「一九六〇年地図」とする）とすることが決定された。合意議定書は、現場での国境線を画定する（demarcate）ための合同委員会も設立したが、この合同委員会は、この任務を完遂することができなかった。

両国間の共通の国境線の経路についての二国間の交渉は、一九八〇年代半ばに再開され、一九八七年三月二八日の合意議定書により補完されて、合意に達した。一九八七年合意議定書の第一条によれば、二国間の国境線は、命令書およびその修正表において詳述されたように「定められる（shall run）」。さらに、第二条によれば、国境線は命令書およびその修正表において詳述された経路に従って「画定されるものとする（shall be demarcated）」ことが合意および合意議定書に共通している。この画定に関する二番目の規定は、「決定およびその修正表が十分でない場合、経路はＩＧＮ地図および／または両当事国の合意により受け入れられた他の関連する文書に基づいて示されるものとする」ことも付け加えた。

一九八七年合意議定書は、国境線の画定に関する合同技術委員会（以下「合同技術委員会」）も創設し、合同技術委員会は、一九八七年五月にその活動を始め、一九八八年三月に地形学上の活動を実施する両国からの四二名の専門家から成る現地チームを設立した。合同技術委員会は、一九八八年九月にニアメィで会合を開いたが、両当事国の合意は得られなかった。

合同技術委員会はその後、とりわけトケバングの村の廃墟およびクロ、アルフッシ、トカラン、タンクロおよびコゴリの村々の位置を突き止めるための現地調査チームを任命することを決定したが、その決定は実行されず、トン・トン（Tong-Tong）とチェンギリバの村の西まで一、二〇〇ｍに位置する地点（地図上のＰ点、特別の合意において「ボトゥ・カーブの始まり」として言及された）との間の国境線の経路に関して、意見の相違が主張され続けた。

二〇〇九年二月二四日に開催された会合において、ブルキナファソおよびニジェールの両政府は、両国が紛争を本裁判所に付託することに合意した特別の合意に署名した。

ブルキナファソとニジェールは、両国が二〇〇九年二月二四日にニアメィで署名し二〇〇九年一一月二〇日に発効した、両国間の国境紛争を国際司法裁判所に付託することに合意した特別合意を、二〇一〇年五月一二日付合同書簡により、二〇一〇年七月二〇日に裁判所書記局に提出した

特別の合意の第一条および第二条は、以下の通りである。

「第一条：国際司法裁判所への付託

1．当事者は、下記第二条に定義される紛争を、国際司法裁判所に付託する。

2．各当事者は、裁判所規程第三一条三項により与えられている特任裁判官を選任する権利を行使する。

第二条：紛争の主題

裁判所に以下のことを要請する。

1．トン・トン（astronomic marker of Tong Tong）（北緯一四度二五分〇四秒、東経〇〇度一二分四七秒）からボトゥ・カーブ（Botou bend）の始まるまでの区域（sector）における二国間の境界（boundary）の経路を決定すること

2．以下の区域に関する、ブルキナファソとニジェール境界の画定に関する合同技術委員会の作業結果に関する当事国の合意（*entente*）を記録に載せること

(a) ヌグーマの高地からトン・トンまでの区域

(b) ボトゥ・カーブの始まりからメクルー川（River Mekrou）までの区域」

地図１

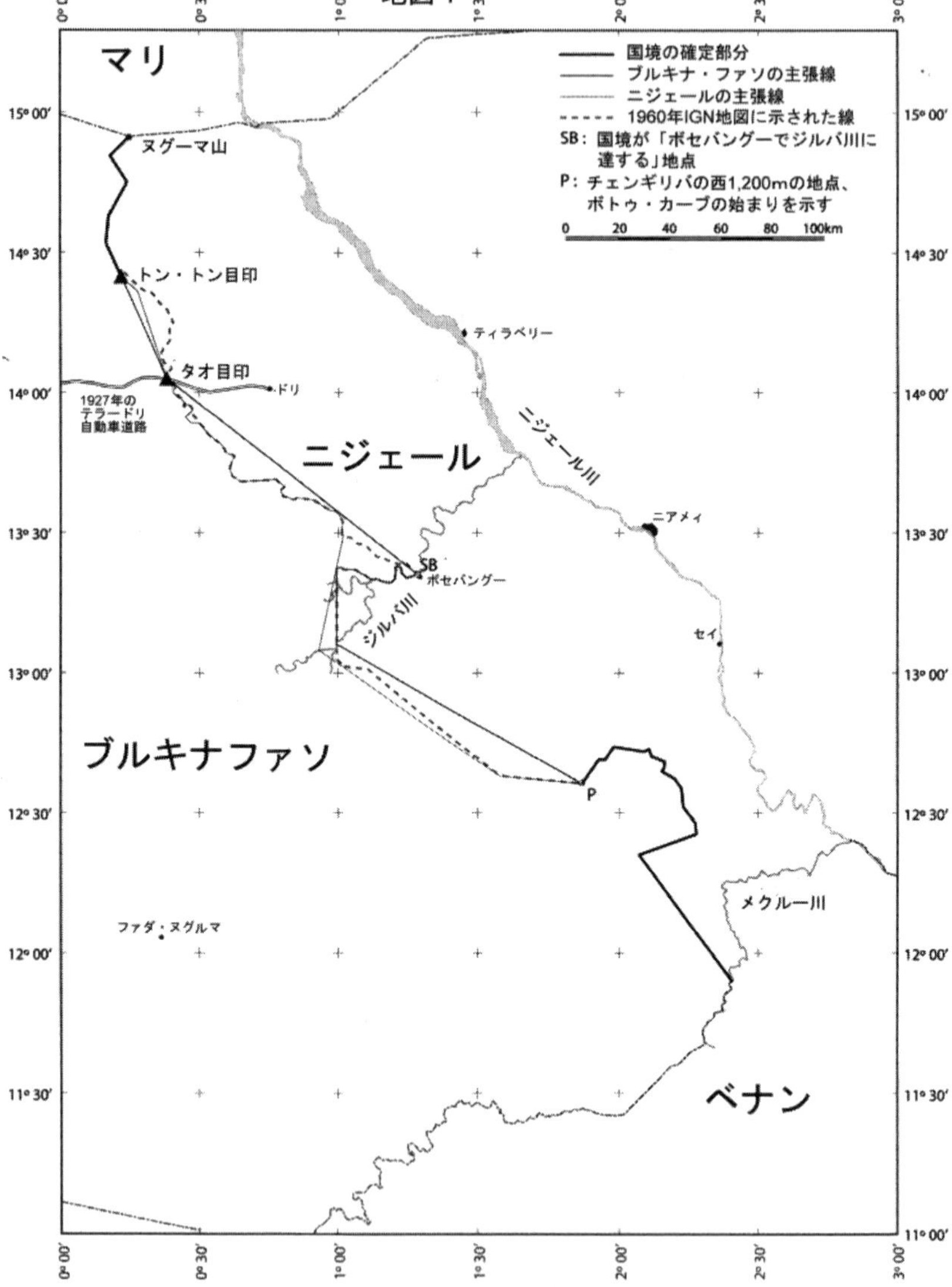

判決に記載された地図を基に、筆者が作成
この地図は説明目的のために準備されたものである。

書面手続において、両当事国は以下の申立を行った。
ブルキナファソは、申述書において
「5.1　ブルキナファソは、ブルキナファソとニジェールとの間の国境（frontier）は、以下に詳述する経路をたどることを判決し且つ宣言することを裁判所に要請する。」として、同国が国境線と考える線がたどる、経路の座標を詳述した。さらに、「5.2　特別合意の第七条四項に従って、ブルキナファソは、裁判所に対し、その判決において、境界画定の目的のために必要とされる当事国を支援する三名の専門家を指名することを更に要請する。」とも主張した。

一方ニジェールは、申述書において、同国が国境線と考える線がたどる、経路の座標を詳述し、また答弁書において、その主張を一部修正した。さらに二〇一二年一〇月一七日の弁論において、ニジェール政府は、「特別の合意第七条四項に従って、ニジェールは、裁判所に対し、その判決において、共通の国境の画定において必要に応じて、両国を支援するため三名の専門家を指名することを、また要請する。」という申立を追加した。

両国が主張する国境線は、地図1にそれぞれ示されている。

二〇一〇年九月二四日の書簡により、ブルキナファソは、特任裁判官としてジャン‐ピエール・コット（Jean-Pierre Cot）を選定したこと、また二〇一〇年八月四日の書簡によりニジェールは、特任裁判官としてアーメッド・マイウ（Ahmed Mahiou）を選定したことを通告した。コットの辞任に伴い、ブルキナファソは、イブ・ドーデ（Yves Daudet）を選定したことを二〇一一年四月二五日の書簡により通告した。

二　判　決

両当事国は、特別の合意の第二条第一項を基礎に、トン・トンからボトゥ・カーブの始まりまでの間の共通の国境の経路に関する両国間の紛争を解決することを裁判所に要請している。まず裁判所は、特別の合意の第二条第二項を基礎に、ブルキナファソにより提出された、トン・トンの北およびボトゥ・カーブの始まりの南に位置している、既に画定されている国境の二つの地区に関する、要請を扱うこととする。

Ｉ　北へは、ヌグーマの高地からトン・トンまで、そして南へは、ボトゥ・カーブからメクルー川までの、二つの地区に関する要請

ブルキナファソは、その最終申し立ての第一および第三において、裁判所に、ニジェールとの国境線は、ヌグーマの高地とトン・トンの間に位置する区域において、またボトゥ・カーブとメクルー川の間に位置する区域において、ブルキナファソが主張する座標を有する地点を結ぶ線からなるコースをたどることを判決し、宣言することを要請している。この要請を提出するにあたり、ブルキナファソは、ニジェールとの国境線のこれら二つの区域に関しては、現時点において、両国間に紛争が依然として存在しているとは主張していない。一九八七年の合意議定書により創設された合同技術委員会が二〇〇一年に、問題の二つの区域に関して、両当事国が受け入れた結論を出していた。それにもかかわらずブルキナファソは裁判所に、当事国が合意している二つの地区における国境の線を、この線に既判力を与えることができるように、裁判所の判決の本文部分に含めることを要請している。

これに対してニジェールは、問題の二つの区域に関する当事者間の合意は既に存在しているので、裁判所がこれらの区域への言及を判決の本文部分に含める必要はないという。ニジェールは、この点についてブルキナファソが強く主張したことと裁判所が事件を扱うという合意に達するために、特別の合意に、第二条第二項を含めることを受け入れたとする。そして裁判所はその判決の理由付けにおいて問題となっている合意に留意しそして当事者間で残っている紛争だけ、つまり当事国が合意に達することができていない、国境の部分に関してのみ、解決すべきであると、ニ

ジェールは主張する。その結果として、ニジェールは、その最終申し立てにおいて裁判所に、トン・トンから両当事国が「ボトゥ・カーブの始まり」として確認してきた地点まで連続する部分における二国間の国境線を引くことだけを要請している。

裁判所は、ブルキナファソの最終申し立ての第一点および第三点に含まれた要請は、特別の合意の文言と正確には一致していないと考える。事実、ブルキナファソは、関係する二つの区域における国境線の画定に関する「当事国の合意を記録に残す」ことではなく、むしろ両当事国が合意した合同技術委員会の結論に一致する線に従って国境線を定めることを要請している。最終成果が、線自身に関しては実質的に同等のものであるとはいえ、ブルキナファソの要請は、特別の合意の第二条第二項に含まれるものと性質において同じではない。当事国間の合意の存在に留意することと当事国のために記録にそれを残すことは一つのことである。裁判所自身の決定の実質にそれをするために当該合意の内容を当てることはまったく異なる問題である。文字通りに取るならば、ブルキナファソの要請は、特別の合意が示した裁判所の管轄権の範囲を越えるので、それゆえ却下され得る。

特別の合意は、当事者に当事者が裁判所に与えることを意図する、狭義の、管轄権の範囲を自由に定めることを許しているが、それは彼らに裁判所の司法的任務の範囲を変えることを許すことはできない。規程により明瞭に示されているので、その範囲は、当事者間の合意によっても、当事者の自由になるものではなく、裁判所自身にとってと同じように当事者にとって義務的である。

争訟事件において、裁判所の任務は、規程第三八条一項に定義されているように、「付託される紛争を国際法に従って裁判すること」である。その結果、当事国が裁判所に付託した要請は、管轄権の有効な基礎に結びついているだけでなく、常に紛争を裁判する任務に関係しなければならない。裁判所は本件のものとは異なる文脈において、既に次のように指摘した。「司法裁判所としての本裁判所は、国家間に存在している紛争を解決することを求められている。したがって、紛争の存在が、裁判所の司法的任務を裁判所が行使するための主要な条件である。（核実験事件（オーストラリア対フランス）、判決、I.C.J. Reports 1974, pp.270-271, para. 55; 核実験事件（ニュージーランド対フランス）、判決、I.C.J. Reports 1974, p.476, para. 58)」

本件においては、両当事国は、手続きが申し立てられた時点で問題の二つの区域における国境線の画定について両国間に紛争が存在し続けているとも、そのような紛争がその後に生じたとも主張していないし、また主張してもいなかったので、裁判所の任務は、なおいっそう単純である。両当事国により正式に批准された特別の合意は、「……画定に関する合同技術委員会の活動のおかげで、当事国は国境線のこれらの部分について、合意（s'accorder）に達することができた」と最も明瞭な方法で述べている。それは更に、「両当事国は、最終的なものとしてこれらの区域において実行された活動の結果を受諾する」と述べている。第二条第二項は、裁判所が、「これら二つの区域に関する委員会の活動の結果についての当事国の合意（leur entente）を記録に載せる」ことを要求されていることを規定している。当事国が「合意に達した」か、あるいは当該「合意」（entente）の主題について両国間にもはや紛争がないことを必然的に示している両国間の「合意」（entente）が存在していることを確認するためである。

裁判所の意見では、決定的な問題は、訴えが提起された時に、これら二つの区域に関して両当事国間に紛争が存在したかどうかであり、いままで述べてきた理由からその問題に対する答えは争う余地なく否である。

特別の合意が規定していることは、裁判所が、訴えが提起される前の、当事国の交渉の最後に当事国によって達した「entente」を記録に載せることである。ブルキナファソによれば、これは判決の本文に含まれるべきである。しかし、上記の理由により、裁判所は、そのような要請は裁判所の司法機能に一致するものではないと考える。

したがって、訴訟が提起された時点で当事国間の残っている、そして存在し続けている唯一の紛争は、その主題として、トン・トンとボトゥ・カーブとの間の国境線の経路、すなわち、合同技術委員会がうまくその作業の結論を得られなかった地区で、当事国が異なった解決策で裁判所に提出したものに関するものである。それが、本判決の残りで審理され、判決の本文で確定される唯一の地区である。

Ⅱ　争いが残っている国境線の区間の経路

A．適用法

「適用法」と表題のついた特別の合意の第六条が、「紛争に適用可能な国際法の規則および原則は、植民地時代から継受してきた境界の不変更の原則（ウティ・ポシデティス原則のこと…筆者注）および一九八七年三月二八日の合意を含む、国際司法裁判所規程の第三八条一項に言及されたものである」ことを明記している。

紛争に適用可能な国際法の規則の中で、特別の合意の上記の規定は、「植民地時代から継受してきた境界の不変更の原則および一九八七年三月二八日の合意」を強調している。特別の合意は、植民地時代から継受してきた境界の不変更の原則が適用されなければならない方法に関して具体的な指示を提供している。特別の合意の第六条は、両当事国を拘束しまたその目的は、その表題に従えば、「二国間の国境線の画定」である、「一九八七年三月二八日の合意（以下「一九八七年合意」とする）の適用を要求している。

裁判所は、一九八七年合意の目的は、目印の設置を通した「二国間の国境線の画定」であるが、それはまず第一に国境線の「経路」を決定するために適用されるべき基準を定めている。これらの基準は、合同技術委員会が画定することができなかった部分に関連している。一九八七年合意は、両国が独立を達成した時に存在していた境界確定線を決定するために用いられなければならないフランス植民地行政の行為と文書に明記している。

これに関連して、一九八七年合意は、一九二七年八月三一日の命令書およびその修正表にとりわけ重要性を与えている。命令書およびその修正表は、境界の確定のために適用される文書であることが一九八七年合意から当然の結果として生じる。植民地当局によるその制定および実施の状況を考慮しつつ、その文脈において解釈されてきた。命令書とその修正表との間の関係について、裁判所は、修正表の目的は、命令書の本文を遡及して訂正することなので、命令書と不可分一体をなす。その理由のために、本判決の残りの部分において命令書に対して言及が為された時は何時でもそのことは修正表により修正された命令書の言葉遣い（wording）を意味する。ただし、その他のことが指示された場合にはこの限りでない。

一九八七年合意の第二条は、「命令書およびその修正表が不十分な場合」について規定し、そして、そのような場合には、「経路は、フランス国土地理院の二〇万分の一の地図（IGN地図）、一九六〇年版、に示されたものとする」か、あるいはまた「両当事国の合同合意により受け入れられた他の関連する文書」に由来することを定めているが、両当事国は、一九六〇年IGN地図以外の何らかの関連する文書を受け入れていないと考えていた。

B　国境線の経路

以上のことから、国境線の経路を決定するために、一九八七年合意に従って、特別の合意に言及された命令書にまず頼らなければならない。

裁判所は、当事者間に争いが残っている以下の国境線の区域を順に審議することとする。

(1)　トン・トンからタオまで延びる部分

(2)　タオからボセバングーのジルバ川まで延びる地区

(3)　この地点からセイ緯度線とジルバの交点まで延びる地区

(4)　最後に、セイ緯度線とジルバの交点から、P点まで延びる地区

1．トン・トンとタオとの間の国境線の経路

当事国は、命令書に従って、トン・トンおよびタオの目印がそれぞれ位置する二つの地点を共通の国境線がつないでいることに合意している。両当事国は、その座標が、特別の合意において北緯一四度二五分〇四秒、東経〇〇度

一二分四七秒と確定されているトン・トンの位置についても合意している。タオについては、両当事国は、最終申立てにおいてそれにわずかに異なった座標を与えている。ブルキナファソは、北緯一四度〇三分〇四．七秒、東経〇〇度二二分五一．八秒で、ニジェールは、北緯一四度〇三分〇二．二秒、東経〇〇度二二分五二．一秒である。タオの正確な座標を確定することは裁判所にとって必要ない。なぜならば、両当事国は、この目印の特定または位置について一致していないことはなく、画定活動中に共に、その正確な座標を画定するのは両当事国だからである。（第七二項）

両当事国は、問題となっている目印が位置している二つの地点を結ぶ方法について一致していない。ブルキナファソによれば、これらの地点は直線で結ばれるべきであり、ニジェールによれば、問題の二つの目印は、二つの部分から成る直線で結ばれるべきであり、一つの直線は、トン・トンから、ブルキナファソが主張する直線の東数キロメートルに位置するビブーリエまで延び、もう一つは、ビブーリエからタオまで延びている、とする。

裁判所は、植民地行政官が、問題の区域の、トン・トンとタオの目印の間を直線で描くこととして、命令書を解釈したと判断する。それ故、トン・トンとタオの目印をつないでいる直線が、問題の区域におけるブルキナファソとニジェールとの間の国際的な国境を構成しているものとしてみなされるべきである、とする。

2．タオとボセバングーのジルバ川との間の国境線の経路

タオからボセバングーのジルバ川まで延びる国境線の区域に関しては、命令書は、更なる詳細な説明なしに、「線は、タオでテラ－ドリ自動車道路を横切って、南西に向けて方向を変え（*s'infléchit*）、そしてボセバングーでジルバ川に達する」と述べているだけである。両当事国は、命令書のこの簡明な文字から全く異なる結論を引き出している。

ブルキナファソは、命令書の作者が、彼により順番に言及された二つの地点の結び方を明記していないので、彼は

これら二つの地点は直線により結ばれることを意図していたものと理解されなければならないと、主張する。

一方ニジェールは、命令書は、当該区域の末端に位置する二つの地点の結び方について言及していないので、問題となっている国境線の区域において、特別の合意が言及している一九八七年合意の意味の範囲内では「命令書よび修正表は、十分ではない」。その結果、ニジェールによれば、直線ではなく曲がりくねった線の一九六〇年IGN地図に描かれた線に従うことが原則として必要である。しかしながら、ニジェールは、二つの点でIGN地図から部分的にはずれることが必要であるとする。まず、IGN地図は、ペテルコーレ国境駐屯地（Petelkolé frontier post）とウサルターヌ野営地（Oussaltane encampment）を植民地間境界の上部ボルタに置いていたので、これら二つをニジェール領土内に置くために、ペテルコーレ国境駐屯地までとウサルターヌ野営地までに対応する二つの部分におけるIGN地図に示された線の西へ、少し逸脱すべきであると主張する。ニジェールによれば、このことは、植民地統治の終わりに、すなわち独立の決定的日時において、遵守されていた実効的行為（*effectivités*）に優先権（precedence）を与えることである。次に、ニジェールによれば、この地区の国境線は、ボセバングーに延びるべきではなく、ボセバングーの北西まで約三〇㎞に位置する地点まで下るべきであり、そして同地点から南西に向けて方向を変え、それによってニジェール領土内のボセバングー全体の周りの広大な地区を離れる、とする。これら二ジェールが主張する議論は、一九二七年命令書および一九六〇年IGN地図の両方からの離脱に等しい。

裁判所は、問題となっている区域における国境線の末端の問題を審議する。裁判所は、命令書が、植民地間の境界は、ジルバ川まで続いていることを明確に規定していることに留意する。結論として、裁判所は、国境線はボセバングーでジルバ川に必然的に達すると判断する。

次に裁判所は、国境線を引くためにどのように「タオ」が「ボセバングーでジルバ川」に結びつけられることになるのかの問題に向かう。

裁判所は、命令書が、一九二六年一二月二八日の大統領の命令を基礎として発行されたという事実を考慮に入れるべきであると考える。一九二六年一二月二八日の命令の目的は、二つの部分であったことが指摘されるべきである。まず第一に、その存在理由（*raison d'être*）は、特定のセルクルとカントンを上部ボルタの植民地からニジェールの植民地へ移行することであった。次に、フランス領西アフリカ総督にニジェールと上部ボルタとの間の新しい植民地間境界を引く権限を与えた。

総督は、二つの植民地の副総督の支援を得て、問題となっている区域において境界が直線をたどったことを示していない、セルクルとカントンの前から存在している境界を特定することにより、植民地間の境界を決定することを得ようとした。裁判所は、そのような事例においては、地図上にこの線を記入することは容易であった、と判断する。

次に裁判所は、バンガーレの村に関しては、関連する植民地時代の期間中および独立の決定的日時まで、この村はニジェール植民地の当局により統治されていたことを立証する命令書に続く十分な文書がある、と判断する。この検討は、一九二七年命令書は、タオとボセバングーとの間に直線を引いているとして解釈されるべきではなく、そして事実植民地時代に解釈されていなかったという結論を支持する。

裁判所は、上記の全てから、タオからボセバングーのジルバ川まで延びる地区に関しては、一九八七年合意の意味の範囲内では、命令書は「十分ではない」としてみなされなければならないと結論する。実際、裁判所は、問題の区域に於いて、命令書の正確な解釈は、直線という結論を提供していないと結論する。しかしながら裁判所は、命令書に基づく他の線を明示することを裁判所に可能にする情報を有していない。そのような状況において、一九八七年合意の第二条に言及することにより、特別の合意は、裁判所に「フランス国土地理院の縮尺二〇万分の一の地図、一九六〇年版に示されている……経路」を採用することを裁判所に要求している。

ニジェールは、植民地統治の実効的行為（*effectivités coloniales*）に関連する二つの他の位置関係の事例、すなわちペテルコーレとウサルターヌが、その見解に考慮されるべきであるとも強調してきた。これら二つの事例はバン

地図２
タオ目印から「ポセバングーでジルバ川に達する」地点までの国境線の経路
この地図は説明目的のために準備されたものである。

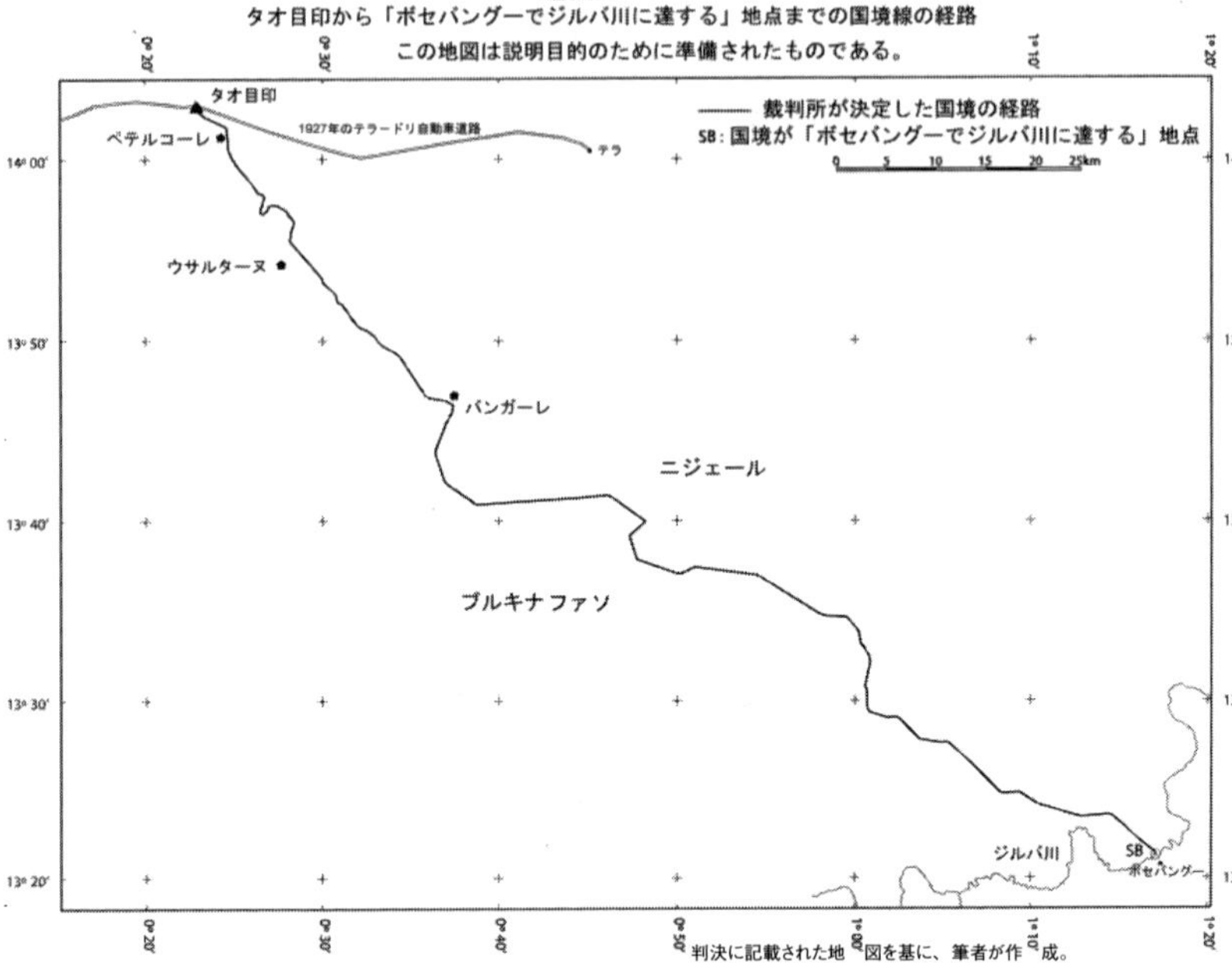

判決に記載された地図を基に、筆者が作成。

ガーレの例とは異なる。問題になっている二つの位置関係は、バンガーレのように、ブルキナファソにより提案された直線のブルキナ側に位置しているばかりでなく、決定的に、一九六〇年ＩＧＮ地図に示された植民地間境界のブルキナ側にも位置している。しかしながらニジェールによれば、植民地時代の期間中ニジェールにより事実統治されており、そして植民地統治の実効的行為を考慮するために、ＩＧＮ地図の線は、これら二つをニジェール側にしておくために、これらの位置関係が位置している二つの区間において、少し西方に移動されるべきである、とする。

ウティ・ポシデティス原則の目的のために、決定的期日において確立した植民地統治の実効的行為は、法的権原の欠如を埋め合わせるためにまたは不完全な権原を完全にするために使い得るというのは、一般論として、真実である一方で、一九八七年合意が適用可能な法の部分を構成すると規定している、特別の合意の文言の故に、本件ではそのことは適用できない。問題の区域における例がそうである、命令書が十分でないならば、一九八七年の合意は、実効的行為に言及する代わりに、それらの植民地統治の実効的行為と地図上の線の間に食い違いがあったとしても、一九六〇年ＩＧＮ地図に示された線を適用することを裁判所に要求している。植民地統治の実効的行為は、それが同命令書の植民地行政者の解釈および実施に反映する範囲まで、命令書をある点までは、解釈することに役立ち得る。しかしながら、一旦命令書が不十分であると結論付けられたならば、そしてそれが不十分である限りは、植民地統治の実効的行為（*effectivités*）は、本件においてはもはや役割を果たすことはできず、とりわけ一九六〇年ＩＧＮ地図に示された線を移動することを正当化することはできない。それ故、裁判所は、ペテルコーレとウッサルタールに関するニジェールの主張を支持することはできない。

結論として、裁判所は、タオから「ボセバングーのジルバ川」まで延びる国境線の地区においては、ＩＧＮ地図、一九六〇年版に示された線（地図2を見よ）が採用されるべきであると判決する。

3．ボセバングーの地区における国境線の経路

タオから来る国境線の決定を完了するために、国境線が「ボセバングーでジルバ川」に達するその終点を明記する必要がある。この村は、川の右岸に、川から数百メートルに位置していることが確定している。ブルキナファソは、この区域における国境線の終点は、タオからボセバングーに延びている直線部分が同村に近いジルバの右岸で交わる所に位置すると主張する。ニジェールは、タオからの国境線は、ジルバまで続かず、同川に達する約三〇㎞手前のドリ、セイおよびティラベリーのセルクルの間の三重点で南西に向けて向きを変えるという意見である。

命令書における記述によれば、国境線はジルバ川で終わりボセバングーの村ではないことが明らかである。この部分における国境線の終点は、それ故、ジルバ川の中またはその岸の一つに位置しなければならない。命令書における動詞「達する」（*atteindre*）の用法は、国境がジルバ川を完全に横切って、その右岸に接していることを示唆して

いない。国境線のその後の部分の記述において、命令書は、線はジルバ川の右岸に達するために川を「再び横切る」（*coupe de nouveau*）と述べていることは事実である。このことは、国境がボセバングー近くで既に一度川を「横切った」ことを示唆しておりまたこの部分における国境の終点がジルバ川の右岸に位置していることを有利に論じるであろう。しかしながら、国境の関連する部分の記述において、命令書が、「横切る」以上に動詞「達する」を使用していることは重要である。更に、国境の終点がボセバングー近くのジルバ川の右岸に位置している場合には、線は、他の方向に「再びそれを横切る」前に右岸から左岸に、今回、横断するために、途中で、二度ジルバ川を「横切ら」なければならない。しかし、そのような性質は何も、命令書に言及されていない。更に、ボセバングーの地区のジルバ川が、二つの植民地の一つに完全に帰せられていたという証拠は何もない。これに関連して、川岸の村で生活している全ての人々の水資源に対する利用権に関する要件は、国境が一方の岸若しくは他方にあるよりも川の中に位置することにより、より良く満たされることを裁判所は指摘する。したがって、裁判所は、命令書に基づいて、ボセバングーの地域における国境線の終点は、ジルバ川の中に位置すると結論付ける。この終点は、ジルバ川の特性である航行可能でない川においては、線は境界の確定における法的安全固有の要件を最も叶えるということで、より具体的には中間線の上に位置している。

その本来の言葉遣いにおいて、命令書は、タオからの国境線のジルバ川との合流点をさらに下流に置いて、またこの線は「それからジルバ川に合流する」と述べた。その言葉遣いによれば、国境線は一定の距離の間その川を上流にたどることが考えられることは明白である。修正表の言葉は明白ではない。しかしながらそれは、ジルバ川に達した後、国境線は「ほとんど直ちに向きを変えて北西の方向にもどる」と記しているので、修正表は、この地点について命令書を全体として修正することを求めなかったしまたそれ故、線は少しの間ジルバをたどらなければならないことを暗示していると結論づけることができる。ブルキナファソは、この区間において、国境線は川の右岸に位置すべきであると主張し、ニジェールは、中間線またはタールベークを主張する。裁判所は、前項の理由から、国境線はジルバ川の中間線をたどる、と考える。

命令書の訂正された言葉遣い、それによれば国境線は「ほとんど直ちに向きを変えて北西の方向にもどる」は、「(向きを変えて)もどる」ために線がジルバ川を離れる正確な地点を確定していない。地点はボセバングーの近くに位置するという事実以外それに関して本文中に指示はない。同様に、国境線がジルバを一旦離れれば、その経路は、線を正確に確定することを不可能にするやり方で、命令書に示される。それ故、命令書は、この地区における国境線を決定するのに十分ではないとのみ結論付けることができる。国境線がジルバ川を離れそして「向きを変えて北西の方向にもどる」正確な地点およびその地点の後で国境線がたどらなければならない経路を明示するために一九六〇年IGN地図に言及することが必要である。

命令書によれば、国境線は、北西に向けて向きを変えた後、「南に向きを変えてもどり、……(そして)セイ緯度線のレベルでジルバ川を再び横切る。」このように記述された線は、正確に南北方向をたどる。国境線が再びジルバ川を横切る場所が決定されてしまえば、その場所を通過する子午線は、IGN地図に引かれた線が南に向けて戻る地点を通って走る緯度線まで北に向けてたどられることができる。その本来の言葉遣いにおいて、命令書は、「セイ緯度線のレベルでジルバからおおよそ始まる線」と言及しているのに対し、修正表の本文はこの点においてより断定的であり従って不十分とみなすことはできない。修正表の本文は、セイを通過する緯度線とジルバ川の交点に言及している。修正表によれば、北から来る国境線は、南西に向けて続く前にここで川を横切るので、地図3および4でI地点と呼ばれるこの地点はジルバ川の右岸(北緯一三度〇六分一二.〇八秒、東経〇〇度五九分三〇.九秒)に位置すると推測さえできる。

ボセバングーの地区からセイ緯度線がジルバ川を横切る地点までこのように引かれた国境線は、命令書に含まれた描写によれば、「突出物」(salient)と呼ばれるものを形作る。しかしながら、ニジェールは、それが主張する国境線は「この地区における突出物を創造」しないと認識している。

地図3

国境が「ボセバングーでジルバ川に達する」地点からセイ緯度線とジルバ川との交点までの国境の経路

この地図は説明目的のために準備されたものである。

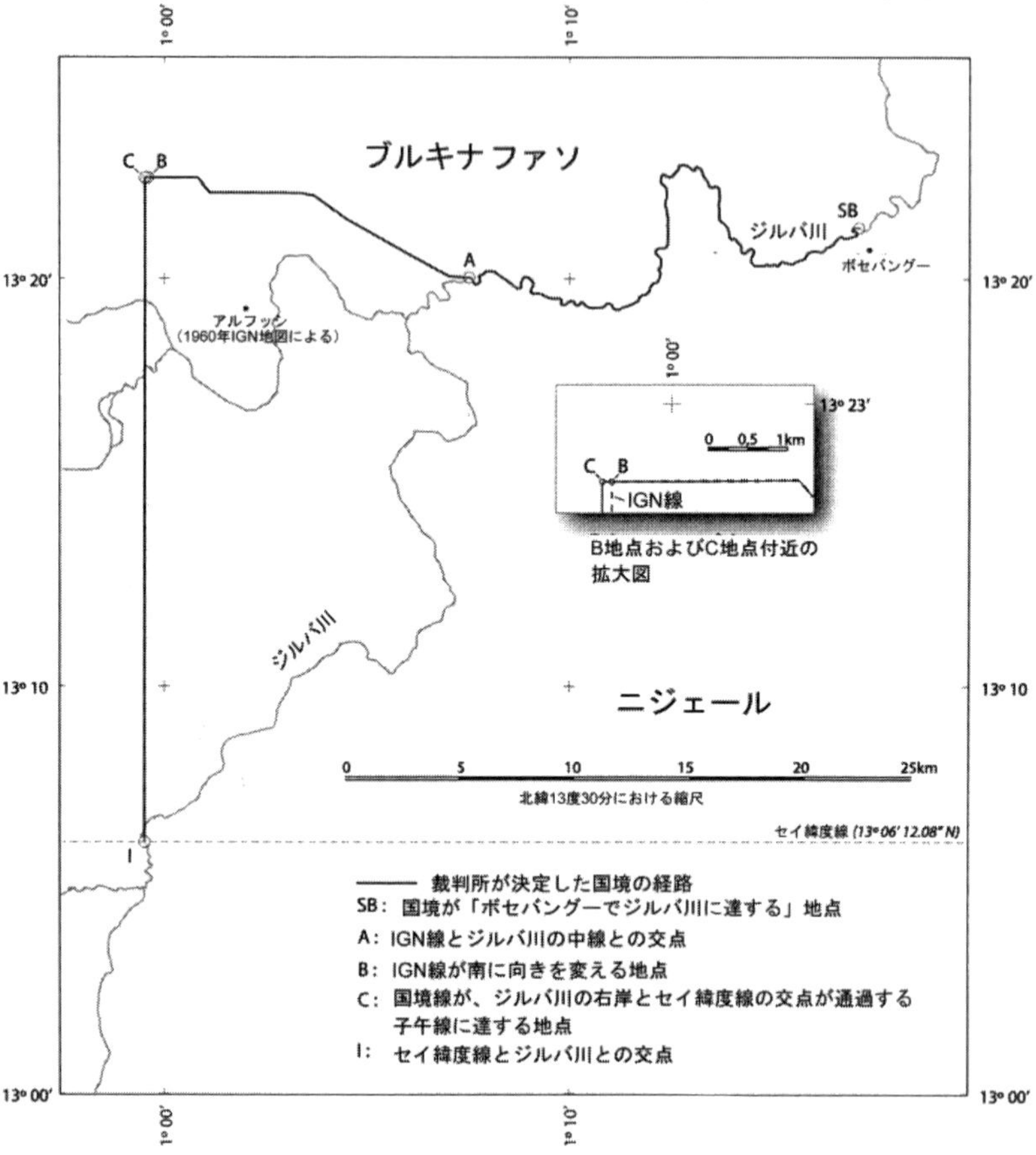

判決に記載された地図を基に、筆者が作成

裁判所は、以下のように結論する。国境線は、ボセバングーに向けた進路を取りつつジルバ川の中間線、地図1、2、3および4で地点SBと呼ばれる北緯一三度二一分一五．九秒、東経〇一度一七分〇七．二秒の地点に達した後、IGN線との交点、地図3および4でA地点と呼ばれる北緯一三度二〇分〇一．八秒、東経〇一度〇七分

地図４
裁判所が決定した国境の経路
この地図は説明目的のために準備されたものである

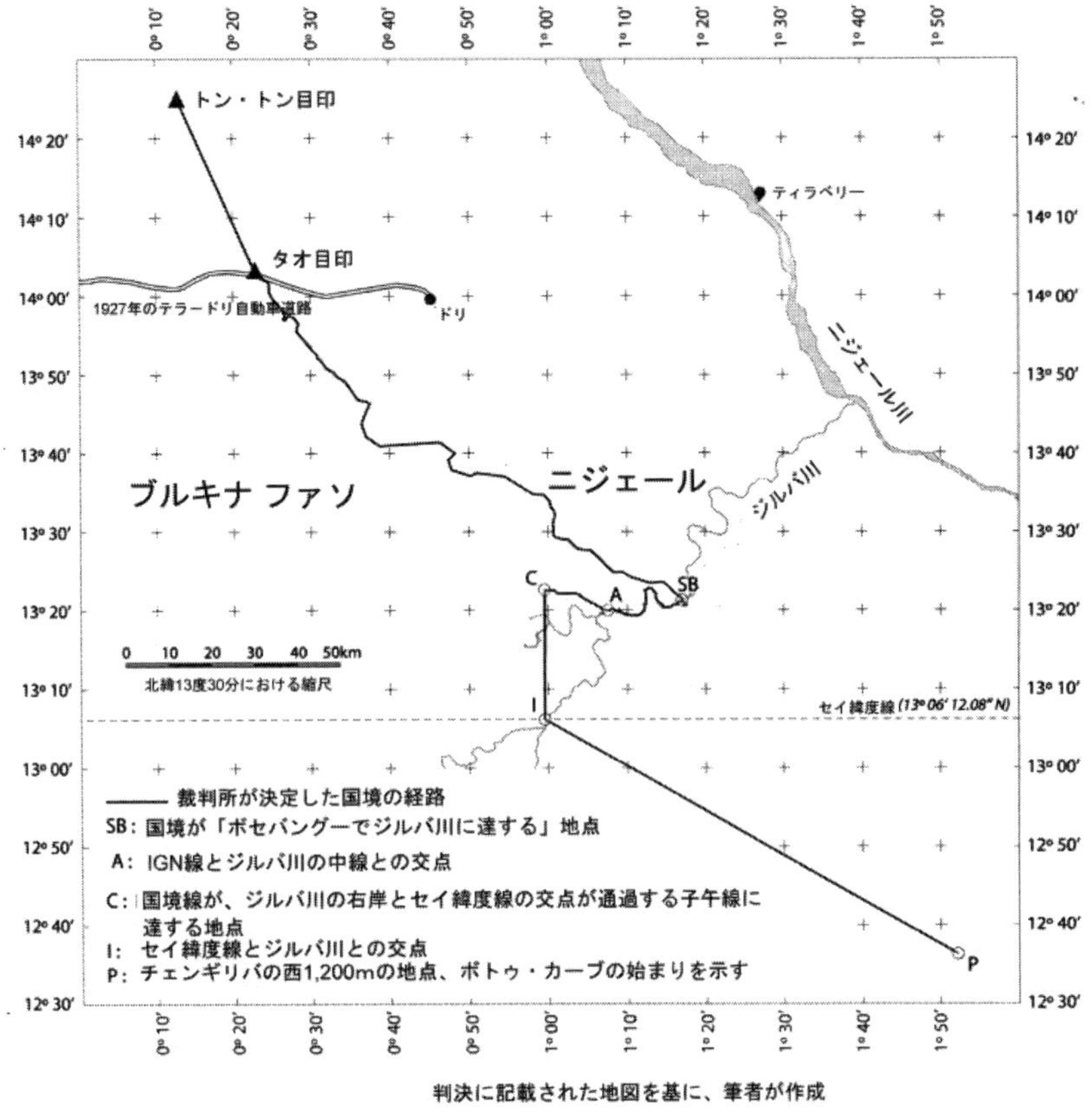

判決に記載された地図を基に、筆者が作成

二九・三秒の地点まで中間線を上流にたどる。その地点から、国境線は、ＩＧＮ線が明らかに方向を変える、直線で真南に向きを変えている、地図３でＢ地点と呼ばれる北緯一三度二二分二八・九秒、東経〇〇度五九分三四・八秒の地点まで、北西に向けて方向を変えて、ＩＧＮ線をたどる。この方向転換の地点Ｂがジルバ川とセイ緯度線の交点を通過する子午線の東まで約二〇〇メートルに位置しているので、ＩＧＮ線は、セイ緯度線でジルバ川を横切らない。しかしながら、命令書は、境界線はセイ緯度線でジルバ川を横切ることを明確に要求している。それ故、国境線はB地点でIGN線から離れなければならず、そしてそこで曲がる代わりに、ジルバ川の右岸とセイ緯度線の交点が通過する子午線に達する地点、地図3および4でC地点と呼ばれる北緯一三度二二分二八．九秒、東経〇〇度五九分三〇．九秒まで直線で真西に続く。それから国境線は、当該交点、地図3および4でI地点と呼ばれる北緯一三度〇六分一二．〇八秒、東経〇〇度五九分三〇．九秒の地点まで子午線に沿って南に延びる。

4．国境線の南の部分の経路

セイ緯度線とジルバ川の交点は、国境線のもう一つの部分の出発点である。命令書によれば、「その地点から国境線は、東南東方向をたどって、P点まで直線で続く。」この後者の地点は、国境線の既に画定された部分の南の地区の始まりを記しているので、当事国により首尾一貫したやり方で特定されてきている。

命令書は、この部分において、国境線は「直線で続く」ことを明記している。国境線は、ジルバとセイ緯度線の交点とチェンギリバの村の西まで一、二〇〇メートルに位置する地点との間は直線部分であるということを確立していることは寸分違わない。それ故、命令書は、国境線のこの部分に関して十分ではないと言うことはできない。

裁判所は、国境のこの部分の線は、ジルバ川の右岸とセイ緯度線の交点とボトゥ・カーブの始点との間の直線部分で構成すると結論する。

Ⅳ．専門家[1]の指名

特別の合意の第七条四項において、当事国は、裁判所に対し、紛争地区における国境線の画定に必要とされる、当事国を支援する三名の専門家を、その判決において、指名することを要請した。両当事国は、審問において発表された最終申立においてこの要請をくり返し表明した。裁判所は、当事国がこのようにして裁判所に対し委託した任務を受け入れる用意がある。しかしながら、本件の状況を鑑みると、裁判所は、当事国が要請した指名を行うことは、この重大事に、不適切であるという意見である。とりわけ専門家によるその任務の行使の実際的な側面に関する当事国の見解を確認した後に、命令という手段により後日行うこととする。（国境紛争事件（ブルキナファソおよびマリ共和国）、判決、*I.C.J. Reports 1986*、648頁、para. 176参照）

主文

以上の理由により、

裁判所は、

(1) 全員一致で、

ブルキナファソの最終申立の第一点および第三点で為された要請は、支持することはできないと判決する。

(2) 全員一致で、

北緯一四度二四分五三・二秒、東経〇〇度一二分五一・七秒の地点に位置する、トン・トンから、本判決の第七二項において明記されたように、その正確な座標は当事国により決定されることが残っているタオまで、ブルキナファソとニジェール共和国との間の国境線の経路は、直線の形態をとることを決定する。

(3) 全員一致で、

タオから、国境線の経路は、フランス国土地理院（ＩＧＮ）の二〇万分の一の地図、一九六〇年版にある線（以下「ＩＧＮ線」とする）を、北緯一三度二一分一五・九秒、東経〇一度一七分〇七・二秒の地点のジルバ川の中線とのその交点までたどることを決定する。

(4) 全員一致で、

後者の地点から、国境線の経路は、ジルバ川の中央線を、Ａ点まで上流に向かってたどり、その地点から、国境線の経路は、ＩＧＮ線が南に向きを変える、Ｂ点まで、北西に向けて向きを変えて、ＩＧＮ線をたどる。その地点で、国境線の経路は、ＩＧＮ線を離れ、Ｃ点まで、直線で真西に続き、それから、Ｉ点まで子午線に沿って南に延びることを決定する。

(5) 全員一致で、

この最後の地点から、北緯一二度三六分一九・二秒、東経〇一度五二分〇六・九秒の、ボトゥ・カーブの始まりが位置する地点まで、国境線の経路は直線の形態をとることを決定する。

(6) 全員一致で、

二〇〇九年二月二四日の特別の合意の第七条第四項に従って、三名の専門家を、命令によって、後日指名することを決定する。

三　研　究

1．本件は、判決の全ての点において、紛争当事国の特任裁判官を含めての全員一致で判断が下されている。このようなことは、珍しい。

フランス領西アフリカに属していた植民地が、独立後にその国境をめぐって争った事件は、一九八六年一二月二二日に国際司法裁判所が判決を下した、ブルキナファソとマリ共和国との国境紛争事件である。フランス植民地を巡るウティ・ポシデティス原則とか植民地統治の実効的行為などの論点は、この国境紛争事件で論じられ裁判所が一定の見解を示している。(2) そのため独立する前はフランス領西アフリカであった本件当事国、しかも一国は同じでもう一国も隣国は、裁判所が既に見解を示していることを争点とはしなかったと思われる。さらに、この国境紛争事件で裁判所が国境線画定に使用した基準、つまり裁判所が両国の国境を画定するために「フランスの統治から引き継がれた境界線、すなわち独立の時点で存在した境界線を確定する」ことを行い、その参考としてフランス国土地理院発行の二〇万分の一の地図（ＩＧＮ地図）を用いたことが、本件当事国間の自主的な国境画定作業にも反映されていた。つまり、両当事国が国際司法裁判所に付託する前に、合意して国境画定作業を行ったのであるが、その合意が結ばれたのがブルキナファソとマリの「国境紛争事件」の判決が下った後の一九八七年であり、その合意の中で本件当事国は、画定の基準になるものとして一九二七年の命令書とそれが不十分な場合にはＩＧＮ地図に基づくことに合意した。ただ、一部区域においては、両国の見解が一致せず国境線を画定できないままであったのである。いわば、技術的な問題だけであったため、特任裁判官も意見を異にすることがなかったのだと思われる。

2．両当事国は、特別の合意において、またその最終申立においていずれも国境画定作業を支援する三名の専門家を任命することを要請し、裁判所も判決で後日、命令によって任命することを決定した。これも一九八六年の国境紛争事件と同様である。

二　専門家の任命

命令日　二〇一三年七月一二日

一　事実

両当事国は、両国間の国境線の未確定区域についての紛争を国際司法裁判所に付託する特別の合意を二〇〇九年二月九日に署名した。その特別の合意の第七条四項において、当事国は、裁判所に対し紛争地区における国境線の画定に必要とされる、当事国を支援する三名の専門家を、その判決において指名することを要請した。また両当事国は、審問において発表された最終申立においてこの要請をくり返し表明した。そこで裁判所は、二〇一三年四月一六日の判決において、国境画定作業を支援する三名の専門家を後日指名することを決定した。

その決定を受けて、裁判所は、両当事国の見解を聴取したのち、二〇一三年七月一二日に以下の命令を下した。

二　命　令

当事国は、裁判所が、裁判所規程第五〇条の意味での専門的な意見を命ずるのではなく、専門家三名を指名するという特別の合意が裁判所に与えた権限を行使することを裁判所に要請している。規程には、裁判所が下した判決を履行することでその紛争の最終的な解決を達成することを当事国に可能にするというまさにその目的のため、裁判所がこの権限を行使することを妨げる規定はなにもないし、過去においても裁判所はそのような権限を行使してきた（国境紛争事件、（ブルキナファソおよびマリ）、専門家の指名、一九八七年四月九日命令、*I.C.J.Reports 1987, p.7*）。

主文

一　裁判所は、紛争地区の国境画定作業において当事国を支援する以下の三名の専門家を、特別合意の第七条四項に従って、指名する。

フランス国籍の、ジェラール・コスケー（Gérard Cosquer ）氏、国家上級測量技師；

ベルギー国籍の、リック・ギイス（Luc Ghys）氏、測量士および測地、地図作成ならびに地形コンサルタント；

フランス国籍の、シリル・ロミィユー（Cyril Romieu）氏、地形および測地測量士、測地および地形コンサルタント；

二　裁判所長に、この三名の専門家に欠員が生じた場合には、画定を実行または完了するため代わりの者を任命する権限を与える。

注

1　国際司法裁判所規程は、第五〇条と第五一条で次のように規定している。

第五〇条：裁判所は、その選択に従って、個人、団体、官公庁、委員会その他の機関に、取調を行うこと又は鑑定をすること
をいつでも嘱託することができる。

第五一条：弁論中は、関係のある質問は、第三〇条に掲げる手続規則中に裁判所が定める条件に基づいて、証人及び鑑定人に
対して行われる。

日本政府は、この規定の公定訳で expert（s）の訳に鑑定（人）を用いている。

本件事例では、「当事国は、裁判所が、裁判所規程第五〇条の意味での専門的な意見を命ずるのではなく、専門家三名を指名するという特別の合意が裁判所に与えた権限を行使することを裁判所に要請している」という要請に応じて、当事国のために専門家を指名するとして命令を発している。したがって、expert（s）を鑑定人と訳した場合、裁判所のために意見を提出する人を指名したと誤解されることを避けるために、当事国のために意見を提出する expert（s）の指名を区別するために、「鑑定人」ではなく「専門家」を訳語として用いている。

2　東　壽太郎、「国境紛争事件」、『国際司法裁判所―判決と意見』第二巻（一九六四―九三年）（国際書院、一九九六年）三一三―三二四頁参照。

（山村　恒雄）

第一二節　除草剤空中散布事件

当事国　エクアドル対コロンビア
命令日　二〇一三年九月一三日

取り下げ命令

事件概要　エクアドルは、隣国コロンビアによる両国国境周辺での有毒な除草剤の空中散布が、エクアドル国内に重大な損害を引き起こしているとして、コロンビアに対し、同国の国際違法行為により生じた損害の賠償、エクアドル国内への除草剤の堆積の防止および国境付近での空中散布の停止を求めて、二〇〇八年三月に国際司法裁判所に提訴した。二〇一三年九月、「コロンビアに対するエクアドルの請求のすべてを、完全かつ最終的に解決する」ための合意が両国間に成立し、エクアドルが本件訴訟手続の取り下げを申し立てたため、裁判所は命令により、事件を付託事件リストから削除した。

一　事　実

コロンビア共和国（以下、コロンビア）では、麻薬の原料となるコカやケシが世界有数の規模で栽培されており、同国は、これらの違法な麻薬作物を根絶するための政策を展開してきた。しかし、人手による麻薬作物の根絶対策は、襲撃を受けしばしば死傷者が発生する極めて危険なものであった。そのため、同国は、グリホサートという除草剤を航空機により空中散布する方策を採用した。空中散布は、広い範囲に栽培されている麻薬作物の撲滅に有効な方法であり、コロンビアは、二〇〇〇年以降、隣国エクアドル共和国（以下、エクアドル）との国境に近接した自国地域において麻薬作物に対する空中散布を実施した。

これに対して、エクアドルは、コロンビアによる国境付近での空中散布により、有害な除草剤が自国内に流入し、それにより、発熱、下痢、腸内出血、吐き気、皮膚および目の傷害などの人の健康被害、人の死亡、農作物の減収被害、ならびに、鳥獣や魚類への被害が引き起こされ、空中散布に伴いエクアドル領空が侵犯され、地域住民が居住地の移転を余儀なくされたほか、人体や生態系への種々のリスクが存在するなどと主張して、コロンビアに対し空中散布の中止を求めたが、コロンビアはその要請を受け入れなかった。この問題はその後、両国間で交渉や合同科学技術委員会を通じて解決が試みられたが、決着には至らなかった。

二〇〇八年三月三一日、エクアドルは、コロンビアを相手取り、コロンビアによるこの両国国境周辺での有害な除草剤の空中散布をめぐる紛争に関して、国際司法裁判所に訴えを提起した。エクアドルは、裁判所の管轄権の基礎を一九四八年のボゴタ条約第三一条および一九八八年の麻薬及び向精神薬の不正取引の防止に関する国際連合条約第三二条に求めた。

訴状においてエクアドルは、自国との国境に近接する区域、国境区域および国境を跨ぐ区域での、コロンビアによる有毒な除草剤の空中散布が、国境のエクアドル側の住民、農作物、動物および自然環境に対して、重大な損害をすでに引き起こし、かつ、時間とともにさらなる損害の深刻なリスクをもたらしていると主張し、コロンビアが、除草剤の空中散布により、慣習国際法上および条約上のエクアドルの権利を侵害した、また、発生した侵害やそのおそれのある侵害は不可逆な結果を含むものであり、コロンビアは防止および予防の義務に違反したとして、裁判所に次のように判決し宣言するよう求めた。
(A) コロンビアは、人の健康、財産および環境に対する損害を引き起こす有害な除草剤を、エクアドルの領域に堆積させまたはそれを許容することにより、国際法上の義務に違反した。
(B) コロンビアは、エクアドルに、空中散布を含む除草剤の使用という国際違法行為に起因する損失または損害、とりわけ、(i)人の死亡・健康被害、(ii)人の財産・生活・人権上の損失・損害、(iii)環境損害・天然資源の消失、および(iv)公衆衛生・人権・環境への将来のリスクの監視と評価の費用等を賠償し(indemnify)なければならない。

(C) コロンビアは、(i)エクアドルの主権および領域保全を尊重し、(ii)エクアドルの領域に堆積するような方法で、有害な除草剤を使用することを防止するあらゆる必要な措置を直ちにとり、(iii)エクアドル国内または同国との国境もしくはその近接区域において、除草剤を空中散布の方法で使用することを禁止しなければならない。

エクアドルの申述書およびコロンビアの答弁書は、それぞれ提出期限と定められた二〇〇九年四月二九日および二〇一〇年三月二九日までに提出された。エクアドルの抗弁書は、提出期限である二〇一一年一月三一日までに、また、コロンビアの再抗弁書も、提出期限とされた二〇一二年二月一日までに、それぞれ提出された。

二　命　令

二〇一三年九月九日付で、「コロンビアに対するエクアドルの請求のすべてを、完全かつ最終的に解決する」両当事国間の合意が成立した。エクアドルは、九月一二日付の書簡により、裁判所規則第八九条とこの合意に言及しつつ、本件訴訟手続の取り下げを希望することを裁判所に通告した。

同書簡の写しが直ちにコロンビアに送付され、取り下げに異議のある場合には裁判所に通知するよう求められた。コロンビアは九月一二日付の書簡によって、裁判所規則第八九条二項に従い、エクアドルにより求められた本件の取り下げに異議を唱えないことを、裁判所に通知した。

両当事国からの書簡によれば、二〇一三年九月九日の合意は、コロンビアが空中散布作業を実施することのない立ち入り禁止区域を創設し、当該区域外での散布作業がエクアドルへの除草剤の流入を引き起こさないよう確保するための合同委員会を設置し、また、そうしたことを引き起こさない限りにおいて、この区域の幅を漸進的に縮小するためのメカニズムを備えることとされていた。加えて、この合意は、コロンビアの散布計画の作業上の条件

(operational parameters) を示すとともに、その点に関する情報交換の継続についての両政府の了解を記録するとともに、また、紛争解決のメカニズムを創設するものであった。

国際司法裁判所長は、以上の経緯を踏まえて、裁判所規程第四八条および裁判所規則第八九条二項、三項を考慮し、二〇〇八年三月三一日に提出されたエクアドル共和国の訴状により開始された訴訟手続きが、同国によって取り下げられることを記録し、本件を付託事件リストから削除することを命じた。

三 研究

本件に適用された国際司法裁判所規則第八九条は、訴状により提起された訴訟(一方的提訴)について、提訴国による訴えの取り下げを認めている。同条二項によれば、被告国が手続きにおいて何らかの措置をとっている場合には、取り下げは、被告国に異議のないことを条件に認められる。本件では、被告国コロンビアはすでに答弁書および再抗弁書を提出していたため、裁判所はコロンビアに異議がないことを確認したうえで、訴えの取り下げを認めた。同条三項は、裁判所が開廷していないときには、同条に基づく裁判所の権限は、裁判所長が行使できると定めており、本件はこの規定に基づいて、裁判所長が付託事件リストから事件の削除を命じたものであると理解される。

本件の訴えの取り下げの決定的な要因は、エクアドルとコロンビアの間で合意が成立したことである。両国の合意は、命令から窺うことのできる限りでは、過去に生じた損害に対する責任には言及していないようであるが、空中散布による除草剤のエクアドルへの流入を防ぐための種々の措置を設けている。合意の定める措置は、エクアドルの求めた、同国の主権と領域保全の尊重、除草剤の流入を防止するあらゆる必要な措置の採用、および、国境近接区域における空中散布の停止といった点を相当程度満たしている。そのことからすると、この合意により、両国間の本件紛争は解決の方向を得たものとみることができるであろう。

本件事案が両国によって、除草剤の越境流入によりエクアドルに有形的損害が引き起こされる蓋然性が高い、すなわち、損害発生との因果関係が肯定されうるものととらえられたとするならば、両国のこの合意は、除草剤の越境流入による他国の環境への損害の発生を回避するという内容を持つものと評価できる。そうすると、この合意および訴訟の取り下げは、トレイル溶鉱所仲裁裁判判決以降、領域使用の管理責任として慣習法上生成してきた、他国の環境に重大な損害を引き起こさない義務（越境損害防止義務）、言い換えるならば、ガブチーコヴォ・ナジマロシュ計画事件判決および核兵器による威嚇または使用の合法性に関する勧告的意見において、裁判所によって、環境に関する国際法の一部であると位置づけられているストックホルム宣言原則二一を踏まえている、あるいはそれらを強く意識しているものと理解することができる。

越境環境侵害は従来、おおむね産業公害がその原因をなしてきたが、本件ではそれとは異なり、違法な麻薬栽培の根絶を図ろうとする対策が越境環境侵害の原因となっている点に、事案上の特色がある。

（一之瀬　高博）

参考文献

杉原高嶺『国際司法裁判制度』（有斐閣、一九九六年）一九八―二〇一頁。

第一三節　サンファン川沿いのコスタリカでの道路の建設に関する事件

当事国　ニカラグア対コスタリカ

コスタリカとニカラグアとの間の二つの事件の概要　ニカラグアとコスタリカの国境地帯にはサンファン川が流れており、同河川の右岸の一部は両国の国境を形成している。同河川を巡っては両国の間でこれまでも争いがあった（たとえば「航行権及び関連する権利に関する紛争事件」（『国際司法裁判所—判決と意見』第四巻（二〇〇五—一〇年）第一部　第一八節）。

同河川を含む両国の国境地帯での紛争について、二〇一〇年一一月一八日に、コスタリカは、ニカラグアを相手方として「国境地域においてニカラグアによって実施されたある種の活動に関する事件（コスタリカ対ニカラグア）」（以下ある種の活動事件）について裁判所に提訴した。

裁判所は、二〇一一年三月八日にある種の活動事件について仮保全措置命令を発出した（『本書』第一部　第一節　一　仮保全措置の指示の要請　二〇〜三五頁）。二〇一二年八月六日にニカラグアは、ある種の活動事件について反訴を提起した。二〇一三年五月二三日に、コスタリカは、二〇一一年三月八日付の仮保全措置命令の修正を要請し、二〇一三年七月一六日に裁判所はこれを認めず、同仮保全措置を再確認した（『本書』　第一部　第一節　三　仮保全措置命令の修正の要請　四四〜五一頁）。

二〇一一年一二月二二日にニカラグアは、コスタリカを相手方として、「サンファン川沿いのコスタリカでの道路の建設に関する事件（ニカラグア対コスタリカ）」（以下道路建設に関する事件）について裁判所に提訴した。

両事件について、二〇一三年四月一七日に裁判所はある種の活動事件と道路建設に関する事件を併合した（本節

	ある種の活動事件（コスタリカ対ニカラグア）		道路建設に関する事件（ニカラグア対コスタリカ）	
	コスタリカ	ニカラグア	ニカラグア	コスタリカ
2010/11/18	提訴および仮保全措置の指示要請			
2011/03/08	仮保全措置命令（第一節　一）			
2011/12/22			提訴	
2012/08/06		反訴		
2012/12/19			併合命令の要請	
2013/04/17	併合命令（第一三節　一）			
2013/04/18	反訴に関する命令（第一節　二）			
2013/05/23	2011年3月8日付仮保全措置命令の修正要請			
2013/07/16	仮保全措置命令の修正要請に関する命令（第一節　三）			
2013/09/24	新たな仮保全措置の指示要請			
2013/10/11			仮保全措置の指示要請	
2013/11/22	新たな仮保全措置の指示の要請に関する命令（第一節　四）			
2013/12/13			仮保全措置の指示要請に関する命令（第一三節　二）	
2015/12/16	本案に関する判決（第一三節　三）			

表１　ある種の活動事件と道路建設に関する事件の関係（著者作成）

一　併合命令　二九五～三〇〇頁）。

裁判所が両事件を併合したのちも、それぞれの事件の文脈において訴訟上のやり取りがなされた。ある種の活動事件について、二〇一三年四月一八日の命令によって、裁判所は、ニカラグアの反訴の受理可能性について反訴を認めないと判示した（『本書』　第一部　第一節　二　反訴に関する命令　三三五～四四頁）。ニカラグアが係争地域において新たに二つのカニョを建設したため（コスタリカは「人工の運河」であるとし、ニカラグアは「天然水路」であるとしているものについて、両国は本裁判手続において「カニョ」と呼称することに同意した。）、二〇一三年九月二四日にコスタリカによって仮保全措置の指示の要請がなされ、二〇一三年一一月二二日に裁判所はカニョの埋め戻しを含む仮保全措置命令を発出した（『本書』　第一部　第一節　四　新たな仮保全措置の指示の要請　五一～六〇頁）。

道路建設に関する事件については、二〇一三年一二月一三日に仮保全措置の指示の要請について緊急性がないとしてこれを認めなかった（本節　二　仮保全措置の指示の要請　三〇〇～三〇六頁）。

二〇一五年一二月一六日に両事件を併合した判決が下された（本節　三　本案に関する判決　三〇六～三三七頁）。

両事件の関係を表1に示す。

一　併合命令

命令日　二〇一三年四月一七日

事件概要　裁判所は、「サンファン川沿いのコスタリカでの道路の建設に関する事件（ニカラグア対コスタリカ）」と「国境地域においてニカラグアによって実施されたある種の活動に関する事件（コスタリカ対ニカラグア）」について、両事件の関連を認め、両事件を併合することが良き司法運用の原則に合致し、訴訟経済の必要性に合致するとして、二〇一三年四月一七日付の命令によって両事件を併合した。

一 事実

コスタリカ共和国（以下コスタリカ）とニカラグア共和国（以下ニカラグア）の間にはサンファン川があり、ニカラグア湖からカリブ海に至っている。その右岸（コスタリカ側）の一部は両国の国境となっている。ニカラグアとコスタリカの間では、同河川について、本裁判所において既に争われてきている（たとえば「航行権および関連する権利に関する紛争事件（コスタリカ対ニカラグア）」『国際司法裁判所―判決と意見』第四巻第一部（二〇〇五―一〇年）第一八節を参照）。本併合命令は、同河川に関係する事件のうち「国境地域においてニカラグアによって実施されたある種の活動に関する事件（コスタリカ対ニカラグア）」（以下ある種の活動事件）と「サンファン川沿いのコスタリカでの道路の建設に関する事件（ニカラグア対コスタリカ）」（以下道路建設に関する事件）に関係する。

ある種の活動事件は、二〇一〇年一一月一八日にコスタリカがニカラグアを訴訟の相手方として提訴したものであり、コスタリカの主張によれば、同事件はニカラグアの陸軍によるコスタリカ領土への侵入、占拠および利用に関係する。特にコスタリカの領土を横断する運河の建設とサンファン川での浚渫作業との関係で、ニカラグアがコスタリカの領土を占拠したという主張である（paras. 2-3）。

これに対して、道路建設に関する事件は、二〇一一年一二月二二日にニカラグアがコスタリカを訴訟の相手方として提訴したものであり、コスタリカがサンファン川に沿った二国の国境地域において行った、重大な環境上の帰結をともなう道路建設に関するものである（para. 1）。

本件では、この二つの事件の併合を行うことが、それぞれの訴訟手続において、別個の命令として発出された。本節では、道路建設に関する事件の命令を扱うが、ある種の活動事件の命令も、その結論とそこに至る根拠はほぼ同一内容である。

両事件の併合に関して、両当事者の見解は異なる。ニカラグアは裁判所に対して、国際司法裁判所規則第四七条に従って、二つの事件の「手続の併合を決定する」ことを求めた。その根拠は、両事件の当事者が同一であり、法と事実の両方の点で両事件が強固に結び付いており、二つの事件を併合できないとする理由は存在しないからというものであった（para. 10）。

これに対してコスタリカは併合に反対し、ニカラグアは本来異なっている二つの事件の併合を事実上求めており、そのような併合がなされることは、時宜にかなっておらず、衡平なものでもないとした。コスタリカの主張の根拠は、①ある種の活動事件が領域主権の行使に関するものであり、それに関する裁判所の判断がなされるまでの間、コスタリカは、その領土の一部に対して主権を行使することは妨げられているのに対して、道路建設に関する事件は紛争の主題が異なること、②二つの事件ではそれぞれ別個の訴訟上のスケジュールが存在するため、手続を併合させてしまうと、領域主権に対する紛争解決の遅延をもたらすこととなり、コスタリカに対する重大な損害となること、③二つの事件で裁判所の裁判官の構成が異なること（para. 9）、④二つの事件はともにサンファン川に関係するものではあるが、地理的に隔てられた地点でありそれらの関係は十分なものではないため、併合を正当化するような、密接な結びつきが存在しないこと、であった（para. 11）。

両当事者はいずれの国籍裁判官も裁判官席にいないため、国際司法裁判所規程第三一条三項に基づき、ニカラグアはギヨームを、コスタリカはジンマをそれぞれ特任裁判官として選任した（para. 6）。

二　命　令

裁判所規則第四七条に基づき、裁判所は事件を併合する権限について広範な裁量を有する。裁判所が併合する権限を行使するにあたっては、同併合は、①良き司法運用（sound administration of justice / bonne administration de la justice）の原則に合致し、②訴訟経済上の必要性に合致するようになされねばならない。さらに併合の決定は、個々の事案の特別な事情に照らしてなされねばならない（para. 12）。

裁判所は以下の理由から両事件の併合を認める。

(1) 二つの事件の当事者は同一であり、両事件ともサンファン川の右岸に沿って両国の国境が引かれている地域に関係していること（para. 13）。

(2) 両事件は、サンファン川の中においてか、同河川に沿うかまたは同河川の近隣で実施された作業に関係する以下の事実に基づいていること。すなわち、①ニカラグアによるサンファン川の浚渫とコスタリカによるサンファン川右岸での道路建設、②これらの作業がもたらす、現地の環境、サンファン川の自由航行、および、同河川へのアクセスへの影響、③サンファン川での堆積作用の危険性についてである（para. 14）。

(3) 両事件において、サンファン川の中およびそれに沿ってなされる作業が、河川の繊細な生態系（同河川の中およびそれに沿った自然保全区域を含む）に対して、有害な環境上の影響を及ぼすことに、両当事者が言及していること（para. 15）。

(4) 両事件において、両当事者は、境界条約、クリーブランド裁定、アレクサンダー裁定およびラムサール条約の違反に依拠したこと（para. 16）。

(5) 裁判所は、両手続を併合することによって、両紛争に共通する事実や法の問題を含めて、当事者が提示する相互に関係し相対立する様々な問題の全体を同時に扱うことができること。両事件を一緒に審理し決定することは顕著な利点を有するのであり、判決の言渡に不当な遅延が生ずるとは考えられないこと（para. 17）。

主文

以上の理由から裁判所は、

一六対一で、道路建設に関する事件とある種の活動事件の手続を併合することを決定する（para. 20）。

賛成　裁判所長トムカ　裁判所次長セプルベダ-アモール　裁判官小和田、エブラヒム、キース、ベヌーナ、スコトニコフ、カンサード・トリンダーデ、ユースフ、グリーンウッド、薛、ドノヒュー、ガジャ、セブティンデ、バンダリ、特任裁判官ギョーム

反対　特任裁判官ジンマ

注記：本命令を受けて、特任裁判官のジンマは裁判官を辞任した（本節　三　本案に関する判決　三一三頁）。なおある種の活動事件の併合命令においては、裁判官の全員一致で併合が判示された。

三　研　究

国際司法裁判所による係争事件の手続の併合はこれまでも行われている（たとえば南西アフリカ事件　併合命令（一九六一年）、北海大陸棚事件　併合命令（一九六八年））。一般に、裁判所によって事件の併合がなされる理由は、効率的に審理を行うことを促進するという訴訟経済上の要請のためであるとされる。

裁判所が複数の事件を併合する権限について、裁判所規則第四七条は「裁判所は、二以上の事件において手続を併合することをいつでも命令することができる。」と明記しており、併合そのものは、裁判所の裁量と考えられる。事件が併合される場合、併合以降の審理手続が併合され、最終的な判決についても一緒に判示される。

しかし併合の効果については、必ずしも明瞭ではない。たとえば、本件で併合が明示された後であっても、仮保全措置等の附随手続の審理が、それぞれ事件毎に個別に要請され、判断された（たとえば本節　二　仮保全措置の指示の要請を参照）。また裁判所が最終的に下した判決も、単一の判決として判示されたが、同判決の中では、事件毎に

別々に判断がなされた（本節　三　本案に関する判決　研究　一を参照）。

二　仮保全措置の指示の要請

命令日　二〇一三年一二月一三日

事件概要　ニカラグアとコスタリカの間にはサンファン川が流れており、同河川の右岸が、両国の国境の一部をなしている。コスタリカは、その右岸一六〇キロメートルにわたり、第一八五六号線道路を建設した。ニカラグアは、この道路建設に由来する土砂がサンファン川に流入していると主張した。同時に仮保全措置の指示を求めたが、裁判所は回復し難い損害が証明されておらず緊急性がないとして、これを認めなかった。

一　事　実

二〇一一年一二月二二日にニカラグアは、コスタリカを相手方として、「サンファン川沿いのコスタリカでの道路の建設に関する事件（ニカラグア対コスタリカ）」（以下道路建設に関する事件）について裁判所に提訴した（para. 1）。二〇一三年四月一七日に裁判所はある種の活動事件と道路建設に関する事件を併合した（para. 4）（本節　一　併合命令を参照）。

二〇一三年一〇月一一日、ニカラグアは、道路建設に関する事件の文脈において、裁判所書記局に対して、仮保全措置の指示の要請を提出した（para. 5）。

ニカラグアは、同要請にあたり、コスタリカが道路作業に関する適切な情報をニカラグアに伝えることを繰り返し拒否しており、環境影響評価を準備しまたは同文書をニカラグアに提供する義務があることを否定していると主張した。ニカラグアによれば、コスタリカは、①必要な情報をニカラグアにいまだ提供しておらず、②河川および周囲の環境（航行を含む）ならびにその両岸に住む住民の健康および福祉に対する回復し難い損害を回避または軽減するために必要な行動を、一六〇キロの道路にわたり、実施していないとした（para. 6）。

ニカラグアは、河川に対するさらなる損害を阻止し紛争の悪化を回避するための緊急の問題として、以下の仮保全措置を命ずることを裁判所に求めた（para. 7）。

(1) コスタリカは、①環境影響評価研究ならびに②河川への顕著な環境損害を軽減するために必要な措置に関するあらゆる技術的報告書および評価を、ニカラグアに対して直ちにかつ無条件に提供すること（第一番目の仮保全措置の要請）。

(2) コスタリカは以下の緊急措置を直ちに実施すること（第二番目の仮保全措置の要請）。

(a) 道路が急斜面と交差する場所で、道路の盛土の崩落による陥没および地滑りの割合と頻度を減ずること。特に、崩落しまたは浸食された土壌物質が、サンファン川にこれまで流送されたことがあるかまたは潜在的に流送される可能性がある場所において減ずること。

(b) 第一八五六号線道路（Route 1856）に沿って、道路を横切るすべての水路において、将来の浸食および土砂の流送の危険を排除するか顕著に減ずること

(c) 集中している道路排水の分散および道路排水のための構造物の全体数量および設置頻度の増加による改善によって、道路の表層の浸食および土砂の流送を直ちに減ずること

(d) この数年の開拓・整地・建設活動の期間中、露出した土壌地域からの表層の浸食およびその結果生じた土砂の流送を抑制すること

(3) コスタリカに対して、裁判所が本件を扱っている間、道路の建設活動を再開しないように命ずること（第三番目の仮保全措置の要請）

これに対してコスタリカは、回復し難い損害の危険の存在をニカラグアが十分に証明していないこと等を理由に、仮保全措置の指示の要請を退けるように求めた（paras. 11, 30-33）。

二　命　令

1　一応の管轄権

裁判所は、請求訴状が依拠している規定が、裁判所の管轄権を肯定する基礎を提供するものと、一応（prima facie）推定される場合にのみ、仮保全措置を発することができる。しかし、ここで必要とされる管轄権の推定の程度は、本案として管轄権が認められるために必要とされる決定的な程度までは必要とされない（para. 12）。

ニカラグアは、本件における裁判所の管轄を、①一九四八年四月三〇日にボゴタで署名された平和的解決に関する米州条約（ボゴタ条約）第三一条、②国際司法裁判所規程第三六条二項に基づいて一九七三年二月二〇日にコスタリカが行った宣言、および、③常設国際司法裁判所規程第三六条に基づきニカラグアが一九二九年九月二四日に行った宣言（二〇〇一年一〇月二三日に修正）で、本裁判所規程第三六条五項に従って、現在でも効力を有する期間について本裁判所の強制的管轄権を受諾したものと考えられるものに基礎づけると主張した（para. 13）。

裁判所は、上記の文書が、管轄権の基礎を一応提供するものとみなす。さらにコスタリカが管轄権に対する先決的抗弁を行わなかったことを指摘し、裁判所は仮保全措置の指示の要請を以下検討する（para. 14）。

2　保護を求める権利と要請された措置

(1)　仮保全措置によって保護を求める権利の妥当性

裁判所が仮保全措置を命ずる権限を行使することができるのは、仮保全措置を要請する国家が主張する権利が、少なくとも妥当である（plausible）場合に限られる（para. 15）。

この妥当性の判断にあたっては、事件の本案において裁判所手続の主題となる権利と、求める仮保全措置との間に関連（link）が存在しなければならない（para. 16）。

ニカラグアの主張では、同国が保護しようとしている権利は、①領域主権および領土保全の権利、②越境損害から免れる権利、③コスタリカから越境環境影響評価を受領する権利とされた（para. 17）。

裁判所は、越境損害から免れる権利が、ニカラグアの要請を支える主要な権利であり、妥当であるとする（para. 19）。

(2)　保護を求める権利と仮保全措置との関連

次に裁判所は、①要請された仮保全措置が主張された権利と関連が存在するか、②仮保全措置を認めることで、本件の本案についてあらかじめ判断してしまわないか、という問題を扱う（para. 20）。

ニカラグアが請求した第一番目の仮保全措置は、環境影響評価研究ならびにサンファン川への環境損害の軽減に必要な措置に関する技術的な報告書および評価を、コスタリカが「直ちにかつ無条件に」提供することであった（para. 21）。

本要請は、本件請求訴状および申述書の最後に含まれるニカラグアの本案の請求と同一であるため、もし裁判所が訴訟の現段階で第一番目の仮保全措置について決定すると、本件の本案に関する裁判所の決定をあらかじめ判断してしまうこととなる（para. 21）。

ニカラグアによって要請された第二番目の仮保全措置は、コスタリカが、多くの緊急措置を速やかに実施するというものであり、それらの措置の目的は、道路建設の結果生ずる浸食・地滑り・土砂の流送を減ずるか排除するためであった。これら浸食・地滑り・土砂の流送が、ニカラグアが主張した「越境損害から免れる権利」に影響する可能性があるため、ニカラグアの主張した権利と、求められた第二番目の仮保全措置には関連が存在する（para. 22）。

ニカラグアが求めた第三番目の仮保全措置は、裁判所が本件を扱っている間、コスタリカが道路の建設活動を再開しないことであった。この点について、万が一コスタリカの建設活動が継続すれば、ニカラグアの「越境損害から免れる権利」は、一層影響を受ける可能性がある。それゆえニカラグアが請求した権利と第三番目の仮保全措置との間には関連が存在する（para. 23）。

3　回復し難い損害の危険および緊急性

(1)　回復し難い損害の危険および緊急性の要件

本裁判手続の主題である権利に回復し難い損害が生ずる場合、裁判所は、規程第四一条に従って、仮保全措置を指示する権限を有する（para. 24）。

裁判所が仮保全措置を指示する権限を行使できるのは、裁判所が最終的な決定を下すよりも以前の段階で、当事者間で争われている権利について回復し難い損害が生ずる現実かつ切迫した危険が存在するという意味で、緊急性が存在する場合に限られる。それゆえ裁判所は、そのような危険が果たして存在するかを検討しなければならない（para. 25）。

(2)　回復し難い損害の危険および緊急性の判断

提示された証拠に基づき、現在進行中の建設作業によって河川中に流れ込む土砂量が実質的に増加したことをニカラグアは証明していない。すなわち、①仮にニカラグアの専門家（鑑定人）（expert）が示した数字に従っても、建設作業は、サンファン川の全土砂量の一〜二％を占めるだけであり、サンファン川下流域では二〜三％にすぎない。これは極めて僅かな部分であり、直近の未来において河川に重大な影響を与えることはない。②ニカラグアから提出された写真およびビデオの証拠は、堆積作用のレベルが増加したというニカラグアの主張を何ら実証するものではない。③道路の建設に由来する土砂の増加分によって生じたと主張された、河道の河床堆積による河川への長期的影響の証拠が提示されていない。④河川の湿地に生息する個々の生物種を含むエコシステムへの効果について、道路作業がどのように当該生物種を危険にさらすこととなるのか説明されておらず、いずれの生物種が影響されやすいか正確に明らかにしていない（para. 34）。

以上の見解から、裁判所は、ニカラグアが援用した権利に対して、回復し難い損害という現実かつ切迫した危険が存在することをニカラグアが証明していないと認定する（para. 35）。

それゆえ裁判所の結論は、ニカラグアによる仮保全措置の指示の要請は、支持し得ない（para. 36）。

主文

以上の理由から、裁判所は、

全員一致で、当事者が現段階で裁判所に提示した状況は、規程第四一条に基づいて仮保全措置を指示する裁判所の権限を行使することが必要される程度のものではないと判示する（para. 39）。

賛成　裁判所長トムカ　裁判所次長セプルベダ-アモール　裁判官小和田、エブラヒム、キース、ベヌーナ、スコトニコフ、カンサード・トリンダーデ、ユースフ、グリーンウッド、薛、ドノヒュー、ガジャ、セブティンデ、バンダリ、特任裁判官ギョーム、デュガード

三　研　究

国際司法裁判所の規程および規則によれば、裁判手続中に紛争当事国は仮保全措置（暫定措置）を要請することができ、裁判所が必要を認めればこれを指示できる（規程第四一条、規則第七三―七八条）。一般に仮保全措置の要件

は、①裁判所の管轄が一応（prima facie）推定され、管轄権の存在が蓋然性を有すること、②要請された仮保全措置の内容と請求主題である権利との間に関連が存在すること、③当事者の「回復し難い損害」を回避するために行われるという意味で緊急性を理由とすること、とされる。

本件において、ニカラグアは仮保全措置を求めたが、裁判所は、①管轄権の基礎が一応提示されたとし（para. 14）、②措置を求める根拠となる権利の存在と、当該権利を保護するための措置の内容の関連については認めたもの（paras. 21-23）、③回復し難い損害が発生するという現実かつ切迫した危険が存在するという意味での緊急性が存在しないとし（para. 35）、ニカラグアによる仮保全措置の要請を認めなかった（para. 36, 判決主文）。本件の事実に照らせば、緊急性に欠けるとの裁判所の判断は妥当だと考えてよかろう。

三　本案に関する判決

判決日　二〇一五年一二月一六日

事件概要　ニカラグアとコスタリカの国境地帯にはサンファン川が流れており、同河川の右岸の一部は両国の国境を形成している。同河川の河口部には、両国の係争地域となっているイスラ・ポルティリョスと呼ばれる湿地帯があり、ニカラグアは、当該地域でカニョを掘削・占拠し、さらにサンファン川下流域でも浚渫作業を行った。これに対してコスタリカは、環境影響評価をあらかじめ行うことなく、サンファン川に沿った自国領土内で道路を建設した。

裁判所は、①係争地域がコスタリカに帰属すること、②ニカラグアがコスタリカの領域主権を含む諸権利を侵害していること、③コスタリカは環境影響評価を実施しておらず一般国際法に違反したことを判示した。

なお、本判決は、二〇一三年四月一七日の併合命令により「国境地区においてニカラグアによって実施されたある種の活動事件」（本書　第一部　第一節を参照）と併合されたため、両事件に関する共通の判決である。

一　事実

1　地形

サンファン川は全長約二〇五キロメートルであり、ニカラグア湖からカリブ海に至る。同河川は、デルタ・コロラド（またはデルタ・コスタリカ）として知られる地点で、二つの支流に分かれる。この二つの支流のうちサンファン川下流域は、北方に位置する支流であり、同河川の右岸がコスタリカとニカラグアとの境界を構成している。デルタ・コロラドから約三〇キロメートルほど下流のサンファン・デ・ニカラグアの町の近くでカリブ海に注ぐ。もう一つの支流のコロラド川は、南方に位置する支流であり、河川全体がコスタリカ領に属し、サンファン川下流域の河口よりも約二〇キロメートル南東にあるバラ・デ・コロラドにおいてカリブ海に注ぐ。現在サンファン川の水量の約九〇パーセントはコロラド川に流入しており、残りの一〇パーセントがサンファン川下流域に流入している（para. 56）。

コロラド川とサンファン川下流域の間に位置する地域は、イスラ・カレロと呼ばれ約一五〇平方キロメートルである。同島の中にある旧タウラ川の北方には、コスタリカではイスラ・ポルティリョスとして知られ、ニカラグアではハーバー・ヘッドとして知られている地域がある（約一七平方キロメートル）。イスラ・ポルティリョスの北方には、潟があり、コスタリカはこれをラグナ・ロス・ポルティージョと呼び、ニカラグアはハーバー・ヘッド・ラグーンと呼んでいる。この潟は、現在、砂洲によってカリブ海とは分離されている（para. 57）。

イスラ・カレロは、ラムサール条約に基づき国際的重要性を有する湿地としてコスタリカが一九九六年に指定した「北東カリブ湿地」の一部である。そこに直接に隣接するニカラグア側の地域は、サンファン川自体と同河川の左岸（ニカラグア側）に隣接する二キロメートル幅の細長い土地を含む「サンファン川禁漁区」であり、ラムサール条約

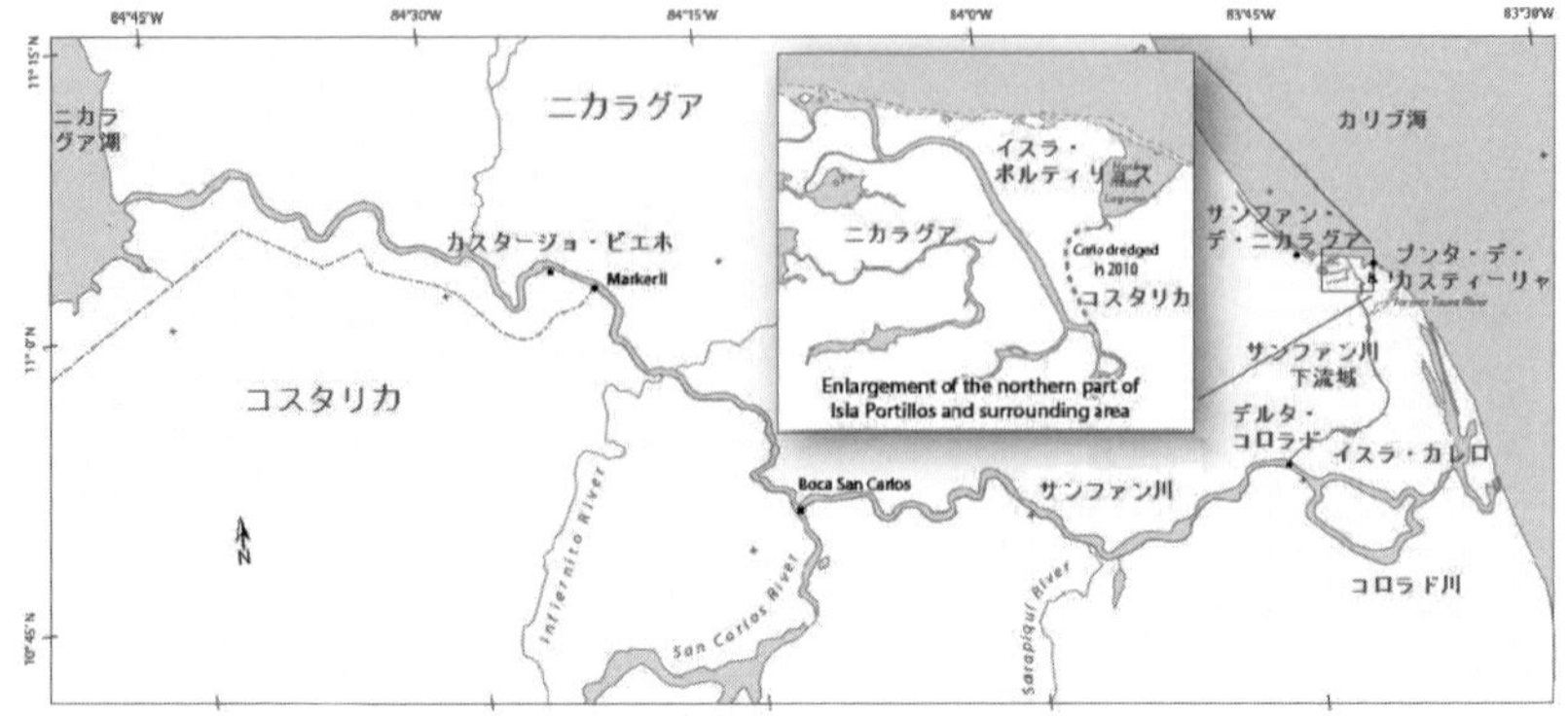

図１　判決に示された地図をもとに著者が修正した

に基づき国際的に重要な湿地として二〇〇一年にニカラグアによって指定された（para. 58）。

2　判決に至るまでの経緯

(1)　境界条約

コスタリカ政府とニカラグア政府の間の紛争については、一八五七年に二国間で敵対行為がなされた後、両国政府は、一八五八年四月一五日に境界条約に署名した。同条約について、コスタリカは一八五八年四月一六日に、ニカラグアは一八五八年四月二六日に、それぞれ批准した（para. 59）。

境界条約は、コスタリカとニカラグアの境界を、太平洋からカリブ海に至るまで定めた（第二条）。また同条約は、ニカラグアに対して同河川の水域に対する同国の「領有権（dominium）」と「統治権（imperium）」を認めたが、同時にコスタリカに対して商業を目的とした河川の航行の権利を認めた（第六条）（para. 59）。

(2)　クリーブランド裁定

境界条約の有効性についてニカラグアは異議を申し立てた。一八八六年一二月二四日にコスタリカとニカラグアは境界条約の有効性の問題を、アメリカの大統領であるグロバー・クリーブランドに対して仲裁のために付託することに同意する文書に署名した。さらに、もし境界条約が有効であるのなら、紛争の当事者が条約中に見いだした解釈上の疑問点をクリーブランド大統領が決定することに両国は同意した（para. 60）。

一八八八年のクリーブランド裁定は、①境界条約の有効性を認め、②二国の大西洋側の境界線について「サンファン・デ・ニカラグアの河口にあるプンタ・デ・カスティーリャの末端を始点とする」とした。またクリーブランド裁定は、①ニカラグアがサンファン川の改修作業を実施する条件、②ニカラグアがサンファン川の水を転流させることをコスタリカが拒否できる条件等についても定めた（para. 60）。

(3) アレクサンダー裁定

一八九六年にコスタリカとニカラグアは国境画定に関するパチェコ・メイタス条約に合意し、本条約に基づき、それぞれ二人の構成員からなる二つの国別の国境画定委員会を設置した（第一条）。さらにパチェコ・メイタス条約は、それらの委員会がアメリカ合衆国大統領によって任命される一人の技術者を含むと規定し、「活動中に生ずるあらゆる相違についても（この者が）決する広範な権限を有し、本裁定が最終決定となる」とした（第二条）。このためにアメリカ合衆国のエドワード・ポーター・アレクサンダー将軍が上記の技術者として任命された。国境画定作業は一八九七年に開始され一九〇〇年に終了したが、アレクサンダー将軍は五つの裁定を下し、これらのうち最初の三つ（アレクサンダー裁定（第一）乃至（第三））は、ある種の活動事件と特に関係を有していた（para. 61）。

(4) 航行権および関連する権利に関する紛争事件

一九八〇年代以降、コスタリカとニカラグアとの間で、境界条約に基づくコスタリカの航行の権利の正確な範囲に関して、意見の相違が生じた。二〇〇五年九月二九日、本紛争について、コスタリカは、ニカラグアとの審理を開始する旨の請求訴状を裁判所に提出した。二〇〇九年七月一三日、裁判所は判決を下し、同判決において、特にコスタリカの航行の権利とサンファン川の航行を規制するニカラグアの権限の範囲を明らかにした（航行権および関連する権利に関する紛争事件（コスタリカ対ニカラグア）判決、*I.C.J. Reports 2009*, p. 213）（『国際司法裁判所―判決と意見』第四巻（二〇〇五―一〇年）第一部　第一八節を参照）（Para. 62）。

(5)　ニカラグアによるイスラ・ポルティリョス等での作業

二〇一〇年一〇月一八日、ニカラグアは、サンファン川の航行性を改善するためにその浚渫を開始した。またニカラグアは、イスラ・ポルティリョスの北部でも運河（両当事者は当該運河を「カニョ（caños）」と呼んでいる）での作業を行った（para. 63）。

コスタリカの主張では、ニカラグアは、コスタリカの領土であるイスラ・ポルティリョスの北部において、人工的に運河を建設したというものであった（para. 63）。

これに対してニカラグアの主張では、ニカラグアは、ニカラグアの領土内の既存のカニョを整備しただけであるとした。またニカラグアは、軍事部隊および他の要員を同地域に派遣した（para. 63）。

さらに二〇一三年にニカラグアは、イスラ・ポルティリョスの別の個所において、二番目および三番目のカニョを掘削した。

(6)　ある種の活動事件

二〇一〇年一一月一八日に、コスタリカは、ニカラグアを相手方として「国境地域においてニカラグアによって実施されたある種の活動に関する事件（コスタリカ対ニカラグア）」（以下ある種の活動事件）（『本書』第一部　第一節　一七～六〇頁）について裁判所に提訴した。同請求訴状において、コスタリカが主張したことは、①コスタリカ領土である「係争地域」をニカラグアが侵略し占拠したこと、②ニカラグアが同地域に運河（カニョ）を敷設したこと、さらに③ニカラグアが国際的義務に違反して、サンファン川の浚渫の作業を行っていることであった（paras. 1, 63）。またコスタリカは、国際司法裁判所規程（以下規程）第四一条に基づき仮保全措置の指示を求める要請を同時に提出した（paras. 3, 63）。

(7) コスタリカによる第一八五六号線道路の建設

二〇一〇年一二月に、コスタリカは、「第一八五六号線フアン＝ラファエル＝モーラ＝ポラス道路（Route 1856 Juan Rafael Mora Porras）」（以下道路）の建設を開始した。計画では本道路の総延長は、一五九．七キロメートルであり、西部のロス・チレスから東部のデルタ・コロラドを越えた地点にまで至った。この道路はニカラグアとの国境に沿ってコスタリカ領土内に建設され、このうち一〇八．二キロメートルについては、サンファン川に沿っている。二〇一一年二月二一日、コスタリカは行政命令を発し、国境地域の緊急事態を宣言した。コスタリカはこれによって、道路建設に先立って行われる環境影響評価の実施の義務が免除されると主張した（para. 64）。

(8) 道路建設に関する事件

二〇一一年一二月二二日にニカラグアは、コスタリカを相手方として、「サンファン川沿いのコスタリカでの道路の建設に関する事件（ニカラグア対コスタリカ）」（以下道路建設に関する事件）について裁判所に提訴した。ニカラグアの請求訴状によれば、①同事件は「ニカラグアの主権の侵害およびその領域への重大な環境損害」に関係しており、②コスタリカが、サンファン川沿いの二国の国境地域において行っている大規模な道路建設作業は、国際法上の義務に違反して環境への重大な影響を及ぼしているとした（paras. 9, 64）。

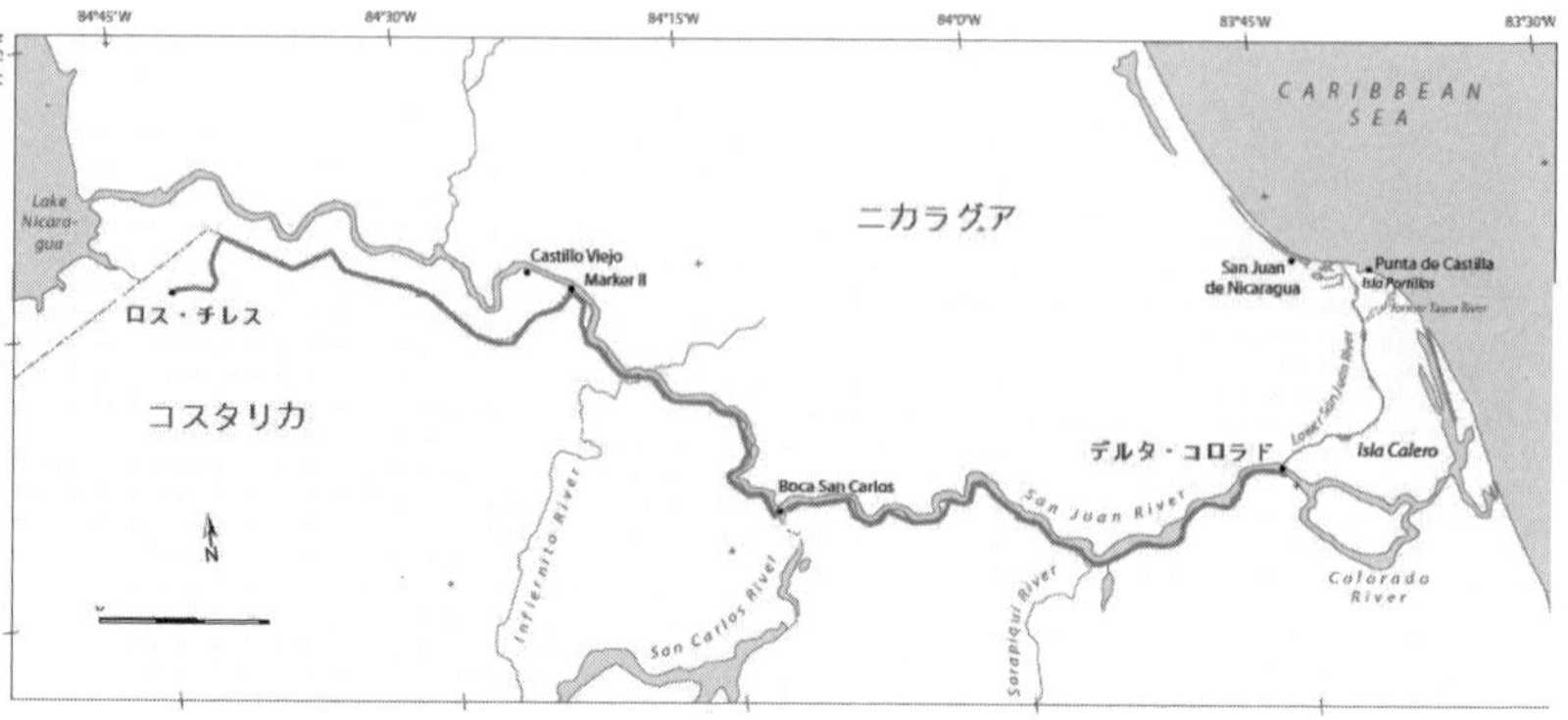

図２　コスタリカが建設した第1856号線道路
（判決に示された地図をもとに著者が修正した）

(9)　事件の併合とその後の経緯

裁判所は、二〇一一年三月八日にある種の活動事件について仮保全措置命令を発出し（『本書』第一部　第一節　一　仮保全措置の指示の要請　二〇～三五頁）、二〇一二年八月六日にニカラグアが反訴した（para. 15）。二〇一三年四月一七日に裁判所はある種の活動事件と道路建設に関する事件を併合した（para. 19）（本節　一　併合命令二九五～三〇〇頁）。

裁判所が両事件を併合したのちも、それぞれの事件の文脈において訴訟上のやり取りがなされた（ある種の活動事件については、『本書』第一部　第一節　二　反訴に関する命令　三五～四四頁、三　仮保全措置命令の修正の要請　四四～五一頁、四　新たな仮保全措置の指示の要請　五一～六〇頁）。道路建設に関する事件の文脈で、二〇一三年一〇月一一日に仮保全措置命令の要請がニカラグアによってなされ（para. 25）、二〇一三年一二月一三日の命令によって、裁判所は仮保全措置の指示の要請を認めなかった（para. 27）（本節　二　仮保全措置の指示の要請　三〇〇～三〇六頁）。

ある種の活動事件の文脈でコスタリカは、請求訴状および申述書においては係争地域でのニカラグアによる国際法上の義務違反の認定を求めていたが（paras. 47, 48）、口頭手続においては係争地域に対する主権がコスタリカに帰属すると裁判所が判断することを求めるようになった

(para. 49)。

併合された事件についての判決は、二〇一五年一二月一六日になされた。

3　裁判官

コスタリカによって道路建設に関する事件の特任裁判官として選任されていたジンマが、上記の手続の併合にともない、二〇一三年四月一七日付の裁判所への通知によって、職を辞任すると伝えた。それゆえニカラグアが選任したギョーム特任裁判官と、コスタリカが選任したデュガード特任裁判官が併合された事件の特任裁判官となった(para. 20)

二　判　決

1　裁判所の管轄

ある種の活動事件について、コスタリカは、その請求訴状において、裁判所の管轄権の根拠として、①平和的解決に関する米州条約（以下ボゴタ条約）第三一条、②規程第三六条二項に基づいてコスタリカが一九七三年二月二〇日に行った宣言、③常設国際司法裁判所規程第三六条に基づいてニカラグアが一九二九年九月二四日に行った宣言（二〇〇一年一〇月二三日に修正）で、現在でも効力を有する期間は本規程第三六条五項に従って本裁判所の強制的管轄権を受諾したものとみなされるものを援用した（paras. 2, 54）。コスタリカの裁判所の管轄権に関する主張に、ニカラグアが異議を申し立てていないことを裁判所は指摘する。裁判所は同紛争に管轄権を有する（para. 54）。

道路建設に関する事件について、ニカラグアは、ボゴタ条約第三一条および上記の受諾宣言を管轄権の基礎として援用した（paras. 2, 10, 55）。ニカラグアの請求を審理する裁判所の管轄権に、コスタリカが異議を申し立てていないことを裁判所は認める。裁判所は同紛争に管轄権を有する（para. 55）。

2　ある種の活動事件に関する論点

A．係争地域に対する主権とその侵害の主張

⑴　コスタリカの主張

ある種の活動事件に関するコスタリカの（二〇一〇年一一月一八日付の請求訴状での）主張は、境界条約によって画定され、パチェコ・メイタス条約に基づく国境画定委員会が特にアレクサンダー裁定（第一）および（第二）において明確化した境界の（コスタリカ側の）内側において、コスタリカの主権および領土保全を尊重する義務に、ニカラグアが違反したことであった。本主張の前提は、二〇一一年三月八日付および二〇一三年一一月二二日付の裁判所命令が定めた「係争地域（disputed territory）」に対する主権が、コスタリカに帰属することであった。コスタリカは最終申立において同係争地域に対する主権が同国に帰属すると裁判所が認定することを求めた（paras. 47, 48, 65）。コスタリカの主張は、ニカラグアが、サンファン川とハーバー・ヘッド・ラグーンとを結ぶように二〇一〇年にカニョを掘削したが、これはコスタリカ領土への隠れた主張のためであるとし、これによって、イスラ・ポルティリョスでのコスタリカの領域主権を、ニカラグアが侵害したとした。コスタリカによれば、このニカラグアによる主権侵害は、①ニカラグアが同地域に軍隊を駐在させたことと、②イスラ・ポルティリョスの北端の近くに二つのカニョを掘削したことによって一層悪化したとされた（para. 66）。

⑵　ニカラグアの主張

ニカラグアは、同国が三つのカニョを浚渫した事実について認めているものの、①ハーバー・ヘッド・ラグーンとサンファン川そのもの（proper）とをつなぐカニョについては、ニカラグアが主権を完全に掌握しており、②同カニョの右岸が陸地の境界を構成し、③同境界内において、ニカラグアの主権および領土保全を尊重する義務をコスタリカは負うとした（para. 68）。

（3）　係争地域の範囲

ニカラグアが係争地域において一定の活動を行っていたことは両国間で争われていない。コスタリカの領域主権の侵害が存在したか否かを確定するためには、いずれの国家が同地域に主権を有するかを決定することが必要である（para. 69）。

仮保全措置に関する二〇一一年三月八日の裁判所命令において、「係争地域」は、「イスラ・ポルティリョスの北部である。すなわち争われているカニョの右岸、カリブ海への河口に至るまでのサンファン川の右岸、およびハーバー・ヘッド・ラグーンの間にある約三平方キロメートルの湿地である」（*I.C.J. Reports 2011(I)*, p. 19, para. 55）（傍点による強調は本著者）とされた（para. 69）。

裁判所は、二〇一一年の裁判所命令が定めた「係争地域」のこの定義をそのまま維持する（para. 69）。

（4）　境界条約

係争地域に対する主張において、両国はともに境界条約、クリーブランド裁定およびアレクサンダー裁定に依拠した（para. 71）。

境界条約第二条は次のように定めた（para. 71）。

「二つの共和国の間の境界線は、北方の海（Northern Sea）から開始され、サンファン・デ・ニカラグア川の河口にあるプンタ・デ・カスティーリャの末端を始点とし、カスティージョ・ビエホより三英マイル（注記：約四八二八メートル）下流の地点まで、サンファン川の右岸に沿って引かれる。」

また境界条約の第六条は以下の通り規定する（para. 133）。

「ニカラグア共和国は、サンファン川の水域について、湖の水源から大西洋の河口に至るまで、排他的な領有権および統治権を有する。しかし、コスタリカ共和国は、サンファン川の河口とカスティージョ・ビエホから三英マイル下流の地点との間の水域における『商業を目的とした[con objetos de comercio]』自由航行の永久の権利を有する。……」

(5) クリーブランド裁定

クリーブランド裁定は以下の通り裁定した（para. 72）。

「コスタリカ共和国とニカラグア共和国の間の大西洋側における境界線は、一八五八年四月一五日現在の（地勢の）通りに、サンファン・デ・ニカラグア川の河口にあるプンタ・デ・カスティーリャの末端を始点とする。……」

(6) アレクサンダー裁定

アレクサンダー裁定（第一）において、境界線は「サンファン川下流域と呼ばれる…支流…に沿うものとし、その入り江（harbor）を経て、海へと抜ける。同境界線の自然な終端は、入り江の入口の右岸の岬である。」とした。さらに、同河川は、（境界）条約全体を通じて、商業の出口（outlet of commerce）として扱われており、「通常の水域の状態（average condition of water）」であれば、航行可能とみなされるとした（para. 73）。

同裁定は、境界の最初の部分について以下の通り引かれるとした。

「……境界線の方向は、カリブ海からハーバー・ヘッド・ラグーンの水域までは、砂嘴を横切って、ちょうど北東と南西となる。境界線は、それに近接して現在位置する小屋から最も近いところで北西側三〇〇フィートを通過する。境界線は、ハーバー・ヘッド・ラグーンの水域に到達したところで、左折すなわち南東方向に曲がり、同ハーバーの水辺に沿って、第一番目の運河を経て、サンファン川そのものに到達するまで引かれる。この運河および河川そのものに到達するまで、境界線は条約において示されたように遡って引かれる。」（傍点による強調は本著者）

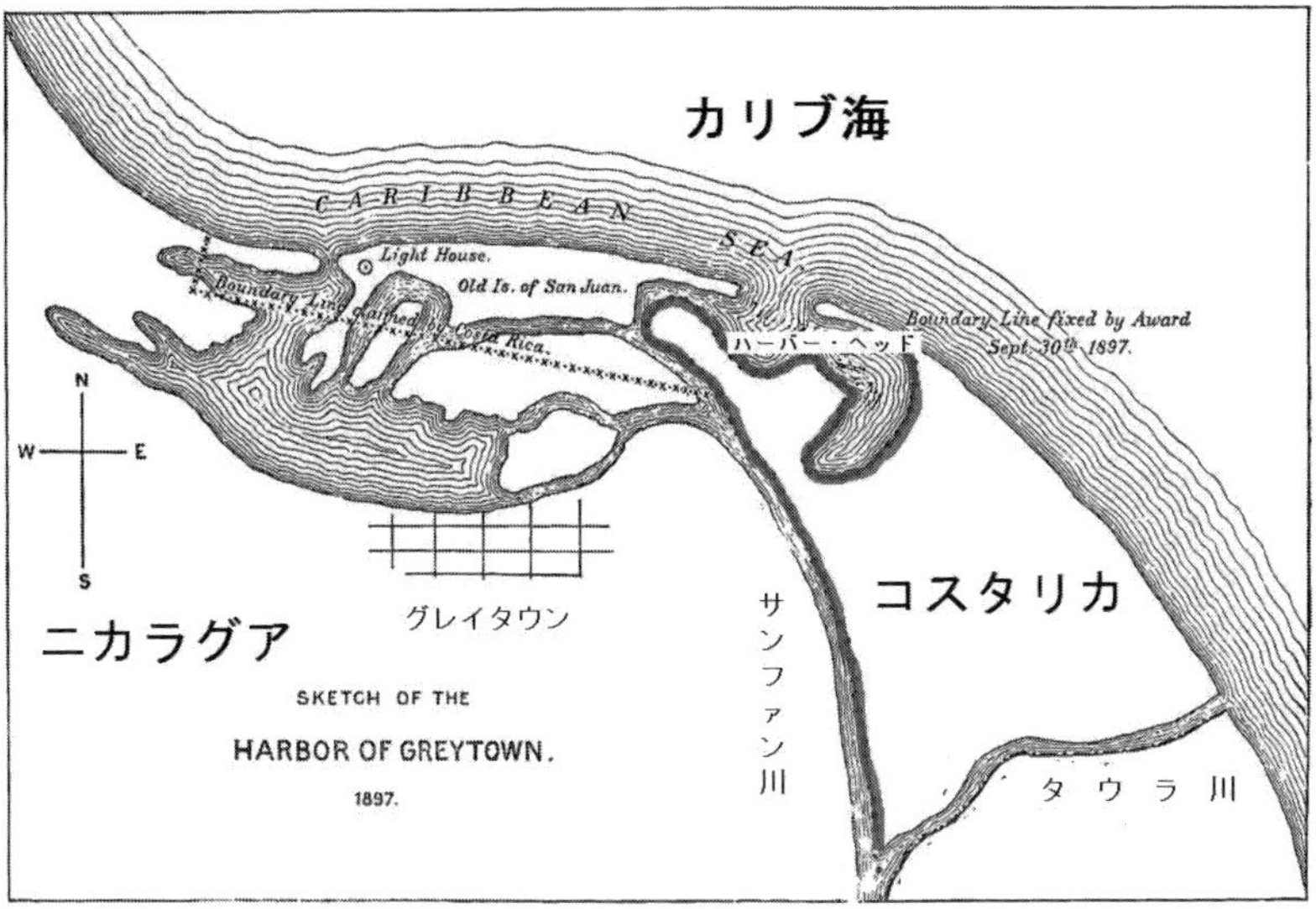

図３　アレクサンダー裁定（第一）に添付された図
判決に示された地図をもとに著者が修正した

仲裁人が「第一番目の運河」と考えたものは、サンファン川下流域の支流であり、当時は、ハーバー・ヘッド・ラグーンへ流入していた（para. 73）。

アレクサンダー裁定（第二）は、サンファン川の川岸が「徐々に拡張したり縮小したりするだけではなく、サンファン川の運河が全体として変更する」可能性があることを予見していた。同裁定は、以下のように認めている（para. 74）。

「将来、今日の境界線は、これらの徐々に発生するかまたは突然に発生するすべての変更から、必然的に影響を受ける。しかし、個々の事案における影響は、事案自体の状況に応じて、適用可能な国際法の原則に従って、事案毎に、決定することができるだけである。

境界線について提案された測定方法と画定は、それらの原則の適用に何ら影響を与えないであろう。」

アレクサンダー裁定（第三）は「水路によって画定された境界は、当該水路の川底が変更した場合、変更する可能性がある。言い換えれば、川底こそ、（境界の）変更に影響するのであり、その両河岸の中・上・または下に存在する水が変更に影響するのではない」と指摘した。さらにアレクサンダー将軍は、以下の通り結論した（para. 75）。

「……一八五八年の境界条約の実践上の解釈においては、サンファン川は、航行可能な河川であるとみなされねばならない。それゆえ本裁定では、二国の管轄権の正確な境界線は、水域が通常の水位にあり、船舶や一般目的のボートが航行可能である、サンファン川の右岸となる。この水位であれば、サンファン川の水域はすべての部分についてニカラグアの管轄権下にある。右岸の土地はすべての部分についてコスタリカの管轄権下にある。」

（傍点による強調は本著者）

(7)「サンファン川の運河の右岸」と「航行可能な商業の出口」の関係

裁判所は、境界条約、クリーブランド大統領およびアレクサンダー将軍の裁定から次の結論を導く。すなわち、境界条約の第二条は、「サンファン川の右岸」を境界と定めたものであるが、同条は第六条の「自由航行の権利」の文脈において解釈されねばならない。境界条約は「通常の水域の状態」にあるサンファン川を「商業の出口」とみなしている。第二条および第六条は一体として、サンファン川の運河が航行可能な「商業の出口」であることを前提として、河川の運河の右岸が境界を形成すると規定した。それゆえ、コスタリカの航行の権利は、右岸に対する主権と結び付けられており、そして同右岸はサンファン川の河口に至るまで明らかにコスタリカに帰属する（para. 76）。

(8) 第一番目の運河とカニョの関係

コスタリカの主張は、①サンファン川の運河でハーバー・ヘッド・ラグーンに流入しているものは現在存在せず、アレクサンダー裁定以来、サンファン川下流域の主要な運河の川底の顕著な移動はなされていない。②カリブ海の河口までの運河の右岸は、コスタリカの主権の下にある。③サンファン川とハーバー・ヘッド・ラグーンとを結ぶために二〇一〇年にニカラグアが掘削した人工のカニョには何ら重要性が与えられるべきではないとした（para. 77）。

ニカラグアの主張によれば、アレクサンダー裁定（第一）が言及した「第一番目の運河」は、係争地域の地理的形状の自然な変更の結果、現在、ハーバー・ヘッド・ラグーンの南部の地点においてサンファン川と同ラグーンの南端部とを結んでおり、この運河こそ航行性を改善するために二〇一〇年にニカラグアが浚渫したカニョだとする。このカニョが長年にわたり存在しており、両国の境界を示しているため、係争地域全体に対してニカラグアが主権を有するとした（para. 78）。

裁判所は、航空および衛星写真、宣誓証書、地図等の証拠によって、二〇一〇年に掘削される以前からカニョが存在してきたことを証明できていないとする（paras. 77-85）。

(9) 実効的行為

両当事者は、それぞれの領域主権の主張を補強するため、係争地域での実効的行為（*effectivités*）を援用した（para. 86）。

両当事者が主張した実効的行為が限定的な重要性しか有しないため、境界条約・クリーブランド裁定・アレクサンダー裁定から生じた主権の権原に影響を与えることはできない（para. 89）。

(10) 係争地域に対する主権の侵害と賠償責任

以上から裁判所の結論は、①二〇一〇年にニカラグアが浚渫したカニョの右岸はコスタリカとニカラグアの間の境界の一部を構成せず、②コスタリカの主権下にある領域が、サンファン川下流域の右岸にまで及び、カリブ海の河口にまで至るとする。それゆえ、係争地域に対する主権は、コスタリカに帰属する（para. 92）。

ニカラグアは、二〇一〇年以来、係争地域において三つのカニョの掘削および軍隊の駐在を含めて様々な活動を行った。これは当事者間で争われていない。裁判所はニカラグアによる当該活動がコスタリカの領域主権の侵害であったとする。ニカラグアはこれらの違反について責任を負い、ニカラグアの違法な活動の結果生じた損害について賠償の義務を負う（本判決E節を参照）（para. 93）。

⑾　敵対行為の禁止に反するニカラグアによる行為の主張

コスタリカは、ニカラグアがコスタリカの領土を占拠し要求することで、同時に敵対行為を禁ずる以下の義務に違反したと主張した（para. 94）。すなわち①境界条約第九条に基づく「敵対行為を遂行するためにサンファン川を利用しない」義務（para. 95）、②国連憲章第二条四項および米州機構憲章第二二条に基づく武力による威嚇または行使の禁止の義務（para. 96）、③米州機構憲章第二一条に規定された軍事的占拠の禁止の義務である（para. 98）。

しかし裁判所は、①については、サンファン川における敵対行為の証拠は提示されていないいため、ニカラグアが境界条約第九条に基づく義務に違反したとするコスタリカの主張を退ける（para. 95）。②と③については、ニカラグアの行為が領域主権の侵害であることを認めており、本主張をこれ以上検討する必要はない（paras. 97, 99）。

B．国際環境法の違反の主張

サンファン川下流域の航行性を改善するためニカラグアが行った浚渫活動について、コスタリカは、①ニカラグアが、浚渫作業にあたり適切な越境環境影響評価を実施し、当該作業についてコスタリカに通告し協議するという手続的義務に違反し、②ニカラグアがコスタリカの領土に損害を発生させないという、環境についての実体的義務に違反した、と主張した（para. 100）。

(1) 手続的義務

(a) 環境影響評価を実施する義務の違反の主張

ある国家の管轄内でなされる活動で、特に環境条件を共有する地域（areas or regions）において、他国に重大な害を及ぼす危険があるものについて、環境影響評価を実施する一般国際法の義務が存在することについて、両国はおおむね同意している（para. 101）。

コスタリカの主張は、ニカラグアが追加的な浚渫を行う前になされるべき、環境影響評価を実施する義務を同国が遵守してきておらず、同国は同義務を遵守しなければならないというものである（para. 102）。

越境損害に関して、裁判所は、ウルグアイ川パルプ工場事件（アルゼンチン対ウルグアイ）（以下パルプ工場事件）判決（*I.C.J. Reports 2010(I)*, pp. 55-56, para. 101; p. 83, para. 204）において、①慣習国際法上の規則である損害の防止の原則は、国家が自国の領域内において要求される相当注意の義務に由来し、②国家は、自国の領域内またはその管轄下にある地域で行われる活動が、他国の環境に重大な損害を発生させることを避けるために、利用可能なすべての手段をとるように義務付けられており、③産業活動案が、特に共有資源に関する越境損害の文脈で重大な悪影響を及ぼす危険がある場合、環境影響評価を実施することが、一般国際法に基づく要求であること、を示した（para. 104）。

パルプ工場事件における裁判所の言明は産業活動のみに言及するものであったが、その基底にある原則は、越境損害の観点から、重大な悪影響をもたらす可能性がある活動案に一般的に適用される。それゆえ、①国家は、重大で越境的な環境損害を防止する相当注意を払う義務を履行するために、他国の環境に悪影響を及ぼすおそれのある活動を開始するよりも前に、重大な越境損害の危険が存在するかを確かめなければならず、②もしそのような危険が存在するのであれば、環境影響評価を実施することが求められ、③さらにもし環境影響評価によって重大な越境損害の危険が存在すると判明した場合、活動を計画している国家は、同危険を防止または軽減するための適切な措置を決定することが必要であれば、相当注意義務に合致するように、潜在的に影響を受ける可能性のある国家に対して、誠実に通告し協議しなければならない（para. 104）。

コスタリカの主張は、二〇一〇年のカニョの浚渫を含めたニカラグアの浚渫活動全体が、湿地に対する危険となることであったが、コスタリカの領域主権の侵害として行われた浚渫活動については、本裁判所が既に検討しているため（前述 para. 93を参照）、裁判所のここでの分析は、サンファン川下流域での活動が重大な越境損害の危険を伴うかに限定する（para. 105）。

本件でコスタリカが依拠した主要な危険は、ニカラグアによる浚渫活動がコロラド川の水量やコスタリカの湿地に対して潜在的な悪影響を及ぼす可能性があったことだった。しかし本件において提出された証拠を裁判所が検討した結果、計画された浚渫プログラムは、コロラド川の水量に対しても、コスタリカの湿地に対しても、重大な越境損害の危険を伴うようなものではない。重大な越境損害の危険が存在していないため、ニカラグアは、環境影響評価を実施するように要求されない（para. 105）。

(b) 通告し協議する義務について違反の主張

重大な越境損害の危険をもたらす活動について、潜在的に影響を受ける国家に通告し協議するという一般国際法上の義務が存在することについて両当事者は一致している（para. 106）。

コスタリカの主張は、ニカラグアが、一般国際法に基づく義務に加えて、当事者を拘束する以下の条約上の義務として、通告し協議する義務を負うとした。すなわち、①ラムサール条約第三条二項および第五条、②「中央アメリカにおける生物優先地区の生物多様性の保全と保護に関する条約（以下中米生物多様性条約）」第一三条(g)および第三三条である（para. 106）。

これに対してニカラグアは、一般国際法に基づき通告し協議する義務が存在するとしても、当該義務は、本件では特別法（*lex specialis*）である境界条約および同条約に関するクリーブランド裁定によって制限されると主張した。

ニカラグアは、境界条約が浚渫または他の「改修作業」について通告または協議する義務を含まないため、慣習国際法上または条約法上の当該義務が本件の事実には適用されないとする（para. 107）。

裁判所が認めるところでは、境界条約が特別な状況下において制限された義務を課し得るという事実によっても、条約または慣習法上の越境損害に関する手続的義務が排除されることはない。しかし、重大な越境損害の危険が存在しないため、ニカラグアは環境影響評価を実施する国際義務を負っておらず、同国はコスタリカに対して通告または協議することを要求されない（para. 108）。

また裁判所は、①湿地の生態的特徴の変化またはそのおそれが認められないため、ラムサール条約第三条二項に基づきラムサール条約事務局に情報提供する義務がニカラグアについて発生しないとし（para. 109）、②ラムサール条約第五条の義務は条約の履行義務に関して一般的に協議する義務に過ぎないので、サンファン川下流域の浚渫について、ニカラグアがコスタリカに通告または協議する義務は生じないとし（para. 110）、さらに、③中米生物多様性条約については、同条約が通告または協議する拘束力を有する義務を含まないとする（para. 111）。

(c) 結論

環境に関する条約上または慣習国際法上、ニカラグアがコスタリカに対して負っている手続的義務に、ニカラグアが違反したことは証明されていない（para. 112）。

(2) 越境損害に関する実体的義務

ニカラグアによる越境損害に関する実体的義務違反のうち、コスタリカの領域主権を侵害して行われた活動から生じた損害については、ニカラグアが責任を負うことを本裁判所は既に認めているため（前述 para. 93 を参照）、次に裁判所は、ニカラグアの領域主権下にあるサンファン川下流域およびその左岸の地域においてなされたニカラグアの浚渫活動によって生じたと主張される越境損害について、ニカラグアが責任を負うか否かを検討する（para. 113）。

両当事者は、クリーブランド裁定に示された、ニカラグアが改修作業を行う権利と、ニカラグアがサンファン川の水路を変更する権利（right of deviating the waters of the River San Juan）に依拠した（paras. 116–118）。

しかし裁判所は、これらの主張について裁判所の検討が必要となるのは、サンファン川下流域の浚渫プログラムがコスタリカの領域に損害を発生させたことをコスタリカが証明した場合に限定されるとし（para. 118）、ニカラグアがサンファン川下流域での浚渫活動によってその義務に違反したことを、利用可能な証拠が証明していないとする（paras. 119–120）。

C. 仮保全措置命令の遵守

コスタリカは、二〇一一年三月八日と二〇一三年一一月二二日の裁判所の仮保全措置命令から生ずる義務に、ニカラグアが違反したと主張した（para. 121）。

二〇一一年三月八日の仮保全措置命令（『本書』第一部 第一節 一 仮保全措置の指示の要請 二〇～三五頁）について、裁判所は、ニカラグアが二つのカニョを掘削し係争地域に軍隊を駐在させたことによって、同命令に基づく義務に同国が違反したとした（para. 127）。

二〇一三年一一月二二日の裁判所命令について（『本書』第一部 第一節 四 新たな仮保全措置の指示の要請 五一～六〇頁）、裁判所は、本命令についてニカラグアによる違反は証明されていないとする（para. 128）。裁判所は、①ニカラグアが二〇一一年の裁判所命令に違反したとの認定が、上記に示された結論（A節を参照）とは別個になされるものであり、②ニカラグアによる裁判所命令違反である行動が、同時にコスタリカの領域主権の侵害も構成するとする（para. 129）。

D．航行の権利

コスタリカが主張したことは、境界条約、クリーブランド裁定および二〇〇九年七月一三日の裁判所の判決に従ってサンファン川を自由に航行するコスタリカの永久の権利をニカラグアが侵害したことであった（para. 130）。

コスタリカの航行の権利の侵害の訴えは、ニカラグアによる二〇〇九年一〇月一日の命令（decree 079-2009）の制定も含むものであり、本命令はサンファン川の航行に関係するものであった。しかしコスタリカがとりあげたいずれの事件も、本命令の適用に関係していないため、裁判所は、この命令を検討するように要請されていない（para. 134）。

コスタリカの航行の権利の侵害として同国が主張した五つの事件について、ニカラグアは、これらの事件のうち二つについては説得力のある反論をしなかった。すなわち、①二〇一三年二月に川岸の農夫とその叔父が数時間にわたりニカラグアの陸軍駐屯地（army post）に拘留され、屈辱的な扱いを受けた事件と、②二〇一四年六月にコスタリカの地主と現地の農業協同組合の数人が、ニカラグアの官憲によってサンファン川を航行することを妨げられた事件である（para. 135）。

裁判所は、二つの事件が、コスタリカがサンファン川を境界条約に従って航行する権利をニカラグアが侵害したことを示したと結論する（para. 136）。

E．賠償

コスタリカはニカラグアによる二〇〇九年一〇月一日付の命令およびその付属文書の撤回ならびにサンファン川での浚渫活動の停止を求めたが（para. 137）、裁判所は、上記B節およびD節の結論に照らして、コスタリカの要請を認めない（para. 138）。

コスタリカが被った無形的損害について、裁判所は、裁判所による以下の宣言が、損害に対する十分な満足になるとする。すなわち、①ニカラグアが三つのカニョを掘削し係争地域の一部に軍隊を駐在させたことで、コスタリカの領域主権をニカラグアが侵害したこと、②仮保全措置に関する二〇一一年三月八日の裁判所命令に基づく義務にニカラグアが違反したこと、である。コスタリカの航行の権利をニカラグアが侵害したという上記D節の宣言は、同違反への十分な満足となる（para. 139）。

裁判所は、ニカラグアによる義務違反から生じた有形的損害のうち裁判所が確認したものについて、コスタリカは損害賠償を受領する権利を有するとする。有形的損害や損害賠償の金額を裁判所が査定するためには、本手続とは別の手続が必要となる。裁判所は、①有形的損害や損害賠償の金額の問題について合意に至るために、当事者が交渉を行うべきであるとし、②本判決の日から一二か月以内に当事者が合意に至らない場合、裁判所は、いずれかの当事者の要請により、本問題に限定された追加的書面に基づいて損害賠償の金額を決定する（para. 142）。

3　道路建設に関する事件に関する論点

道路建設に関する事件についてニカラグアが二〇一一年一二月二二日に提出した請求訴状は、サンファン川沿いの道路の建設に関係して、コスタリカが手続的義務および実体的義務の両方について違反したと訴えた。裁判所は、手続的義務の違反の主張、実体的義務の違反の主張の順番で検討する（para. 145）。

A．手続的義務に関する違反の主張

⑴　環境影響評価を実施する義務違反の主張

ニカラグアの主張によれば、特に道路の総延長および立地の観点から、コスタリカは、道路建設を開始する前に環境影響評価をあらかじめ実施せねばならないという、一般国際法に基づく義務に違反したという（para. 146）。

裁判所は、①コスタリカが一般国際法の下で環境影響評価を実施する義務を負っていたか、②もし最初の問の回答

が肯定的なものだとすれば、(i)コスタリカは当該義務を免除されていたか、または、(ii)コスタリカは環境診断評価(Environmental Diagnostic Assessment)や他の調査を実施することによって、同義務を遵守したか、の順番で検討する(para. 152)。

(a) 環境影響評価を実施するコスタリカの義務

国家は重大な越境損害を予防することに相当注意を払わねばならないという義務から、他国の環境に悪影響を及ぼすおそれのある活動を開始する前に、重大な越境損害の危険が存在するか否かを確かめることが要求される。その場合、関係国は、環境影響評価を行わなければならない。本件において本義務は、ニカラグアではなく、コスタリカに課される(para. 153)。

コスタリカの補佐人は、口頭手続において、道路建設実施の決定の段階で、道路計画についての危険の予備的な評価がなされたと述べた(para. 154)。しかしコスタリカは、同国が実際に当該予備的評価を実施したという証拠を提出していなかった(para. 154)。

裁判所は、二〇一〇年末の時点で、道路の建設が、重大な越境損害の危険を有したか否かを評価するにあたっては、計画の性質と規模、計画が実施される文脈について検討しなければならないとする(para. 155)。裁判所が指摘することは、①道路計画の規模が相当なものであること、②道路がサンファン川に沿って計画されているという立地の観点からすれば、もし当該道路が周囲の環境に損害を生じさせた場合、サンファン川に容易に影響するであろうし、ニカラグアの領土にも容易に影響するであろうこと、③道路が位置する河川流域の地理的状況として、道路は、コスタリカ領内の国際的に重要な湿地を通過し、ニカラグア領にある別の保護湿地であるサンファン川禁漁区に極めて接近した位置にあること(para. 155)、これらからコスタリカによる道路建設は、重大な越境損害の危険を含む。それゆえコスタリカは道路計画の環境影響評価を実施する義務を負う(paras. 155–156)。

(b) 環境影響評価の義務の免除

裁判所は、緊急性を理由として、道路計画について環境影響評価を行うコスタリカの義務が免除されるかの問題について扱う（para. 157）。

裁判所は、本件の状況下では、道路を即座に建設することを正当化するような緊急性は存在しないため、緊急性による免除を裁判所が決定する必要はないものとする。それゆえコスタリカは建設作業の開始に先立ち環境影響評価を実施する義務を免除されず、道路の建設作業の開始以前に環境影響評価を実施する義務を免除されない（para. 159）。

(c) コスタリカの環境影響評価の事前実施の義務の不履行

裁判所はコスタリカが環境影響評価を実施する義務を果たしたかの問題を検討する。

コスタリカは、①二〇一二年四月の道路の環境管理計画、②二〇一三年一一月の環境診断評価、および、③二〇一五年のフォローアップ調査を含む調査を行った（para. 160）。

パルプ工場事件の判決において裁判所が判示したことは、環境影響評価を実施する義務が要求するのは、重大な越境損害の危険の事前評価（*ex ante* evaluation）であり、それゆえ「環境影響評価は、計画の実施に先行して行われねばならない」ことであった（*I.C.J. Reports 2010(I)*, p. 83, para. 205）（傍点による強調は本著者）（para. 161）。

裁判所は、①コスタリカが行った環境診断評価および他の調査は、既に建設済であった道路全体の環境への影響に関する事後評価（*post hoc* assessments）であったこと、②環境診断評価が道路建設の途中の約三年間に実施されたことを指摘した（para. 161）。以上の理由から、裁判所は、道路建設に関して環境影響評価を実施するという一般国際法に基づく義務をコスタリカが遵守していないと結論する（para. 162）。

(2) 生物多様性条約第一四条違反の主張

ニカラグアの主張によれば、生物多様性条約第一四条によって、コスタリカは環境影響評価の実施が要求されるとした（para. 163）。

しかし当該規定は、生物多様性に重大な悪影響をもたらす可能性がある活動を行う前に、環境影響評価を実施する義務を締約国に課していない。それゆえ、裁判所は、コスタリカが環境影響評価を実施しないことで、生物多様性条約第一四条に違反したことが証明されていないとする（para. 164）。

（3） 通告し協議する義務について違反の主張

ニカラグアが主張したことは、コスタリカが、道路の工事作業との関係で、通告し協議する義務に違反したというものであった。ニカラグアは、当該義務の根拠として、①重大な越境損害の危険について通告し協議する慣習国際法上の義務、②境界条約、ならびに、③ラムサール条約第三条二項および第五条をあげた（para. 165）。

裁判所の結論は、①コスタリカが事前の環境影響評価を実施しなかったので、通告し協議する慣習国際法上の義務を検討する必要はないこと（para. 168）、②境界条約はコスタリカがニカラグアに通告する義務を課さないこと（para. 171）、③コスタリカがラムサール条約第三条二項に違反したことはニカラグアによって証明されておらず、第五条は協議義務を生じさせないこと（para. 172）、である。

（4） 手続的義務に関する違反のまとめ

裁判所の結論は、①コスタリカが道路建設の環境影響を評価する義務に従っていないこと、②道路またはサンファン川に隣接する地域でのコスタリカによる今後の作業について、重大な越境損害の危険があるのであれば、適切な環境影響評価を準備する義務をコスタリカは継続して負っていること、③状況から必要とされるのであれば、コスタリカは、重大な越境損害を阻止しまたはその危険を最小化し、適切な措置を決定するためにニカラグアと誠実に協議しなければならないこと、である（para. 173）。

B．実体的義務に関する違反の主張

次に裁判所は、コスタリカが慣習国際法および適用可能な国際条約に基づく実体的義務に違反したというニカラグアの訴えについて検討する（para. 174）。

（1） 越境損害を生じさせない義務の違反の主張

ニカラグアの主張は、コスタリカによる建設作業によって、大量の土砂がサンファン川へ投棄され、特に、コスタリカが基本的な土木技術原則を無視したため、重大な浸食を生じさせたとした（para. 177）。ニカラグアの主張に対して、裁判所は、①道路から河川への土砂の供給、②道路から流れ込んだ土砂がニカラグアに重大な損害を生じさせたのかについて検討する（para. 180）。

（a） 道路から河川への土砂の供給

両当事者は、道路から浸食された土砂が河川に流れ込んでいる点で一致しているが、流入した実際の量については顕著に対立している（para. 181）。裁判所は、当事者の専門家が提唱した異なる推定についての科学的および技術的有効性について詳細な検討に立ち入る必要はなく、道路建設による河川への土砂の量が、河川の全体の量のせいぜい二％にすぎないことを指摘するだけで十分である（para. 186）。

（b） 流れ込んだ土砂によるニカラグアでの重大な損害の発生の有無

コスタリカによる道路建設がニカラグアに重大な損害を生じさせたかという問題について、裁判所は以下の分析を行う（para. 187）。すなわち、①道路の建設によって河川へ流れ込んだ土砂の全体量が増加し、それ自体がニカラグアに対して重大な損害を発生させたか（paras. 188-196）、②流れ込んだ土砂の増加は、河川の形態、航行およびニカラグアの浚渫プログラムに損害を生じさせたか（paras. 197-207）、③水質および水界生態系に損害を発生させたか（paras. 208-213）、④この他に、道路建設が、河川沿いの地域住民の健康に損害を発生させたか（paras. 214-216）である。

(c) 結論

以上の検討から、裁判所は、道路建設がニカラグアに対して重大な越境損害を発生させたことをニカラグアは証明しておらず、コスタリカが越境損害に関する慣習国際法に基づくその実体的義務に違反したというニカラグアの主張は退けられねばならないとする（para. 217）。

(2) 条約義務の違反の主張

ニカラグアは、両国が締約国である以下の普遍的および地域的文書に含まれる実体的義務にコスタリカが違反したと主張した。すなわち、①ラムサール条約第三条一項、②ニカラグアとコスタリカ間の国境の保護地域に関する一九九〇年の協定の趣旨および目的、③生物の多様性に関する条約第三条および第八条、④中米生物多様性条約中の諸規定、⑤環境保護に関する中央アメリカ条約および中米機構憲章のテグシガルパ議定書、⑥有害廃棄物の越境移動に関する地域協定第三条にコスタリカが違反したというものであった（para. 218）。

ニカラグアはコスタリカの違反を単純に主張しているだけであり、上記文書または規定の趣旨にコスタリカがどのように違反したのかを説明しておらず、コスタリカが違反したことの証明に、ニカラグアは失敗している（para. 220）。

(3) ニカラグアの領土保全およびサンファン川に対する主権を尊重する義務

ニカラグアの主張は、①道路から流れ込んだ土砂が形成した三角州は、物理的な侵略（physical invasions）であり、流れ込んだ土砂の作用によるニカラグアの領土へのコスタリカによる侵入（incursions）であるため、三角州の存在がニカラグアの領土に対する侵害（trespass）を構成すること、②コスタリカが土砂等を河川に投棄することは、サンファン川を航行するニカラグアの権利の行使に対して深刻な脅威となること、③コスタリカは自らの行動と活動によって、ニカラグアの領土保全とサンファン川に対するニカラグアの主権を侵害したこと、であった（para. 221）。

裁判所は、流れ込んだ土砂による領土保全の侵害というニカラグアの主張を支持する理論は説得力に欠け、ニカラグアの領土に対してコスタリカが権限を行使したか、または、ニカラグアの領土内でコスタリカが活動したという証拠は存在しないとする。さらに、コスタリカでの道路建設が、サンファン川を航行するニカラグアの権利を侵害したことを、ニカラグアは証明していない。それゆえ、領土保全および主権の侵害というニカラグアの主張は退けられねばならない（para. 223）。

C，賠償

上記の理由から、コスタリカが環境影響評価を実施するという義務に同国が違反したという裁判所の宣言は、ニカラグアにとって、満足という適切な措置となる（para. 224）。

主文

以上の理由から、裁判所は次の通り判決する（para. 229）。

(1)　一四対二で、コスタリカは、本判決において裁判所が定めた「係争地域」に対する主権を有する。

賛成：裁判所長エブラヒム、裁判所次長ユースフ、裁判官小和田、トムカ、ベヌーナ、カンサード・トリンダーデ、グリーンウッド、薛、ドノヒュー、ガジャ、セブティンデ、バンダリ、ロビンソン、特任裁判官デュガード

反対：裁判官ゲボルジャン、特任裁判官ギョーム

(2) 全員一致で、ニカラグアは三つのカニョを掘削し、コスタリカ領に軍隊を駐在させたことによって、同国がコスタリカの領域主権を侵害している。

(3) 全員一致で、ニカラグアは、二〇一三年に二つのカニョを掘削し、係争地域に軍隊を駐在させたことによって、二〇一一年三月八日に裁判所が発した仮保全措置命令によって課された義務に違反している。

(4) 全員一致で、本判決において示された理由によって、一八五八年の境界条約に従って、サンファン川を航行するコスタリカの権利を、ニカラグアが侵害している。

(5)

(a) 全員一致で、コスタリカ領内におけるニカラグアの違法な活動の結果生じた有形的損害についてコスタリカに対して損害賠償を支払う義務をニカラグアが負う。

(b) 全員一致で、本判決の日より一二か月以内に本問題について当事者間で合意に至らない場合、コスタリカに支払われる損害賠償の問題は、当事者のいずれか一国の要請により、裁判所が解決するものと決定し、この目的のため「国境地域においてニカラグアによって実施されたある種の活動」に関する事件（コスタリカ対ニカラグア）の以後の手続を留保する。

(c) 一二対四で、ニカラグアが訴訟の費用を支払うことを命令せよというコスタリカの要請を退ける。

反対：裁判官トムカ、グリーンウッド、セブティンデ、特任裁判官デュガード

(6) 全員一致で、第一八五六号線道路の建設に関する環境影響評価をコスタリカが実施しないことで、一般国際法に基づく義務に同国が違反したとする。

(7) 一三対三で、当事者によってなされた他のすべての主張を退ける。

反対：裁判官バンダリ、ロビンソン　特任裁判官デュガード

三　研究

1　複数の訴訟手続と事件の併合について

本件で扱ったある種の活動事件と道路建設に関する事件では、両国から、訴訟合戦ともいうべき一連の提訴がなされた。両国は、①事実の点から、サンファン川をめぐり、双方の行為が他方当事者に影響を及ぼしたという類似した内容の事実関係を主張し、②適用する国際法の点からも、ほぼ同一の条約および慣習国際法を根拠として、ほぼ同種の主張を行った。本件における双方の主張は、いわば「シンメトリー」構造をしているともいえる。裁判所は、両手続を併合したが、これは訴訟経済から言っても妥当であった。

しかしながら、事件の併合後も、両方の事件を常に一緒に扱うのではなく、従来のそれぞれの事件の文脈で、仮保全措置や反訴などが行われた。裁判所が作成した最終的な判決文も、実質的には二つの事件について分けて、事件毎に判断が示された。さらに判決後の手続として、ある種の活動事件についてのみ、損害賠償の金額を、裁判所が決定する将来の手続を留保した（判決主文(5)(b)）。

2　領域紛争と領域権原について

本件で問題となったサンファン川下流域であるイスラ・ポルティリョス一帯は、ニカラグアとコスタリカの国境地帯に存在するが、河川の河口部の湿地であり、その形状は変化し続けている。本件でもかつて境界として存在していたはずの運河が消失しており、このような地域での境界画定の困難さが、本事件の背景にあったといえよう。

裁判所は、①サンファン川の河口部とハーバー・ヘッド・ラグーンとの間に、両国の境界としてかつて存在した第一の運河の所在を明確にすることなく、②二〇一〇年にニカラグアが掘削したカニョが航行可能な第一の運河でないとし（paras. 76-85）、③航行可能性に依拠して、サンファン川下流域の河口までの右岸を両国の境界として（para.

92)、④イスラ・ポルティィリョス全体をコスタリカ領とした（判決主文⑴）。

ギョーム裁判官が述べているように、訴訟の当初は、両国の国境地域におけるニカラグアの領域侵犯の活動を停止させるためだけのものであったが、裁判所の最終的な判断は、係争地域に対するコスタリカの領域主権を認めるものとなった。

また領域権原と実効的行為の関係について、本件では、両当事者が主張した実効的行為が限定的な重要性しか有せず、境界条約・クリーブランド裁定・アレクサンダー裁定から生じた主権の権原に影響を与えることはできないとした（para. 89）。この裁判所の判断は、領域権原を有しない国家が、実効的行為を行っても、その法的効果は限定されるという従来の実行に合致しているといえる。

3　軍隊の駐在の法的評価

本件ではニカラグアによる係争地域での軍隊の駐在の法的評価が問題となった。

裁判所は、ニカラグアによる軍隊の駐在が、①コスタリカの領域主権の侵害や、②ニカラグアによる裁判所の仮保全措置命令の違反にあたることについては全員一致で認めたものの（判決主文⑵および⑶）、一般的に禁じられる違法な武力行使があったか否かについては明らかにしなかった。

この点、小和田判事とロビンソン判事は、ニカラグアによる係争領域での違法行為が、国連憲章第二条四項違反となる違法な武力の行使であると裁判所が明示するべきだったとした。

4　環境影響評価と通告し協議する義務について

国際法は、国家に排他的・絶対的な領域主権を認めることを前提として、国家に対して「領域使用の管理責任」を課している。この義務は、国家が領域主権を行使して、その領域を自ら使用しまたは私人に使用を認めるにあたり、他国の領域や他国民の財産に損害を及ぼさないように「相当な注意」を払うという特別の注意義務である。

本件では、両当事者ともにそれぞれの行為が国際環境法上の義務違反であるのかが問題となった。裁判所は、従来の判例を踏襲して、国際環境法の違反の主張に対して、手続的義務の違反と、実体的義務の違反との両方を検討した（paras. 100–120, 145–217）。

特に前者との関係で、環境影響評価の対象となる活動について、パルプ工場事件において裁判所は産業活動について言及したが、本件では、越境損害の観点から重大な悪影響をもたらす可能性がある活動案に一般的に適用されるとされた（para. 104）。環境影響評価を実施する根拠は、一般国際法とされた（paras. 104, 162。判決主文⑹）。そのための手続として、①重大な越境損害の危険の確認（スクリーニング）（risk ascertainment）、②環境影響評価（risk assessment）、③影響を受ける国家への通告・協議（notification / consult）という三段階の手続が示された[1]（paras. 104, 152）。

まず環境影響評価を実施する義務を負うかの判断にあたっては、「重大な越境損害の危険が存在するか否か」の判断がなされる必要がある。判決は、この判断に際して検討するべき要素として、計画の性質と規模、計画が実施される文脈を挙げた（para. 155）。またパルプ工場事件判決を引用しながら、環境影響評価は、事前になされねばならないとした（para. 161）。さらに環境影響評価を実施した結果、重大な越境損害の危険が存在すると判明した場合、影響を受ける可能性のある他国に対して、誠実に通告し協議する義務が存在するとした（para. 104）。

本件では、①ニカラグアによるサンファン川下流域での浚渫活動については、環境影響評価の義務を同国が負わないとしたが（paras. 105）、②コスタリカによる道路建設については、事前に環境影響評価を行っておらず、同義務に違反するとした（para. 162、判決主文⑹）。

このように、本件を通じて裁判所は、環境影響評価や通告し協議する義務といった国際環境法のいわば「定式化」を試みたともいえよう。このような定式化に対して、ドノヒュー判事は、本判決について、慣習国際法上国家に通告し協議する義務が生ずるのが、環境影響評価の基準を満たした場合に限定されるものとして理解するべきではないと指摘する。

5　訴訟費用の負担について

規程第三三条は「裁判所の費用は、総会が定める方法で国際連合が負担する。」と規定しており、一般に裁判の費用は国連が負担する。それゆえ、裁判の当事者は、事務費用や言語関連費用を含めて裁判費用を負担する必要がない。他方で規程第六四条は「裁判所が別段の決定をしない限り、各当事者は、各自の費用を負担する。」としており、補佐人や弁護人等の費用については、当事者が負担してきた。

本件において、二〇一三年一一月二二日の仮保全措置命令を得るために要した、補佐人と専門家の費用を含む訴訟費用の支払いをニカラグアに命令せよというコスタリカの要請について、裁判所はこれを認めなかった（判決主文(5)(c)）。

（鈴木　淳一）

注

（1）Jacob Katz Cogan, edited by David P. Stewart, *Certain Activities Carried out by Nicaragua in the Border Area*（*Costa Rica v. Nicaragua*）; *Construction of A Road in Costa Rica along the San Juan River*（*Nicaragua v. Costa Rica*）. *At http://www.icj-cij.org. International Court of Justice, December 16, 2015,* 110 American Journal of International Law（2016）, 320, at 325.

第一四節　海洋紛争事件

当事国　ペルー対チリ
判決日　二〇一四年一月二七日

事件概要　二〇〇八年一月一六日、ペルーは、チリを訴訟の相手方として、太平洋における両国の海域の境界に関する訴訟を開始する訴状を裁判所に提出した。

ペルーが裁判所の管轄権の基礎としたのは、一九四八年四月三〇日付で署名された「平和的解決に関する米州条約」（ボゴタ条約（Pact of Bogotá））第三一条である。

裁判所は、当事国間の海洋境界について審議し、①両国の陸上の境界線上にある第一境界標識を通る緯度線が、低潮線と交差する点を始点として、②始点から緯度線にそって八〇カイリまでは両国の黙示の合意が存在するとし、③八〇カイリ以遠では両国からの等距離線にそって境界線を引き、④同境界が、チリから二〇〇カイリの限界線に達してからは、チリの限界線にそって、両国の二〇〇カイリの限界線の交点までとした。

一　事　実

(1)　地形

ペルー共和国（以下ペルー）とチリ共和国（以下チリ）は、南アメリカ大陸の西側に位置し、両国の本土の海岸は、太平洋に面している。ペルーは、北部においてエクアドルと陸上の境界を接しており、南部においてチリと陸上の境界を接している。これらの訴訟に関係する太平洋岸の地域においては、ペルーの海岸線はチリとの陸上の境界の基点から北西方向に延びており、チリの海岸線は一般に南北方向に延びている。当該地域のペルーとチリの海岸は、両国ともにあまり複雑ではなく、比較的なめらかであり、目立った岬や際だった特徴も存在しない。

(2) 歴史的背景

チリは一八一八年にスペインから独立し、ペルーも一八二一年に独立をした。独立当時、両国は国境を接しておらず、両国の間にはスペインの植民地であり一八二五年にボリビア共和国となったチャルカス（Charcas）があった。一八七九年に、チリはペルーとボリビアとの間でいわゆる「太平洋の戦争（War of the Pacific）」として知られる戦争を行った。一八八三年にチリ＝ペルー間にアンコン条約（Treaty of Ancón）が締結され戦争が終結した。一八八四年のボリビア＝チリ間での停戦協定および一九〇四年の両国間での平和友好条約への署名ののち、ボリビアの沿岸部はチリの領土となった。

ペルーとチリは、一九二九年六月三日に、「タクナとアリカに関する紛争解決条約（以下リマ条約）」および追加議定書に署名した。リマ条約は、二国間の陸上の境界も定めている。同条約第三条により、両国は一連の標識（markers）（スペイン語で「hitos」）を用いて合意された境界を決定し示すことを目的とした「国境に関する混合委員会（Mixed Commission of Limits）」を設置することに合意した。

(3) 当事国の主張

ペルーの主張は、①ペルーとチリとの間で海洋境界に関する合意は存在しておらず、両国の海域の間に、コンコルディア地点（Point Concordia）（アリカ＝ラパス鉄道のジュータ（Lluta）川にかかる最初の橋を中心点とした半径一〇キロメートルの円弧と低潮線との交点）を始点として、衡平な結果を達成するように等距離方式を用いた境界線を引くこと（ペルーの第一の申し立て）、②両国に共通の海洋境界（common maritime border; frontière maritime

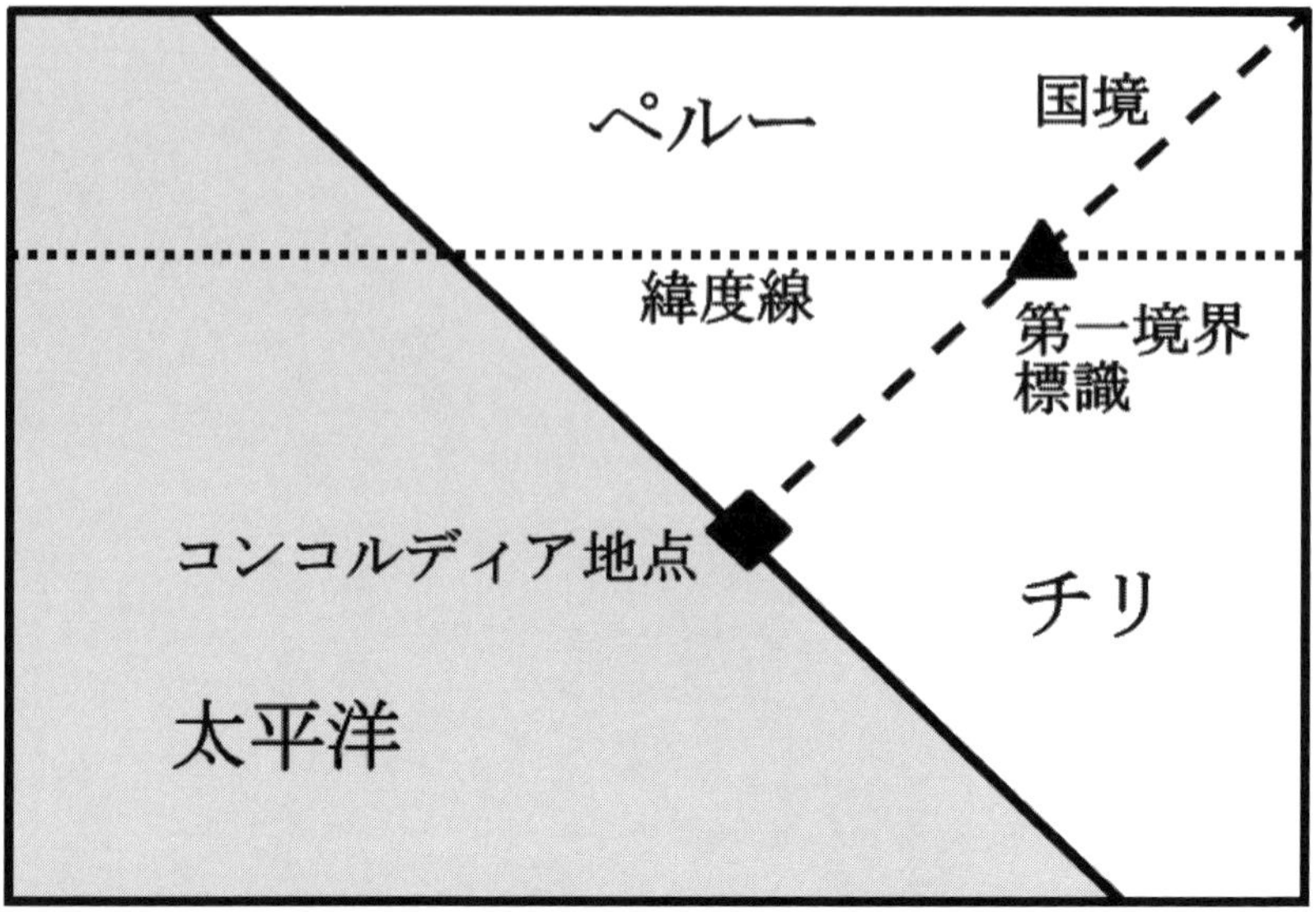

略図１　第一境界標識とコンコルディア地点の関係（著者が作成）

commune）が終わる地点から先は、ペルーの基線から二〇〇カイリまでに広がる海域（略図2において濃く示された「外側の三角形（outer triangle）」と呼ばれる海域）に対して、ペルーが排他的な主権的権利を行使する権限を有することであった（ペルーの第二の申し立て）。

ペルーの第一の申し立てに対するチリの主張は、①両国間に国際的な海洋境界に関する合意が存在すること、②同境界は、ペルーとチリの陸上の境界を示す標識のうち、最も海に近い標識である「第一境界標識（Boundary Marker No. 1）」を通る緯度線（parallel of latitude）にそって引かれること、③海洋境界は少なくとも二〇〇カイリまで延長されること、というものであった。ペルーの第二の申し立てに対するチリの主張は、海洋境界である緯度線を越えた南に位置する海域に対するいかなる権限もペルーは有していないというものであった。

ペルーはギヨーム（Gilbert Guillaume）を、チリはオレゴ・ビクーニャ（Francisco Orrego Vicuña）を特任裁判官として選任した。

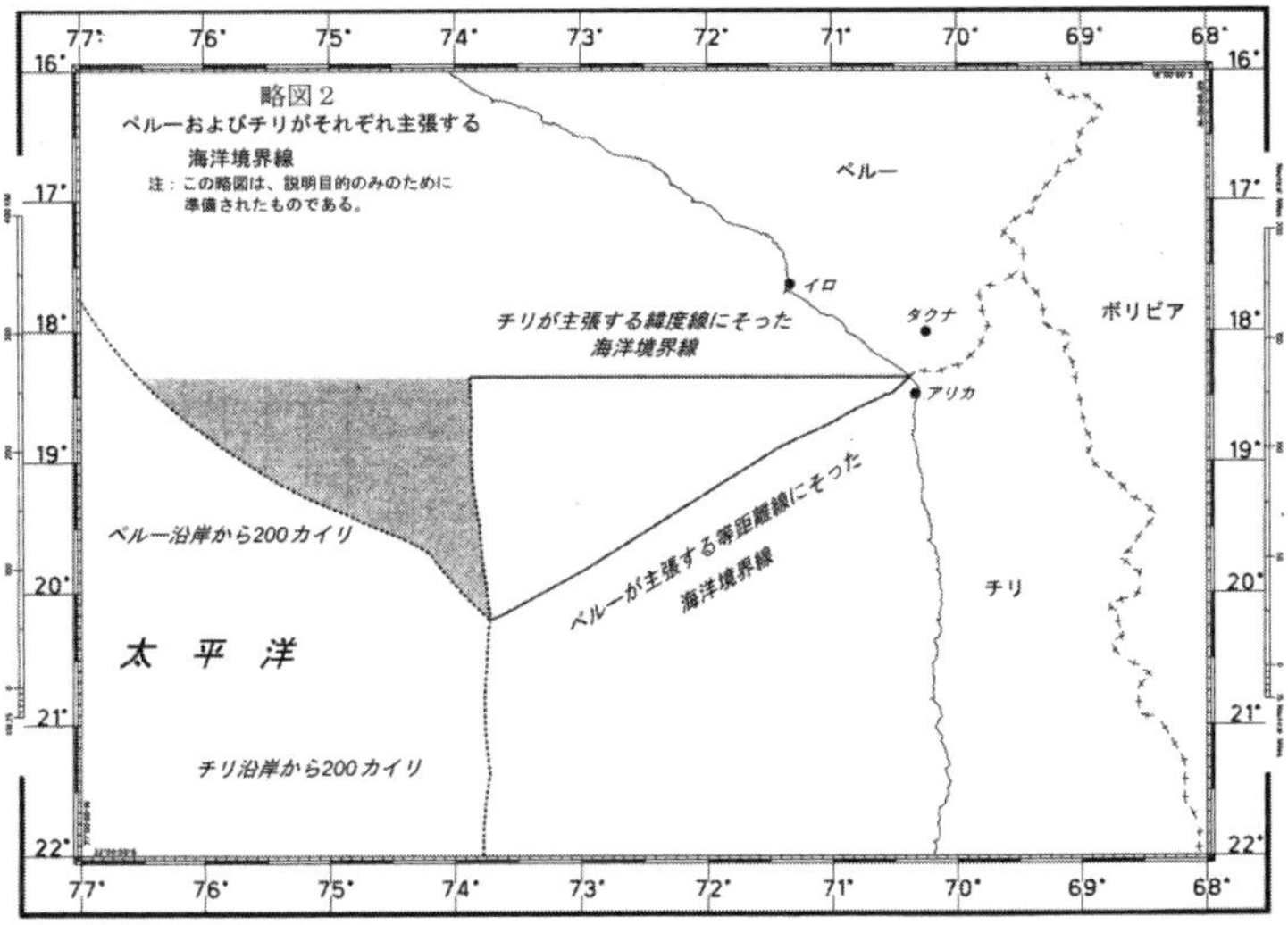

判決に示された地図をもとに著者が修正したもの。本節で使用するものは以下同じ。

二　判決

(1) 海洋境界に関する合意の有無

裁判所は、最初に、チリが主張する海洋境界に関する合意が存在するかを確認する（para.24）。

(a) 一九四七年のチリおよびペルーの二〇〇カイリ宣言

一九四七年の宣言（Proclamations）（以下二〇〇カイリ宣言）において、チリとペルーは、それぞれの海岸から二〇〇カイリにまで及ぶ一定の海洋権（maritime rights）を有することを一方的に宣言した（para. 25）。

二〇〇カイリ宣言は、それ自体が国際的な海洋境界を設定しないことで、当事国は一致している。それゆえ、裁判所は、当事国間で海洋境界を将来に設定するという観点から当該文書が当事国の了解の存在を証明するか否かを確認することだけを目的として、二〇〇カイリ宣言を検討する（para. 39）。

二〇〇カイリ宣言の文言および当該文書の暫定的性質（provisional nature）から、同宣言が、関係諸国の海洋境界について共通の理解を反映したという解釈の可能性は排除される。同時に、同宣言は、海域に関する権利および管轄権について類似した主張を含んでいたため、これらの水域について隣接する二国の境界を将来定めることの必要性を生じさせた（para. 43）。

(b)　一九五二年のサンティアゴ宣言

チリ、エクアドルおよびペルーによってなされた一九五二年のサンティアゴ宣言（Santiago Declaration）は、各国政府が海洋に対する排他的な主権および管轄権を、自国海岸から少なくとも二〇〇カイリの範囲まで有することを宣言した。本宣言が国際条約であることは今日では争いがない（para. 48）。

サンティアゴ宣言のⅣ項は「緯度線（parallel）」に以下の通り言及している（para. 49）。「島嶼領域（island territories）においては、二〇〇カイリ水域は、島または島の集団の海岸全体に適用されるものとする。宣言を行う諸国の一つに属する島または島の集団が、他の国に属する一般海域から二〇〇カイリに達していないところに位置するのであれば、島または島の集団の海域は、関係国の陸上の境界が海に到達している地点の緯度線により限定される。」（傍点による強調は著者）

裁判所は、条約法に関するウィーン条約の第三一条および第三二条に反映された条約の解釈に関する慣習国際法にしたがって、サンティアゴ宣言の文言を分析する（para. 57）。

サンティアゴ宣言について、たとえば①チリの当初の提案において隣接する二国の境界線を海洋に投射した数学的な緯度線（mathematical parallel）で画定しようとしていること（para. 67）、②他の締約国の一般海域から二〇〇カイリ以下に位置する島が有する海域の限界として緯度線を利用することは、締約国の間で、海洋境界に関してある種の共通の理解が存在した可能性があることを示唆する（para. 69）。ただしサンティアゴ宣言によって、隣接する二国の海洋境界を緯度線にそって設定することに両国が合意したわけではない（para. 70）。

(c) 一九五四年の諸協定

一九五四年に採択された六つの協定の中で、裁判所は「特別な境界海域についての協定（Special Maritime Frontier Zone Agreement）」（以下特別海域協定）について注目する（para. 73）。

特別海域協定の目的は、十分な装備を有しない小型漁船のために、緯度線にそった「寛容の水域（a zone of tolerance）」を設置することにあった。すなわち、同協定の前文では、①隣接する国家間の海洋の境界（maritime frontier〔la frontera marítima〕）において、②乗組員の航海知識が不十分である、または必要計器が不備である小型船舶が、③公海における正確な位置を確定することが困難となるため、④それらの船舶による無害かつ不注意による侵害が頻繁に生じているが、⑤これらを処罰することを回避することが望ましいとされた（para. 80）。そのため同協定第一条は「海岸から一二カイリに、二国の海洋境界を構成する緯度線から両側一〇カイリの幅員を持つ、特別水域をここに設置する。」（傍点による強調は著者）と定めた（para. 81）。

特別海域協定の文言のうち、特に第一条を前文と合わせて読めば、海洋境界が既に存在しているという拘束力のある国際的な合意を明らかに認めている（para. 90）。

特別海域協定は、境界が合意された時期と方法について示唆していないが、当事国が合意の存在を明示的に認めているため、当事国間でそれ以前に到達していた「黙示の合意（tacit agreement）」を反映している。もっとも本裁判所が扱った以前の事件において、裁判所は、「恒常的な海洋境界の設定は非常に重要な問題である」ことを認めつつ、「黙示の法的合意（tacit legal agreement）は説得力のあるものでなければならない（must be compelling）」とした（ニカラグア＝ホンジュラス間のカリブ海領土・海洋紛争事件（ニカラグア対ホンジュラス）（二〇〇七年））。本件において、緯度線にそった海洋境界が当事国間に存在することを明らかに示す協定として特別海域協定は決定的であり、同協定は、黙示の合意を強固なものとした（cement）（para. 91）。

特別海域協定は海洋境界の性質やその範囲について示唆しないが、海洋境界が海岸から一二カイリの範囲を越えて広がっていることを明らかにした（para. 92）。

(d)　一九六八―一九六九年の灯台取極

一九六八年から一九六九年に、当事国は、「共通の境界が海に達した、第一境界標識の近くの地点に」それぞれ一つの灯台を建設するという灯台に関する諸取極（lighthouse arrangements）（以下灯台取極）を締結した。一九六八年四月二六日、両国代表が「第一境界標識を基点とする海洋境界の緯度線を具体的に提示するため、海上から視認することができる主要な標識（leading marks）を設置することを目的とする現地調査（on-site study）」（傍点による強調は著者）を実施する旨の文書に署名した（para. 96）。

ここで緯度線にそって一二カイリを越えて延長される海洋境界が既に存在していることを前提として、それら取極の交渉が進められたことが重要である。なお特別海域協定と同様に、これらの取極も、海洋境界の範囲と性質を示していない（para. 99）。

(2)　海洋境界に関する合意の性質

当事国間に海洋境界に関する黙示の合意が存在するため、次に裁判所が決定しなければならないことは、海洋境界の性質である。境界の性質とは、それが、①水域（water column）だけではなく海底およびその下（subsoil）にも適用できる「単一の海洋境界（single maritime boundary）」なのか、それとも、②海底およびその下を除く水域についてのみ適用可能な境界なのかである（para. 100）。

特別海域協定中で認められた海洋境界に関する黙示の合意は一九四七年の二〇〇カイリ宣言および一九五二年のサンティアゴ宣言の文脈において理解されねばならず、これらの文書は、①海底、②海底の上部水域および③それらの資源に対する主張を示していた。裁判所は、同境界が、あらゆる目的について利用可能なものである（all-purpose one）と結論する（para. 102)。

(3) 海洋境界に関する合意の地理的範囲

裁判所は、次に、合意された海洋境界の地理的範囲について検討する。

特別海域協定は小型船舶の漁業活動に対する寛容の水域を設置するという限定的で特定の目的の観点から、既存の海洋境界に言及している。それゆえ同協定がその存在を認める海洋境界は、問題となる時点において当該漁業活動がなされていた距離までは、少なくとも必然的に延びていると考えねばならない（para. 103)。

裁判所は海洋境界の範囲について当事国が到達した黙示の合意の内容を明確にするために、以下の通り関係諸国の実行や当時の法状況について検討する（para. 103)。

(a) 当時の漁業活動

裁判所は、関係する地域の地理および生物の分析から検討を開始する。ペルーの説明によれば、ペルーの漁港であるイロ（Ilo）は、海岸のこの部分の主要な港である。イロは、両国の陸上の境界から一二〇キロメートルほど北西に位置する。チリの側では、アリカ（Arica）は、陸上の境界から一五キロ南に位置し、イキーケ（Iquique）は二〇〇キロほど南である（para. 104)。

これらペルーおよびチリの沿岸区域には豊富な海洋資源があり、フンボルト海流の大規模海洋生態系（Humboldt Current Large Maritime Ecosystem）となっている（para. 105)。漁業実績に関する情報によれば、一九五〇年代初頭に漁獲されているアンチョビ等の魚種は一般的に海岸から六〇カイリの範囲内で捕獲されていたことを示す（para. 108)。

上記に示した魚種を捕獲するためにチリのアリカを出発した船舶は、西北西の方向に進み、海岸から六〇カイリの範囲内で操業したが、海洋境界の始点からほぼ五七カイリに位置する緯度線を越えることはなかった。ペルーの側では、イロから出航した漁船は、南西方向へ進み、それら同一の魚種の範囲へ到達したが、海洋境界の始点からほぼ一〇〇カイリの地点で緯度線を越えた（para. 108）。

海洋境界の範囲を判断するにあたり、両当事国の沿岸住民によって漁業がなされていたことが重要である。一九五〇年代初頭の主要な海洋活動は、小型漁船によってなされる漁業であった（para. 109）。漁業活動がなされた範囲は、海洋境界についての合意があるとの認識を当事国が有した（一九五〇年代の）時点で、諸国が二〇〇カイリの限界線まで境界線を拡張することを意図していたとは考えにくいことを示す（para. 111）。

(b)　海洋法の当時の発達状況

次に裁判所は一九五〇年代における海洋法一般の状況へと目を転じ、①一般的な国家実行、②国際法委員会においてなされた研究および提案、③これらの提案に対して国家または国家集団がなした反応について検討する（para. 112）。

本件で問題となった時期に、水域に対する国家の権利に関して、国際的に一般的に受容されていたことに最も近い提案は、六カイリの領海と六カイリの漁業水域、これに確立した漁業権について若干の留保を伴うというものであった。この時期に、二〇〇カイリの排他的経済水域の概念は「まだあと何年もかかるもの（still some long years away）」であり、国家実行と一九八二年の国連海洋法条約による一般的受容は、これから三〇年後の話であった。裁判所からの質問に返答して、両当事国は、一九五二年のサンティアゴ宣言でなされた両国の主張が、当時の国際法に対応しておらず、少なくとも当初は、第三国に対しては強制することができないことを認めた（para. 116）。

裁判所は、①当時の漁業活動が主要な港から約六〇カイリの距離でなされたこと、②他の諸国の関連する実行、③国際法委員会の海洋法に関する作業に基づいて、合意された海洋境界がその始点から八〇カイリを超えて拡張できないとする（para.117）。

（c）国内立法上の実行

裁判所は、ペルーが採択した一九五五年の海域に関する最高決議（Supreme Resolution on the Maritime Zone of 200 Miles）を含む両国での立法を検討し、これらの文書は、海洋境界の範囲について何ら示唆するものではないとする（paras. 119–122）。

（d）一九五五年の加入議定書

一九五五年、チリ＝エクアドル＝ペルーの三カ国は一九五二年のサンティアゴ宣言に対する加入議定書（Protocol of Accession）を採択した。しかし裁判所は本議定書が実質的意義を持たないとする（paras. 123–125）。

（e）法執行活動

海洋境界に関する法執行活動は、第三国の船舶に関するものと、ペルーおよびチリの二国に関係するものに分類でき、それぞれ関連する時期によって分類できる。裁判所は、当事国によって海洋境界の存在が認められた一九五〇年代初頭の活動について、注目する（para. 126）。

第三国の船舶に関して、当該海域において一九五一年から一九七一年の間に起きた違反について書かれた南太平洋常設委員会（CPPS, Comisión Permanente del Pacífico Sur; Permanent Commission for the South Pacific）の事務局長の一九七二年の報告書（ただし最初の一〇年間のデータは不完全である）によれば、同書が対象とする二〇年の間に、ペルーは五三隻、チリは五隻、エクアドルは一二二隻をそれぞれ拿捕した。ペルー水域で拿捕された五三隻のうち二〇隻の場合において、報告書は拿捕がなされた場所を記録または示唆しているが、それらすべての場所は緯度線の遥か北方であり、ペルーとエクアドルの国境の近くであった。三六隻については海岸からの距離が示され、多くは近海で拿捕され、六〇カイリを越えるのは一件、三五カイリを越えるのは二件だけだった（para. 127）。

二国間での出来事（事件）に関わるすべての行為は、一九八〇年代半ばまでは、海岸からおよそ六〇カイリ内、通常はさらに海岸近くで生じていた（para. 128）。

(f)　他の実行

さらに裁判所は、海洋境界に関する両国の黙示の合意の範囲について①灯台取極（para. 130）、②ボリビアとの交渉（paras. 131-133）、③第三回国連海洋法会議における当事国の立場（paras. 134-135）、④ペルーのバクラ大使による一九八六年の覚書（paras. 136-142）、⑤一九八六年以降の実行（paras. 143-148）を検討し、いずれも海洋境界の範囲の問題について重要性を有するとはみなさないとする。

(g)　合意された海洋境界の範囲についての結論

裁判所に提出された関連する証拠全体についての評価に基づけば、当事国間で合意された海洋境界が、緯度線にそって始点から八〇カイリまで拡張されると裁判所は結論する（para. 151）。

(4)　海洋境界に関する合意の始点

裁判所は、次に海洋境界の始点の位置を明らかにする（para. 152）。

まず両国の間の陸上の境界については、リマ条約第二条にしたがって画定された。同条は「チリとペルーの領土の境界は、……ジュータ川にかかる橋の北方一〇キロにある『コンコルディア』と呼ばれる海岸の地点を始点とする」とした。同条約第三条は、当事国がそれぞれ一名を任命する委員によって構成される混合委員会を設置し、同委員会が境界を画定すると定めた（para. 153）。合意された境界を決定し示すために一連の標識を用いるとされた（para. 18）。

ペルーは、陸上の境界の始点が、第一境界標識ではなく、コンコルディア地点であると主張する（paras. 14, 155-157）。これに対してチリは第一境界標識が陸上の境界の始点であると指摘する（para. 156）。

当事国の提示した多くの主張は、リマ条約第二条において、コンコルディア地点として示されている陸上の境界の始点の位置と関係している。裁判所の任務は、当事国が海洋境界の始点について、合意したか否かを確かめることである。本問題を扱う裁判所の管轄権については争われていない（para. 163）。

海洋境界の始点を決定するために、裁判所は、①灯台取極に至る過程の記録（paras. 164-169）、②当事国が提出した証拠としての地図（paras. 170-172）、③同地域の漁業および他の海洋実行との関係で提出された証拠（paras. 173-174）を検討する。後の二つの要素は本問題に関係ないことを考慮して、裁判所は、灯台取極に注目する。

灯台取極において当事国が示そうとした海洋境界は、第一境界標識を通過する緯度線によって引かれていた。両国は、合意された通りに灯台を建設することによって、これを実施した。同取極は、合意された海洋境界が、第一境界標識を通る緯度線によって引かれることについての「説得力のある証拠」となる（para. 174）。

裁判所は、当事国間の陸上の境界が始まるコンコルディア地点の位置について明確にすることを要請されていない。コンコルディア地点が、海洋境界の始点と一致しない可能性があるが、このような事態は、当事国間で到達した合意の帰結である（para. 175）。

裁判所の結論では、当事国間の海洋境界の始点は、第一境界標識を通る緯度線と、低潮線とが交差する地点とする（para. 176）。

(5)　合意された境界の終点からの海洋境界線

裁判所は、国連海洋法条約の第七四条一項および第八三条一項の規定に基づいて検討を進める。これらの条文はほぼ同一であり、第七四条が排他的経済水域に言及し、第八三条が大陸棚に対して言及していることが唯一の差異である。これらの条項は、慣習法を反映している（para. 179）。

裁判所が衡平な解決のために通常用いる方法は、三つの段階からなる。すなわち、第一段階は、優越する他の有力な理由がない限り、暫定的な等距離線（provisional equidistance line）を引く。第二段階は、衡平な結果を達成するためその線を調整することが必要とされる関連事情（relevant circumstances）が存在するのかを検討する。第三段階は、不均衡テスト（disproportionality test）を行う。これは、調整された境界線の効果について、関連水域における個々の国家の割当部分がその関連する海岸線の長さに比べて著しく不均衡（markedly disproportionate）であるかどうかを評価するものである（para. 180）。

(a)　暫定的な等距離線

本件において、海域の画定は、合意された海洋境界の終点である八〇カイリ沖のA点から開始される。裁判所が直面している状況は、本件の暫定的な境界画定のための始点が海岸からはるか沖合である地点（チリの海岸から八〇カイリであり、ペルーからは四五カイリ）であるため、通常とは異なる（unusual）（para. 183）。

海洋境界画定において通常の三段階の方法を適用するのは、衡平な解決を得るという目的のためである。この方法の観点から、裁判所は、既存の海洋境界の終点（A点）から暫定的な等距離線を引く（para. 184）。

暫定的な境界線を引くためには、裁判所は適切な基点（base point）を最初に選定する。海岸から八〇カイリの距離にあるA点の位置に鑑みれば、チリ側の最初の基点は、チリとペルー間の境界の始点の付近となる。ペルーの海岸の基点は、A点から半径八〇カイリ以上の円弧が、ペルーの海岸と交わる点となる。A点から八〇カイリ以遠の距離

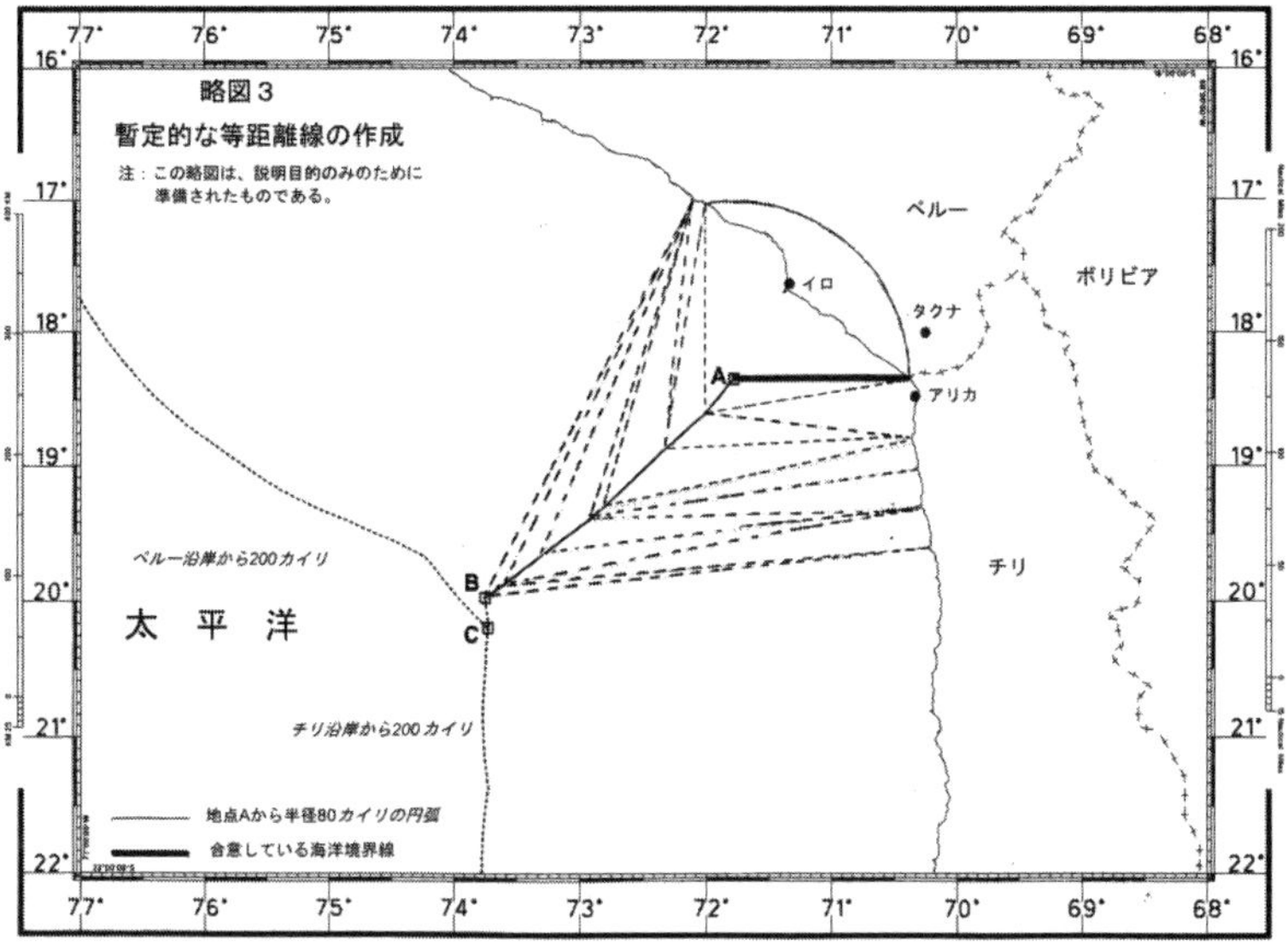

にあるペルーの海岸の地点が、チリ側の等距離の地点に相当する。略図3に示された円弧は、ペルー側の最初の基点を示す。暫定的な等距離線を引くためのこれ以降の基点は、「画定されるべき地域に向かって最も近くに位置する」海岸の点の中から選定される。これらの基点は、ペルーの海岸では、同国の最初の基点から北西方向に向かって位置しており、チリの海岸では同国における海岸の最初の基点から南方向に位置している（para. 185）。

暫定的な等距離線は、南西の方向に引かれることとなり、二国の海岸がなめらかであるためほぼ直線となって、チリの基線から二〇〇カイリの限界線に至るまで引かれる（B点）。この点よりも海側では、当事国の海岸から二〇〇カイリの投射（projection）は、両国で重複していない（para. 186）。

裁判所は、境界画定の通常の方法の適用を続ける前に、ペルーの第二の申し立てを検討する。本申し立てにおいて、ペルーは裁判所に対して、共通の海洋境界の終点より先では、ペルーの基線から二〇〇カイリまでに広がる海域（いわゆる「外側の三角形」）に対して主権的権利を行使する権限を同国が有することを認めるように要請している（para. 187）。

緯度線にそって合意された境界線は、海岸から八〇カイ

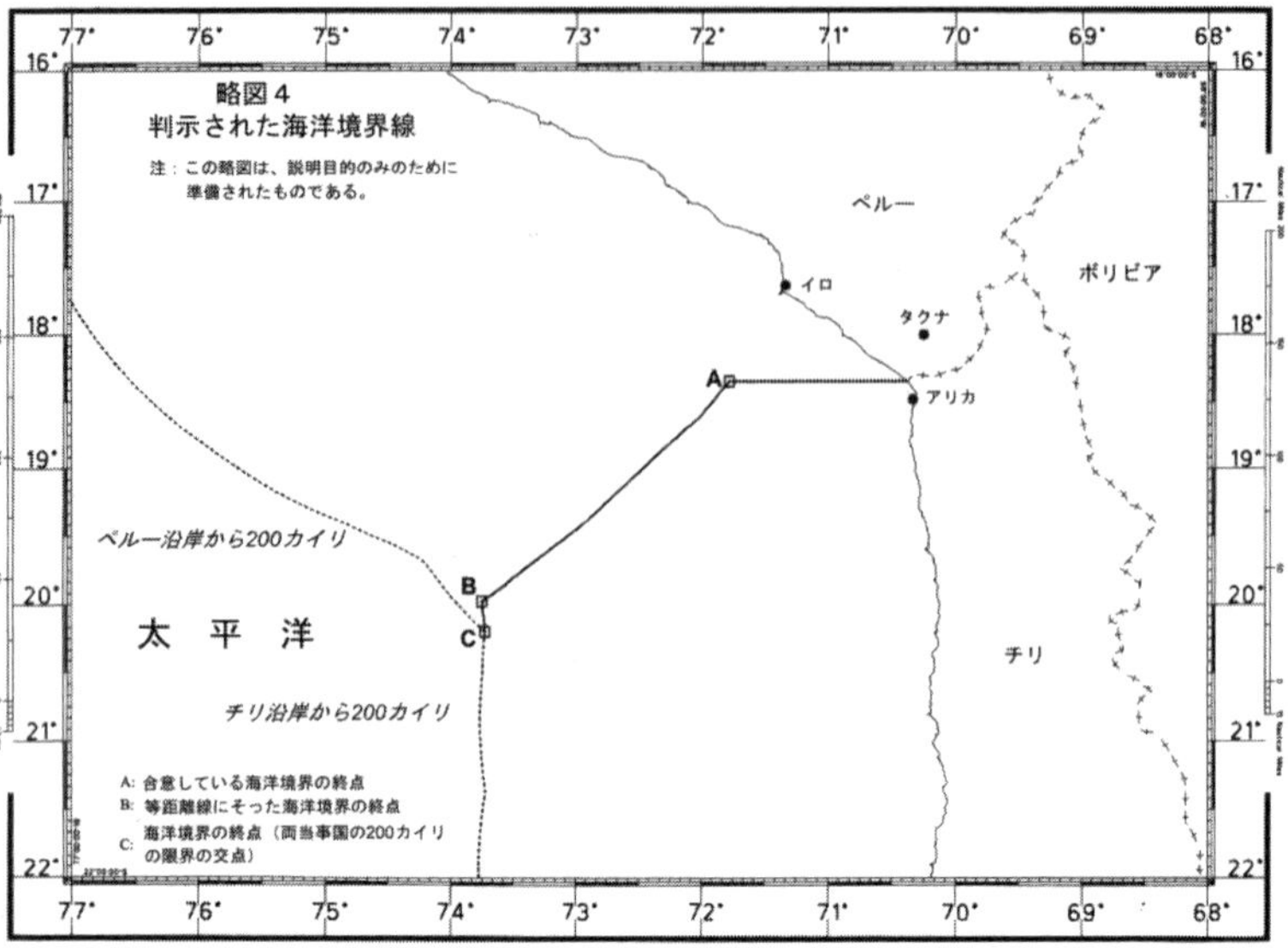

リ地点が終点であると裁判所は既に結論しており、チリの二〇〇カイリの海域という主張の根拠はもはや存在しない。さらに、等距離線を引くことによって当事国の重複している海洋の権限の画定を行うことを裁判所は既に決定しているため、ペルーの第二の申し立ては目的を失うこと（moot）となり、裁判所がこれについて判断する必要はない（para. 189）。

チリの距岸二〇〇カイリの限界線は、B点から一般的に南方の方向に向かっている。それゆえ、海洋境界の最終部分は、B点から、チリの二〇〇カイリの限界線にそって南方に引かれ、ペルーの二〇〇カイリの限界線との交点であるC点までとなる（para. 190）。

(b)　関連事情の検討

次に裁判所は、衡平な結果の達成という目的のために、暫定的な等距離線の調整を必要とする関連事情が存在するか否かを検討する。本件の場合、等距離線によって、いずれかの海洋への投射が過度に切断されること（excessive amputation）を回避している。関連事情によって、暫定的な等距離線を調整するべき根拠は存在しない（para. 191）。

(c)　不均衡テスト

裁判所は、第三段階として、A点から引かれた暫定的な等距離線が、関連する海岸線の長さおよび関連水域の分割(division)の観点から、顕著に不均衡な結果をもたらすか否かを検討する(para. 192)。

八〇カイリにわたり合意された境界線が存在することは、本件が通常とは異なる事態(unusual situation)であることを示す。このような境界線が存在する中で、もし比例による通常の数学的算定を行えば、関連する海岸線の長さおよび関連水域の範囲の算定に、不可能ではないにしても困難を生じさせる。過去のいくつかの事例において、事件の特別な状況から生ずる実践上の困難のため、結果の衡平性についてのゆるやかな評価がなされた(大陸棚に関する事件(リビア=マルタ)(一九八五年))。最近では、画定の第三段階で、算定を厳格に適用せず、概算でよいとした(たとえば黒海の海洋境界画定に関する事件(ルーマニア対ウクライナ)(二〇〇九年))。これらの事例においては、不均衡についてゆるやかな評価がなされた(para. 193)。

本件の通常とは異なる状況を考慮すれば、裁判所はここでも同一のアプローチに従う。本件では暫定的な等距離線の衡平な性質が問題となるような、顕著な不均衡(significant disproportion)は存在しないと結論する(para. 194)。

主文

以上の理由から、裁判所は次のように決定する(para. 198)。

(1)　一五対一によって、ペルーとチリの間でそれぞれの海域を画定する単一の海洋境界の始点は、第一境界標識を通る緯度線が、低潮線と交差する点とする。

賛成　裁判所所長トムカ、裁判所次長セプルベダ-アモール、裁判官小和田、エブラヒム、キース、ベヌーナ、スコトニコフ、カンサード・トリンダーデ、ユースフ、薛、ドノヒュー、セブティンデ、バンダリ、特任裁判官ギョーム、オレゴ・ビクーニャ

(2)　反対　裁判官ガジャ
一五対一によって、単一の海洋境界線の最初の部分は、第一境界標識を通って西方へと向かう緯度線にそって引かれる。

(3)　反対　裁判官セブティンデ
一〇対六によって、（境界線の）最初の部分は、単一の海洋境界の始点から八〇カイリに位置する点（A点）まで引かれる。

(4)　反対　裁判所所長トムカ、裁判官薛、ガジャ、セブティンデ、バンダリ、特任裁判官オレゴ・ビクーニャ
一〇対六によって、単一の海洋境界は、A点からは、①ペルーとチリのそれぞれの海岸から計測して等距離となる線にそって南西方向に引かれ、②チリの領海基線から計測して二〇〇カイリと交差する点（B点）にまで至る。B点から、単一の海洋境界は、ペルーおよびチリのそれぞれの領海基線から計測して二〇〇カイリの交差する点（C点）まで南方に引かれる。

(5)　反対　裁判所所長トムカ、裁判官薛、ガジャ、セブティンデ、バンダリ、特任裁判官オレゴ・ビクーニャ
一五対一によって、裁判所は、ペルーの第二の最終申し立てについては判示する必要がない。
反対　特任裁判官オレゴ・ビクーニャ

三　研　究

本判決の特徴は、紛争当事国の海洋境界の画定にあたり、①両国間の黙示の合意が推定された部分と、②そのような合意が存在しない部分とが並存していることである。

本判決に対しては、六つの宣言、二つの反対意見（共同反対意見を含む）、二つの個別意見が表明されている。

(1)　両国間の「黙示の合意」とその推定

本件においては、特別海域協定等の関連条約や実行の検討から当事国の間の海洋境界に関する黙示の合意の存在が推定された（para. 91）。しかし判決でも言及されている通り、ニカラグア＝ホンジュラス間のカリブ海領土・海洋紛争事件において、裁判所は海洋境界の設定は非常に重要（grave importance）な事柄であり、合意は安易に推定されてはならないと説示した。この点、本件での黙示の合意の推定については、たとえばセブティンデ判事や小和田判事が批判している。

(2)　黙示の合意の地理的範囲

判決で推定された黙示の合意は、大陸棚や排他的経済水域といった二〇〇カイリまで及ぶ沿岸国の権利が一般国際法上認められるようになる以前の一九五〇年代になされたものとされたため、その範囲が問題となった。一九五二年のサンティアゴ宣言では二〇〇カイリまでの海洋権が主張されたが、判決では八〇カイリまで黙示の合意が存在するとされた（para. 151）。その根拠として、当時の実際の漁業等に関する活動実績等が参照された。しかし八〇カイリという数字は、判決の中で示されたように、少なくとも当時の一般国際法に照らして許容されてはいなかったと考えられる。これに対して、トムカ裁判所長、薛判事、ガジャ判事、バンダリ判事、ビクーニャ裁判官は、サンティアゴ宣言に述べられているように、両国の境界は二〇〇カイリにまで及ぶとした。

(3)　黙示の合意の始点

本件では、海洋境界の始点をどこに位置づけるかが争われた。判決の結論は海洋境界の始点が、第一境界標識を通る緯度線と、低潮線とが交わる地点とした（para. 176）。この結果、ペルーとチリの陸上の境界の始点と、海洋境界の始点とが異なる可能性がでてきた。黙示の合意の始点について、たとえばガジャ判事は批判する。さらに第一境界標識を通る緯度線と両国の国境に挟まれた「陸地の三角形」といわれる二国間の陸上の境界に関する問題も生じさせた（略図1を参照）。

(4) 沖合からの暫定的な等距離線

本件において、裁判所は、国連海洋法条約第七四条一項および第八三条一項が慣習法を反映したものであるとし、黒海境界画定事件に代表される海洋境界の画定に関する三段階の方法を用いた。

裁判所は、両国間で八〇カイリにわたる黙示の合意が存在したと判示したため、当該合意による境界線の終点である沖合のA点から暫定的な等距離線を引くことが要求された。そのため、裁判所は、A点が両国から等距離にあるような基点を両国の海岸に想定し、それらを基点として暫定的な等距離を引いていった。この結果、裁判所が引いた暫定的な等距離線は、幾何学的な意味で両国の海岸からの等距離線ではない（para. 183）。

暫定的な等距離線の終点は、隣接する両国の海岸から二〇〇カイリの限界線であることが想定される。もし等距離線の始点が両国の陸上の境界であれば、終点も両国の二〇〇カイリの限界線となり両国で一致するはずであるが、上記の理由により、本件で用いた等距離線の終点（B点）は両国の海岸からの距離が異なる（para. 186）。

B点までの海岸からの距離が近いのがペルー側であるため、B点からは、チリの二〇〇カイリの限界線にそって、ペルーの海岸から二〇〇カイリの限界線（C点）まで境界線が引かれることとなる。

(5) 境界画定における関連事情と不均衡テスト

裁判所は、暫定的な境界線について、関連事情および不均衡テストの評価をしている。それゆえ、本件においても裁判所は従来の方法を踏襲したようにみえる。しかし、裁判所は本件の状況に鑑みて、厳格な地理的調整をすることなく、当事国間の海洋境界線を決定した（paras.191, 197）。

特に不均衡テストについては、裁判所は過去の事例を引用しつつ、本件が通常とは異なる状況であることを強調し、比例性に基づいて海岸線の長さ等を考慮することなくゆるやかな評価を行い、顕著な不均衡はないとした(para. 194)。

さらに裁判所は「外側の三角形」に関するペルーの第二申し立てについて、目的を失ったとした(para. 189)。もっとも判決においては「外側の三角形」を含む水域全体がペルーの水域とされ、チリの水域によって分断されることもなくなったため、事実上ペルーの第二の申し立ては認められた。

(6) まとめ

裁判所の判決は、海岸の近くの八〇カイリまでは、緯度線による黙示の合意や、境界線の始点などで、従来からのチリの主張を認めたものといえる。他方で、黙示の合意については二〇〇カイリではなく八〇カイリにとどめて、ペルーに対しては結果的に「外側の三角形」を分断されることなく認めるなど、八〇カイリ以遠の沖合についてはペルーの主張を認めた。

(鈴木　淳一)

第一五節　一定の書類およびデータの押収ならびに保管に関する問題

一　仮保全措置の指示の要請

当事国　東ティモール対オーストラリア

命令日　二〇一四年三月三日

事件概要　二〇一三年一二月三日、オーストラリアの官憲は、同国国内法に基づいて発行された令状に基づき、オーストラリアの首都キャンベラにある法律事務所から、書類などを押収した。これに対し、東ティモール民主共和国（以下「東ティモール」）は、押収された書類やデータには、東ティモールがティモール海仲裁事件の準備として東ティモールの法律顧問である法律事務所に資料として渡している東ティモールの国家文書等が含まれており、その押収は東ティモールに対する主権侵害であるとして、二〇一三年一二月一七日に裁判所にオーストラリアを訴える手続きを始めた。それと同時に、押収された資料等を封印することなどを求める仮保全措置の指示を要請した。裁判所は、審理の結果、東ティモールの仮保全措置の指示の要請を認め、二〇一四年三月三日に仮保全措置を命じた。

一　事　実

二〇一三年一二月一七日、東ティモールは、「東ティモールに属しおよび／または東ティモールが国際法の下で保護する権利を有している書類（documents）、データおよびその他の財産のオーストラリアの官憲」による二〇一三年一二月三日の押収およびその後の保管に関する紛争について、オーストラリアに対する手続きを始めた。東ティモールは、オーストラリアの官憲が、一九七九年のオーストラリア治安情報局法（the Australian Security

Intelligence Organisation Act 1979）の第二五節の下で発行された令状に従ったと主張して、オーストラリアの首都キャンベラにある、東ティモールの法律顧問の事務所から書類やデータ等を持ち去ったと、主張する。東ティモールによれば、押収された資料（material）には、なかんずく、東ティモールとオーストラリアとの間の二〇〇二年ティモール海条約の下での未解決の仲裁に関する書類、データおよび東ティモールと同国の法律顧問との間の通信文（correspondence）が含まれている、という。

東ティモールは、訴状の最後で、以下のことを判決し宣言することを裁判所に要請している。

第一：書類およびデータのオーストラリアによる押収は、(i)東ティモールの主権および(ii)同国の財産ならびに国際法およびあらゆる関連する国内法の下でのその他の権利を侵害したこと：

第二：書類およびデータのオーストラリアの継続している不法占有は、(i)東ティモールの主権および(ii)同国の財産ならびに国際法およびあらゆる関連する国内法の下でのその他の権利を侵害していること：

第三：オーストラリアは、全ての上述の書類およびデータを、東ティモールが指名する代表者に直ちに返還しなければならず、またオーストラリアの占有または支配下にあるそのような書類およびデータのあらゆる複写を回復不能に破壊しなければならず、そしてオーストラリアが第三者または第三国に直接にまたは間接に渡したあらゆる複写の破壊を確実にしなければならないこと：

第四：オーストラリアは、正式な謝罪の形態で国際法およびあらゆる関連する国内法の下でのその権利の上記侵害、ならびに本件訴状の準備および提起において東ティモールが負った経費に関して、東ティモールに満足を与えるべきこと。

上記訴状において東ティモールは、裁判所規程第三六条二項の下で、二〇一二年九月二一日に同国が行った宣言そして同条の下で二〇〇二年三月二二日にオーストラリアが行った宣言に裁判所の管轄権を基礎付けた。

二〇一三年一二月一七日東ティモールは、また、裁判所規程第四一条および裁判所規則第七三条から七五条に従って、仮保全措置の指示の要請を提出した。

その要請の最後で、東ティモールは、裁判所に、以下の仮保全措置を指示することを求めた。

(a) 二〇一三年一二月三日にオーストラリアの首都キャンベラの法律事務所からオーストラリアが押収した全ての書類およびデータは、直ちに封印されそして国際司法裁判所の管理下に提出されること：

(b) オーストラリアは、東ティモールに対してまた国際司法裁判所に対して、(i) オーストラリアが公開したかまたは伝えた全ての書類およびデータの一覧表、若しくはオーストラリア国家のまたは第三国の何らかの機関により雇われているかまたは事務所を有しているかに関わらず、オーストラリアが何れかの個人に公開したかまたは伝えた中に含まれた情報を、(ii) そのような個人の身元または記述および現在の地位を、直ちに提出すること：

(c) オーストラリアは、オーストラリアが押収した書類およびデータのいずれかについて作成したありとあらゆる複写の一覧表を、東ティモールに対してまた国際司法裁判所に対して、五日以内に提出すること：

(d) オーストラリアは、(i) 二〇一三年一二月三日にオーストラリアが押収した書類およびデータの全ての複写を回復不能に破壊し、そしてオーストラリアが第三者に対して伝えた全ての複写の回復不能な破壊を確実にするためのあらゆる努力を行使し、そして(ii) 成功したか否かに関わらず、破壊のための命令に従って講じた全ての措置を東ティモールと国際司法裁判所に通知すること：

(e) オーストラリアは、オーストラリアまたは東ティモールの国内外であろうとなかろうと、東ティモールとその法律顧問との間の通信の傍受を、行ったり、引き起こしたりまたは要請したりしないという保証を与えること。」

東ティモールは、仮保全措置の指示の要請に関する裁判所の審問および決定があるまで、裁判所所長が、オーストラリアに以下のことを求める裁判所規則第七四条四項の下でのその権限を行使することを、更に要請した。

(i) 二〇一三年一二月三日に、オーストラリアの首都キャンベラにある法律事務所から、オーストラリアが押収した全ての書類および電子データを含むファイルの一覧表を東ティモールに対してまた国際司法裁判所に対して直ちに提出すること；

(ii) 書類およびデータ（ならびに全てのその複写）を直ちに封印すること；

(iii) 裁判所またはオーストラリアの首都キャンベラにある法律事務所のいずれかに対して、封印した書類およびデータ（ならびに全てのその複写）を直ちに提出すること；

(iv) （東ティモールの代理人、H．E．ジョアキム・ダ・フォンセカを含む）東ティモールとこの活動に関連した東ティモールの法律顧問（DLA パイパー法律事務所、同事務所勅撰弁護士サー・ローターパクト、および勅撰弁護士ボーン・ロー）との間の通信の傍受を行わずまた引き起こさずあるいは要請しないこと。

二〇一三年一二月一八日付の書簡により、裁判所規則第七四条四項の下で行動する裁判所所長は、オーストラリアに、「裁判所が仮保全措置の指示の要請に関して行う命令がその適切な効果を有することを可能にするような方法で行動すること、とりわけ本件手続において東ティモールにより主張された権利の侵害の原因となる可能性のあるあらゆる行為を自制すること」を求めた。

裁判所の裁判官席にはいずれの当事国の国籍裁判官もいないので、東ティモールは、フランス人のジャン‐ピエール・コット（Jean-Pierre Cot）氏を、オーストラリアはオーストラリア人のイアン・コーリナン（Ian Callinan）氏を、特任裁判官として選定した。

二　命　令

二〇一四年一月二〇、二一および二二日に公開審理が行われ、東ティモールは裁判所に、その要請に含まれた同じ文言で仮保全措置の指示を求めた。

一方、オーストラリアは、次のことを述べた。

「1．オーストラリアは、裁判所に対し、東ティモールにより提出された仮保全措置の指示の要請を拒否することを要請する。

2．オーストラリアは、仲裁裁判所が、ティモール海条約の下での仲裁にその判決を言い渡すまで、本手続きを延期することを更に要請する。」

二〇一四年一月二八日付の命令により、裁判所は、とりわけ、裁判所に提起された東ティモールとオーストラリアとの間の紛争が、ティモール海条約仲裁において仲裁裁判所により判決を下される紛争とは十分に異なることを考慮して、手続きの延期についてのオーストラリアの要請に応じないことを決定した。

I．一応の管轄権

裁判所は、東ティモールが、規程の第三六条二項の下で二〇一二年九月二一日に同国が行った宣言および同条項の下で二〇〇二年三月二二日にオーストラリアが行った宣言を本件における裁判所の管轄権の基礎として求めていることに留意する。口頭手続において、オーストラリアは、「本案段階での管轄権および受理可能性の問題を提起する権利」を留保するが、「仮保全措置の東ティモールの要請に関してはそれらの問題を提起する」つもりはないと述べた。裁判所は、これらの宣言が、本件の本案に判決を下す管轄権を有する基礎を与えるように、一応、思われることを考慮して、東ティモールにより裁判所に提出された仮保全措置の指示の要請を取り上げることができると判断する。

Ⅱ．その保護が求められる権利と要請された措置

規程第四一条の下で仮保全措置を指示するその権限は、その本案に関する裁判所の決定まで、事件における当事者による請求されたそれぞれの権利の保全をその目的としている。それ故、裁判所は、要請している当事国により主張された権利が少なくとも妥当と思える場合にのみ、この権限を行使することができる。そのうえ、当該事件の本案に関する裁判所の手続きの主題を構成する権利と、求められている仮保全措置との間に結び付きが存在しなければならない。

東ティモールの主要な請求は、侵害が、未解決の仲裁手続の主題を構成している問題および東ティモールとオーストラリアとの間の海洋画定に関する可能性のある将来の交渉に関連して東ティモールの弁護士および法律家と機密のやり方で連絡する東ティモールの権利について生じたということである。裁判所は、この主張された権利が、国際秩序の基本的な原則の一つであり国際連合憲章の第二条一項に反映された、国家の主権平等の原則に由来することに留意する。より具体的には、平和的手段による国際紛争の解決の過程において、憲章の第二条三項に従って、当事国が関与する場合当事国の平等は保全されなければならない。したがって裁判所は、東ティモールが保護を求めた少なくとも幾つかの権利は、すなわち、その法律顧問との連絡を秘密にしておく権利および不干渉の権利を含む、仲裁手続または交渉をオーストラリアによる妨害なしに実施する権利は、妥当であると考える。

次に裁判所は、主張された権利と要請された暫定措置との間の結び付きの問題を扱うこととする。これらは、そのまさに本質により、オーストラリアの妨害なしに、仲裁手続および将来の交渉を実行し、そしてその目的のために法律顧問、弁護士および法律家と自由に連絡する東ティモールの主張された権利を保護するために意図されているので、東ティモールの主張した権利と求めた仮保全措置との間に結び付きが存在すると結論する。

Ⅲ．回復不能な侵害の危険性と緊急性

裁判所は、裁判所規程第四一条に従って、回復不能な侵害が、裁判所に係属している司法手続の主題である権利に対して起こり得る場合に、仮保全措置を指示する権限を裁判所が有している。その権限は、回復不能な侵害が、裁判所がその最終決定を下す前に紛争における権利に起こるであろうという現実的で差し迫った危険が存在するという意味で、緊急性がある場合にのみ行使されるものである。

裁判所は、妨害なしに仲裁手続と交渉を実施する東ティモールの権利は、オーストラリアが二〇一三年一二月三日にその官憲により押収した資料の機密性を直ちに保護しない場合には、回復不能な害を被り得るという見解である。とりわけ、裁判所は、押収された資料が同仲裁にまたはオーストラリアのために交渉に関与しているかまたは関与するかもしれない個人に漏らされたならば、ティモール海条約仲裁における東ティモールの立場に関して、またオーストラリアとの将来の海洋交渉において非常に重大な有害な効果があり得ると判断する。

しかしながら裁判所は、オーストラリアの司法長官が、押収した資料は、ティモール海における資源開発または関連交渉に関連した、若しくは裁判所に係属中の現在の事件またはティモール海条約仲裁の手続の実施に関連した、あらゆる目的のためにオーストラリア政府のいかなる部分にも利用可能とされないという趣旨の誓約を含む、二〇一四年一月二一日に保証を与えたことに留意する。裁判所は、オーストラリアの代理人が、「オーストラリア連邦の司法長官は、オーストラリア法上および国際法上、オーストラリアを拘束する事実上のそして明らかな権限を有している」と述べたことに、さらに留意する。裁判所は、二〇一四年一月二一日の書面による保証が、オーストラリアにより履行されないと信じる理由がない。裁判所は、ひとたび国家がその実行に関してそのような誓約を行った場合、その誓約を遵守するというその誠意は、推定されることになる、と考える。

それにもかかわらず、裁判所は、二〇一四年一月二一日付の書面による保証の第三項において、司法長官は、押収

された資料が、（法執行の可能性のある付託および起訴を含む）国の安全上の問題以外のどのような目的にもオーストラリア政府のいかなる部分によっても使われないであろうと述べた事実を考慮に入れる。裁判所は、押収した資料を封印し続けるというオーストラリアの誓約は、仮保全措置の指示の要請についての裁判所の決定まで与えられているだけであることに注視する。上記に照らして裁判所は、二〇一四年一月二一日の司法長官の書面による保証が、東ティモールの権利、とりわけ正しく保護されている当該資料の機密性に対するその権利、に対する回復不能な侵害の差し迫った、上記資料の押収により作り出された、危険性を緩和することに向けて著しい貢献をしているとしても、それは危険を全体的に取り除いてはいないと結論する。

裁判所は以上のことから、仮保全措置を指示するために裁判所規程により裁判所に要求されている条件が満たされたと結論する。

主文

以上の理由により

裁判所は、以下の仮保全措置を指示する。

(1) 一二対四で、

オーストラリアは、押収された資料の内容が、本件に結論が下されるまで、東ティモールの不利となるように多少なりともまたどんな時にも、個人により用いられないことを確保するものとすることを決定する。

賛成：裁判所所長：トムカ　裁判所次長：セプルベダ-アモール　裁判官：小和田、エブラヒム、ベヌーナ、スコトニコフ、カンサード・トリンダーテ、ユースフ、薛、ガジャ、バンダリ　特任裁判官：コット

反対：裁判官：キース、グリーンウッド、ドノヒュー　特任裁判官：コーリナン

(2) 一二対四で、

オーストラリアは、裁判所の更なる決定があるまで、押収した書類および電子データならびにその複写を封印し続けるものとすることをまた決定する。
反対：裁判官：キース、グリーンウッド、ドノヒュー　特任裁判官：コーリナン
(3)　一五対一で、
オーストラリアは、未解決の二〇〇二年五月二〇日のティモール海条約の下での仲裁、海洋画定に関する将来の二国間交渉、あるいは裁判所における本件を含む、両国の間のその他の関連する手続に関しての東ティモールとその法的顧問との間の通信を多少なりとも妨害しないものとすることをさらに決定する。
反対：特任裁判官：コーリナン

二　仮保全措置の指示の命令の修正要請

命令日　二〇一五年四月二二日

事件概要　オーストラリアは、二〇一五年三月二五日付け書簡をもって、状況の変化により国際司法裁判所（ICJ）が二〇一四年三月三日に指示した仮保全措置の指示の命令の修正を要請した。ＩＣＪは、オーストラリアの要請を検討した結果、二〇一五年四月二二日付けの命令により、一定の書類およびデータの押収および不法占有についての問題に関する事件において二〇一四年三月三日に下された仮保全措置を指示する命令の修正を求めるオーストラリアの要請を認めることを決定した。

一　事実

二〇一四年六月一七日付の書簡により、両当事国は、口頭手続が二〇一四年九月一七日に開かれることを通知された。二〇一四年九月一日付の合同書簡により、東ティモールとオーストラリアの代理人は、裁判所に対し、「当事国が和解を求めることを可能にするため、二〇一四年九月一七日に始める審問を延期すること」を裁判所に要請した。両代理人はまた、二〇一四年三月三日の仮保全措置を指示している命令の一部修正（variation）を合同で求める可能性を挙げた。二〇一四年九月三日付書簡により、裁判所書記は、裁判所が、裁判所規則第五四条に従って、口頭手続の延期に対する当事国の合同要請（joint request）を認めることを決定したことを当事国に通知した。

二〇一五年三月二五日付書簡により、オーストラリアは、同国が、「本手続きの主題である二〇一三年一二月三日にコラリー（Collaery）法律事務所から移動させた資料を返すことを望んでいる」ことを示唆した。したがって、オーストラリアは、裁判所規則第七六条に従って、二〇一四年三月三日の命令の修正を要請した。裁判所書記は、東ティモールに対し直ちにその要請を知らせた。

オーストラリアは、二〇一四年三月三日の命令において裁判所が指示した二番目の仮保全措置、すなわち「オーストラリアは、裁判所の更なる決定があるまで、押収した書類および電子データならびにその複写を封印し続けるものとすること。」の修正を要請した。オーストラリアは、「資料が封印されたままである、現在地からの資料の移動を承認するため、そしてコラリー法律事務所への封印されたままでのその返還を許すため、裁判所規則の第七六条一項の下での裁判所の権限を行使すること」を裁判所に要請した。その要請に関する書面の見解において、東ティモールはオーストラリアの要請に留意しそしてその目的のための当該命令の修正に対し同国は「異議がない」と述べた。

二　命令

オーストラリアの要請について裁定するため、裁判所はまず、同国により裁判所にもたらされた事実に照らして、二〇一四年三月の問題の仮保全措置の指示を求める状況がそれ以降変化したかどうか確認しなければならず、変化したのであるならば、その後で裁判所は、そのような変化が以前に指示した措置の修正または取り消しを正当化するかどうかを審議しなければならない。裁判所は、当該措置が、オーストラリアの官憲により押収されそして保管された書類およびデータの返還に対するオーストラリアの拒否の故に要求されたことを想起する。裁判所は、二〇一五年三月二五日の書簡において、オーストラリアが問題となっている資料を返還するその意図を裁判所に通知したことに注視する。そして東ティモールがその一連の行動に対して異議を唱えていないことに更に留意する。書類およびデータの返還に関するオーストラリアの立場の変化を考慮して、裁判所は、二〇一四年三月三日の命令において指示した上記措置のもとである状況において変化があったという意見である。

裁判所は、二〇一四年三月三日の命令において指示した措置に関する状況における当該変化から結果が引き出されると考える。押収された書類およびデータならびにそのあらゆる複写の返還は、東ティモールの訴状およびその申述書において表明された第三の申立の通りになるであろうことに留意する。しかしながら裁判所は、そのような返還は、裁判所が当該資料の移転を承認し、当該移転のための様式を特定する更なる決定に基づいて有効となることに注視する。

裁判所は、状況における変化は、二〇一四年三月三日の命令の修正を正当化するものであるという見解を取る。したがって裁判所は、その移転がその目的のために東ティモールにより任命された代理人の監督の下で完了する迄の間、当該資料を封印のまま維持するオーストラリアの義務を維持しつつ、押収された書類およびデータの返還を承認する。裁判所は、その返還およびその日にちについて正当に通知されることを更に要請する。

本命令から生じる修正は、本件手続の結論までまたは裁判所の更なる決定まで効力を持ち続けるという二〇一四年三月三日の命令の第一および第三の本文で指示された措置については、影響しない。

主文

裁判所は、

(1) 全員一致で、

二〇一三年一二月三日にオーストラリアにより押収された全ての書類およびデータならびにそのあらゆる複写の、その目的のために任命された東ティモールの代理人の監督の下での、コラリー法律事務所への、封印されたままの、返還を承認する。

(2) 全員一致で、

当事国に対し、二〇一三年一二月三日にオーストラリアにより押収された書類およびデータの返還が果たされたことそして何時返還が行われたのかを通知することを要請する。

(3) 全員一致で、

二〇一三年一二月三日にオーストラリアにより押収された全ての書類およびデータならびにそのあらゆる複写の返還に基づき、二〇一四年三月三日の裁判所の命令により指示された二番目の措置は、その効力がなくなるものとすることを決定する。

三　取り下げ命令

命令日　二〇一五年六月一一日

事件概要　二〇一三年一二月三日に東ティモールにより提起された事件は、東ティモールの要請で二〇一五年六月一一日に付託事件リストから削除された。

一　事　実

二〇一五年五月一五日付合同書簡により、両当事国は、二〇一五年四月二二日の裁判所の命令に従って、オーストラリアが二〇一三年一二月三日に押収した文書とデータを返還したことを確認した。

二〇一五年六月二日付書簡において東ティモールの代理人は、「二〇一五年五月一二日のオーストラリアによる押収された文書とデータの返還の結果として生じることは、東ティモールは裁判所へのその訴訟提起の目的、すなわち東ティモールの正当な財産の返還、そしてそれ故その行動は東ティモールの主権の侵害であったということを、オーストラリアが黙示的に認めたこと、を首尾良く達成したこと」を説明し、そして東ティモール政府が本件手続の継続を望まないことを裁判所に通知した。

同書簡の写しは、直ちにオーストラリア政府に通知された。二〇一五年六月九日付書簡によりオーストラリアの代理人は、オーストラリア政府は、東ティモールにより要請された本件の中止に反対しないことを裁判所に知らせた。オーストラリアの代理人は、裁判所宛の二〇一五年三月二五日の書簡で指摘したように「文書の返還に対するオーストラリアの要請は、建設的なまた協力的なやり方での紛争をもとに戻すことによって平和的解決に対するその公約の確認である」ことを再確認した。そして「オーストラリアの行動から他の含意が引き出されるべきではない」と付け加えた。

二　命　令

上記の事実から、二〇一五年六月一一日に、裁判所所長は、手続の東ティモールによる中止を記録し、付託事件リストからの本件削除を指示する命令を出した。

三　研　究

1．東ティモールは、オーストラリアの治安情報局（Australian Security Intelligence Organisation; ASIO）の官憲が、同国国内法に従った捜査令状により押収した書類等には、オーストラリアと係争中の仲裁裁判に関する記録が含まれているので、東ティモールの主権を侵害したとし、その押収した書類等の返還を求めている。オーストラリアが捜査令状に基づき、捜査したのは、民間の法律事務所であり、東ティモールの外交機関でもなければ関連する施設でもない。ツイッター(1)によれば、ＡＳＩＯは、二〇〇四年におきた東ティモールが関係するスパイ事件に関連してオーストラリアの治安情報局の元職員とその妻を拘束し、法律事務所を捜索した、ということである。捜査令状は、オーストラリアの国の安全保障を守るためにＡＳＩＯの助言と要請に基づいて発行されたものである、とオーストラリアは主張している。もっとも、この捜査令状を発行した司法長官は、オーストラリアがティモール海に関する問題について東ティモールと現在紛争中であること、また同紛争が、ハーグで仲裁手続の対象であること、オーストラリアがその管轄権を争っていること、そして捜索した法律事務所のコラリー氏が同手続における東ティモールの弁護団の一員であること、を認識しているとしている。

それに対し、捜査令状が発行された目的は、仲裁に関する東ティモール側の情報を得るためであると東ティモールは主張している。東ティモールは、その法律事務所の所有者が、同国政府の法律顧問でありまた法的代理人（Legal Representative）であるとしている。紛争相手の国にある民間の法律事務所で、重要なやり取りをし、さらにその書類やデータをその事務所に保管すること自体が、ちょっと理解し難いことである。ちなみに、本件では、この法律事務所（コラリー法律事務所）とは別の法律事務所を法律顧問としているが、この法律事務所（DLA Piper）は、アメリカ、アジア・太平洋、ヨーロッパそして中東などの三〇カ国以上に展開している世界的な事務所であるという。仮保全措置の指示の要請の最後に、法律顧問との通信の傍受をしないことの確約を求めているので、東ティモールは、この事件においてもまた民間の法律事務所を顧問として使い、今後も、民間の法律事務所を法律顧問として使用すると理解されるが、新興独立国では当然の考え方なのであろうか。

外交関係に関するウィーン条約は、その第二四条で「外交使節団の公文書及び書類は、いずれの時及びいずれの場所においても不可侵とする」と規定している。確かに、この法律事務所は、オーストラリアにある東ティモールの外交使節団と様々な情報のやり取りをしていたであろうが、その民間の法律事務所にある書類等も、「いずれの場所」に入ることから不可侵となるのだろうか。今回の事件では、いずれの当事国も外交関係条約の特権免除には触れていない。これは、この法律事務所がやり取りをしていたのが直接東ティモール政府だったから、当然保護されるべきという考え方と思われる。裁判所は、東ティモールが主張する権利が、国際秩序の基本的な原則の一つである国家の主権平等の原則に由来することに留意する、としている（仮保全措置の指示の要請に関する命令、para. 27）。

本件は、途中で東ティモールが訴えを取り下げたため、両当事国および国際司法裁判所によるこの主権侵害の具体的内容についての考えが示されなかったのがちょっと残念である。

2．本件では、指示された仮保全措置の内容が、充足されたことを理由として、保全を命じられた当事国により、仮保全措置の修正が要求された。これは、押収した資料の封印・保管を命じられた当事国が、その資料の返還を行うために、保管を解除し、返還を認めるように要求したものである。仮保全措置の修正要請は、コスタリカ対ニカラグアの事件（『本書』第一部第一節参照）でも行われたが、修正要請は認められなかったため、命じられた仮保全措置が、当事国の要請により修正された初めての例と思われる。そのことが、契機となって、両国間での交渉を経て、東ティモールは、訴訟の目的がほぼ達成されたとして、訴えを取り下げた。東ティモールにしてみれば、訴訟の主要な目的が達成されたことから、実現の可能性の低い経費の支払いや謝罪要求を求めることなしに、訴訟を打ち切ったほうが、東ティモールが主張した主権侵害の内容を議論するよりも、得策と考えたのであろう。

（山村　恒雄）

注

（1）https://twitter.com/iainet/status/408225514566864896：二〇一五年一二月一三日閲覧。

第一六節　集団殺害罪の防止および処罰に関する条約の適用事件

当事国　クロアチア対セルビア

判決日　二〇〇八年一一月一八日

『国際司法裁判所―判決と意見』第四巻第一部第一五節収録）

一　先決的抗弁に関する判決

事件概要　クロアチアは、「集団殺害罪の防止及び処罰に関する条約」（以下ジェノサイド条約）第九条に基づき、一九九九年七月二日に国際司法裁判所（以下裁判所）に提起した訴えにおいて、二〇〇六年に国名をセルビアと変えたユーゴスラビア連邦共和国（以下ＦＲＹまたはセルビア）が一九九一年に発生し一九九五年まで続いた紛争の過程において、右条約に違反したと申し立てた。セルビアは、訴えが提起された日にあっては、先行国であったＦＲＹが国連加盟国ではなかったので裁判所規程の当事国ではなかったこと、また、セルビアがジェノサイド条約に加入したのは二〇〇一年であり、それ以前にあっては先行国のＦＲＹは同条約に拘束されていなかったこと等を理由として、裁判所の管轄権および訴えの受理可能性について先決的抗弁を提起した。裁判所はセルビアの抗弁を退け、訴えを審理する管轄権を有すると判示した。

事実・判決・研究については『国際司法裁判所―判決と意見』第四巻（二〇〇五―一〇年）第一部第一五節三五二

〜三七四頁を参照のこと。

二　本案に関する判決

判決日　二〇一五年二月三日

事件概要　一九九一年六月二五日、ユーゴスラビア社会主義連邦共和国の構成国であったクロアチアが独立を宣言したのに伴い、同国内でクロアチア人勢力と少数派のセルビア人勢力との間に武力衝突が発生した。その紛争にユーゴスラビア社会主義連邦共和国（一九九二年四月二七日にユーゴスラビア連邦共和国／ＦＲＹが承継を宣言）の指揮下にあったとされるユーゴスラビア人民軍が介入し、セルビア人勢力は一九九一年末にはクロアチア領土の三分の一を支配するに至った。一九九五年夏の、いわゆる「嵐」作戦をもって、クロアチアは先に失った領土の大部分を奪回することに成功した。一九九九年七月二日、クロアチアは、ＦＲＹ（二〇〇六年にセルビアと国名を変更）が内戦期間中「集団殺害（以下ジェノサイド）罪の防止及び処罰に関する条約」（以下ジェノサイド条約）に違反したとして、後者を相手とする訴えを裁判所に提起した。他方セルビアは二〇一〇年一月四日、クロアチア人勢力が「嵐」作戦の過程において、クロアチア国内の少数派セルビア人に対して、ジェノサイド条約に定めるジェノサイド等の犯罪行為を行ったとの反訴を提起した。裁判所は、二〇一五年二月三日、本訴の本案に関して、右条約の意味でのジェノサイドを特徴づける客観的要件を構成する行為が行われたことを認めたが、右犯罪を特徴づける主観的要件である「特別の悪意」の存在は立証されなかったとして、クロアチアの主張を退けた。他方裁判所はセルビアの反訴に関しても、右条約の意味でのジェノサイドの客観的要件を構成する行為が行われたことを認めたが、主観的要件である「特別の悪意」の存在は立証されなかったとして、セルビアの反訴を退けた。

一　事　実

本件は、主として、一九九一年から一九九五年にかけて、ユーゴスラビア社会主義連邦共和国（以下ＳＦＲＹ）を構成していたクロアチア共和国（以下クロアチア）の領域内において生じた出来事にかかわる。

一九九一年三月に実施されたクロアチアの公式人口調査によれば、クロアチア住民の約七八％がクロアチア人であったが、少数民族も居住しており、その少数民族の約一二％はセルビア人であった。これら少数派セルビア人の大部分は、ボスニア、ヘルツェゴビナおよびセルビア各共和国との境界に近い地域に居住していた。

一九九〇年代に入ってから、クロアチア政府とセルビア人住民との間の緊張が高まった。クロアチアは一九九一年六月二五日に独立を宣言したが、その直後にクロアチア人武装勢力と、クロアチアの独立に反対する勢力との間に武力衝突が発生した。後者は、クロアチア内の一部のセルビア人によって設立された勢力と各種の民兵から構成されていた（いわゆる「セルビア人勢力」）。少なくとも一九九一年九月から、「ユーゴスラビア人民軍」（ＪＮＡ／Yugoslav National Army）がこの武力衝突に介入し、クロアチア政府軍と戦った。クロアチアの主張によれば、このＪＮＡはＳＦＲＹの指揮下にあった。一九九一年末、ＪＮＡとセルビア人勢力はクロアチア領土の約三分の一を支配するに至った。

国際社会の支援を受けた一九九一年末および一九九二年初頭における交渉によって、いわゆるバンス計画（当時のサイラス・バンス国連事務総長ユーゴスラビア特使の名を付した計画）が打ち出され、国連保護軍（以下ＵＮＰＲＯＦＯＲ）が展開されることになった。バンス計画には、停戦、少数派セルビア人およびＳＦＲＹ武装勢力の支配下にあるクロアチア内地域の非武装化、避難民の帰還および紛争の恒久的な解決にとって望ましい環境の設定等にかかわる規定が含まれていた。ＵＮＰＲＯＦＯＲは一九九二年春に展開したが、バンス計画と同軍の目標は十分に達成されなかった。一九九二年から一九九五年春までの期間において、「クライナ・セルビア人共和国」（ＲＳＫ／一九九一年末にクロアチア領域内の主としてセルビア人居住地域に樹立された政治主体）は武装解除されず、紛争当事者の双方による軍事作戦がいくつか実施され、平和的解決を達成するための試みは失敗した。

一九九五年の春季における軍事作戦および夏季において実施された、いわゆる「嵐」作戦の結果、クロアチアは先に失った領域の大部分に対する支配を再確立することに成功した。

一九九九年七月二日、クロアチアは、ユーゴスラビア連邦共和国（以下ＦＲＹ）がジェノサイド条約のもとでの義務に違反したとして、同国を相手とする訴えを裁判所に提起した。クロアチアは、裁判所の管轄権の基礎としてジェノサイド条約第九条を援用した。二〇〇二年九月一一日、ＦＲＹは裁判所の管轄権と本件の受理可能性について先決的抗弁を提起した。

ＦＲＹは裁判所宛て二〇〇三年二月五日付書簡をもって、同国の国名が「セルビア・モンテネグロ共和国」に変わったと通告した。その後二〇〇六年六月三日に「モンテネグロ共和国」が独立したが、二〇〇八年一一月一八日の本裁判所判決（ジェノサイド条約の適用事件、先決的抗弁に関する判決―以下二〇〇八年判決）において、「セルビア共和国」（以下セルビア）は引き続き本件の単一の被告国であることが確認された。二〇〇八年の右判決において、裁判所はセルビアが提起した第一と第三の先決的抗弁を退けたが、第二の先決的抗弁に関してはそれが専ら先決的性質を有するものではないので本案審理の段階において検討されねばならない、と判示した。セルビアの第二の抗弁は、一九九二年四月二七日前、すなわち、ＦＲＹ樹立前の同国の行為または不作為に対する訴えは裁判所の管轄権の範囲外でありかつ受理できないというものであった。

二〇一〇年一月四日、セルビアは裁判所規則第八〇条に基づき反訴を提出した。セルビアの反訴は、クロアチアが一九九五年の春季と夏季に行った一連の軍事作戦に際して生じたと、セルビアが申し立てた出来事にかかわるものであった。セルビアは、クロアチアが一九九五年の「嵐」作戦の期間およびその後において、同国に居住するセルビア人集団に対して、同集団の全部または一部を集団それ自体として（as such）破壊する意図をもって、ジェノサイド条約第二条において禁止されている行為を犯すことによって、同条約に違反したと主張した。

二　判　決

Ⅰ　管轄権

1　ジェノサイド条約の遡及効

セルビアの主張によれば、クロアチアの訴えが、ＦＲＹがジェノサイド条約の当事国となった一九九二年四月二七日よりも前に生じたと申し立てられた行為にかかわるものである限りにおいては、同条約はＦＲＹには適用されない。(para. 91)

クロアチアの主張によれば、ジェノサイド条約の実体的規定は、被告国について同条約が発効する前に生じた出来事に対しても適用される。クロアチアは、ジェノサイドを防止し処罰する義務は、特定の国についてジェノサイド条約が発効した後に生じたジェノサイド行為のみに適用されるのではなく、いかなる時点であれ生じたジェノサイドに対して適用することができると主張する。(para. 94)

裁判所は、締約国に対してなんらかのことが起きることを防止することを要請する条約義務は、論理的には、その国がその義務に拘束されるようになる期日前に生じた出来事に適用することはできない、すなわち、既に生じてしまったことは防止できない、と考える。(para. 95)

論理ならびに条約法に関するウイーン条約第二八条に盛られた条約義務の不遡及の原則によって、ジェノサイドを防止する義務は当該国についてジェノサイド条約が発効した後に生じた行為についてのみ適用されるとの結論が明白にもたらされる。(para. 95)

国に対してジェノサイド条約が発効する前に生じた行為について処罰する義務を課す条約については同様の論理的障壁は存在しないし、また、若干の条約にはそのような義務が含まれている。後者の事例としては、二つ存在する。

一つは「戦争犯罪及び人道に対する罪に対する国内立法による制約の不適用に関する条約」［一九六八年国連総会決議2391（XXIII）］、他は「戦争犯罪及び人道に対する罪に対する国内立法による制約の不適用に関する欧州条約」である。これらの条約においては、発効する前に生じた行為に対する関連条約の適用について明示的に規定されている。ジェノサイド条約には、類似の規定は存在しない。（para. 96）

ジェノサイド条約の交渉経緯は、ジェノサイド行為を処罰する義務は、同条約の他の実体的規定と同様に、将来発生する行為に適用することを意図したものであって、第二次大戦中または過去のその他の時期に生じた行為については適用されない、ということを示している。（para. 97）

裁判所は、ジェノサイド条約の実体的規定は、国が同条約に拘束される前に生じた行為に関してはその国に義務を課していない、と結論する。（para. 100）

以上の結論に到達したので、裁判所は次に、そうではあっても、一九九二年四月二七日前に生じたと申し立てられた行為をめぐる紛争がジェノサイド条約第九条のもとでの管轄権の範囲内に含まれるか否かの問題の検討に入る。クロアチアは、右の管轄権の範囲内に含まれるとの結論を導く二者択一的な根拠を提起する。クロアチアは第一に、国連国際法委員会国家責任条文第一〇条二項、第二に国家承継法に依拠する。（para. 101）

2　国家責任条文第一〇条二項

国家責任に関する条文第一〇条二項は、国際不法行為に関し次のように定める。「先に存在した国の領域の一部又はその国の施政下にある領域において、新国家の樹立に成功した反乱団体その他の団体の行為は、国際法上新国家の行為とみなされる」。（para. 82）および（para. 102）

クロアチアは、本条項は慣習国際法の一部であると主張する。クロアチアによれば、一九九二年四月二七日前の出来事との関連での同国の訴えは、ＪＮＡおよびその他の武装勢力・団体ならびにセルビア人政治当局による行為にかかわるものであり、それらの行為はかかる主体（movement）の行為とみるされ、したがって、右条文第一〇条二項に掲げられた原則の効力に基づきＦＲＹに帰属される。（para. 102）

裁判所は、右条文第一〇条二項が慣習国際法を宣言したものであるとみなされるにせよ、同条項は新国家への行為の帰属のみにかかわるものであって、新国家を樹立することに成功した国家または団体のいずれかに対して拘束力のある義務を設定するものではない。また、右条文第一〇条二項は、「国の行為は、行為が行われたときにその国が問題となっている義務に拘束されているのでない限り、国際義務の違反を構成しない」との同条文第一三条に掲げられた原則に影響を及ぼすものではない。（para. 104）

ＦＲＹがジェノサイド条約に拘束されるようになったのは、一九九二年四月二七日からである。同期日前の行為が条文第一〇条二項に掲げられた原則の効果によってＦＲＹに帰属されるにせよ、それらの行為はジェノサイドを禁止する慣習国際法違反にかかわるだけであって、ジェノサイド条約規定違反にかかわることはできない。（para. 105）

3　国家責任の承継

クロアチアは、ＦＲＹがＳＦＲＹの責任を承継した、と主張する。この主張は、一九九二年四月二七日前の行為はＳＦＲＹに帰属され、かつ、その行為は問題の時期においてＳＦＲＹが締約国であったジェノサイド条約のもとでの同国の義務に違反するものであったとの前提に依拠している。クロアチアは、ＦＲＹが一九九二年四月二七日にＳＦＲＹの条約義務を承継したときに、ＦＲＹはＳＦＲＹによって引き起こされたジェノサイド条約違反についての責任をも承継したと主張する。（para. 106）

セルビアがジェノサイド条約違反について責任を有するか否かについて判断を下すためには、裁判所は次の点を決定する必要がある。すなわち、①クロアチアが申し立てたような行為が生じたか否か、②生じたと認められる場合、それらの行為が生じた時にそれらはＳＦＲＹに帰属されかつ同国に責任を発生させることになるか否か、③ＳＦＲＹ

に責任を発生させた場合、ＦＲＹがその責任を承継することになるか否か、という三点である。クロアチアが申し立てた行為の多く（その全てではない）が生じたことについては争われていないが、当事者はそれらの行為がジェノサイド条約の違反にあたるか否かについては見解を異にする。(para. 112)

一九九二年四月二七日前に生じたと主張されている行為をめぐる訴えに関し、裁判所が管轄権を有するか否かについて判断を下すために決定されねばならないことは、前述の三点に関する当事者間における争いがジェノサイド条約第九条の範囲内に含まれるか否かである。争われている諸点はジェノサイド条約の解釈、適用または履行にかかわるものである。ここでは、同条約に遡及効を与えることを示唆するものは存在しない。両当事者とも、関連の行為が生じたとされる時点では、ＳＦＲＹは同条約に拘束されていた、と認めている。関連の行為が同条約に違反するか否か、また、違反する場合にそれらの行為はＳＦＲＹに帰属されかつ同国に責任を発生させることになるか否かは、まさに、同条約第九条に定められた事物管轄権の範囲内に含まれる問題である。(para. 113)

第三の争点に関するかぎり、裁判所が決定を要請されている問題は、ＦＲＹ—つまり、セルビア—が、ＳＦＲＹに帰属すると申し立てられた、ジェノサイド条約第三条に列挙されたジェノサイド行為または他の行為について責任を有するか否かである。同条約第九条は「ジェノサイド又は第三条に列挙された他の行為のいずれかに対する国の責任に関するものを含め・・・この条約の解釈、適用又は履行に関する・・・紛争」に関する管轄権を定めている。裁判所は、第九条は締約国の責任について一般的に規定しており、その責任が発生した態様についてはなんらの制限を含めていない、ことに留意する。(para. 114)

確かに、クロアチアが主張するように、セルビアがジェノサイド条約に違反した先行国の責任を承継するものであるかどうかは、同条約によってではなく一般国際法規（rules of general international law）によって規律されるものである。しかし、この見解は、第三の点をめぐる紛争を第九条の範囲外に置くものではない。ジェノサイドの中立とかかわる国家責任または国家承継の一側面に関する規則の適用—またはその規則の存在自体—が第九条のもとで付託された事件の当事者間において活発に争われるかもしれないということによって、当事者間における紛争が「ジェノサイド又は第三条に列挙された他の行為のいずれかに対する国の責任に関するものを含め・・・この条約の解釈、適用又は履行に関する・・・紛争」のカテゴリーから除かれることにはならない。クロアチアの主張は、ＳＦＲＹがジェノサイド条約の当事国であった時に犯したと申し立てられたジェノサイド行為について同国が責任を有するか否かの判断を要請しているので、第九条の時間的範囲に関する同裁判所の（前述のｌ報告者注）判断は裁判所の管轄権にとっての障壁とはならない。（para. 115）

一九四三年の「貨幣用金事件」判決（先決的抗弁に関する判決、*I.C.J.Reports1954,p.19*）および「東ティモール事件」判決（*I.C.J.Reports1954,p.90*）に依拠したセルビアの主張に関しては、裁判所は、「裁判所規程の基本原則・・・すなわち、裁判所の管轄権に対する国家の同意がない場合には、国家間の紛争を決定することができない」（東ティモール事件判決、*I.C.J.Reports1954,p.101*）という側面を想起する。これら事件の双方において、裁判所は管轄権の行使を差し控えた。裁判所は、管轄権を行使すれば、訴訟の当事国ではない国の同意を得ることなくその国の行為について裁判所に判決を下すことをさせない、というその国の権利を侵害することになると考慮したからである。この論理は、ＳＦＲＹの場合のように、すでに存在していない国に対しては適用されない。そのような国はもはやいかなる権利をもたないのであり、裁判所の管轄権に同意を与えることも、それを拒否することもできないからである。ＳＦＲＹの他の承継国の地位に関しては、裁判所が本件訴えを裁定するために不可決の要素であるとしてこれら承継国の法的地位について判断を下す必要はない。（para. 116）

裁判所は、紛争が一九九二年四月二七日前に生じたと主張されている行為にかかわる場合であっても、紛争はジェノサイド条約第九条の範囲内に含まれ、裁判所はクロアチアの訴えの全体について判断を下す管轄権を有する、と認める。裁判所は、ＦＲＹすなわちセルビアがＳＦＲＹによって惹起されたかもしれない責任を実際に承継したかどうかを決定する必要はない。裁判所が決定しなければならないのは、一九九二年四月二七日前においてジェノサイド条約に違反する行為が行われたかどうか、行われたとすればそれらの行為は誰に帰属されるのかである。これらの問題は本案にかかわる事項である。(para. 117)

Ⅱ　受理可能性

裁判所は、訴えの受理可能性に関しセルビアが提起した二つの二者択一的な主張を検討する。セルビアはまず、FRYが国家として登場した一九九二年四月二七日前において生じたとされる出来事に基礎を置いた訴えは受理されえないと主張する。裁判所は二〇〇八年判決において、この申立は行為の帰属(attribution)の問題にかかわると判示した。裁判所は、本案においてクロアチアが申し立てた行為について検討する前に、これらの問題を決定する必要はない、と考える。(para. 118)

セルビアは次に、FRYが国家として存在する前に生じたとされる出来事との関係で訴えが受理されうるにせよ、クロアチアは同国がジェノサイド条約の締約国となった一九九一年一〇月八日前に行われたとされる出来事との関係では訴えを維持できないと主張する。裁判所は、クロアチアが一九九一年一〇月八日前の出来事に関する訴えと同日以後の出来事に関する訴えに分けていないことに留意する。むしろそうではなく、クロアチアは、一九九一年を通じて次第に激化したとされる行動パターン(pattern of conduct)について単一の訴えを提起し、かつ、一九九一年一〇月八日直前および直後において行われた行為に言及している。この文脈において、一九九一年一〇月八日前に起きたことは、いずれにせよ、この期日以後に生じた出来事がジェノサイド条約違反となるかどうかの評価と関連性を有する。このような状況においては、クロアチアによって提出された証拠の信憑性(totality)を検討しかつ評価する前に、セルビアの第二の申立について判断を下す必要はないと考える。(para. 119)

Ⅲ　セルビアの反訴

セルビアが提起した反訴に関しては、裁判所規則第八〇条一項が、「裁判所は、反訴が裁判所の管轄に属し、かつ他方の当事者の請求（claim）の主題と直接関係がある場合に限り、これを審理することができる」と定める。(para. 120)。セルビアの反訴は、専ら、クロアチアが「嵐」作戦と命名した行動の過程において一九九五年夏に行われた戦闘およびその結果にかかわるものであり、また、この「嵐」作戦が行われた時にはクロアチアもFRYもともに数年前からジェノサイド条約の締約国であった。そして、クロアチアはこの反訴が同条約第九条に基づき裁判所の管轄に属することを争わなかった。(para. 121)

裁判所は、この反訴が法と事実の双方においてクロアチアの訴えに直接関係すると考える。訴えと反訴の法的基礎はともにジェノサイド条約である。さらに、訴えにおいて言及された出来事の大部分を生じさせた一九九一─一九九二年のクロアチアにおける敵対行動は一九九五年夏の出来事と直接関係する。特に「嵐」作戦は、クロアチアの主張によれば、先に行われた（一九九一─一九九二年─報告者注）戦闘の結果としてのクロアチア領域の一部の占領への対応として開始されたからである。(para. 123)

以上から、裁判所は、裁判所規則第八〇条一項の要件はみたされた、と結論する。(para. 123)

Ⅳ　適用法規─ジェノサイド条約─

ジェノサイドについての国の責任に関する紛争を含めジェノサイド条約の解釈、適用または履行に関する紛争を裁判するにあたって、裁判所は同条約に依拠するものであるが、その他の関連国際法規にも依拠する。(para. 125)

ジェノサイド条約の適用にあたってジェノサイド行為が行われたかどうかを決定するのは本裁判所であるが、かかる行為についての個人の刑事責任を決定するのは本裁判所ではない。しかし、本裁判所は、本件においてジェノサイドの構成要件を検討する際に、適当と認める場合には、国際的な刑事裁判所または法廷、特に旧ユーゴ国際刑事裁判所

(以下ＩＣＴＹ)の判決を考慮する。(para. 129)

ジェノサイド条約第二条によれば、ジェノサイドには二つの構成要件が含まれていると考慮する。一つは客観的要件(physical element)であるところの犯行(act perpetrated)または悪しき行為(*actus reus*)であり、他は主観的要件(mental element)であるところの犯意(*mens rea*)である。二つの要件は分析上区別されるが、それらは相互に結びついている。客観的要件を確定するためには意図の追求が必要とされることもある。さらに、行為相互間の関係を特徴づけることは意図の推定に資することもある。(para. 130)

1 ジェノサイドの主観的要件(*mens rea*)

「国民的、人種的、民族的又は宗教的集団の全部又は一部を集団それ自体として(as such)破壊する意図」(ジェノサイド条約第二条—報告者注)がジェノサイドの基本的特徴であって、この点において他の重大犯罪とは区別されると考える。これは特別の悪意(*dolus specialis*)とされ、ジェノサイドが立証されるためには当該の個々の行為について求められる意図に加えて示されねばならない[二〇〇七年ジェノサイド条約の適用事件判決、*I.C.J.Reports2007(I)*,p.121.]。(para. 132)

(1) 集団の「破壊」の意味と規模

(i) 集団の肉体的または生物学的破壊(physical or biological destruction)

裁判所は、ジェノサイド条約の準備作業書面から、同条約の起草者たちは当初二つの形態のジェノサイド、すなわち、肉体的または生物学的破壊および文化のジェノサイドを想定していたことが示されるが、後者の概念は最終的には落とされた、ことに留意する。したがって、裁判所は同条約の範囲を集団の肉体的または生物学的破壊に限定することに決定する。そのことから、同条約第二条ｂの意味での「集団構成員に対して重大な・・・精神的危害を加えること」は、たとえそれが集団構成員の肉体的または生物学的破壊に直接結びつくものではない場合であっても、集団の全部または一部を肉体的または生物学的に破壊するとの意図をもって遂行された行為に含まれるものとみなされる。同条約第二条eの意味での集団の子供の他の集団への強制移送（forcible transfer）に関しては、それは、集団自体の再生能力、すなわち集団の長期的存続の確保に影響を及ぼす可能性があるために、集団の全部または一部を破壊する意図を伴うこともある。(para. 136)

(ii) 集団の破壊の規模

裁判所は、ジェノサイドの意図の対象は集団の全部または一部である以上、孤立した行為についてかかる意図を立証することは困難であると考える。裁判所は、直接の証拠がない場合には、特定の集団の構成員であるゆえに特定の個人を目標にしていることだけでなく、その集団自体を全部または一部を破壊する意図を確信させるような規模での行為という証拠が存在しなければならないと考える。(para. 139)

(2) 集団の「一部の」破壊の意味

裁判所は、条約第二条の意味での集団の「一部の」破壊は、幾つかの基準によって評価されねばならないことを想起する。この点に関し裁判所は二〇〇七年に、「少なくとも特定の集団の実質的部分（substantial part）を破壊する意図がなければならず」[*I.C.J.Reports2007(1),p.126*]、また、これは「極めて重要な」(ibid,p. 127) 基準である、と判示した。次に裁判所は、「地理的に限定された地域内の集団を破壊する意図がある場合には、ジェノサイドが遂行されたと判断されるということは広く受け入れられており」(ibid, p.126)、それゆえ、「加害者の活動および支配地域が考慮されねばならない」(ibid.)。目標にされたと主張された部分が集団全体内で占める重要性（prominence）についても考慮されねばならないことに留意した。この基準に関しては、ＩＣＴＹの上訴裁判部が、クルスティッジ（*Krstić*）事件判決において「集団の特定部分が集団全体を象徴するものであるかどうか、または集団の存続にとって必須的であるかどうかを検討しなければならない」と判示している（IT-98-33-A,judgment of 19 April 2004,para. 12)。（para. 142）

(3)　特別の悪意（*dolus specialis*）についての証拠

裁判所は、ジェノサイドを犯す意図を示す国家計画が存在しない場合には、かかる意図は条約第二条に掲げられた諸行為の実行者の個々の行動からも推定される、と考える。（para. 145）行動のパターンから特別の悪意の存在が推定されるためには、それが当該行為から合理的に導くことのできる唯一の推定（inference）でなければならない［*I.C.J.Reports2007(1)*,pp.196-197］。（para. 148）

2　ジェノサイドの客観的要件（*actus reus*）

(1)　ジェノサイド条約と国際人道法との関係

裁判所は、ジェノサイド条約と国際人道法は二つの別個の規範体系であり、異なる目標を追求するものであることに留意する。ここで裁判所はジェノサイド条約の解釈と適用に関する紛争について判断を下すことを要請されているのであって、同条約と国際人道法との関係について一般的にまたは抽象的に判断を下すものではない。（para. 153）

(2)　客観的行為（physical act）の意味と範囲

(i)　条約第二条ａの意味での「殺すこと」とは、集団の構成員を「故意に」殺害することを意味する〔*I.C.J.Reports 2007(1)*,p.121〕。（para. 156）

(ii)　（「集団構成員に対して重大な肉体的又は精神的な危害を加えること」に関しては－報告者注）第二条特に同条前段の文脈および条約の趣旨と目的に照らして、「重大な」ということの通常の意味は、第二条ｂに言及されている肉体的または精神的な危害が集団の全部または一部の肉体的もしくは生物学的破壊の原因となるようなものでなければならないということである。（para. 157）強姦およびその他の性的暴力も条約第二条ｂの意味でのジェノサイドの客観的要件を構成することもありうる〔*I.C.J.Reports2007(1)*,p.167〕。（para. 158）裁判所の見解においては、申し立てられたジェノサイドの関連で行方不明になった（disappeared）者の親族に対して権限当局が情報の提供を頑なに拒否することは、精神的苦痛を加えることもありうる。しかしながら、裁判所は、条約第二条ｂに該当するためには、かかる苦痛からもたらされた危害が集団の全部または一部の肉体的または生物学的破壊の原因となるようなものでなければならない、と結論する。（para. 160）

(iii)（「全部又は一部に肉体的破壊をもたらすよう意図された生活条件を集団に対して故意に課すこと」に関して－報告者注）条約第二条ｃは加害者が最終的には集団の構成員を死に至らしめるような、殺害以外の肉体的破壊の方法を対象としている。（para. 161）このような破壊の方法には、とりわけ、食糧、医療、避難所または衣服を奪うこと（deprivation）ならびに不衛生、居宅からの組織的追放または過度の労働もしくは肉体的酷使の結果としての極度の疲労が含まれる。（para. 161）当事者によって申し立てられた強制移動（forced displacement）が条約第二条ｃの意味でのジェノサイドを構成するかどうかを決定するためには、そのような強制移動が集団の肉体的破壊をもたらすように意図されたような状況において行われたかどうかを確認しなければならない。（para. 163）

(iv)（「集団内における出生を防止することを意図する措置」に関しては－報告者注）条約第二条ｂおよびｃにも該当する可能性のある強姦およびその他の性的暴力は、それらが集団内の出生を防止するようなものである場合には、条約第二条ｄの意味でのジェノサイドの客観的要件を構成しうる。そうであるといえるためには、このような行為が行われた状況およびその結果が集団の構成員の生殖能力に影響を及ぼすものでなければならない。他方、これらの行為が条約第二条ｄの意味でのジェノサイドの客観的要件を構成するかどうかを決定する場合に、かかる行為の組織的な性格も考慮されることになる。（para. 166）

V　証拠の問題

挙証責任

（挙証責任に関しては―報告者注）事実を申し立てる当事者がその存在を立証しなければならないが、この原則は絶対的なものではない。（para. 172）しかしながら、本件においては、紛争の主題または性質のいずれも挙証責任を転嫁することを妥当とするものではない。（para. 174）

立証の程度に関しては、本件の場合のように「国に対する極めて重大な告発を含む訴えは、十分に決定的な証拠によって立証されねばならず」（コルフ海峡事件判決、*I.C.J.Reports1949*,p.17）、また、「裁判所の手続きにおいてなされた申立、すなわち、条約第三条に列挙されたジェノサイド罪または他の行為が遂行されたということが明確に立証されたと、十分に確信されるものでなければならない」［*I.C.J.Reports2007(1)*,p.129］。（para. 178）

両当事者は、二〇〇七年判決において採択されたアプローチに従い、原則として、これら各種の文書に与えられる証拠としての重みに同意する。同アプローチによれば、裁判所は、「無論上訴によって覆されないかぎり、原則としてＩＣＴＹ第一審裁判部によってなされた関連の事実認定を極めて説得力があるものとして受け入れるべきであり」、また、「求められる意図の存在について事実に基づいてなされた同第一審裁判部の評価には相当の重みがあるとみなされねばならない」［*I.C.J.Reports2007(1)*,p.134］ことを想起する。（para. 182）起訴にジェノサイドの事由を含めないとのＩＣＴＹ検察官の決定の証拠能力に関しては、裁判所は、「一般的な命題（proposition）として、起訴事由には重きを与えられえない」［*I.C.J.Reports2007(1)*,p.132］と想起する。（para. 184）（二〇〇七年判決において―報告者注）裁判所は、ジェノサイドという起訴事由がなかったことは、ジェノサイドがなかったことの決定的理由にするつもりはなかったが、この事実は重大な意義を有することもありうるので、考慮しなければならないとの見解をとった。（para. 187）

ＩＣＴＹ検察官によって起訴された人物には、一九九一年から一九九五年の期間にクロアチアで生じた敵対行動における主要な関係者である政治・軍事指導部の極めて高い地位にある者が含まれていた。これらの者に対する起訴事由には、多くの場合、当該指導部によって採択された包括的戦略についての申立、および共同犯罪集団（joint criminal enterprise）の存在についての申立が含まれていた。この文脈において、いずれの起訴のなかにもジェノサイドの事由が含まれていなかったということは、かなりの重要性を有するものである。被告人が指揮系統のかなり低い地位にあった事件と比べた場合に特にそのように言える。さらに、裁判所は、最高位の被告人、すなわちミロシェビッチ（Milošević）元ＦＲＹ大統領の事件における起訴にはボスニア・ヘルツェゴビナでの紛争との関係ではジェノサイドの事由が含まれていたが、クロアチアにおける敵対行動にかかわる起訴にはかかる事由が含まれていなかった、ことに留意する。（para. 187）

Ⅵ　本訴の本案についての検討

裁判所は初めに、申し立てられた行為が立証されたかどうか、立証された場合にそれらの行為が条約第二条に掲げられている行為のカテゴリーに該当するか否かを決定し、次いでこれらの客観的行為が集団の全部または一部を破壊する意図をもって行われたか否かを立証しなければならない。（para. 201）

１　ジェノサイドの客観的要件

条約第二条のもとでは、ジェノサイドとは国民的、人種的、民族的または宗教的集団を全部または一部破壊する意図をもって行われる行為を意味する。クロアチアは書面手続きにおいて、この集団をクロアチア領域にあるクロアチアの国民的または人種的集団と定義したが、セルビアはこれを争わなかった。本件の審理では、裁判所はこの集団を指し示す場合に「クロアチア人」または「集団（protected group）」という用語を互換的に用いることにする。

(para. 205)

(1) ジェノサイド条約第二条a—「集団構成員を殺すこと」—

裁判所は次のことが立証されたと考える。すなわち、東スラボニア(Eastern Slavonia)、バノビナ/バニヤ(Banovina/Banija)、コルダン(Kordun)、リカ(Lika)およびダルマティア(Dalmatia)における紛争中にJNAとセルビア人勢力によって大量の殺害が行われたのみならず、犠牲者の大多数は当該集団の構成員であった。提出された証拠によれば、これらの構成員が組織的に標的にされたことを示している。セルビアは特定の中立の信憑性、犠牲者数、加害者の動機ならびに殺害の状況や殺害の法的分類(categorization)について争ったが、当該集団の構成員が問題の地域において殺害されたという事実を争わなかった。したがって、当該集団の構成員の殺害が行われたということは決定的な証拠によって立証され、条約第二条aに掲げられたジェノサイドの客観的要件がみたされた、と認める。(para. 295)

(2) ジェノサイド条約第二条b—「集団構成員に対して重大な肉体的又は精神的な危害を加えること」—

クロアチアは、JNAとセルビア人勢力がクロアチア人に重大な肉体的危害を加えたと主張する。(para. 296) 次に裁判所は、行方不明者(missing person)の親族が受けた精神的苦痛は重大な精神的危害にあたるとのクロアチアの中立を検討する。(para. 297)

裁判所は、東スラボニア、西スラボニアおよびダルマチアの多数の場所で、紛争期間中に、JNAとセルビア人勢力が当該集団構成員に危害を加え、虐待、拷問、性的暴力および強姦行為を行ったことは立証されたと考える。このような行為は、肉体的または精神的危害を加えることによって、集団の肉体的または生物学的破壊をもたらした。したがって、裁判所は、条約第二条bの意味でのジェノサイドの客観的要件がみたされた、と考える。(para. 360)

(3) ジェノサイド条約第二条c—「全部又は一部に肉体的破壊をもたらすよう意図された生活条件を集団に故意に課すこと」—

クロアチアは、ＪＮＡとセルビア人勢力が条約第二条ｃの意味での、全部または一部に肉体的破壊をもたらすよう意図された生活条件を集団に故意に課したと主張する。クロアチアは、ＪＮＡとセルビア人勢力による強姦、食糧および医療の剥奪、住居からのクロアチア人の組織的追放および強制移動、移動の制限、クロアチア人に対する同人種を示す徽章の表示の強制、クロアチア人の財産の破壊および略奪、クロアチアの文化遺産の破壊およびクロアチア人に強制労働を課したことなどに言及する。(para. 361)

（裁判所は申し立てられた行為のいくつかについては立証されたことを認めるが―報告者注）裁判所は、クロアチアは条約第二条ｃの意味でのジェノサイドの客観的要件を構成する行為がＪＮＡまたはセルビア人勢力によって行われたことを立証できなかった、と結論する。(para. 394)

(4)　ジェノサイド条約第二条ｄ―「集団内における出生を防止することを意図する措置を課すこと」―

（条約第二条ｄに該当する行為が集団に対して行われたかどうかの問題に関して―報告者注）裁判所は、集団内の出生を防止するためにクロアチア人に対してＪＮＡおよびセルビア人勢力によって強姦およびその他の性的暴力が行われたことを、クロアチアは立証できなかかったので、条約第二条ｄの意味でのジェノサイドの客観的要件はみたされなかった、と判断する。(para. 400)

(5)　ジェノサイドの客観的要件に関する結語

裁判所は、東スラボニア、西スラボニア、バノビナ／バニヤ、コルダン、リカおよびダルマティアの様々場所において、ＪＮＡとセルビア人勢力は集団の構成員に対して条約第二条ａおよびｂに該当する行為を行ったこと、また、ジェノサイドの客観的要件がみたされたことを、十分に確信する。(para. 401)

2　ジェノサイドの主観的要件

ジェノサイドの客観的要件は立証されたので、裁判所は、ＪＮＡおよびセルビア人勢力によって行われた行為が集

団の全部または一部を破壊する意図をもって遂行されたかどうかを検討する。（para. 402）

（1） 東スラボニア、西スラボニア、バノビナ／バニヤ、コルダン、リカおよびダルマティアに居住するクロアチア人は集団の実質的部分を構成するか

当該地域に居住するクロアチア人が集団の実質的部分を構成するかどうかを検討するためには、裁判所が既に想起したように（para. 142において）、数的要素のみならず、集団の標的とされた部分の地理的位置および重要性をも検討しなければならない。数的要素に関しては、当該地域に居住するクロアチア人は、クロアチアに居住するクロアチア人の人口の半数を若干下回る規模である。（para. 406）地理的位置に関しては、裁判所は、（当該地域においてー報告者注）ＪＮＡおよびセルビア人勢力によって行われた行為は同地域に居住するクロアチア人を目標としたものであって、また、同地域においてこれらの武装勢力は支配力（control）を行使しかつこれを拡大することに努めたと認める。最後に、裁判所は、集団の標的とされた部分の重要性に関してクロアチアが情報を提供しなかったことに留意する。（para. 406）

以上のことから、裁判所は、右の地域に居住するクロアチア人はクロアチア人集団の実質的部分を構成すると結論する。（para. 406）

（2） 行動パターンからセルビア当局の意図は集団の全部または一部を破壊することであるとの唯一の合理的推定が引き出されるか

裁判所は、ジェノサイドの意図を示している行動のパターンの存在を立証するためにクロアチアが提示した一七の要素（factors）の中の最も重要なものは、攻撃の規模とその組織的な性質、これらの攻撃が軍事上の必要性（military necessity）によって正当化されるものを遥かに超えた死傷者および損害をもたらしたと主張されたこと、ならびにクロアチア人を特に標的にしたことおよびクロアチア人住民にもたらした権利侵害の範囲とその程度にかかわるものである。（para. 413）

裁判所は、実行されたことが確認された幾つかの行為の間には、用いられた手口（*modus operandi*）に類似性があることに留意する。例えば、ＪＮＡとセルビア人勢力は地域を攻撃しそこを占領し、条約第二条ａおよびｂの意味でのジェノサイドの客観的要件に該当する一連の行為を行うことによって恐怖と威圧の雰囲気を醸成するのが常であった。最後に、占領は当該地域からクロアチア人住民を強制的に追放することをもって終了するのが常であった。(para. 415)

裁判所は、本裁判所とＩＣＴＹの認定は相互に一致しており、また、一般的には類似の手口での、クロアチアの様々な地域でのクロアチア人住民に対するＪＮＡとセルビア人勢力による広範囲にわたる攻撃には、一九九一年八月以来一貫した行動パターンが存在することが立証されたと考える。(para. 416)

しかしながら、裁判所は、行動のパターンが集団の全部または一部を破壊する意図の証拠として認められるためには、「その意図が当該行動パターンから導かれうる唯一の合理的な推定でなければならない」[*I.C.J.Reports2007(I)*, p.197] ことを想起する。(para. 417)

裁判所は、クロアチアが口頭による申立において、同国の見解においては裁判所をそのような結論に到達させるとする、以下の二つの要素を提示したことに留意する。すなわち、そのような行為が行われた文脈（context）と、ＪＮＡとセルビア人勢力が持つに至ったクロアチア人住民を破壊することのできる機会（opportunity）である。(para. 418)

(i) 文脈

裁判所は、条約第二条ａおよびｂの意味でのジェノサイドの客観的要件を構成する行為が行われた文脈を分析し、この行為の実行者によって追求された目的を決定する。(para. 419)

ＩＣＴＹの認定によれば、セルビアとクロアチア内のセルビア人指導部は、民族的に同質的なセルビア人国家を樹立するとの目標を共有していた。その文脈において、条約第二条ａおよびｂの意味でのジェノサイドの客観的要件を構成する行為が行われたのであった。しかし、ＩＣＴＹの結論は、これらの行為はクロアチア人を破壊する意図をもって行われたのではなく、民族的に同質的なセルビア人国家を樹立するために当該地方からクロアチア人を立ち退かせる意図をもって行われたことを示唆している（*Martić* TrialJudgment,paras.427,430,431）。裁判所はこの結論に同意する。（para. 426）

クロアチアが特別の関心を寄せたブコバル（Vukovar）での事件に関しては、裁判所は、同市に対する攻撃はクロアチアによる独立宣言と、とくにセルビアがＳＦＲＹを掌握したとの宣明（assertion）に対する対応措置であったとのＩＣＴＹの認定（*Mrkšić* Trial Judgement, para. 471）に留意する。（para. 429）以上のことおよびブコバルのクロアチア人が多数避難したという事実から、クロアチア人住民を肉体的に破壊するという意図はブコバルに対する違法な攻撃から導かれる唯一の結論ではない。（para. 429）ＩＣＴＹの結論は、オブチャラ（Ovčra）での虐待の実行者の意図は集団の構成員を肉体的に破壊することではなく、軍事的意味での敵性（status as enemies）ゆえに当該構成員を処罰することであったことを示唆している（*Martić* Trial Judgment,para.535）。（para. 430）

(ii) 機会（opportunity）

裁判所は、先に検討した現場のそれぞれにおいて、ＪＮＡとセルビア人勢力がクロアチア人を肉体的に破壊することのできる機会を組織的に利用したかどうかを決定するつもりはない。（para. 433）

他方、裁判所は、クロアチア人の大量強制移動が、集団の全部または一部を破壊する意図があったかどうかを評価する上で重要な要素であると考慮する。（para. 434）

本件において、特にＩＣＴＹの認定から明らかであるように、強制移動は民族的に同質的なセルビア人国家を樹立することを目的とした政策の一手段であった。この文脈において、クロアチア人の追放は、条約第二条ａおよびｂの意味でのジェノサイドの客観的要件を構成する行為の幾つかのものを遂行することによって生み出された、威圧的な（coercive）雰囲気を作り出すことによって行われた。これらの行為は一つの目標、すなわち、クロアチア人の強制移動という目標を有していたが、それはクロアチア人の肉体的破壊を伴うものではなかった。裁判所は、ＪＮＡとセルビア人勢力によって行われた行為が基本的にはクロアチア人住民を当該地域から避難させる効果を持ったと認める。それは、当該住民を組織的に破壊するという問題ではなく、これら武装勢力が支配した地域から当該住民を強制的に退去させるという問題であった。（para. 435）

　クロアチアが特別の関心を寄せたブコバルでの事件に関しては、裁判所は、「ムルクジック及びその他（*Mrksić et al*）事件」においてＩＣＴＹが、ＪＮＡとセルビア人勢力によって文民、特にクロアチア人が退去させられた幾つかの事例を立証していることに留意する（*Mrksić* Trial Judgment paras. 157-160,168,204,207）。ＩＣＴＹはさらに、ＪＮＡとセルビア人勢力によって捕らえられたクロアチア人戦闘員が全て処刑されたのではなかったと認める。例えば、ＪＮＡに降伏したクロアチア人戦闘員の最初のグループは一九九一年一一月一八日にオブチャラに、次いでセルビアのスレムスカ・ミトロビッツァ（Sremska mitrovica）に移され、そこで捕虜として拘束された（ibid.,paras. 145-155）。同様に、ベレプロメッツ（Velepromet）で拘束されたクロアチア人戦闘員グループは一九九一年一一月一九—二〇日にスレムスカ・ミトロビッツァに移され、他方クロアチア人武装勢力と共に戦ったとの疑いを持たれなかった文民はクロアチアまたはセルビアの特定地域（destinations）に退去させられた（ibid.,para. 168）。以上のことは、多くの事例において、ＪＮＡとセルビア人勢力は彼らに降伏したクロアチア人を殺害しなかったことを示している。（para. 436）

　裁判所は、ＪＮＡとセルビア人勢力が集団の全部または一部を破壊することのできる機会を利用したかどうかを決定するために、標的にされた集団の規模とクロアチア人犠牲者数を比較することが適切であると考える。この点に関し、クロアチアは死者一万二千五〇〇人という数字を示したが、セルビアはこの数字を争った。裁判所は、この数字が正しいものであると考えたとしても、クロアチアが申し立てた犠牲者数は集団の標的にされた部分の規模との関係では少ないことに留意する。（para. 437）

以上のことから、裁判所は、クロアチアは、本訴の主題である行為の実行者が集団の実質的部分を破壊することのできる機会を利用したことを立証できなかったと結論する。(para. 437)

(3) 特別の悪意についての結論

裁判所の見解においては、クロアチアは同国が申し立てた行動パターンから導かれうる唯一の合理的な推定がクロアチア人集団の全部または一部を破壊する意図であったことを立証できなかった。条約第二条aおよびbの意味でのジェノサイドの客観的要件を構成する行為が、ジェノサイド行為と特徴づけられるために求められる特別の意図をもって遂行されなかった。(para. 440)

裁判所はさらに、ＩＣＴＹの検察官が、一九九一―一九九五年の期間においてクロアチア領域内で発生した武力紛争との関係でクロアチア人住民に対するジェノサイドを事由としていずれかの個人を起訴したことは全くなかったことに留意する。(para. 440)

3 クロアチアの訴えについての結論

以上のことから、クロアチアは、ジェノサイドが行われたとの申立を裏付けることができなかった。したがって、本件においては、ジェノサイドの遂行についてのジェノサイド条約のもとでの責任の問題は生じない。また、ジェノサイドを防止しなかったこと、ジェノサイドを処罰しなかったこと、ジェノサイドの共同謀議(complicity)についての責任問題も存在しない。(para. 441)

クロアチアによって特別の悪意が立証されなかったという事実にかんがみて、ジェノサイドを犯す共同謀議、ジェノサイドを犯す直接かつ公然の教唆、ジェノサイドの未遂についてのクロアチアの訴えも当然退けられる。(para. 441)

Ⅶ　反訴の本案についての検討

1　反訴における主要な申立の検討

二つの点が当事者によって争われておらず、したがって、解決されたとみなされる。(para. 447) 第一は、当該事件当時クロアチアに居住していたセルビア人―住民の少数派を構成していた―が条約第二条の意味での「国民的、人種的」な「集団」を構成していたこと、また、「嵐」作戦によって直接影響を受けた、クライナ (Krajina) に居住していたセルビア人はその国民的または人種的集団の「実質的部分」を構成していたという点である。(para. 448) 第二は、セルビアによって立証されると申し立てられた行為はクロアチア正規軍または警察によって行われたという点である。(para. 449)

他方、次の二つの主要な問題に関しては当事者の見解は完全に異なっている。第一に、クロアチアは、セルビアによって申し立てられた行為の大部分は発生していないと主張する。第二に、クロアチアは、当該行為の一部について立証されたにせよ、それらはクロアチアのセルビア人という国民的または人種的集団の全部または一部を破壊する意図をもって実行されたものではないと主張する。(para. 450) 裁判所はこの二つの問題を検討する。(para. 451)

2　ジェノサイドの客観的要件

(1)　セルビアが申し立てた行為は有効に立証されたか

(i)　申し立てられたクライナに対する無差別砲撃の結果としての文民の殺害

裁判所は、本件の審理に極めて関連性を有すると考えるＩＣＴＹの「ゴトビナ (*Gotovina*) 事件」の第一審裁判部および上訴裁判部の判決を手短に検討する。(para. 464)

ＩＣＴＹ第一審裁判部は次のように判示する。すなわち、被告の中の二人が、クニン (Knin)、ベンコバッツ (Benkovac)、オブロバッツ (Obrovac)、グラチャツ (Gračac) という四つの町に対する無差別砲撃によってクライナからセルビア人文民居住者の追放を狙った共同犯罪集団に参加したこと、また、その無差別砲撃の目的は―なんらかの厳密に軍事的目標を伴うものであったにせよ―、住民に恐怖を起こさせかつ士気を喪失させてそこから避難させることであった。(para. 466) この結論に到達するために、同第一審裁判部は第一に、トゥジマン(Tudjman)大統領の指導のもとでの「嵐」作戦開始の二日前ブリオーニ(Brioni)で開催された会合の速記録(transcript)等若干の文書に依拠し、第二にとくにいわゆる「二〇〇メートル基準」に依拠した(*Gotovina* Trial Judgment,paras.1970-1995,2305,2311)。この基準に基づき、識別可能な軍事目標から二〇〇メートル以内に着弾した砲弾のみがその目標を狙ったとみなされるが、軍事目標から二〇〇メートル以上離れたところに着弾した砲弾は、その砲撃が意図的に民間および軍事目標の双方を狙ったものであり、したがって、無差別的であったとの証拠とみなされるべきである、とされる。同第一審裁判部は、付託された事件にこの基準を適用して、前述の四つの町に対する砲撃は、砲弾の大部分が識別可能な軍事目標から二〇〇メートル以上離れたところに落下しているゆえに、無差別的であったと認定した(ibid.,para. 1898)。(para. 467)

ＩＣＴＹ上訴裁判部は二〇一二年一一月一六日の「ゴトビナ(*Gotovina*)事件」判決において、第一審裁判部の分析に同意せず、後者の決定を覆した。(para. 468) 同上訴裁判部は、「二〇〇メートル基準」は法律上根拠がなく、説得力を欠いていると判示した。そのため上訴裁判部は、第一審裁判部は単にこの基準を適用することによって、当該四つの町が無差別に砲撃されたと合理的に判断することはできないはずである、と結論する。上訴裁判部はさらに、第一審裁判部の認定は専ら疑義のある基準の適用に依拠しており、同部に提出された証拠のいずれも説得力をもってクロアチア人武装勢力が故意に文民居住者を標的にしたことを示していない、と判示する(*Gotovina* Appeals Judgment,para.61,64-65,77-83,93)。したがって、上訴裁判部は、検察官は共同犯罪集団を立証できなかったとし、被告人二名は全ての起訴事由について無罪であると判示した(ibid.,para. 158)。(para. 468)

セルビアは、本件(ゴトビナ事件―報告者注)のような特殊な状況においては、ＩＣＴＹ上訴裁判部の判決に必ずしも第一審部の判決よりも重きを置かれるべきではないと主張した。(para. 470) 上訴裁判部の裁判官の選出態様がどのようなものであったかに関わりなく、上訴裁判部の判決はICTYの最後の言葉 (last word) となるものである。したがって、裁判所は、第一審裁判部の認定や決定を上訴裁判部のそれと同一の地位にあるものとして扱うことはできない。裁判所は事実と法について提起された問題を最終的に決定する権限を保持しながらも、見解の不一致がある場合には、上訴裁判部の判決が述べていることにより重みを与えなければならない。(para. 471)

以上のことから、裁判所は、クライナの町に対して文民に故意に損害を与えることを意図した無差別砲撃があったと認めることはできない。(para. 472)

セルビアは、たとえクライナの町に対する砲撃が無差別的ではなく、したがって国際人道法上合法であったとしても、裁判所がこれらの砲撃はクライナのセルビア人住民の全部または一部を破壊する意図によって動機づけられているならば、同砲撃はジェノサイド条約の下では違法であると判示することを妨げられるものではないと主張した。(para. 473) 一般原則として、特定の行為がある法規則体系のもとでは完全に合法であるが、他の法規則体系の下では違法とされる場合があることは確かである。したがって、原則として、武力紛争時において行われた、国際人道法上合法である行為が同時に当該国に課せられたなんらかの国際義務違反を構成することはありうる。(para. 474)

しかしながら、反訴の文脈において国際人道法とジェノサイド条約との関係について判断を下すことは本裁判所の任務ではない。裁判所が対応しなければならない問題は、一九九八年八月におけるクライナの町に対する砲撃は文民に損害を与えたかぎりにおいて、ジェノサイド条約第二条aの意味での「(クライナのセルビア人の) 集団構成員を殺すこと」に相当し、したがってジェノサイドの客観的要件を構成するとみなされるかどうかである。同条項の意味での「殺すこと」は常に故意 (intentional element)、すなわち、人に死をもたらすという意図の存在を前提とする。当該砲撃が専ら軍事目標に向けられており、また、文民の損害が意図的に引き起こされたのではないという見解をとるならば、これらの砲撃が民間人の死亡をもたらしたとしても、条約第二条aの範囲内に含まれるとはみなされえな

い。(para. 474)

以上の理由から、裁判所は、一九九五年八月における「嵐」作戦の期間当該地方の複数の町に対する砲撃の結果、条約第二条aの意味での「集団構成員を殺すこと」が遂行されたということは立証されなかった、と結論する。(para. 475)

(ii) クライナのセルビア人住民の強制移動

裁判所は、「嵐」作戦の期間中クロアチア人勢力によって実施された軍事行動、特に前述の四つの町に対する砲撃の直接の結果としてクライナのセルビア人住民の大部分が同地方から避難したことが争われなかったことに留意する。ブリオーニ会合(Brioni meeting)の速記録は、クロアチアの最高政治・軍事当局は「嵐」作戦がセルビア人住民の大量脱出(mass exodus)を引き起こすことを十分に認識していたことを明示している。しかも同当局は、起こるかもしれないと考慮されただけでなく望ましいと考慮された大量脱出を引き起すように軍事計画を策定したのである(para. 479)。いずれにせよ、クライナのセルビア人居住者の強制移動を引き起すことがクロアチア当局の意図であったことが立証されるならば、かかる移動は、それが集団の全部または一部の肉体的破壊を目的とする場合には、ジェノサイドの客観的要件を構成し、したがって、条約第二条cの範囲内に該当することになる。(para. 480) 裁判所は、提出された証拠はこのような結論を支持しないと判断する。クライナからセルビア人を追放するという意図的な政策があったとしても、かかる政策が当該住民の肉体的破壊を意図したものであったことは立証されなかった。(para. 480)

(iii) 攻撃されている町から集団で避難中のセルビア人の殺害

裁判所は、(セルビア人避難民集団に対する―報告者注) 攻撃が行われたこと、また、その攻撃の一部はクロアチア人勢力(Croatian forces)によって行われたことまたは同勢力の黙認のもとに行われたことを示す十分な証拠がある、と考える。(para. 484)

裁判所は、（被害者の—報告者注）人数が確定できないにせよ、また、攻撃が組織的に行われたどうかについても不明確であるにせよ、セルビア人避難民が集団で避難する間に殺害が実際に行われたと結論する。（para. 485）

(iv) クライナの国連保護区に留まっていたセルビア人の殺害

裁判所は、「嵐」作戦期間中およびその後の数週間において国連保護区（ＵＮＰＡ）でセルビア人の即決処刑が行われたことは、「ゴトビナ事件」においてＩＣＴＹが聴取した多くの証人の証言によって立証されたと判断する。（para. 487）同裁判所の第一審裁判部は、信憑性があると認めた証拠によって、クロアチア軍部隊と特別警察がクライナの少なくとも七つの町でセルビア人殺害を実行したと確信した（para. 488）。さらに、クロアチア自身が幾つかの殺害が起きたことを認めた。（para. 489）裁判所は、ＩＣＴＹの上訴裁判部が第一審裁判部の判決を覆したけれども、上訴裁判部はクロアチア軍と警察の構成員によるセルビア人の殺害および虐待に関する第一審裁判部の事実認定を覆さなかったことに留意する。（para. 490）したがって裁判所は、「嵐」作戦期間中およびその後における国連保護区でのセルビア人殺害に関する第一審裁判部の判決における事実認定は、「上訴で覆されなかった」以上、「極めて説得力がある」ものと認めねばならない、と考える〔*I.C.J.Reports2007(1)*,p.134〕。（para. 491）

裁判所は、条約第二条ａに該当する行為が、クロアチア軍が「嵐」作戦期間中に支配した地区に残留していたセルビア人文民および投降した兵士（soldiers）に対してクロアチア人武装勢力によって遂行されたと判断する。（para. 493）

(v) 「嵐」作戦期間中およびその後におけるセルビア人の虐待

ＩＣＴＹ第一審裁判部は、「ゴトビナ事件」において、セルビア人の虐待行為が行われたと認めた。（para. 495）同裁判部の詳細な記述から、問題の行為の多くは少なくとも条約第二条ｂに該当すると特徴づけることができるほどの重大性を持つものであったことは明白である。（para. 496）裁判所は、判決のこの段階において、このような行為またはその一部が条約第二条ｃの意味での「全部又は一部に肉体的破壊をもたらすよう意図された生活条件を集団に

故意に課すこと」に相当するかどうかを決定する必要はないと考える。(para. 496)

(vi)「嵐」作戦期間中およびその後におけるセルビア人財産の大規模破壊と略奪

裁判所は、セルビアによって申し立てられた行為が条約第二条cの範囲内に該当するためには、かかる行為が(集団の―報告者注)全部または一部の肉体的破壊をもたらすように意図された生活条件を集団に課すようなものでなければならないことを想起する。裁判所は、本件においては、提出された証拠はかかる結論に至らしめるものではないと判断する。セルビア人の財産が略奪されたり破壊されたとしても、いずれにせよ、このことがクライナのセルビア人住民の肉体的破壊をもたらすことを意図したものであることは立証されなかった。(para. 498)

(2) ジェノサイドの客観的要件についての結論

以上から、裁判所は、「嵐」作戦の期間中およびその後の期間においてクロアチア人武装勢力と警察がセルビア人住民に対し条約第二条aおよびbに該当する行為を遂行し、これらの行為はジェノサイドの客観的要件を構成するものである、と確信する。(para. 499)

3 ジェノサイドの意図(時別の悪意)

(1) ブリオーニ速記録(前出―報告者注)

裁判所の見解においては、ブリオーニ速記録の中のセルビアが依拠した一節はクロアチアのセルビア人の集団、またはクライナに居住していたセルビア人によって構成される集団の実質的部分を肉体的に破壊するという、クロアチア人指導者の意図を示しているというにはほど遠い。(para. 504)

せいぜいのところ、ブリオーニ速記録は、クロアチアの指導者が次のようなことを想定していたことを立証するものであるとの見解が導かれよう。すなわち、クロアチアの指導者が準備した軍事攻勢がクライナのセルビア人住民の大多数の脱出を引き起こす効果をもつこと、同指導部はその効果で満足したこと、また、いずれにせよ、同指導部はセルビア人文民の脱出を促すことを願っていたゆえに、脱出を阻止するつもりはなかったということである。しかし、このような解釈が正しいとしても、裁判所が、ジェノサイドを特徴づける特別の意図の存在を認定できる十分な根拠を与えているというにはほど遠い。(para. 505)

裁判所はさらに、この結論はＩＣＴＹ第一審裁判部および上訴裁判部の「ゴトビナ事件」判決におけるブリオーニ速記録の取り扱いの態様によっても確認されることに留意する。(para. 506)

裁判所は、当該事件発生時の全般的な政治的・軍事的文脈に照らして解釈されるならば、セルビアが援用したブリオーニ速記録の一節はその他の部分と同様に、ジェノサイドを特徴づける特別の悪意の存在を立証するものではない、と考慮する。(para. 507)

(2) ジェノサイドの意図を示唆する行動パターンの存在

裁判所は、「嵐」作戦の直前、その期間中およびその後におけるクロアチア当局側の行動パターンにおいて、クロアチアに居住するセルビア人集団の全部または一部を肉体的に破壊するとの同当局側の意図を反映していると合理的に理解される以外にない一連の行為を見出すことはできない。(para. 511) 裁判所が先に述べたように、ジェノサイドの客観的要件を構成するとセルビアが申し立てた行為の全てが事実として立証されていない。立証された行為―特に文民の殺害と無防備な者の虐待―は、ジェノサイドの意図の存在を指摘する以外にないような規模で遂行されたのではなかった。(para. 512) セルビア人難民が帰宅を許されなかったことについてのセルビアの申立が真実であったとしても、それも特別の意図(特別の悪意)の存在を立証するものではない。(para. 514) ジェノサイドは、集団それ自体として破壊する意図を前提とするものであって、集団に危害を加えてある領域から排除するとの意図を前提としたものではない。(para. 514)

(3) ジェノサイドの特別の悪意の存在についての結論

以上から裁判所は、特別の悪意の存在が立証されなかったと結論する。したがって、裁判所は、「嵐」作戦の期間中およびその後の期間においてクロアチアのセルビア人住民に対してジェノサイドが行なわれたということは立証されなかったと認める。(para. 515)

4 反訴におけるその他の中立の検討

裁判所は、「嵐」作戦の期間中およびその後の期間における出来事との関係でジェノサイドと特徴づけることのできる行為を見出せなかったので、クロアチアは条約第三条eの下での義務に違反しなかったと認めざるをえないと考える。さらに、ジェノサイドを特徴づけるために必要とされる特別の意図が存在しないので、クロアチアが「ジェノサイドを犯すための共同謀議」、「ジェノサイドを犯すことの直接かつ公然の教唆」または「ジェノサイドの未遂」に関与したとは考えられえない。これらすべての行為はかかる意図の存在を前提としているからである。(para. 517)

裁判所はさらに、セルビアがクロアチアに居住するセルビア人に対してなされたジェノサイド行為または条約第三条に言及されているその他の行為の存在を立証することができなかった以上、条約第四条のもとでの処罰義務違反ということはありえない、と結論する。(para. 519)

裁判所は、ジェノサイド条約との関係ではクロアチアによって国際的に不法な行為は行われなかったので、(賠償を要求する──報告者注)セルビアの中立は退けなければならないと結論する。(para. 520)

以上のすべての理由から、裁判所は、反訴はその全体が退けられねばならないと認める。(para. 522)

主文

以上の理由から、裁判所は次のように判決する。(para. 524)

(1) 一一対六で、セルビアが提起した管轄権に対する第二の先決的抗弁を退け、一九九二年四月二七日前の行為に関わるクロアチアの訴えを受理する管轄権を有すると認める。

賛成：セペルペタ・アモール裁判所次長、裁判官エブラヒム、キース、ベヌーナ、カンサード・トリンダーテ、ユースフ、グリーンウッド、ドノヒュー、ガジャ、バンダリ、特任裁判官ブカス。

反対：トムカ裁判所所長、裁判官小和田、スコトニコフ、薛、セブティンデ、特任裁判官クレチャ

(2) 一五対二で、クロアチアの訴えを退ける。

反対：裁判官カンサード・トリンダーテ、特任裁判官ブカス

(3) 全員一致で、セルビアの反訴を退ける。

三　研　究

Ⅰ　事件の背景

一九九一年六月クロアチアがSFRYからの独立を宣言したが、SFRY内での残留を願っていたクロアチア内の少数派セルビア人が、新生クロアチア国家の権威を否定し、JNAおよびセルビアの支援を受けて武装蜂起し、彼らの支配地域からクロアチア人や非セルビア人を追放するといった暴力的な民族浄化作戦を行った。[1] このいわゆるクロアチア紛争で、クオアチア側の資料によれば、[2] クロアチア人一万四千人が死亡したとされる（本件において、クロアチアは一万二千五百人が死亡したと主張した― para. 437）。一九九二年一月クロアチア軍とJNAとの間に停戦協定が成立したが、クロアチア軍は一九九五年八月クロアチア内のセルビア人支配地区を奪回するために、いわゆる「嵐」作戦を実施、特にセルビア人の首都とされていたクニンに激しい砲撃を加えた。この砲撃により、セルビア人文民が大量に避難し、クロアチア軍と警察部隊がセルビア人の財産を破壊しあるいは略奪し、特に町に残留していた老人六七七人を殺害したとされる。[3]

この一九九一—一九九五年クロアチア紛争の関係では、ICTYによって主として次の人物が起訴された。まずスロボダン・ミロシェビッツ（Slobodan Milošević）元セルビア大統領がコソボ紛争との関連で一九九九年五月に、クロアチア紛争の関係では二〇〇一年一〇月、ボスニア・ヘルツェゴビナ紛争との関係では同年一一月にICTYによって起訴された。同人はボスニア・ヘルツェゴビナ紛争との関係ではジェノサイド条約違反、人道に対する罪、戦争犯罪の事由をもって起訴されたが、コソボおよびクロアチア紛争との関係での起訴事由は人道に対する罪および戦争犯罪のみであった（ミロシェビッツは裁判中の二〇〇六年三月に死亡した）[4]。その他クロアチア内でのJNAおよびセルビア人勢力の暴力活動との関連では「クライナ・セルビア人共和国」（少数派セルビア人が一九九一年一二月にクロアチア南西部のクライナ地方に樹立した国）の元大統領ミラン・マルティッジ（Milan Martić）がICTYによって、人道に対する罪および戦争犯罪で起訴され、禁錮三五年の刑を宣告された[5]。ブコバル事件との関連では、元JNAの中佐であったベセリン・シュリバンチャニン（Veselin Sljivančanin）が戦争犯罪の事由で起訴され、禁固五年、同元中佐の上官であったミレ・ムルクジッチ（Mile Mrkšić）元大佐も同じ事由で起訴され二五年の禁固刑を宣告された[6]。クロアチア側に関しては、「嵐」作戦との関連でクロアチア軍の元将軍アンテ・ゴトビナ（Ante Gotovina）およびムラデン・マルカッチ（Mladen Markač）元内務次官兼特別警察作戦司令が、ICTYによってともにジェノサイド条約違反ではなく、戦争犯罪および人道に対する罪で起訴された[7]。この二名についてのICTYの審理については後の段階で再度言及する。

II　本訴をめぐる管轄権問題

本件に関する管轄権問題は、既に二〇〇八年のジェノサイド条約の適用事件の先決的抗弁に関する判決において決定されたのであるが、被告国が本案審理の過程で再度裁判所の管轄権に対する先決的抗弁を提起したので、裁判所は被告国の主張を検討することになった。

被告国セルビアは、その先行国であるFRYがジェノサイド条約の当事国になったのは一九九二年四月二七日であって、同日前に生じたと主張される行為との関係では、同条約はFRY（セルビア）には適用されないと主張する。裁判所は、セルビアが「ジェノサイド条約条約違反について責任を有するか否か」について決定するためには、裁判所は次の三点を決定しなければならない、と述べる。すなわち、①クロアチアが申し立てた行為の存否、②生じたと認められた場合に、その行為はSFRYに帰属されかつ同国に責任を発生させることになるのか、③SFRYに責任を発生させた場合に、FRYがその責任を承継することになるのか、という三点である（para. 112）。ここで留意すべきことは、裁判所は自己に与えられた任務には、セルビア自体がジェノサイド条約に違反したか否かではなく、SFRYが同条約に違反したとすれば、FRYそしてその後継国であるセルビアがその責任を承継することになるか否かを判断することも含まれる、と判断した点である。つまり、裁判所は、決定を委ねられた主要争点には国の責任の承継問題が含まれていると考慮する。裁判所は、このような問題、すなわち、上記の第③の争点は、ジェノサイド条約ではなく、責任の承継に関する一般国際法によって解決されるべきであることに留意するが、この問題はジェノサイド条約第九条の範囲内にあり、したがって裁判所は本件について管轄権を有すると結論する。その根拠として裁判所は、第九条における「国の責任に関するものを含め、この条約の解釈、適用又は履行に関する紛争」という文言を援用し、第九条は締約国の責任について一般的に規定しており、その責任が発生した態様にはなんらの制限を含めていない、と結論する（para. 114）。裁判所は、ジェノサイド条約の遡及効を否定しているが、第九条に基づき、SFRYが同条約の当事国であったときに犯したと申し立てられたジェノサイド行為についてSFRYが責任を有するか否かを決定することができる、と判断したのである。裁判所の観点においては、裁判所は第九条に基づき「国の責任」問題につき管轄権を行使することができる。ただし、その「国」が現存する国で、裁判所に付託された事件の当事者ではない場合には、裁判所が管轄権を行使するためには、その「国」の同意を必要とする。しかし、裁判所の観点においては、その「国」がSFRYのようにすでに存在していない場合には、その「国の責任」について管轄権を行使することができる。裁判所が管轄権を行使する場合に、すでに存在していない「国」はその点に関して同意を与えることも拒否することもできないからである（para. 116）。このような見解が認められるならば、次のような事態が想定されよう。すなわち、いずれかの国の承継国は、自国が当事者となっていない裁判所の訴訟において、自国が知らないままに先行国の「責任」問題が審理され、しかもその場合に、先行国の「責任」問題のみならず、その「責任」を承継国が承継するのかどうかの問題まで審理されることもありうる、ということである。

裁判所の以上のような趣旨の判断に対しては、五人の判事と特任裁判官一名が反対意見、分離意見または宣言において反論を加えている。トムカ判事（裁判所所長）は分離意見において、ジェノサイド条約第九条に基づいて付託される紛争は「締約国間」における条約の解釈、適用または履行に関わるものでなければならないとし（分離意見para. 9）、また、第九条における「国の責任」という文言は、条約起草準備書面によれば、裁判所が、個人によって行なわれたジェノサイド行為について当該国が責任を負うか否かを検討することを可能とするために挿入されたものである、と主張する（同上para. 11）。トムカ判事はさらに、セルビアがSFRYの責任を承継するかどうかをめぐる紛争は、ジェノサイド条約の「解釈、適用又は履行」にかかわるものではないと主張する。同判事によれば、ジェノサイド条約の起草者は「責任」という文言に裁判所が与えたような意味を与えなかったし、また、国際法上「承継」と「責任」とは区別される概念である（同上para. 24）。ジェノサイド条約第九条規定の解釈に関し、薛判事は宣言において、同第九条のもとでは、裁判所は、締約国の権利・義務に直接かかわる紛争の解決を要請されているのであって、国の責任を発生させる要件は一般国際法によって規律されるものであると主張する（宣言para. 20）。また薛判事は、セルビアがSFRYの責任を承継したという主張は、セルビアがSFRYを承継したとの「政治的前提」を伴うものであるが、セルビアはSFRYの唯一の承継国ではなくその承継国の一つにすぎず、同一の国際法人格者としてSFRYのすべての国際義務と責任を引き受けるものではないと主張する（同上para. 9～12）。また、薛判事によれば、クロアチアが申し立てたジェノサイド行為がSFRYに帰属されその責任を生じさせることになるかどうかの問題を決定するときに、裁判所は、責任の承継という概念が支持されること、また、セルビアはＳＦＲＹのジェノサイド条約のもとでの義務違反について後者の責任を承継することになるとの前提にたって、検討を進めている（同上 para. 13）。薛判事によれば、ジェノサイド条約採択以来国家責任に関する規則はかなり発展したが、国の責任の承継に関しては一般国際法上の成果は少ない、ということである（同上 para. 23）。

Ⅲ　証拠としてのＩＣＴＹ判決

1　クロアチア紛争との関連でのＩＣＴＹ判決

裁判所は、二〇〇七年のジェノサイド条約の適用事件の本案判決で示されたアプローチ、すなわち、ＩＣＴＹ判決には証拠として重みを有することを再確認している（para. 182）。本裁判所はＩＣＴＹの上訴裁判所ではないのでＩＣＴＹの判決を覆すことはできないし、また、ＩＣＴＹの判決に拘束されることもない。本裁判所の実際の実行では、二〇〇七年判決および本判決にみられるように、本裁判所は関連する事件についてのＩＣＴＹの判決が下されるのを待って、その判決をほぼ決定的な証拠として採用している。本件はジェノサイド条約の適用に関する事件であるが、クロアチア紛争の関係では、先に言及したようにＩＣＴＹによってジェノサイド条約違反をもって起訴された者はいない。このような場合、ＩＣＴＹの判決の証拠としての価値をどのように評価すべきなのか。裁判所は二〇〇七年判決で採択されたアプローチを再確認している。すなわち、ＩＣＴＹ検察官の起訴事由には原則として重きを与えないので、ジェノサイド条約違反という起訴事由がなかったことを、ジェノサイド行為がなかったことの決定的理由とするつもりはないが、この事実は重大な意義を有することもありうる、と判示している（para.187）。本裁判所は、ＩＣＴＹ判決で示された事実点を自ら整理し、それに法的評価を下している。このような姿勢は、本裁判所としては、ＩＣＴＹの判決における事実認定を自動的に採用するものではなく、自らが決定的証拠を入手した場合には、ＩＣＴＹの事実認定を否認することもありうることを示唆するものである。

2　ＩＣＴＹ第一審裁判部判決の重み

前述のように、クロアチア側の「嵐」作戦との関係では、ＩＣＴＹによって、クロアチア軍の元将軍アンテ・ゴトビナと同国の内務次官兼特別警察作戦司令であったムラデン・マルカッチがともに人道に対する罪および戦争犯罪の事由で起訴された。ＩＣＴＹ第一審裁判部は前者に対して禁固二五年、後者に対して禁固一八年の刑を宣告した。しかし、ＩＣＴＹ上訴裁判部は第一審裁判部の判決を覆し、両者に対して無罪を宣告した。(8) セルビアは本裁判所の反訴に関わる手続きにおいて、「ゴトビナ事件」の状況においては、上訴裁判部判決よりも第一審裁判部判決に重きを置くべきであると主張した（para. 470）。セルビアはその根拠として、次のように申し立てた。すなわち、上訴裁判部の判事五名は恣意的に（at random）に任命され、事件ごとに判事は交替し、同一の事件について判決を下す第一審裁判部の判事ほど経験も権威もない。また、「ゴトビナ及びその他事件」の場合、第一審裁判部は全員一致をもって当該被告二名を有罪であると宣告したのに対して、上訴裁判部は三対二をもって両被告を無罪であると判示した（para. 470 参照—なお、セルビアのこの申立は本稿の判決部分では紹介していない）。セルビアの以上のような中立に関し、本裁判所は、上訴裁判部の判事の選出態様がどのようなものであれ、上訴裁判部の判決がＩＣＴＹの最後の言葉（last word）になるとして（para. 471）、審級制度をとる裁判所の判決の軽重について原則的な見解を提示している。この判示に関しては、本裁判所としては、ＩＣＴＹの判決を証拠として検討するのであって、大事なことは、ＩＣＴＹの特定の判決が説得力を有するかどうかであって、その判決が上訴で覆されたかどうかは関係がない、との見解もある。(9)

3　ジェノサイド条約と国際人道法（戦争法規）との関係

ジェノサイド条約と国際人道法（戦争法規）との関係の問題も、反訴の審理過程においてセルビアにより提起されたものである。クロアチアによる「嵐」作戦との関連で、クロアチア側による特定のセルビア人居住地に対する砲撃が違法なものであったか否かの点が当事者によって争われた。セルビアは、クロアチア軍によるセルビア人地区への砲撃が無差別なものではなく、国際人道法上合法であったとしても、それがセルビア人住民の全部または一部の破壊を意図したものであったとするならば、ジェノサイド行為にあたるのではないかと申し立てた（para. 473）。本裁判所はまず、ジェノサイド条約と国際人道法との関係について一般的にまたは抽象的に判断を下すものではない（para. 153）と述べながらも、後の箇所において、問題とされたクロアチア側の砲撃は専ら軍事目標に向けられており、文民の損害が意図的に引き起こされたのではないということであれば、この砲撃によって文民が死亡したとしても、それはジェノサイド条約第二条ａの意味での「集団構成員を殺すこと」にはあたらないという趣旨の見解を述べている（para. 475）。この見解は、特定の武力行使が国際人道法上適法であるならば、その攻撃はジェノサイド条約には違反しない、ということを意味するものであろう。ただし、裁判所は、国際人道法上適法とされる武力行使が集団の全部または一部を破壊する意図を伴う場合にはジェノサイド条約に違反することになるとのセルビアの申立には直接答えていない。

Ⅳ　ジェノサイド犯罪の定義[10]

ジェノサイド犯罪とは、ジェノサイド条約第二条において、「国民的、人種的、民族的又は宗教的な集団の全部又は一部を集団それ自体として破壊する意図をもって行われた」、同条ａ―ｅに掲げられたいずれかの行為であると定義されている。したがって、例えば、いずれかの紛争において大量の人間が殺害されたとしても、あるいは、大量の人間に重大な肉体的または精神的危害が加えられたとしても、加害者の側に「集団の全部又は一部を集団それ自体として破壊する意図」、すなわち、特別の悪意（*dolus specialis*）があったことが立証されなければ、その行為はジェノサイドを構成するものとはみなされない（ただし、かかる行為は人道に対する罪または戦争犯罪を構成する場合がある）。

1　ＪＮＡおよびセルビア人勢力側の行為についての評価

（1）ジェノサイド条約第二条ａおよびｂ

裁判所は、ＪＮＡおよびセルビア人勢力の行動との関連で、クロアチアの特定の地域において、大量の殺害を行ったと認定し、これは第二条ａの意味での「集団構成員を殺すこと」にあたると認定した（para. 295）。また裁判所は、右の主体がクロアチアの多数の場所でクロアチア人集団に虐待、拷問、性的暴力を加えたと認定し、これらの行為は第二条ｂの意味での「集団構成員に対して重大な肉体的又は精神的な危害を加えること」にあたると判断した（para. 360）。ここで興味深い点は、裁判所が、行方不明者（missing person）の親族が受けた精神的苦痛は重大な精神的危害にあたるとのクロアチアの申立を検討したことである（para. 297）。本裁判所は、権限当局が行方不明者についての情報の提供を頑なに拒否する場合には、かかる行為も第二条ｂの意味でのジェノサイドの客観的要件を構成する可能性があるとの新たな定義を示し（para. 160）、かつ、本件においてはそのような行為がなされたと判断した（para. 360）。この点注目されるところである。

裁判所は最終的には、クロアチアの特定の地域においてＪＮＡおよびセルビア人勢力によって条約第二条ａおよびｂの意味での行為が行われたが、ジェノサイド犯罪と特徴づけられるために求められる特別の悪意をもって行われなかった、と判断した（para. 440）。

（2）条約第二条ｃおよびｄ

本件においてクロアチアは、ＪＮＡおよびセルビア人勢力による食糧や医療の提供拒否、組織的追放、強制移動、クロアチア人財産の破壊・略奪、強制労働、文化遺産の破壊等は、条約第二条ｃの「全部又は一部に肉体的破壊をもたらすよう意図された生活条件を集団に対して故意に課すこと」にあたると申し立てた（para. 361）。またクロアチアは、ＪＮＡおよびセルビア人勢力による強姦およびその他の性的暴力は、条約第二条ｄの「集団内の出生を防止することを意図する措置を課すこと」にあたる、と申し立てた。しかし裁判所は、クロアチアは条約第二条ｄおよびｅの意味でのジェノサイドの客観的要件を構成する行為が行われたことを立証できなかった、と判断した（para.

394,para. 400）。なお、文化遺産の破壊に関しては、本裁判所の見解では、文化ジェノサイドの概念はジェノサイド条約には含まれていない（para. 136）。ちなみに、ICTY規程はその第三条dにおいて「歴史上の記念建造物」を「破壊し又は故意に損傷すること」は「戦争の法規又は慣例に対する違反」にあたる、と規定している。

（3）JNAとセルビア人勢力側の行為の評価

カンサード判事は反対意見において、クロアチア国内でのセルビア人勢力の行為に関して、本裁判所とは異なる判断を下している。すなわち、カンサード判事は、セルビア人勢力はクロアチア国内でジェノサイド行為を行なった、と断じている。カンサード判事は要旨次のように結論する。ブコバル等惨禍を蒙った特定の市町村に関し裁判所に提出された証拠によって、ジェノサイド条約第二条aおよびbならびにcに掲げられているジェノサイドの客観的要件が立証される（反対意見para. 458）。さらに、本件においては、「集団の全部又は一部を破壊する意図」（特別の悪意）は、直接証拠ではないが、提出された証拠から推定される（同9頁）。すなわち、カンサード判事によれば、ジェノサイドの意図は、本件の場合、標的とされた集団に対して組織的に実行された計画的かつ大規模な破壊のパターンから合理的に推定される（同上para. 471）。

2　クロアチア側の行為についての評価

「ゴトビナ及びその他事件」において、ICTY第一審裁判部における主要な争点は、クロアチア側がクライナの四つのセルビア人居住地区に対して行った砲撃が民間目標をも狙った無差別的で違法なものであったか否かであった。ICTY第一審裁判部は当該砲撃は無差別的であり、したがって違法であると認定した。しかし、上訴裁判部はその砲撃は違法ではないと判断した（para. 467）。この点に関して、本裁判所は上訴裁判部の決定に従い、無差別砲撃、すなわち違法な砲撃があったと認めることはできないと判示した（Para. 472）。このように、本裁判所は、クライナの四つのセルビア人居住地に対する砲撃の適法性に関しては、上訴裁判部の認定に重きを置いた。他方で、本裁判所は、特別の悪意を伴うものではなかったがクロアチア軍と特別警察がクライナの少なくとも七つの町でセルビア人の殺害を実行したとのＩＣＴＹ第一審裁判部の認定に従い、ジェノサイド条約第二条ａに該当する行為が行われたこと、また、以上と同様に特別の悪意を伴うものではなかったが、同第一審裁判部の認定に従いジェノサイド条約第二条ｂに該当する行為が行われたと確認した（para. 496）。前述のように、ＩＣＴＹ第一審裁判部はクロアチア軍の元将軍他一名に人道に対する罪および戦争犯罪の事由をもって有罪を宣告したが、上訴裁判部は被告人二名を無罪と宣告した。この点に関するかぎり、本裁判所はＩＣＴＹ第一審裁判部の事実認定に従ったことに注目される。本裁判所は、とりわけ国連保護区（ＵＮＰＡ）でのセルビア人殺害に関する第一審裁判部の事実認定が上訴で覆されなかったことに留意している（para. 491）。しかし本裁判所は、ＩＣＴＹの上訴裁判所ではないので、同上訴裁判部のの判決で確定された法的状況を覆すことはできない。

注

（1） ICTY.the Conflict,p.1.http://www.icty.org/en/about/what-former-yugoslavia/conflict （2017/07/20）.
（2） Mirna flögel and Gordant Lauc,War Stress-Effects of the War in the Area of Former Yugoslavia,p.3,Faculty of Pharmacy and Biochemistry,University of Zagreb,Croatia.
（3） Balkan Insight.Operation Storm:Croatia's triumph,Serbia's Grief,p.3.http://www.balkaninsight.com/en/article/operation-storm-croatia-s-triumph-serbia-s-g… （2017/07/20）.
（4） ICTY,JUDGE KEVIN PARKER,REPORT TO THE PRESIDENT:DEATH OF SLOBODAN MILOŠEVIĆ (MAY2006),pp.4-6.
（5） ICTY.Summary of the Appeal Judgement:Prosecutor v.Milan Martić （8OCTOVER2008） http://www.un.org/icty.
（6） ICTY.Summary of the Appeal Judgement:Proscutor v.Mile Mrkšić and Veselin Sljivančanin （5MAY2009） http://www.icty-org.
（7） ICTY.Appeals Judgement Summary for Ante Gotovina and Mladen Markač （16NOVEMBER2012） www.icty.org.

(8) 前掲。

(9) Dob Jacobs,A commentary on the ICJ Croatia v.Serbia Genocide Case (Part1) :Some thoughts on An Anti-climatic Result, p.3,SPREADINGTHEJAM http://www.dobjacobs-a-commentary-on-the-icj-croatia-v-serbia-genocide-case-part-1-some-Thoughts-on an anti-climatic-result (2015/06/09).

(10) ジェノサイド罪の定義および関連の諸問題については、『国際司法裁判所―判決と意見』第四巻(二〇〇五―一〇年)第一部第一五節一七三頁～二一一頁参照。

参考文献

(1) Wouter Werner,Preliminary Objection in the Croatia v.Serbia Case:A Commentary, THE HAGUE JUSTICEPORTAL www.haguejusticeportal.net.

(2) Marko MIlanović,State Responsibility for Genocide,European Journal of of Internatiional Law (2006) ,vol.17non.3,553-604

(3) Christoph Safferling and Eckart Conze,THE GENOCIDE CONVENTION SIXTY YEARS AFTER ITS ADOPTION,T.M.C.ASSER PRESS (2010).

(4) Marko Milanović,State Responsibility for Genocide:A Follow-Up, European Journal of International Law(2007),vol.18no,4, 669-694.

(5) Ines Gillich, Between Light and Shadow:The International Law Against Genocide in the International Court of Justice`s Judgement in Croatia v.Serbia (2015),Pace International Law Review,vol28,/issue/Spring2016 http://digitalcommons,pace.edu/vol28/ISS1/3.

(6) 佐藤義明、「武力紛争における文化財の保護」成蹊法学第八五号 七七頁～一〇六頁

(その他の参考文献については、『国際司法裁判所―判決と意見』第四巻(二〇〇五―一〇年)第一部第一五節参照)。

(森 喜憲)

第一七節　「太平洋へのアクセス」を交渉する義務に関する紛争

ボリビア対チリ

判決日　二〇一五年九月二四日

先決的抗弁に関する判決

事件概要　二〇一三年四月二四日、ボリビア多民族国（以下「ボリビア」）は、チリ共和国（以下「チリ」）を相手として、国際司法裁判所に訴えた。その内容は、ボリビアの太平洋への十分な主権的アクセスを認める合意に達するための交渉を行う義務が存在することを国際司法裁判所に認めてもらうことであった。チリは、答弁書において、この問題は既に両国間で解決されている問題であるので、裁判所には管轄権がないという先決的抗弁を提起した。これに対しボリビアは、この問題は、チリが解決されたと主張する問題とは異なる問題であるので、裁判所の管轄権は認められると主張した。裁判所は、審理の結果、チリの先決的抗弁を退ける判決を下した。

一　事　実

ボリビアは、南アメリカに位置している内陸国で、南西にチリと、西にペルーと、北および東にブラジルと、南東にパラグアイとそして南にアルゼンチンと接している。チリは、北にペルーとの、北東にボリビアとのそして東にアルゼンチンと国境を接し、その本土の沿岸は、西に向かって太平洋に面している。

チリとボリビアは、一八一八年と一八二五年にそれぞれスペインから独立した。その独立当時、ボリビアは数百キロメートルにわたり太平洋に沿った海岸線を有していた。一八六六年八月一〇日、チリとボリビアは、その隣接する太平洋沿岸領域を分ける、両国間の「境界画定線（line of demarcation of boundaries）」を制定する領域境界条約（a Treaty of Territorial Limits）に署名した。この線は、一八七四年八月六日に署名されたボリビアとチリとの間の境界条約（the Treaty of Limits between Bolivia and Chile）において国境線として確認された。一八七九年チリは、「太平洋の戦争（the War of Pacific）」として知られているペルーとボリビアに対する戦争を宣言し、この戦争の過程において、ボリビアの沿岸領域を占領した。敵対行為は、バルパライソにおいて一八八四年に署名された休戦条約で、チリとボリビアとの関係では終わった。休戦条約の条項の下でチリは、とりわけ、沿岸地域を統治し続けた。これらの出来事の結果としてボリビアは、その太平洋沿岸についての支配権を失った。一八九五年領域の移転に関する条約がボリビアとチリとの間で署名されたが発効しなかった。この条約は、チリが特定の具体的な領域についての主権を得ることを条件に、ボリビアが海へのアクセスを取り戻す規定を含んでいた。一九〇四年一〇月二〇日に当事国は、平和友好条約（以下「一九〇四年平和条約」）に署名し、そしてそれはボリビアとチリとの間の「太平洋の戦争」を公式に終わらせた。一九〇五年三月一〇日に発効したこの条約の下で、ボリビアの沿岸領域全体はチリのものとなり、そしてボリビアはチリの港への商業通行権（a right of commercial transit to Chilean ports）を認められた。

一九〇四年平和条約に続いて両国は、太平洋へのボリビアの状況に関して両国間で行われた外交上の書簡の交換や数多くの宣言がなされた。

二〇一三年四月二四日、ボリビア政府は、チリを相手とした訴状を裁判所書記局に提出した。その紛争は、「太平洋へのボリビアの十分な主権的アクセスを認める合意に達するためボリビアと誠実に且つ効果的に交渉するチリの義務に関する」紛争である。同訴状においてボリビアは、一九四八年四月三〇日に署名された平和的解決に関する米州条約（以下「ボゴタ条約」）の第三一条を裁判所の管轄権の根拠とした。

裁判所規則第五三条一項に言及しつつ、ペルー政府およびコロンビア政府は各々、訴答書面および本件に添付された文書の複写を与えられることを要求した。同条項に従って当事国の見解を確かめて、裁判所所長は、その要請を認めることを決定し、書記局が必要な手続をとった。
二〇一四年七月一五日、裁判所規則第七九条一項によって定められた期限内に、チリは裁判所の管轄権に対する先決的抗弁を提起した。その結果、二〇一四年七月一五日の命令によって、裁判所所長は、裁判所規則第七九条五項により、本案に関する手続が中止されることに留意し、そして実施規則（Practice Direction）Ⅴを考慮しつつ、チリにより提起された先決的抗弁に関するボリビアの意見と申立に関する書面による陳述の同国による提出期限として二〇一四年一一月一四日を決定した。ボリビアは、指定された期限内に当該陳述を提出し、先決的抗弁に関する審問の準備ができた。

裁判所規則第四三条の下での裁判所の指示に従って、裁判所書記は、裁判所規程第六三条一項に規定された通告をボゴタ条約の当事国に宛てて発し、また同規則第六九条三項の規定に従って裁判所書記は、裁判所規程第三四条三項に規定された通告を米州機構（以下「ＯＡＳ」）に宛て発し、裁判所規則第六九条の意味の範囲内で書面による意見を提供することを意図するか否かを同組織に尋ねたが、ＯＡＳの事務局長は、ＯＡＳは、どんな意見も提出する意図ではないと裁判所に通知した。

訴状において、以下の請求がボリビアにより提起された。

「・・・・・、ボリビアは以下のことを判決し、宣言することを裁判所に対し謹んで要請する。

(a) チリは、ボリビアに太平洋への十分な主権的アクセスを認める合意に達するためボリビアと交渉する義務を有している

(b) チリは、当該義務に違反している

(c) チリは、ボリビアに太平洋への十分な主権的アクセスを認めるため、誠実に、迅速に、公式に、合理的な時間内にまた効果的に当該義務を遂行しなければならない。」

また、陳述書においても、同様の申立が行われた。

先決的抗弁において以下の申立が、チリ政府により提示された。

「前の章において説明した理由のために、チリは以下のことを宣言し判決することを謹んで裁判所に要請する。

チリに対してボリビアにより提起された請求は、裁判所の管轄権の範囲内にない。」

先決的抗弁に関するその意見および申立の書面による陳述において、以下の申立がボリビア政府により提示された。

「・・・、ボリビアは、以下のことを裁判所に謹んで要請する。
(a) チリにより提出されたその管轄権に対する抗弁を却下すること
(b) ボリビアにより提出された請求が、その管轄権の範囲内に入ることを判決し宣言すること」
裁判所の裁判官席にはいずれの当事国の国籍裁判官もいないので、各当事国は、裁判所規程第三一条三項により与えられている権利を行使して、ボリビアは、フランス人のイブ・ドーデ（Yves Daudet）氏を、チリはカナダ人のルイーズ・アルブール（Louise Arbour）女史を特任裁判官として選定した。

二　判　決

I　当事国の立場の一般的見解

手続を開始したその訴状においてまたその申述書において、ボリビアが本裁判所に対し、判決し宣言することを要請している、交渉する義務の存在およびその違反を実証するため、ボリビアは「（チリの）最高級の代表者に帰することができる合意、外交上の慣例および一連の宣言」に依拠している。ボリビアによれば、これらの出来事の多くは一九〇四年平和条約の締結と二〇一二年の間に生じた。

ボリビアは、その訴状において、ボゴタ条約第三一条に裁判所の管轄権の根拠を与えることを求めている。同条は、次のように規定する。

「国際司法裁判所規程第三六条二項に従って、締約国は、他の米州の国との関係において、以下の法律的紛争に関して、裁判所の強制管轄権を、他の特別の合意を前提とせずに、本条約が有効に存続する限り、その事実上によって（*ipso facto*）承認する。

(a) 条約の解釈

(b) 国際法上の問題

(c) 認定されれば国際義務の違反となるような事実の存在

(d) 国際義務の違反に対する賠償の性質又は範囲」（第二〇項）

ボリビアおよびチリ両国は、一九四八年四月三〇日に採択されたボゴタ条約の当事国である。ボゴタ条約第六条は、次のように規定する。

「（ボゴタ条約に規定された）手続は、当事国間の取極により、または国際裁判所の仲裁判決により、若しくは決定により既に解決（settle）されたか、あるいは本条約の締結の日に効力を有している協定または条約により規定（govern）されている問題には適用されない。」

先決的抗弁においてチリは、ボゴタ条約第六条に従って、裁判所は、ボリビアにより提出された紛争を決定するボゴタ条約第三一条の下での管轄権を欠くと主張する。チリは、本件において係争中の問題は、領土の主権および太平洋へのボリビアのアクセスの性格であると主張する。ボゴタ条約第六条に言及しつつ、同国は、これらの問題は一九〇四年平和条約において取極により解決され、そしてそれらはボゴタ条約の締結の日に有効であった同条約により、規定（governed）されたままであると主張する。チリによれば、ボリビアにより援用された様々な「合意、外交上の慣例および・・・宣言」は、「実質的には（一九〇四年）条約の中でまた解決されたまたそれにより規定された同じ問題」に関係している、という。

チリの先決的抗弁は、それが両当事国間の「紛争の主題の解釈を誤っている」ように「明白に根拠がない」ものであるというのが、ボリビアの反応である。本紛争の主題は、太平洋へのボリビアの主権的アクセスを誠実に交渉するチリの側の義務の存在と違反に関係していると、ボリビアは主張する。同国は、この義務は一九〇四年平和条約のものとは別個に存在すると述べている。したがって、ボリビアは、争っている問題は、ボゴタ条約第六条の意味の範囲内での、平和条約により解決または規定された問題ではなく、本裁判所がその第三一条の下での管轄権を有すると、強く主張している。

チリの先決的抗弁の本質的要素は、ボリビアの請求の主題がボゴタ条約第六条の範囲内に入るかということである。しかしながら裁判所は、チリが第六条のおかげで裁判所の管轄権から排除されると考える問題が、ボリビアにより詳述されたような紛争の主題と一致しないことに留意する。したがって、紛争の主題について裁判所自身の見解を述べそしてそのうえに裁判所自身の結論に達することがまず裁判所にとって必要である。裁判所は、次に争っている問題が、一九〇四年平和条約により「解決された」か「規定された」問題かどうかの問題を扱うこととする。

Ⅱ　紛争の主題

ボリビアの訴状は、ボリビアとチリの間の紛争は、

「太平洋へのボリビアの十分な主権的アクセスを認める合意に達するためボリビアと誠実に且つ効果的に交渉するチリの義務」

に関すると述べている。

それは、「紛争の主題は、(a)　その義務の存在、(b)　チリによるその義務の不履行、(c)　当該義務を遵守するチリ

の義務、にある」と更に述べている。

チリは、ボリビアの請求の主題は、領土主権および太平洋へのボリビアのアクセスの性質（character）であると主張する。訴状が、交渉する義務に関係するものとしてボリビアの主張を描写していることを争ってはいない。しかしながら、チリによれば、このボリビアが主張する義務は、実際には、予め決められていた成果、すなわち、太平洋への主権的アクセスのボリビアへの許可の交渉を実施することである。どの程度の領域が関与するが、またその位置はどこかというような主権的アクセスの詳細だけが、交渉する主題となろう。したがって、チリの見解では、ボリビアは、誠実な意見交換からなる開かれた交渉を求めているのではなく、むしろ裁判によって予め決められていた成果での交渉を求めている。ボリビアが申し立てている交渉する義務は、太平洋への主権的アクセスに対するボリビアの申し立てている権利を実施するための「わざとらしい手段」として見られるべきであると、チリは述べている。

チリはまた、ボリビアは一九〇四年平和条約の改訂または無効を通してのみ、海への主権的アクセスを認められることができると主張する。海への主権的アクセスをもたらす交渉は、両当事国が同条約において合意した、領域についての主権の割当および海へのボリビアのアクセスの性格を変更するであろう。したがって、ボリビアの訴状は、「領土主権および海へのボリビアのアクセスの性格に関して一九〇四年に達した解決策の改訂」を求めていると、チリは主張する。

裁判所は、裁判所規則第三八条二項に基づいて、訴状は、請求の基礎となる事実および理由を明記することに注視する。海への主権的アクセスを交渉する義務があるという主張を支持して、訴状は「（チリの）最高級の代表者に帰することができる合意、外交上の慣例および一連の宣言」を、引用している。チリが、同国自身が採択した立場に反して、ボリビアが主張している交渉する義務の存在を二〇一一年に拒否しそして二〇一二年に否定したこと、そしてチリがこの義務に違反したこと、を訴状はまた述べている。訴状は、いずれかの当事者の権利または義務の源として一九〇四年平和条約を援用していないのみならず、同条約の法的地位に関するなんらかの宣言をすることを裁判所に求めてもいない。それ故その文面において訴状は、海への主権的アクセスを交渉する義務の存在およびその違反の申立についての紛争を表している。

チリは、その見解において、訴状はボリビアの主張の本当の主題―領土主権および太平洋へのボリビアのアクセスの性格―を分かりにくくしているので、訴状において示されたような紛争を裁判所の管轄の外におかせたのであろう、とする。過去において裁判所が注視したように、裁判所に提出された訴状は、当事者間の幅広い意見の相違の文脈において生じている特定の紛争をしばしば示している。裁判所は、太平洋への主権的アクセスが、結局は、ボリビアの目標であると仮定するとしても、その目標と訴状により示された関連するが異なる紛争、すなわちチリが海へのボリビアの主権的アクセスを交渉する義務を有しているかどうかそして、そのような義務が存在する場合には、チリがそれに違反したかどうかとの間には、区別が設けられなければならないと考える。訴状は、ボリビアが主権的アクセスに対する権利があることを判決し宣言することを裁判所に求めてはいない。

ボリビアが求めている救済は、裁判によって予め決められていた成果交渉および一九〇四年平和条約の修正を導き出すので、紛争における主体のわざとらしい構成を示しているというチリの主張はどうかと言えば、裁判所は、ボリビアが海に対する主権的アクセスの権利を有していることを宣言することを裁判所に求めていないのみならず、一九〇四年平和条約の法的地位について宣言することも求めていないことを想起する。さらに、この事件が本案に進んだとしても、ボリビアの請求は、ボリビアが主張している主権的アクセスを交渉する義務の存在、性質および内容について当事国のそれぞれの主張を裁判所が扱うことになるであろう。裁判所がそのような義務の存在を判決することになったとよしんば仮定する場合でさえ、裁判所は、その義務の結果として生じるであろう何らかの交渉の成果を予め決めるものではない。

前述の分析を念頭に置いて、裁判所は、紛争の主題は、チリが太平洋へのボリビアの主権的アクセスを誠実に交渉する義務があるかどうか、そして、そのような義務が存在する場合には、チリがそれに違反したかどうかであると結

論する。（第三四項）

ボリビアの訴状および申述書における陳述が、「太平洋へのボリビアの十分な主権的アクセスを認める合意に達するため………交渉する義務」に言及していることを想起する。ボリビアは、チリが「海への主権的アクセスを交渉する義務」を有しているとくり返し主張してきている。チリもまた「海への主権的アクセス」という言い回しをその訴答書面および口頭弁論において用いてきている。

裁判所の構成員が、それぞれの当事国に対し、「海への主権的アクセス」という言い回しが意味するものを定義することを求めた時、ボリビアは、申し立てている海への主権的アクセスを交渉する義務の「存在と具体的内容」は、手続の先決的段階で決定されることになる問題ではなく、むしろ手続の本案の段階で決定されることになるものであると返答した。チリは、チリの考えとしては、ボリビアは、チリ領域のボリビアへの移転または割譲に言及するため、その訴状および申述書において「海への主権的アクセス」という表現を用いたと、またこの言い回しはチリの先決的抗弁におけるのと同じ意味を有していると答えた。

両当事国によるこれらの意見を念頭に置いて、裁判所は、この判決における「主権的アクセス」および「主権的アクセスを交渉する」という言い回しの意味は、チリの何らかの交渉をする義務の存否、性質または内容についての、裁判所による何らかの見解を表明するものとして理解されるべきでないことを強調する。

Ⅲ　裁判所に提起された紛争の問題が、ボゴタ条約第六条の下に入るか

裁判所は、今やボゴタ条約の管轄権の制度（jurisdictional régime）を審議することにする。裁判所は、同条約は紛争の司法的解決に関する数多くの規定を含んでいることに留意する。同条約第三一条は、当事国が、そこに掲げられた問題に関して当事国間に生じる法律的性質の全ての紛争において本裁判所の強制管轄権を認めることを規定している。（上記第二〇項参照）

ボゴタ条約のその他の関連規定は第六条（前出）と第三三条である。

ボゴタ条約第三三条は、「当事国が、裁判所が、論争について管轄権を有するかどうかについて合意できない場合には、裁判所自身がその問題をまず決定する」と規定している。

ボゴタ条約第六条の下で、上記第三四項において裁判所により特定されたように紛争の主題を仮定した場合には、当事国の間で争われている問題は、「当事者間の取極により既に解決された」問題であるかあるいは一九四八年四月三〇日に「効力を有している協定または条約により決定された」問題であると、裁判所が判決する場合には、本案に関する事件を決定するボゴタ条約の下での必要な管轄権を欠くことになろう。したがって、裁判所は、争っている問題が、一九〇四年平和条約により「解決された」問題かあるいは「決定された」問題かどうか決定することに進むこととする。

裁判所は、一九四八年四月三〇日に効力を有している、一九〇四年平和条約の以下の規定を想起する。第一条は、ボリビアとチリとの間の平和および友好関係を再確立しそして一八八四年バルパライソ休戦条約により確立された体制の終了を規定する。第二条は、次の通り規定する。

「本条約により、一八八四年、四月四日の休戦条約第二条によりチリが占領していた領域は、チリに完全且つ永久に属するものとして認められる。」さらに、ボリビアとチリとの間の国境を画定することおよび画定のための手続を規定することが続いている。

第六条は、以下のように規定する。

「チリ共和国は、ボリビアの利益となるように、その領域およびその太平洋の港における完全且つ最大の無制限の商業的通過権（the right of commercial transit）を永久に認める。

両国政府は、特定の法において、その各々の財政上の利益、上記で示された目標を害することなしに、安全のために適切な方法について合意することとする。」

第七条は、通関について、第八条、九条および一〇条は、当事者間の商業的なやり取り、税関および品物の通貨の側面を規制している。チリはまた、第四条および五条でボリビアの利益となるようにその他の財政的公約も規定した。

チリの見解においては、ボゴタ条約第六条は、疑いもなく裁判所の管轄権から当事国間の本紛争を排除している。チリは、ボゴタ条約第六条の目的は、同条約の紛争解決手続、そしてとりわけ、司法的救済を「問題が国際的な司法的決定または条約の目的であったので、同条約の当事国間で解決されたような問題を再開するために」、使用する可能性を排除することであったと具申している。（第四一項）

チリは、第六条の二つの用語（limbs）の間に描かれるべき区別があると具申しそして問題が、取極により解決される（is resolved）ならば取極により「解決」（settled）され、その一方で、条約がその主題に関係する当事国間の関係を規律（regulates）するならば条約により規定（govern）されると主張する。本件において、チリは、領土主権および太平洋へのボリビアのアクセスの性格は、一九〇四年平和条約により共に「解決され」そして「規定された」問題であると結論付ける。

この点において、チリは、まず、一九〇四年平和条約第二条が、二国間の包括的な領土解決であることそして領土主権の問題は、それ故、同規定により解決されたまた規定された問題であると主張する。チリはまた、一九〇四年平和条約第二条は、以下の重要な要素を有していると強く主張する。

「第一に、それは一八七九年の「太平洋の戦争」まで、ボリビア沿岸州（Bolivian Littoral Department）だったものについてのチリの主権を処理している。第二に、それはアントファガスタとタラパカのチリの州の地区において南から北へチリとボリビアとの間の境界を定めた。第三に、それはタクナとアリカの地区におけるチリとボリビアとの間の国境線に合意しそして定めた。第四に、それは全体の境界の画定を規定した。」

二番目に、チリは、海へのボリビアのアクセスの性格は、商業的通過のボリビアの永久の権利およびチリの港において税関の出張所を設けるその権利に関連している、一九〇四年平和条約第六および七条により解決されそして決定された問題であると主張する。

三番目に、チリは、第三条から九条―主に第六および七条が特色をなしている―が、今後の両当事国の関係の中心的側面を規定している条約に基づく取極と公約を確立したと主張する。

このようにしてチリは、一九〇四年平和条約の文言（terms）は、「領域主権」および「太平洋へのボリビアのアクセスの性格」が、同条約により解決されまた規定された問題であることを疑う余地はないと、結論付けている。

ボリビアの考えとして、ボリビアは、その請求の基礎は以下であると主張した

「一九〇四年条約と無関係にチリは、太平洋への主権的アクセスをボリビアに許すために交渉することに合意した。それは、一九〇四年条約によってこの問題が「解決され」なかったからである。両当事国が、海へのそのような主権的アクセスをボリビアに許すための交渉にあとで合意した」（・・・は原文ママ）

両当事国は、チリが交渉するその義務に背いたと主張される二〇一一年までこの未解決の問題を交渉していたと、ボリビアは主張する。ボリビアは更に、チリが太平洋へのボリビアの主権的アクセスを交渉するその義務を遵守すべきこと、そして一九〇四年平和条約は、裁判所の管轄権に対する障壁としてボゴタ条約第六条のチリの発動についての合理的な基礎を提供することができないと主張している。

チリが、第六条の目的の正確な叙述（上記第四一項参照）を提供したことにボリビアは、合意するとしても、第六条のチリの解釈を、過度に広大だと判断する。更に、チリが、同条の二つの用語の間の区別から何らの結論も引き出していないと主張する。この点について、領域および海洋境界紛争（ニカラグア対コロンビア）の事件に言及している。そこでは、裁判所は以下のように結論付けている。

「本件の具体的な状況においては、条約第六条の適用のために、一九二八年条約により「解決され」ている問題と

同条約により「規定され」ている問題との間に、法的効果において違いはない。上述のことに照らして、本裁判所は今後、「解決された」という語を用いるものとする。（領域および海洋境界紛争（ニカラグア対コロンビア）、先決的抗弁、判決、*I.C.J. Reports 2007 (II)*, p.848, para. 39.）

ボリビアは、本件においても、条約第六条のために「解決された」と「規定された」の用語の適用の間には実質的な違いはないと、主張する。

ボリビアは、たとえ第六条の二つの用語のチリの解釈が支持されたとしても、一九〇四年平和条約は、一九〇四年に存在していなかった紛争を解決することはできなかったために また同条約の条項の範囲内に入らない、ボリビアにより提案されたもののような問題を規定することはできないためにチリの異議はやはり失敗すると主張する。ボリビアは、その訴状および申述書において詳述したもの、すなわち「チリにより合意された太平洋への主権的アクセスを交渉する義務の存在および違反」よりむしろ「領土主権や海へのボリビアのアクセスの性格」に関するものとして、その請求を誤って性格付けることにより、チリは、争っている問題が「一九〇四年平和条約により解決されそして規定された」問題でありそしてボリビアは同条約を「改訂または無効」にすることを単に求めているという結論を誤って引き出した、と主張している。

裁判所が上で結論付けたように、紛争の主題は、チリが太平洋へのボリビアの主権的アクセスを誠実に交渉する義務があるかどうか、そしてそのような義務が存在する場合、チリがそれに違反したかどうかである（上記第三四項）。第四〇項に定められた一九〇四年平和条約の規定は、太平洋へのボリビアの主権的権利を交渉するボリビアが主張するチリの義務の問題に明確にまたはそれとなしに扱っていない。裁判所の見解では、それ故、争っている問題は、「当事者間の取極により、または仲裁判断、もしくは国際裁判判決で解決された」ものでもなければ、ボゴタ条約第六条の意味の範囲内で「（ボゴタ条約）締結の日に有効な協定もしくは条約で規定された」ものでもない。この結論は、チリが主張するように第六条の二つの用語が異なる範囲を有するかどうかに関わらず、効力がある。それ故、裁判所は、本件の状況においては、これらの二つの用語の法的効果の間に区別があるか否かを決定する必要はないと判断する。

裁判所は、当事者が本案についての実質的なボリビアの主張に対して同国により援用された「合意、外交上の慣例および……宣言」についての自らの見解を各々表明していることを想起する。管轄権の問題を決定するためには、その要素を検討することは必要もなければまた適切でもないというのが裁判所の見解である。

しかしながら裁判所は、事件の状況に鑑み、抗弁が専ら先決的な性質を欠くかどうかを、裁判所規則第七九条九項の下で、決定することは裁判所であることを想起する。そうであるならば、裁判所は先決的段階において抗弁を容認するか却下することを慎み、そしてこの問題に関するその決定をその後の手続のために延期（reserve）しなければならない。本件においては、裁判所は、チリの抗弁について裁定するために必要な全ての事実を持っておりそして争っている問題は一九〇四年平和条約により「解決された」かまたは「規定された」問題であるかどうかの問題は、本案に関する紛争またはその要素を決定することなしに回答できると考える。（領域および海洋境界紛争（ニカラグア対コロンビア）、先決的抗弁、判決、I.C.J. Reports 2007（II）, p.852, para. 51.）したがって、裁判所は、現段階においてチリの抗弁について裁定することを妨げないと判断する。

Ⅳ　先決的抗弁に関する裁判所の結論

裁判所は、争っている問題は、「当事者間の取極、仲裁判断、もしくは国際裁判判決ですでに解決された」かまたは「（ボゴタ条約）の締結の日に有効な協定もしくは条約で規定された」問題ではないと結論する。したがって、第六条は、ボゴタ条約第三一条の下での本裁判所の管轄権の障害ではない。本裁判所の管轄権に対するチリの先決的抗弁は、却下されなければならない。

主文

以上の理由により

裁判所は、

(1) 一四対二で

チリ共和国により提起された先決的抗弁を却下する。

賛成：エブラヒム裁判所長、ユースフ裁判所次長、裁判官小和田、トムカ、ベヌーナ、カンサード・トリンダーデ、グリーンウッド、薛、ドノヒュー、セブティンド、バンダリ、ロビンソン、ゲボルジャン　特任裁判官ドーデ

反対：裁判官ガジャ　特任裁判官アルブール

(2) 一四対二で

裁判所が、ボゴタ条約第三一条に基づいて、二〇一三年四月二四日にボリビア多民族国により提出された訴状を扱う管轄権を有すると判決する。

賛成：エブラヒム裁判所長、ユースフ裁判所次長、裁判官小和田、トムカ、ベヌーナ、カンサード・トリンダーデ、グリーンウッド、薛、ドノヒュー、セブティンド、バンダリ、ロビンソン、ゲボルジャン　特任裁判官ドーデ

反対：裁判官ガジャ　特任裁判官アルブール

三　研　究

本件は、一九四八年四月三〇日に署名された平和的解決に関する米州条約（いわゆるボゴタ条約）の裁判条項である第三一条を国際司法裁判所の管轄権の根拠としてボリビアがチリを訴えたものである。それに対してチリは、ボリ

ビアの請求内容が、一九〇四年に両国間で締結された条約によって決着がついている問題であるため、ボゴタ条約の手続が適用されない場合を規定した第六条に該当するとして、先決的抗弁を提起したものである。

裁判所は、ボリビアの請求が、一九〇四年に締結された条約によって決着がついているものであるか否かを検討し、チリの先決的抗弁を否定したのであるが、そのこと自体は特筆すべきものではない。目を引くのは、ボリビアの請求の内容であって、交渉義務の存在を裁判所に認めさせ、チリを交渉の場に引き出そうとする手段として、国際司法裁判所が利用されているという点である。国際司法裁判所は、かつて、アイスランドと西ドイツおよびイギリスとの間で争われた漁業管轄権事件判決において、交渉義務を判決として下したことがあるが、裁判所に交渉義務の確認を求める、というのは初めてである。

また、ボリビアが求めている「太平洋への主権的アクセス」という用語も、意味が不明な用語である。国際司法裁判所の裁判官にとっても解りづらい用語だったようで、口頭手続において、小和田判事が、「海への主権的アクセス(sovereign access to the sea)」という言い回しの定義を両当事国に求めた。これに対し、ボリビアは、先決的抗弁の段階で明らかにすべきものではないとし、チリは、チリ領域のボリビアへの移転または割譲を意味すると、両当事国は、全く異なる立場をとったので、裁判所は、本判決において「主権的アクセス」という用語を裁判所が用いるとしても、「裁判所の何らかの見解を意味するものではない」という立場を明らかにした。

本案においてこの言葉の意味がボリビアにより示され、また、裁判所がどのような意味に解釈するのか、そしてそれが判決にどのように影響するのか、興味があるところである。

(山村　恒雄)

第一八節　ニカラグアの海岸線から二〇〇海里を超えるニカラグア＝コロンビア間の大陸棚の境界画定の問題
——ニカラグア＝コロンビア間の大陸棚境界画定事件（略称）

当事国　ニカラグア対コロンビア

判決日　二〇一六年三月一七日

先決的抗弁に関する判決

事件概要　二〇一三年九月一六日、ニカラグアはコロンビアを相手取って、ニカラグアの海岸線から二〇〇海里（カイリ）を超えるニカラグア＝コロンビア間の大陸棚の境界画定に関する紛争を国際司法裁判所に訴えた。ニカラグアは裁判所の管轄権の基礎をいわゆるボゴタ条約第三一条に置いた。また、ニカラグアは、裁判所が二〇一二年一一月一九日に下した両国間の「領域および海洋境界紛争」に関する判決において、ニカラグアの海岸線から二〇〇海里を超える海域の両国間の大陸棚の境界画定に関しては、最終的な判断を示さなかったので、この問題は依然として裁判所において係争中であるとも主張した。これに対して、コロンビアは五点に及ぶ先決的抗弁を行った。裁判所は、二〇一六年三月一七日の判決において、第一、第三、第四の先決的抗弁は棄却し、第二の先決的抗弁に関しては判断する理由がないと判決した。コロンビアの第五の先決的抗弁は、ニカラグアが訴状において提起した二つの請求の受理可能性に関するものであった。そのうちの最初の請求については、コロンビアの先決的抗弁を棄却して受理可能性を認めた。しかし、二番目の請求に関しては、コロンビアの先決的抗弁を容認し、ニカラグアの請求は受理できないと判決した。

一 事実

二〇一三年九月一六日、ニカラグア共和国（以下「ニカラグア」）はコロンビア共和国（以下「コロンビア」）を相手に、「ニカラグアの領海を測る基線から二〇〇海里[1]を超えるニカラグアの大陸棚とコロンビアの大陸棚との間の境界画定に関する紛争」を裁判所に提起した。ニカラグアは訴状において裁判所の管轄権の基礎を「一九四八年四月三〇日の平和的解決に関する米州条約（通称「ボゴタ条約」）第三一条に置いた。また、ニカラグアは、本訴状の主題（subject-matter）は、二〇一二年一一月一九日の「領域および海洋境界紛争に関する事件（ニカラグア対コロンビア）」判決[2]（以下「二〇一二年判決」）において裁判所が確定した管轄権が本件においても継続して適用されるとも主張した。とくにニカラグアは、二〇一二年判決はニカラグアの海岸線から二〇〇海里を超える海域におけるニカラグア＝コロンビア間の境界画定の問題については裁判所の最終的な判断が示されておらず、「この問題は依然として裁判所に係争中である（which question was and remains before the Court）」と主張した。

ニカラグアとコロンビアは、いずれも国籍裁判官を有していなかったので、裁判所規程第三一条三項により、ニカラグアはレオニード・スコトニコフ（Leonid Skotnikov）を、またコロンビアはチャールズ・N・ブラウワー（Charles N. Brower）をそれぞれ特任裁判官に任命した。

訴状においてニカラグアは、以下の二点に関する判決を裁判所に求めた。

(1) 裁判所の二〇一二年一一月一九日の判決によって画定された境界線を超えて両国にそれぞれ帰属する大陸棚区域の、ニカラグア＝コロンビア間の海洋境界線の厳密な線引き。

(2) ニカラグアの海岸線から二〇〇海里を超える両国間の海洋境界線が画定するまでの間、両国の大陸棚に対する主張が重複する区域とその資源の利用に関する両国の権利および義務を定める国際法の原則および規則。

書面審理において、コロンビアは次のような先決的抗弁の意見書を提出した。

「コロンビア共和国は、本審理書面（Pleading）において明らかに示した理由により、以下のことを判決し宣言することを裁判所に要請する。

(1) 二〇一三年九月一六日の訴状によりニカラグアが提起した裁判手続きに関して、裁判所は管轄権を有さない。

または代替的に、

(2) 二〇一三年九月一六日の訴状においてニカラグアがコロンビアに対して申し立てた請求は受理不可能である。」

このコロンビアの意見書に対して、ニカラグアは次のように主張した。

「ニカラグア共和国は、裁判所に対して、コロンビア共和国から提出された先決的抗弁は、裁判所の管轄権についても、また本件請求の受理可能性についても、根拠がない（invalid）と判決し宣言するよう要請する。」

口頭審理において、コロンビアは書面審理における主張をそのまま繰り返した。他方、ニカラグアは以下の見解を表明した。

「書面審理および口頭審理において述べた理由に基づいて、ニカラグアは次のことを裁判所に要請する。

(1) コロンビア共和国の先決的抗弁を棄却すること。および、

(2) 本件の本案の審理に進むこと。」

二 判決

I. 序論

本件において、ニカラグアは、裁判所の管轄権の基礎をボゴタ条約に置いた。また、ニカラグア=コロンビア間の領域および海洋境界紛争事件判決」(二〇一二年判決)は、本件の主題に関して最終的な判断を下していないので、本件は同判決で確立された管轄権内に包摂されているとも主張した。

他方、コロンビアは、本件に関する裁判所の管轄権またはニカラグアの訴状の受理可能性について、五つの先決的抗弁を提起した。第一は時間的要素(*ratione temporis*)に関係する。すなわち、コロンビアは、「ニカラグアが本件に関する訴訟を提起したのは、二〇一三年九月一六日のことで、コロンビアが二〇一二年一一月二七日に行ったボゴタ条約廃棄の通告のあとであったから、ニカラグアのボゴタ条約に基づく管轄権の主張は成立しない」と主張した。第二の抗弁としてコロンビアは、「二〇一二年判決において、裁判所はすでに、ニカラグアの海岸線から二〇〇海里を超える海域のニカラグア=コロンビア間の大陸棚の境界画定に関して検討を尽くしているから、『継続的管轄権(continuing jurisdiction)」は認められない』と主張した。第三の抗弁においてコロンビアは、「二〇一三年九月一六日にニカラグアが訴状において提起した争点は、二〇一二年判決において明白に判示されている(explicitly decided)から、既判事項(*res judicata*)の原則によって裁判所の管轄権は認められない」と主張した。第四の抗弁においてコロンビアは、「ニカラグアの訴状で訴えていることは、二〇一二年判決の修正の試みであって、裁判所にはこの訴状を扱う管轄権はない」と主張した。最後にコロンビアは、第五の先決的抗弁として、「ニカラグアが訴状において求めている最初の請求(二〇一二年判決によって確定した境界線を超えて両国にそれぞれ帰属する大陸棚区域の両国間の厳密な線引き)と二番目の請求(ニカラグアの海岸線から二〇〇海里を超える海洋境界線が画定するまでの間、両国の大陸棚に対する主張が重複する区域とその資源の利用に関する両国の権利および義務を定める国際法の原則および規則の確定）は受理不可能（inadmissible）であると主張した。

以上のコロンビアの先決的抗弁に関して、ニカラグアは、そのすべてを棄却するよう裁判所に要請した。

ところでコロンビアの第二の先決的抗弁は、ニカラグアが管轄権の追加的基礎（additional basis for jurisdiction）として主張するものに関係するので、裁判所は順番を入れ替えて、第一、第三、第四の抗弁を先に取り上げ、そのあとで第二の抗弁を扱うことにする。ニカラグアの請求の受理可能性に関するコロンビアの第五の先決的抗弁は、一番最後に検討する。

Ⅱ．第一の先決的抗弁

コロンビアの第一の先決的抗弁は、ニカラグアの訴状はコロンビアによるボゴタ条約廃棄の通告のあとに裁判所に提出されたものであるから、ボゴタ条約第三一条は裁判所の管轄権の基礎とはなり得ないというものである。

この点に関して、ボゴタ条約第三一条は次のように規定する[3]。

「国際司法裁判所規程第三六条二項の規定に従い、締約国は、他の米州の国との関係において、以下の法律的性質の紛争に関して、同裁判所の義務的管轄権を、他の特別の合意を前提とせずに、本条約が有効に存続する限り、その事実によって（*ipso facto*）承認する。

(a) 条約の解釈
(b) 国際法上の問題
(c) 認定されたならば国際義務の違反となるような事実の存在
(d) 国際義務の違反に対する賠償の性質または範囲」

また、条約の廃棄に関しては、ボゴタ条約第五六条が以下のように規定する。

「一　本条約は、無期限に効力を有する。ただし、一年の予告をもって廃棄することができる。予告期間の終了後に、本条約は、廃棄国について効力を失うが、他の署名国については引き続き効力を有する。廃棄は、汎米連合に通告され、汎米連合は、それを他の締約国に送付する。

二　廃棄は、特定の通告の送付以前に開始された進行中の手続（pending procedures initiated prior to the transmission of the notification）については、いかなる効果ももたない。」

コロンビアは、二〇一二年一一月二七日に汎米連合（Pan American Union）の後継機構である米州機構（ＯＡＳ）の事務局長に廃棄を通告した。その通告には「（本通告は）、第五六条二項の規定に従って、この通告のあとに開始された手続きに関しては本日より効力を有する（takes effect as of today with regard to procedures that are initiated after the present notice）」との断り書きが付されていた。そして、本件の訴状がニカラグアによって裁判所に提出されたのは、二〇一三年九月一六日のことで、第五六条一項で規定する廃棄通告のあと、しかし一年の予告期間の終了前であった。

コロンビアによれば、条約は、慣習国際法を法典化した条約法に関するウィーン条約（以下「条約法条約」）に規定するように、「文脈によりその趣旨及び目的に照らして与えられる用語の通常の意味に従い、誠実に解釈するものとする」という規定に従うべきであるとする。したがって、コロンビアは、ボゴタ条約第五六条二項の規定により、コロンビアが廃棄の通告をした日以後に開始された係争中の事件に関しては、廃棄は効力を有すると主張した。コロンビアは、同国のこの解釈は、同様の規定を有する他の条約の実行や、ボゴタ条約の起草過程の関連文書（*travaux préparatoires*)、さらにはコロンビアが廃棄の通告において明文で述べた「(コロンビアの通告はボゴタ条約の)第五六条二項に従って、この通告のあとに開始された手続きに関しては本日より効力を有する」という文言にニカラグアを含めてどの国からも反応がなかったことなどを指摘して、自己の主張を補強した。

他方ニカラグアは、裁判所の管轄権は、ボゴタ条約の第三一条で確定し、締約国であったニカラグアとコロンビアはそれに拘束されるとする。そして、その管轄権の有効期間は第五六条一項で、廃棄を通告した国については通告の一年後まで有効期間が継続する。ニカラグアの訴状の提出はその有効期間内に行われているから、裁判所の管轄権は確立している。さらに、ニカラグアは、ボゴタ条約における国家実行や起草過程の関連文書がコロンビアの立場を支持するというコロンビアの主張を否定した。

裁判所の見解によれば、これらの条文が独立して存在するものとして捉えるならば、それだけで裁判所の管轄権を認めることは十分に可能だということについては議論の余地がない。なぜなら、ニカラグアの訴状が提出されたとき、ボゴタ条約は両国を有効に拘束しており、その後コロンビアの条約廃棄が効力を生じ両国を拘束しなくなったとしても、そのことは裁判所の管轄権には影響を与えないからである。ここで問題としなければならないのは、第五六条二項の規定によってそれとは反対の解釈が成り立つかということである。別言すれば、第五六条一項の規定によって条約が両国にとって有効な期間内に訴状が提出されたとしても、廃棄の通告の下で有効な第五六条一項の規定があるにもかかわらず、廃棄の通告によって裁判所の管轄権が否定されるのかという問題である。

裁判所は、条約法条約の第三一条から三三条までの条約の解釈に関する規定(それは慣習国際法の規定を反映している)に照らしてボゴタ条約の関係規定を解釈すると、次のようになると考える。すなわち、ボゴタ条約第三一条のもとで裁判所の管轄権に影響を与えるのは、条約の廃棄そのものではなく、廃棄の結果として条約が廃棄国とその他の締約国との間で終了するからだと考えられる。この解釈は、同条約第三一条の文言と同第五六条の用語の通常の意味に従ったものである。第五六条一項の規定は、条約は廃棄によって終了すると規定する。しかし、その条約が終了するのは、廃棄の通告の一年後のことである。この第五六条一項の規定こそ廃棄の効力を決めるものである。第五六条二項の規定は、廃棄通告の提出前に開始された手続きは廃棄にもかかわらず継続しており、それはその後廃棄の効果が一項の規定によって条約全体に及んだとしても、手続だけは有効に継続することが保障されているということを確認しているのである。

以上のことを考慮するなら、コロンビアの第五六条二項の解釈は、第三一条の文言と両立しない。すなわち、コロンビアの解釈によると、廃棄通告の提出以前に開始された裁判手続きはその後も継続し、したがって第五六条一項に拘束されないことになる。しかし、同条一項は、廃棄は廃棄国に対して通告の一年後に条約が消滅するとなっているから、その一年以内に開始された手続は条約の有効期間内に開始されたことになり、第三一条の規定に基づいて認められた裁判所の管轄権のもとに立つことになる。また、コロンビアの第五六条二項の解釈に立つと、廃棄通告のあと一年間、ボゴタ条約のもっとも重要な諸規定が廃棄国とその他の締約国との間で適用されないことになる。そのような解釈は、第五六条一項の明文規定と整合しない。さらに、コロンビアの解釈は、紛争の平和的解決を促進することをめざすボゴタ条約の趣旨および目的にも反する。最後に、コロンビアの第五六条二項の解釈は、一九七三年のエル・サルバドルによるボゴタ条約の廃棄などの国家実行やコロンビアの二〇一二年の廃棄通告に付された断り書きに対して他の国から何の反応もなかったことなどに言及するが、それらは本件の問題解決に参考になるものではない(sheds no light on the question before the Court)。同様に、起草過程の関係文書も、第五六条に追加された第二項の背後にある厳密な目的を明らかにするものではない(they give no indication as to the precise purpose behind the addition of what became the second paragraph of Article LVI)。

以上のことから、裁判所は、コロンビアのボゴタ条約第五六条の解釈を受け入れることはできない。第五六条全体を捉えてその文脈とボゴタ条約の趣旨および目的を考慮するなら、本件の訴状が提出された日に条約第三一条によって裁判所に認められた管轄権は両当事国を拘束していたと判断する。その後のニカラグアとコロンビアの間における条約の終了は、手続が開始された日に確立されていた裁判所の管轄権に影響を与えるものではない。
以上のことから、コロンビアの第一の先決的抗弁は棄却されなければならない。

Ⅲ．第三の先決的抗弁

コロンビアの第三の先決的抗弁は、「ニカラグアが訴状で取り上げている争点は、すでに二〇一二年判決で明示的に判示されているから裁判所の管轄権は認められない」というものである。言い換えると、ニカラグアの請求は既判事項の原則によって裁判所の管轄権が否定されると、コロンビアは主張する。

まず裁判所は、コロンビアの第三の抗弁は、管轄権の問題というよりは、受理可能性の問題であるということを指摘する。そのうえで、裁判所は、最初に既判事項の原則を扱い、次に二〇一二年判決の内容を取り上げ、最後に本件における既判事項の原則の適用の可否を検討する。

一．既判事項の原則

ニカラグアおよびコロンビアの両国は、既判事項の原則の適用には、当事者（*personae*）、対象（*petitum*）、法的基礎（*causa petendi*）の三つの側面において同一性（identity）がなければならないことに同意している。また両国は、この原則が、裁判所規程の第五九条[4]および六〇条[5]に反映されていることも認めている。

コロンビアも既判事項の原則に上記の三要素が必要であることを認める。そのうえでコロンビアは、既判力を有する二〇一二年判決の主文でニカラグアの請求を証拠不十分という理由で「容認できない」（cannot uphold）としたにもかかわらず、同じ裁判所が後の判決で同一の請求を「容認できる」と判示することはあり得ないことだと主張する。

他方、ニカラグアも既判事項の原則の三要素は認めるが、ニカラグアにとって重要なのは、二〇一二年判決において、ニカラグアの海岸線から二〇〇海里を超える大陸棚の境界画定について、裁判所は判断を下しているのかという問題だとする。

裁判所は、既判事項の原則は、特定の事件に関して下された判決の終結性（finality）を確認する法の一般原則であることを想起する。そのためには、当事者、対象、法的基礎の三要素の同一性を確認するだけでは不充分で、判決の内容も検討する必要がある。言い換えると、裁判所は、三要素の同一性の確認だけではなく、最初の請求がすでに最終的に解決されているか否か、またどの範囲で解決されているのかを確認しなければならない。裁判所は、本件においてはこの問題と取り組まなければならないと考える。なぜなら、両当事国は、「ニカラグアの最終意見書のＩ(3)の請求は認められない」とする二〇一二年判決の主文(3)の内容と範囲について、見解を異にするからである。

二．二〇一二年判決の内容

二〇一二年判決の主文(3)に関しては、その理由づけを含めて、当事国の間で異なる解釈がなされている。コロンビアは、大陸棚をめぐるニカラグアの請求は二〇一二年判決で取り上げられ、しかも同国の意見書のＩ(3)の主張[6]は斥けられたのであるから、既判事項の原則によって本件で扱うことはできないと主張する。

他方、ニカラグアは、二〇一二年判決の同国の最終意見書のＩ(3)について、裁判所がニカラグアの主張を認めなかったのは、同国の主張の内容を否定したということではなく、ニカラグアが国連海洋法条約のもとの大陸棚限界委員会における同国の海岸線から二〇〇海里を超える大陸棚の外縁に関する手続きを完了していなかったために、この件に関して判断を控えたからに過ぎないと主張した。ニカラグアは、二〇一三年六月二四日にその手続きをとり二〇〇海里を超える大陸棚に関する情報を大陸棚限界委員会に提供したので、裁判所はこの点に関して境界線を画定し紛争を解決するための必要なすべての情報を手にしていると主張する。

以上の検討から、裁判所は、二〇一二年判決の主文(3)においてニカラグアのＩ(3)の請求を「認められない」としたが、それは同国が、国連海洋法条約第七六条八項の規定に従って大陸棚限界委員会に二〇〇海里を超える大陸棚に関する最終的な情報を提供していなかったからであるということを指摘する。

三．既判事項の原則の本件への適用

以上の通り、裁判所は二〇一二年判決の主文(3)の内容と範囲を明確にした。ニカラグアの海岸線から二〇〇海里を超える大陸棚の境界画定には、ニカラグアが国連海洋法条約第七六条八項の規定に従って大陸棚限界委員会に二〇〇海里を超える大陸棚の最終的な情報を提供することが条件であった。それゆえに、裁判所は、二〇一二年には大陸棚の境界画定の問題に答えを出さなかった。裁判所としては、その当時は、そうすることができる状況になかったのである。ところが、ニカラグアは、二〇一三年六月二四日、大陸棚委員会にその最終的な情報を提供した。したがって、裁判所は、本件においては、ニカラグアの最終意見書のⅠ(3)にあるニカラグアの請求を審理するための条件が整ったので、ニカラグアの二〇一三年九月一六日の訴状を審理することが既判事項の原則によって妨げられる状況にはないと結論づけることができる。以上の理由から、コロンビアの第三の先決的抗弁は棄却されるべきであると裁判所は判断する。

Ⅳ．第四の先決的抗弁

コロンビアは、第四の先決的抗弁の根拠として、二〇一二年判決で裁判所は二〇〇海里を超える両国の大陸棚の境界画定に関してニカラグアの要請を棄却し、両国に帰属する海洋領域を確定したことをあげる。コロンビアによると、その裁判所の判決は、裁判所規程第六〇条に規定するように「終結とし、上訴を許さない」ものである。言い換えると、その判決は変更することができない。

裁判所の見解では、ニカラグアは二〇一二年判決の変更を求めているわけではないし、また訴状の内容を見ると

「上訴」をしているのでもない。したがって、コロンビアの第四の先決的抗弁は理由がないと裁判所は判断する。

V．第二の先決的抗弁

コロンビアの第二の先決的抗弁は、ボゴタ条約第三一条がコロンビアとニカラグアの間の紛争に適用されるか否かの問題とは別に、訴状の主題について裁判所には継続的管轄権があるとニカラグアが主張していることに関係する。ニカラグアによれば、この継続的管轄権は、領域および海洋境界紛争事件（ニカラグア対コロンビア）で裁判所が下した二〇一二年判決が、ニカラグアの海岸線から二〇〇海里を超える大陸棚の海域に関してニカラグア＝コロンビア間の境界画定の問題について最終的な答えを出していないということに基づくとされている。

コロンビアは、本件におけるかかる継続的管轄権を否定する。コロンビアによれば、裁判所がニカラグア＝コロンビア間の領域および海洋境界紛争事件の本案に関して判決を下した以上、裁判所が管轄権を明文で留保しない限り、継続的管轄権は認められないとする。本件の場合は、二〇一二年判決においてそのような継続的管轄権を留保したという事実は存在しない。コロンビアによれば、独立した別個の管轄権の場合を別にすれば、裁判所が同じ当事国について一旦判決を下した同一の事項に関しては、裁判所規程は二つの場合にしか裁判所が取り上げることを認めていない。第六〇条のすでに下されている判決の解釈の場合と第六一条の再審の場合である。コロンビアは、ニカラグアによるそれ以外の理由に基づいている本件の請求には、管轄権の基礎が存在しないと主張する。

ニカラグアは、このコロンビアの見解に反論する。裁判所は、正式に訴えられた事件について管轄権を可能な限り拡大して行使する責任があるとニカラグアは主張する。二〇一二年判決において、裁判所は、本件の主題であるニカラグアの主張に関して特定の理由によって管轄権の行使を控えた。その理由は本件においては取り除かれている。ニカラグアによれば、裁判所は今回こそ二〇一二年に有していた管轄権を行使すべきであるとされる。したがってニカラグアは、本件の訴状で提起された争点に関して裁判所は継続的管轄権を有しており、そのことは先行する判決において管轄権を明文で留保したかどうかとは関係がないと主張した。ニカラグアによれば、この管轄権の基礎は、ボゴタ条約第三一条によって認められる管轄権に対する追加的（additional）なものである。

裁判所は、すでに、ボゴタ条約第三一条によって本件手続きに対して管轄権があると判断している。その理由は、ニカラグアの訴状が、ボゴタ条約の両国間における失効前に提出されたからである。そうである以上、管轄権の追加的基礎について審理する必要はない。以上のことから、コロンビアの第二の先決的抗弁については、裁判所は判断を示す理由がないと考える。

Ⅵ．第五の先決的抗弁

コロンビアは、同国が主張する四つの先決的抗弁が棄却された場合は、代替的な要請として、ニカラグアの訴状において求められた二つの請求を受理不可能であると判決するよう裁判所に求める。最初の請求についてコロンビアは、大陸棚限界委員会がニカラグアの大陸棚の外縁について判断を示す勧告を行っていないから受理不可能であると主張する。またニカラグアの二番目の請求、すなわち、「ニカラグアの海岸線から二〇〇海里を超える海洋境界線が画定するまでの間に両国の大陸棚への主張が重複する区域とその資源の利用に関する国際法の原則と規則の確定」については、もし裁判所がこの請求を認めたとしても、裁判所の判決は実際上適用することはできず、裁判所は存在しない紛争について判決を下すことになるから、受理すべきではないとコロンビアは主張する。以下、これら二つの請求の受理可能性に関するコロンビアの先決的抗弁について検討する。

㈠．ニカラグアの最初の請求の受理可能性に関する先決的抗弁

ニカラグアは、最初の請求において、次のことを決定することを裁判所に求めた。すなわち「裁判所の二〇一二年一一月一九日の判決によって画定した境界線を超えて両国にそれぞれ帰属する大陸棚区域の、ニカラグア＝コロンビ

ア間の海洋境界線の厳密な線引き」である。このニカラグアの請求に対してコロンビアは、「大陸棚限界委員会がニカラグアの二〇〇海里を超える大陸棚の外縁を決定する条件が整っておらず、同委員会の勧告も出されていないので、ニカラグアの訴状を裁判所が審理することはできない」と主張した。

これに対してニカラグアは、「沿岸国は大陸棚に対して固有の権利を有しており、それは大陸棚に隣接する国であるという事実によって（*ipso facto*）、当初から（*ab initio*）存在する権利であり、その大陸棚に対する権利は、法によって自動的に（automatically）法的権利として（*ipso jure*）認められる」と反論する。さらにニカラグアは「大陸棚限界委員会は大陸棚の外縁の厳密な位置を確認するのが任務であり、沿岸国に大陸棚に対する権利を付与したり認めたりすることはないし、大陸棚の境界線を画定する権限も与えられていない。そうである以上、同委員会は二〇〇海里を超える大陸棚に関する紛争について、ニカラグアに対して勧告をするということもない。」とニカラグアは主張する。そしてニカラグアは、「もし裁判所が委員会の勧告の不存在を理由に審理を回避するとすれば、それは結果として法の空白（impasse）を生むことになる」とも主張する。

裁判所は、二〇〇海里を超える大陸棚の境界画定は大陸棚限界委員会の勧告とは別のもので、後者は前者の必要条件というわけではないと判断する。したがって、国連海洋法条約の締約国は、同委員会の勧告を得ることなく大陸棚の境界画定に関する紛争を裁判所に提訴することができる。以上のことから、ニカラグアの最初の請求の受理可能性に関するコロンビアの先決的抗弁は棄却されなければならないと裁判所は判断する。

㈡ ニカラグアの二番目の請求の受理可能性に関する先決的抗弁

ニカラグアは二番目の請求において、以下のことを決定するよう裁判所に求める。

「ニカラグアの海岸線から二〇〇海里を超える両国間の海洋境界線が画定するまでの間、両国の大陸棚に対する主張が重複する区域とその資源の利用に関する両国の権利および義務を定める国際法の原則および規則」

コロンビアは、ニカラグアの二番目の請求は、最初の請求に関する決定に左右されるものであるから、二つの請求は同時に扱われるべきであって、二番目の請求を独立して検討する意味は存在しないと述べる。また、コロンビアは、ニカラグアの二番目の請求は、偽装された仮保全措置の要請（disguised request for provisional measures）であって、棄却されるべきであるとも主張する。さらにコロンビアは、「ニカラグアの二番目の請求は、ニカラグアの海岸線から二〇〇海里を超える両国間の海洋境界に関する裁判所の決定が下されるまでの間に適用されるべき架空の法律制度に関するものであり、そもそも両国間にはそのような紛争は存在していない」とも主張する。

他方ニカラグアは、二番目の請求は偽装された仮保全措置の要請であるとするコロンビアの主張に対して、「コロンビアは、ニカラグアが自国の海岸線から二〇〇海里を超える大陸棚に対していかなる法的権利もまた請求権も持たないと主張しているから、現実に両国間に紛争は存在している」と反論する。

ニカラグアの二番目の請求は、本件の本案段階において初めて明確にされ解決されることになる状況に対して適用される国際法の原則と規則を決定することを裁判所に求めるものであると裁判所は考える。このような架空の状況を規律する適用法を決定することは裁判所の任務ではない（it is not for the Court to determine the applicable law with regard to a hypothetical situation）。裁判所の機能は、法が何かを明確にすることであるが、判決を下せるのは、判決の時点で当事者間に法律上の利益に関する意見対立があり、それが現実の紛争となっている場合においてのみである。ニカラグアの二番目の請求に関しては、裁判所は、手続きの現段階においてはその状況に達しているとは言えないと判断する。また、ニカラグアの二番目の請求は、裁判所が何について判断を下すべきかも明確にしていない。したがって、裁判所は、ニカラグアの二番目の請求の受理可能性に関するコロンビアの先決的抗弁を容認しなければならない。

主文

裁判所は、次のように判決する。

(1) (a) 全員一致で、
コロンビア共和国の第一の先決的抗弁を棄却する。

(b) 賛成八（エブラヒム裁判所長、裁判官小和田、トムカ、ベヌーナ、グリーンウッド、セブティンデ、ゲボルジャン、特任裁判官スコトニコフ）、反対八（ユースフ裁判所次長、裁判官カンサード・トリンダーデ、薛、ドノヒュー、ガジャ、バンダリ、ロビンソン、特任裁判官ブラウワー）、裁判所長の賛成決定投票で、
コロンビア共和国の第三の先決的抗弁を棄却する。

(c) 全員一致で、
コロンビア共和国の第四の先決的抗弁を棄却する。

(d) 全員一致で、
コロンビア共和国の第二の先決的抗弁については、判断を示す理由がないと結論する。

(e) 賛成一一（エブラヒム裁判所長、裁判官小和田、トムカ、ベヌーナ、グリーンウッド、ドノヒュー、ガジャ、セブティンデ、ゲボルジャン、特任裁判官ブラウワー、スコトニコフ）、反対五（ユースフ裁判所

次長、裁判官カンサード・トリンダーデ、薛、バンダリ、ロビンソン）で、コロンビア共和国の第五の先決的抗弁を、ニカラグアが訴状で提起した最初の請求に関しては、棄却する。

(f) 全員一致で、

コロンビア共和国の第五の先決的抗弁を、ニカラグアが訴状で提起した二番目の請求に関しては、容認する。

(2)

(a) 全員一致で、

ニカラグアが提起した最初の請求を、ボゴタ条約第三一条に基づいて審理する管轄権があると決定する。

(b) 賛成八（エブラヒム裁判所長、裁判官小和田、トムカ、ベヌーナ、グリーンウッド、セブティンデ、ゲボルジャン、特任裁判官スコトニコフ）、反対八（ユースフ裁判所次長、裁判官カンサード・トリンダーデ、薛、ドノヒュー、ガジャ、バンダリ、ロビンソン、特任裁判官ブラウワー）、裁判所長の賛成決定投票で、

ニカラグアが訴状で提起した最初の請求を受理可能と決定する。

三　研　究

1．はじめに

本件は、すでに本案に関する判決が国際司法裁判所で下されている事件（ニカラグア＝コロンビア間の領域および海洋境界紛争事件）の延長線上にある事件で、この二つの事件はある程度関連性があるものとして一緒に検討し分析

される必要があると思われる。ところで、両国間の「領域および海洋境界紛争事件」の本案判決(「領域・海洋境界紛争事件判決」または「二〇一二年判決」)は二〇一二年一一月一九日に下され、その評釈が『本書』第一部第四節に収録されているが、本判決は、ニカラグアの海岸線から二〇〇海里を超える両国間の大陸棚の境界画定事件(以下「大陸棚境界画定事件」)の先決的抗弁段階の判決であって、当該事件の本案判決はまだ下されていない。したがって、両事件の判決を比較しての詳細な考察は、大陸棚境界画定事件の本案判決を待たなければならない。しかし、以下に検討するように、先決的抗弁の段階における本判決においても、領域・海洋境界紛争事件判決が一定の影響を及ぼしているので、その限りにおいて二〇一二年判決にも言及しながらこの研究を進めることにする。

本判決は、ニカラグア＝コロンビア間の大陸棚境界画定事件の先決的抗弁に関する判決であるが、争訟事件の当事国間の紛争について国際司法裁判所が管轄権を有するか否かを争う典型的な先決的抗弁に関する論点のほかに、受理可能性に関する抗弁も含まれており、全部で五点(さらに第五点目の論点は二つの側面に分かれるので全部で六点といってもよい)に及ぶ論点があり、本判決はそれらの諸点を逐一詳細に扱っている。それらの論点には、「管轄権の基礎と主張される条約の廃棄の効果(時間的側面)と裁判所の管轄権」、「既判事項(*res judicata*)の原則の適用と受理可能性」、「継続的管轄権という概念の妥当性」、「仮定の問題に対する管轄権の有無」など、理論的に興味深いものが含まれている。この研究では紙面の制約もあってこれらのすべてについて詳細に論ずることはできないことをあらかじめお断りしておく。

本判決において特徴的なことは、コロンビアが提起した六点にわたる先決的抗弁の争点のうち四点については、通常意見が分かれる紛争当事国が指名した二人の特任裁判官を含めて全員一致(すなわち裁判官の間でまったく異論のない形)で答えが出されたということである。また、コロンビアの第一の先決的抗弁が棄却された結果裁判所の管轄権を容認するとする決定(主文(2)(a))も全員一致で採択された。これらの全員一致で採択された以下の五点におよぶ争点については、紙面の制約もあるので詳細な検討は控えることとし、若干の短いコメントを付するに留める。なお、コロンビアの先決的抗弁は第一から第五まで順番を追って提起されているが、裁判所は便宜上順番を変えて検討している。本研究でも、この裁判所が採用した順序に沿って検討することにする。

(1) ニカラグアの提訴はコロンビアによるボゴタ条約廃棄通告後に提起されたもので管轄権の基礎とはなり得ないとするコロンビアの第一の先決的抗弁を、裁判所は、廃棄を規定する同条約第五六条の趣旨・目的や同条一項および同二項の条文解釈に基づいて、全員一致で棄却した。たしかに、ボゴタ条約第五六条二項の規定の趣旨は裁判所の判断のとおり「廃棄通告後も、条約が有効なその後一年の間に提起された裁判手続きについては同条約第三一条の規定に基づいて裁判所の管轄権が認められる」との判断は妥当と考えられ、またこの立場が全員一致で支持されたことも納得できる。しかし、コロンビアが主張するように、ボゴタ条約第五六条二項の文言は、「特定の通告の送付以前に開始された進行中の手続」には廃棄の効果が及ばないとされていて、「特定の通告の送付後一年が経過するまでに開始された進行中の手続」とは明らかに異なる規定ぶりとなっている。この点、コロンビアは、同条約廃棄を通告する際にも明文で断っている。その意味で、コロンビアの第一の先決的抗弁は、全員一致で棄却という結論の印象とは異なり、かなり法律論としては有力な主張であると認めざるを得ないように思われる。

(2) 裁判所が次に全員一致で決定した問題は、「ニカラグアの提訴は裁判所規程第六〇条では認められていない二〇一二年判決の偽装された上訴ないし判決の変更の要請だ」としたコロンビアの第四の先決的抗弁である。この点について、裁判所は「ニカラグアは訴状において上訴を求めているわけでも、また判決の変更を要請しているわけでもない」として全員一致で棄却した。たしかに、ニカラグアの訴状の内容は上訴も判決の変更も求めていないから、その限りにおいては裁判所の判断は妥当であるし、全員一致でこの結論が支持されたこともうなずける。ただコロンビアは、「上訴である」とか「判決の変更」と言っているのではなく、「偽装された上訴」、「偽装された判決の変更」と言っているのであるから、ニカラグアの訴状の請求が内容的に実質上「上訴」や「判決の変更」に当たるのではないかという点について、いま一歩踏み込んだ検討が必要と思われる。

(3) 「本件においては領域および海洋境界紛争事件で確立された裁判所の管轄権が継続している」とのニカラグアの主張に対して、コロンビアは第二の先決的抗弁において、「裁判所が二〇一二年判決において明文で管轄権を留保していない以上本件に対する継続的管轄権は認められない」と反論したが、この争点について、裁判所は、ボゴタ条約第三一条のもとで本件は有効に提起されたと決定している以上、さらに判断を示す理由がないと全員一致で結論づけた。この裁判所の全員一致による判断は、ボゴタ条約第三一条で管轄権ありと決定している以上、このニカラグア自身が認めている管轄権の「追加的な基礎」に関する判断は必要のないものであり、全員一致の結論は納得できる。

(4) コロンビアの第五の先決的抗弁は、ニカラグアが訴状で提起した二つの請求に関するものである。そのうちの二番目の請求は「ニカラグアの海岸線から二〇〇海里を超える両国間の海洋境界線が画定するまでの間、両国の大陸棚に対する主張が重複する海域とその資源の利用に関する両国の権利および義務を定める国際法の原則および規則」の明確化を求めるものである。これについて、コロンビアはニカラグアの主張は偽装された仮保全措置の要請であって受理されるべきではないと主張した。裁判所は、このコロンビアの第五の先決的抗弁のうちニカラグアの第二の請求については、「仮定の状況を規律する適用法を決定することは裁判所の任務ではない」としてニカラグアの主張を斥け、コロンビアの抗弁を容認する決定を全員一致で下した。この判断は、ニカラグアの第二の請求がコロンビアとの具体的な紛争を前提にしておらず、抽象的な設問になっている以上、適切な結論であり、全員一致の決定になったことも理解できる。

(5) コロンビアの第五の先決的抗弁のうちニカラグアが訴状で提起した最初の請求は、二〇一二年判決によって画定された境界線を超えて両国にそれぞれ帰属する大陸棚区域の、ニカラグア＝コロンビア間の海洋境界線の厳密な線引き」である。この点に関してコロンビアは「大陸棚限界委員会がニカラグアの海岸線から二〇〇海里を超える大陸棚の外縁を決定する条件が整っていないからニカラグアの訴状の最初の請求は受理されるべきではない」と主張した。この点に関して、裁判所は「二〇〇海里を超える大陸棚の境界画定は大陸棚限界委員会の勧告とは別物で、国連海洋法条約の締約国は同委員会の勧告を得ることなく大陸棚の境界画定に関する紛争を裁判所に提起することができる」として、全員一致でコロンビアのこの点に関する先決的抗弁を棄却した。この「大陸棚の範囲の画定」と「国連海洋法条約上の大陸棚限界委員会の勧告」を切り離してとらえ、その両者を結びつけてニカラグアの最初の請求は受理不可能であるとしたコロンビアの主張を棄却した裁判所の判断は適切であり、全員一致で下したこの決定は納得できる。

以上、裁判所が全員一致で判断を示した五つの争点について、その概略と簡単なコメントを紹介した。これとは別に、本判決においては、裁判官の間で意見が大きく分かれた論点が三つある。すなわち①既判事項の原則によって裁判所はニカラグアの請求を受理できないとするコロンビアの第三の先決的抗弁を棄却した裁判所の判断、②ニカラグアが訴状で提起した最初の請求の受理可能性を問題にしたコロンビアの第五の先決的抗弁を棄却した裁判所の判断、そして、③ニカラグアが訴状で提起した最初の請求を受理可能とした裁判所の判断、の三点である。以下、これらの三点を、おもに裁判官の反対意見および個別（分離）意見の紹介を中心に、項を分けて検討するが、③は②の結論の結果と結びついた論点であるので、同じ項で一緒に扱うことにする。

2．既判事項の原則の適用が問題とされた第三の先決的抗弁

本判決において、裁判所は、コロンビアが提起した既判事項に関する第三の先決的抗弁の検討に多くのスペースを割いている（全一二六パラグラフの三分の一、四二パラグラフ）。その検討においては、裁判所は以下のように項を分

けて詳細に論じている。①既判事項の原則の一般的考察、②二〇一二年判決の内容の吟味、③既判事項の原則の本件への適用。そして、検討の結果、裁判所は、ニカラグアの請求を審議することは既判事項の原則によって妨げられないと結論づけた。ところでこの点に関する主文の評決は、八対八と二分され、裁判所長（エブラヒム）の賛成決定投票によってコロンビアの第三の先決的抗弁は棄却されるという珍しい結果となったのである。

このようなぎりぎりの評決になったことから予想されるように、裁判所の多数意見に反対の八人のうちドノヒュー判事を除く七人の裁判官（ユースフ、カンサード・トリンダーデ、薛、ガジャ、バンダリ、ロビンソン、ブラウワー）は、共同反対意見（Joint Dissenting Opinion）を付した。評決では反対票を投じたが共同反対意見には参加しなかったドノヒュー判事は、別途自身の反対意見を表明した。また、多数意見に加わった小和田判事とグリーンウッド判事も既判事項に言及する個別（分離）意見（separate opinion）を付した。

七人の裁判官による共同反対意見は、おもにコロンビアの第三の先決的抗弁に関するものである。同反対意見は、「二〇一二年判決において裁判所はすでにニカラグアが主張する『ニカラグアとコロンビアの本土の海岸線からそれぞれ地理的・法的枠組みで測られる大陸棚の境界線は、両国が主張する大陸棚の重複する部分を等しく分割する線である』という見解を否定したのであるから、これと当事者、対象、法的基礎が同一の本件におけるニカラグアの請求は、既判事項の原則によって取り上げることはできない」と述べる。ここで共同反対意見は、二〇一二年判決の「主文」でニカラグアの請求を否定した「認められない」（cannot uphold）という表現を取り上げ、これは明確にニカラグアの主張を否定しているのに、裁判所はこの主文の文言の分析を行わずに判決の「理由」の分析に基づいて、本件の結論に到達していると批判する。そして、結論として、裁判所の判決の終結性（finality of the judgments of the Court）を保障するために存在する既判事項の原則が適用されないということは、裁判の健全な運営を損なうことになると警告する。

ドノヒュー判事は、自己の反対意見において、共同反対意見に同調するが、「ニカラグアが主張するニカラグアの海岸線から二〇〇海里を超える区域にあるコロンビアに帰属する島々から測られるコロンビアの大陸棚とニカラグアが主張する同国の海岸線から二〇〇海里を超える大陸棚の重複する部分に関しては、二〇一二年判決は触れていないので既判事項の原則が適用されない」とし、裁判所が本件において新たに取り扱うことが妨げられず、その限りでニカラグアの請求は受理可能であるとした。

判決の多数意見に加わった小和田判事は、この点に関して、二〇一二年判決は終結的で既判事項の原則が適用されるべき事例であるが、その範囲についてはもっと丁寧に吟味して、二〇一二年判決で終結的に確定した部分が本件のニカラグアの請求を含んでいることをしっかり押さえるべきであると指摘した。多数意見に加わったグリーンウッド判事も同様の指摘をしている。すなわち、二〇一二年判決は、コロンビアの海岸線から二〇〇海里を超え、かつニカラグアの海岸線からも二〇〇海里を超える区域については何も決めていないから、この区域に関しては既判事項の原則が適用される余地はないと指摘する。

なお、グリーンウッド判事は、「本件の判決において既判事項の原則が適用されなかったおもな理由は、二〇一二年判決の主文(3)でニカラグアの請求を認めなかったのはニカラグアが国連海洋法条約第七六条八項に定められている大陸棚限界委員会に同国の海岸線から二〇〇海里を超える大陸棚に関する最終的な情報（final information）を提供していなかったことだ」とし、「それが満たされた現段階ではニカラグアの請求を審理するための条件が整った」ことをあげている。この点に関して、小和田判事とロビンソン判事は、コロンビアが当事国となっていない国連海洋法条約の規定に基づいてニカラグアの同条約上の義務を論ずるのは、条約法の基本原則に反すると指摘する。もっとも、バンダリ判事はこの点に関して、自己の宣言（Declaration）において、短く「ニカラグアは国連海洋法条約の署名国（signatory）であるから、同条約の規定に拘束される」と述べて、小和田判事、ロビンソン判事とは異なる見解を示している。小和田判事とロビンソン判事の見解は、「条約は締約国のみを拘束する（*res inter alios acta*）」という条約法の原則を厳格にとらえた立場であるが、コロンビアとの条約関係とは別に国連海洋法条約の当事国としての条約上の義務がニカラグアにはあるというバンダリ判事の指摘も、境界画定のような処分的、物権的、対世的事項に関しては、耳を傾けるべき内容を含んでいるように思われる。

いずれにしても、国際司法裁判所の判決の終結性と既判事項の原則の問題は、本件で意見が真っ二つに分かれたことからも明らかなように、今後の類似の事件においても継続して論じられるポイントとなるだろう。

3．ニカラグアが訴状で提起した最初の請求に関するコロンビアの第五の先決的抗弁

ニカラグアが訴状で提起した最初の請求は「二〇一二年判決で画定した境界線を超えてニカラグアとコロンビア両国にそれぞれ帰属する大陸棚の区域の厳密な線引き」である。この点に関して、コロンビアは、「大陸棚限界委員会がニカラグアの大陸棚の外縁を決定する条件が整っておらずその報告書も出されていないのでニカラグアの訴状を裁判所が審理することはできない」と主張した。裁判所の結論は、二〇〇海里を超える大陸棚の境界画定は大陸棚限界委員会の勧告とは別ものであるから、国連海洋法条約の締約国は同委員会の勧告を得ることなく大陸棚の境界画定に関する紛争を裁判所に提訴することができるというものである。

このニカラグアが訴状で提起した最初の請求に関してボゴタ条約第三一条に基づいて管轄権ありとした裁判所の決定は、賛成一一、反対五で、この点に関するコロンビアの第五の先決的抗弁を棄却した。そして主文(2)(b)において、裁判所は、ニカラグアの最初の請求に関して受理可能であると決定した。しかし、その採決は賛成八、反対八の同数で、裁判所長の賛成の決定投票で決まった。賛成票を投じた裁判官と反対票を投じた裁判官は、第三の先決的抗弁の際の顔ぶれとまったく同じである。先の七人の共同反対意見は、ニカラグアが訴状で提起した最初の請求の受理可能性について詳細な議論を展開していないが、以下に引用する共同反対意見の最後のパラグラフが、その立場を間接的に表明している。

「ニカラグアとコロンビアは、それぞれの海洋に対する権利の主張をめぐって長年争ってきている。国連の主要な司法機関として、国際司法裁判所はこの種の紛争の解決に良く適している。しかし、もし当裁判所が今後も国家によってそのように利用され続けるとすると、裁判所には同じ問題が何度も何度も繰り返し持ち込まれることになる。当裁判所にはその余裕はない。このような筋書きは、当裁判所が示すべき裁判判決の確実性、安定性、終結性を損なうものである。」

この七人の共同反対意見で示された見解は、同じ当事国から類似の事件が手を変え品を変えて出てくる状況に対するある種のいら立ちを反映しているようにも見える。その気持ちはある程度理解できるが、国際紛争を法に基づいて客観的に判断し平和的解決に結びつけるという重要な任務を有する国際司法裁判所としては、「同じ問題が何度も何度も繰り返し持ち込まれる」ことを回避する理由として、既判事項の原則の適用のような法的根拠に基づくのであれば問題ないが、「当裁判所にはその余裕がない」というようなことを理由にするのはあまり適切ではないように思われる。

注

（1） 一海里（カイリ）は一・八五二キロメートルで、二〇〇海里は三七〇・四キロメートル。

（2） 横田洋三「ニカラグア＝コロンビア間の領域および海洋境界紛争」（ニカラグア対コロンビア、二〇一二年一一月一九日本案判決）（『本書』第一部第四節）一一三―一四二頁。

（3） ボゴタ条約は、日本が締約国でないため、公定訳は存在しない。ここで用いるボゴタ条約の日本語訳は、香西茂・安藤仁介編『国際機構条約・資料集（第二版）』（東信堂、二〇〇二年）の訳文をもとに著者が訳出した。

（4） 国際司法裁判所規程第五九条は、次のように規定している。「第五九条　裁判所の裁判は、当事者間において且つその特定の事件に関してのみ拘束力を有する。」

（5）国際司法裁判所規程第六〇条は、次のように規定している。「第六〇条　判決は、終結とし、上訴を許さない。判決の意義又は範囲について争がある場合には、裁判所は、いずれかの当事者の要請によってこれを解釈する。」

（6）ニカラグアが意見書Ⅰ(3)で主張した見解は、「ニカラグアとコロンビアの本土の海岸線から、それぞれ地理的・法的枠組みで測られる大陸棚の境界線は、両国の主張する大陸棚が重複する部分を等しく分割する境界線とするのが、領域画定の適切な方式である。」というものである。横田洋三「前掲評釈」『本書』一一九頁。

参考文献

（1）玉田大「ニカラグア沿岸から二〇〇海里以遠のニカラグアとコロンビアの間の大陸棚境界画定問題事件（ニカラグア対コロンビア）先決的抗弁判決（二〇一六年三月一七日）」『神戸法学雑誌』（第六六巻二号、二〇一六年九月）一六三―一八六頁。

（2）中島啓「判決主文の射程の同定手法と既判力原則―延伸大陸棚境界画定事件（ニカラグア対コロンビア）先決的抗弁判決（国際司法裁判所二〇一六年三月一七日）」『国際法研究』（第五号、二〇一七年三月）二一六―二三六頁。

（横田　洋三）

第一九節　カリブ海における主権的権利および海洋区域に対する侵害の中立

先決的抗弁に関する判決

当事国　ニカラグア対コロンビア
判決日　二〇一六年三月一七日

事件概要　ニカラグアとコロンビア間のカリブ海における海洋境界線をめぐる紛争について、裁判所は、二〇一二年一一月一九日に境界を画定する判決を下した。二〇一三年一一月二六日、ニカラグアは、この二〇一二年の判決が判示したニカラグアの主権的権利および海洋区域をコロンビアが侵害するとともに武力の行使の威嚇を行ったとして、コロンビアを相手取り裁判所に訴えを提起した。ニカラグアは、裁判所の管轄権の根拠をボゴタ条約第三一条および裁判所の「固有の管轄権」に求めた。これに対して、コロンビアは、五点にわたる先決的抗弁を提出し、第一に、裁判所はボゴタ条約第五六条二項の反対解釈から時間的管轄権を欠くこと、第二に、両国間には紛争は存在しないこと、第三に、ボゴタ条約第二条の紛争の平和的解決の努力義務が尽くされていないこと、第四に、裁判所は「固有の管轄権」を有しないこと、第五に、本件提訴は二〇一二年の判決の履行確保を求めるものであることを理由に、裁判所の管轄権の不存在を主張した。裁判所は、第二の先決的抗弁のうち、コロンビアによる武力の行使の威嚇にかかわる紛争の存在については、それを示唆する証拠は示されていないと認定し、この点に関するコロンビアの先決的抗弁のみを認容し、ニカラグアの主権的権利および海洋区域の侵害に関する紛争につき、ボゴタ条約第三一条に基づく裁判所の管轄権を肯定した。裁判所はまた、第四の先決的抗弁については判断を下す根拠がないとした。

一　事　実

二〇一三年一一月二六日、ニカラグア共和国（以下、ニカラグア）は、コロンビア共和国（以下、コロンビア）を相手取り、裁判所が二〇一二年一一月一九日に下した、両国間の「領域および海洋境界紛争事件」判決（以下、二〇一二年判決）（『本書』第一部第四節一一三頁以下、参照）の判示する、ニカラグアの主権的権利および海洋区域に対する侵害、ならびに、これらの侵害を実行するためのコロンビアによる武力の行使の威嚇に関する紛争につき、裁判所に訴えを提起した。

訴状においてニカラグアは、裁判所の管轄権の基礎を、一九四八年四月三〇日に署名された「平和的解決に関する米州条約」（同条約は、その第六〇条により「ボゴタ条約」（Pact of Bogotá）という名称が与えられている。以下、「ボゴタ条約」。）第三一条に求めている。この規定によれば、条約の当事国は、「すべての法律的性質の紛争」につき、裁判所の管轄権を義務的なものと認めている。また、ニカラグアは代替的に、裁判所の管轄権は、「裁判所の判決によって要求されている行為につき判決を言い渡すことができる固有の権限に基づく」と主張する。ニカラグアによれば、裁判所は、下した判決の不遵守に関する紛争を受理する固有の管轄権を有するのであり、本件紛争が、二〇一二年判決のコロンビアによる不遵守に起因するものであることを考えれば、本件手続きにおいては、そのような固有の管轄権が存在するという。

裁判官席にいずれの当事国の国籍裁判官もいなかったので、各当事国は、裁判所規程第三一条三項に基づき特任裁判官を任命した。ニカラグアは、当初はギョーム（Gilbert Guillaume）を任命したが、同人が二〇一五年九月八日に辞任したため、次いでドデ（Yves Daudet）を任命した。コロンビアは、キャロン（David Caron）を任命した。

訴状においてニカラグアは、コロンビアが、

――国連憲章第二条四項および慣習国際法に基づく、武力の行使または武力の行使の威嚇をしない義務、

――二〇一二年判決の para. 251 において境界画定がなされたニカラグアの海洋区域、ならびに、これらの海洋区域におけるニカラグアの主権的権利および管轄権を侵害しない義務、

――国連海洋法条約第五部および第六部に示されているような慣習国際法に基づく、ニカラグアの権利を侵害しない義務、に違反したこと、ならびに、

――したがって、コロンビアが、二〇一二年判決を遵守し、その国際違法行為の法的なおよび事実上の結果を取り除き、かつ、これらの行為によって引き起こされた被害を十分に賠償する義務を負うことを、

裁判所が判決し宣言するよう求めた。

コロンビアは、二〇一四年一二月一九日に、裁判所に対し、裁判所が本件訴訟手続きに管轄権を欠くと判決し宣言することを求める先決的抗弁を提出した。

コロンビアの先決的抗弁は、五つの点から構成されている。第一の先決的抗弁は、二〇一二年一一月二七日のコロンビアによるボゴタ条約の廃棄通告の後、本件訴訟手続きが二〇一三年一一月二六日にニカラグアによって開始されたがゆえに、裁判所は、ボゴタ条約のもとでの時間的管轄権（jurisdiction *ratione temporis*）を欠くというものである。第二の先決的抗弁は、訴状が提出された日である二〇一三年一一月二六日の時点で当事国間に紛争は存在しなかったがゆえに、やはり裁判所はボゴタ条約のもとでの管轄権を有しないという主張である。第三の先決的抗弁は、訴状提出の時点において、両当事国は、あると主張されている紛争が、ボゴタ条約の紛争解決手続きを用いる前に、ボゴタ条約二条により要求される「通常の外交的経路による直接交渉を通じて解決できない」という見解にはなかったがゆえに、やはり裁判所はボゴタ条約のもとでの管轄権を有しないという主張である。第四の先決的抗弁は、裁判所は過去の判決に対する不遵守の申立に関して、自ら判決を言い渡すことのできる「固有の管轄権」を有するという

ニカラグアの主張を争うというものである。第五の先決的抗弁は、本件訴訟手続きにおいてニカラグアが請求の真の主題であるとする、過去の判決の遵守に関する管轄権を、裁判所は有しないという主張である。

二　判　決

I．第一の先決的抗弁

コロンビアの第一の先決的抗弁は、ニカラグアが本件の訴状を提出する前に、コロンビアはボゴタ条約の廃棄の通告を行っているので、ボゴタ条約第三一条は、裁判所の管轄権の基礎を提供しえないというものである。(1) コロンビアによれば、その通告は第三一条に基づく裁判所の管轄権に直ちに効果をもたらすものであり、その結果、裁判所は、通告が送付された後には、いかなる手続きの開始にも管轄権を欠くことになるという。

ボゴタ条約第三一条は、次のように規定する。(2)

「国際司法裁判所規程第三六条二項の規定に従い、締約国は、他の米州の国との関係において、以下の法律的性質の紛争に関して、同裁判所の義務的管轄権を、他の特別の合意を前提とせずに、本条約が有効に存続する限り、その事実によって（*ipso facto*）承認する。

(a)　条約の解釈
(b)　国際法上の問題
(c)　認定されれば国際義務の違反となるような事実の存在
(d)　国際義務の違反に対する賠償の性質または範囲」

ボゴタ条約の廃棄は第五六条により規律され、同条は次のように規定する。(3)

「一　本条約は、無期限に効力を有する。ただし、一年の予告をもって廃棄することができる。予告期間の終了後に、本条約は、廃棄国について効力を失うが、他の署名国については引き続き効力を有する。廃棄は、汎米連合に通告され、汎米連合は、それを他の締約国に送付する。

二　廃棄は、特定の通告の送付以前に開始された進行中の手続（pending procedures initiated prior to the transmission of the notification）については、いかなる効果ももたない。」

二〇一二年一一月二七日、コロンビアは、（汎米連合（Pan American Union）の後継機構である）米州機構（ＯＡＳ）の事務局長に宛てて廃棄の通告を行った。この通告には、廃棄は、「第五六条第二項に基づき、この通告の後に開始される手続きに関して、本日をもって効力を生じる」と述べられていた。本件の訴状は、コロンビアの廃棄通告の送付の後ではあるが、第五六条第一項のいう一年の期間が満了する前に、ニカラグアによって裁判所に提出された。

コロンビアは次のように主張する。

・ボゴタ条約の第五六条は、一九六九年の条約法に関するウィーン条約（以下、ウィーン条約法条約）の第三一条から第三三条の定める条約の解釈に関する慣習国際法の規則に従って解釈されるべきであり、とりわけ、「条約は、文脈によりかつその趣旨及び目的に照らして与えられる用語の通常の意味に従い、誠実に解釈する」ことを要求する、第三一条の解釈に関する一般的な規則を適用するならば、廃棄通告の送付の後に開始された手続きには、廃棄の効果が及ぶという結論が導かれなければならない。

・廃棄は通告の送付よりも前に開始された係争中の手続きには効力を有しないとする、ボゴタ条約第五六条第二項の明文規定の自然の意味は、その日よりも後に開始された手続きに関して廃棄は有効であるということであり、このような反対解釈が適用されるべきである。また、第五六条二項が同一項に効果を持たないという解釈は、第五六条二項の有用な効果を否定するものであり、条約のすべての文言に効果が与えられるべきであるという原則に反する。

・条約の当事国が、廃棄は一年の予告期間のあいだに開始された手続きに効果をもたないと規定することを望んでいたのであれば、当事国は、たやすく明示的にそのように定めることができたはずである。

・コロンビアの解釈は、条約の当事国の国家実行および条約起草の準備作業にも合致するものである。国家実行については、コロンビアおよびエルサルバドルが、廃棄は通告の日をもって効力を生じると通告したことに対して、返答を行った他の当事国はなかった。準備作業については、第五六条一項と二項は、成立の由来が異なっており、その経緯は、ボゴタ条約の当事国が、第五六条一項の効果を制限する規定を組み込む意図があったことを示している。

これに対してニカラグアは、次のように主張する。

・ニカラグアの訴状は、コロンビアの廃棄通告の後、一年以内に提出されたので、ボゴタ条約第三一条および第五六条一項に基づき、裁判所は、本件に管轄権を有する。第五六条二項はこの結論に何ら矛盾するものではない。

・コロンビアの第五六条二項の解釈は、ボゴタ条約の当事国は、条約が当事国間に効力を有する限り、裁判所の管轄権を受諾するとの第三一条の明文の規定、および、条約は、廃棄の通告ののち一年間は効力があるとする第五六条の明文の規定の意味をすべて奪うものであり、司法的紛争解決を強化するという条約の目的を、一年の予告期間のあいだ実現不可能にするものである。

・コロンビアの第五六条二項の解釈によれば、第五六条一項の定める一年の期間のあいだは、ボゴタ条約の六〇カ条の条文のわずか六カ条だけが、何らかの機能を持つにすぎない。

・ボゴタ条約の当事国の実行または条約の準備作業がコロンビアの解釈を裏付けているという点は否認する。

裁判所は、その管轄権が確立される日は、訴状が裁判所に提出された日であるということを想起する。この規則の一つの帰結は、訴状が提出された後の、裁判所の管轄権が根拠としている要素の消滅は、何らの遡及効も持たないし、持ちえないということである。したがって、たとえ裁判所に管轄権を与える条約規定が、原告と被告の間で効力を失い、あるいは、裁判所規程第三六条二項に基づく各当事国の宣言が、期間を満了しもしくは撤回されたとしても、訴状が提出された後は、その事実が裁判所から管轄権を奪うものではない。

ボゴタ条約第三一条によれば、条約の当事国は、「この条約が効力を有する限り、」裁判所の管轄権を義務的なものと認めている。第五六条は、当事国によるボゴタ条約の廃棄の後、同条約は、廃棄を行う国と他の当事国との間で、廃棄の通告から一年間は効力を持ち続けると規定する。これら二つの規定がそれだけで完結して存在していたのであれば、これらの規定が本件に管轄権を与えるのに十分であったであろうことに争いはない。ボゴタ条約は、訴状が提出された日にはコロンビアとニカラグアの間になおも効力を有しており、同条約がその後に当事国間において効力を失ったということは、裁判所の管轄権に影響を与えないのである。それゆえ、第一の先決的抗弁によって提起される唯一の問題は、本訴訟手続きが、ボゴタ条約がニカラグアとコロンビアの間でなおも効力を有していた時に開始されたにも関わらず、第五六条二項が、一項の有していた効果を変更し、裁判所は本訴訟手続きに関する管轄権を欠くとの結論を導くかどうかである。

この問題は、ウィーン条約法条約第三一条から第三三条の定める条約の解釈に関する規則を、ボゴタ条約の関連規定に適用することによって、答えが出されなければならない。ウィーン条約法条約は、当事国間に効力はなく、また、同条約の発効以前に締結されたボゴタ条約のような条約には適用がないのであるが、ウィーン条約法条約の第三一条から第三三条が、慣習国際法の規則を反映していることは、十分に確立されている。両当事国は、これらの規則が適用可能であることを認めている。解釈の一般規則を述べる第三一条は、「条約は、文脈によりかつその趣旨及び目的に照らして与えられる用語の通常の意味に従い、誠実に解釈する」ことを要求している。

（反対解釈について）第五六条二項の解釈に関するコロンビアの主張は、その規定に用いられている用語の通常の意味に基づくものではなく、同項が述べていないことがらから引き出される推論に基づくものである。同項は、廃棄通告の送付の後ではあるが、第五六条一項の述べる一年の期間の満了の前に開始された手続きに関しては沈黙している。コロンビアは、その沈黙から、廃棄の通告がなされた後に開始された訴訟手続きに関して、裁判所は管轄権を欠くと推論する。この推論は、規定の反対解釈（*a contrario* reading）から導かれるものである。

条約の規定の反対解釈とは、ある規定が物事のある一つの部類を明確に定めている場合に、他の同等な部類は除外されるとの推論を正当化するというものであり、当裁判所および常設国際司法裁判所において採用されてきた。しかしながら、このような解釈は、関連するすべての規定の本文、それらの文脈、ならびに、条約の趣旨および目的に照らして、ふさわしいときにのみ正当とされる。しかも、ある反対解釈が正当化される場合でも、個別の事案ごとに、反対解釈の適用にどのような推論が必要とされるのかを正確に決定することが重要である。

ボゴタ条約の廃棄それ自体は、裁判所の管轄権に効果を有しないが、廃棄に起因する条約の終了は、裁判所の管轄権に効果を有する。このことは、条約が効力を有する限り当事国は裁判所の管轄権を義務的なものと認める第三一条の文言、および、条約は廃棄により終了できるが、終了は廃棄の通告から一年の期間の後になって初めて生じると定める第五六条の文言の通常の意味から導かれる。それゆえ、第五六条一項こそが、廃棄の効果を決定しているのである。他方、第五六条二項は、廃棄通告の送付前に開始された手続きは、廃棄とはかかわりなく継続でき、したがって、その手続きの継続は、廃棄の効果に関する一項の規定にかかわりなく確保されるということを確認している。

コロンビアの議論は、次のようなものである。すなわち、第五六条二項に反対解釈を適用するならば、廃棄は、通告の送付以前に開始された進行中の手続きには効果をもたないとの文言からは、廃棄は、通告の送付の後に開始された手続きに対して効果を有するということが導かれる。したがって、コロンビアは、廃棄通告の送付の日の後に開始された訴訟手続きは、第三一条により与えられる管轄権の範囲から外れると主張する。しかしながら、そのような解釈は、ボゴタ条約の当事国は、「この条約が効力を有する限り」裁判所の管轄権を義務的なものと認めると規定する、第三一条の文言と矛盾する。

ところで、第五六条二項には、第三一条の文言と両立する別の解釈の余地がある。すなわち、廃棄通告の送付以前に開始された訴訟手続きは継続することができ、第五六条一項に服することにはならないが、他方、廃棄通告の送付日以降に開始された訴訟手続きに対する廃棄の効果は、一項によって規律されるというものである。一項は、廃棄は、一年の期間が満了して初めて、廃棄国について条約を終了すると定めているので、その一年の間に開始される訴訟手続きは、ボゴタ条約がなおも効力を有する間に開始されることになる。したがって、そのような訴訟手続きは、第三一条により与えられる管轄権の範囲内にあることになる。

（第五六条二項本文の文脈からの検討）第五六条二項本文は、ウィーン条約法条約第三一条一項に従い、その文脈により検討されなければならない。コロンビアは、二項の解釈により、同条一項の定める廃棄通告と条約の終了との一年の期間のあいだ、ボゴタ条約の第二章から第五章の定める紛争解決手続き（すなわち、周旋・仲介、調査・調停、司法手続きおよび仲裁手続き）は、廃棄国と他の当事国との間では利用できないことを認めている。コロンビアは、同条約のこれ以外の章の規定のみ、一年の予告期間のあいだ廃棄国と他の当事国との間に効力が存続するとする。しかしながら、第二章から第五章は、ボゴタ条約の紛争の平和的解決手続きに関するすべての規定を含んでおり、条約の定める義務の構造のなかで中心的な役割を果たしている。コロンビアの第五六条二項の解釈に従えば、廃棄通告の後の一年間、ボゴタ条約の最も重要な規定を含む条項の大部分が、廃棄国と他の当事国との間に適用されないことになる。コロンビアのボゴタ条約の個々の部分を区別しようとする結論は、ボゴタ条約の個々の部分を区別せずに、同条約が一年のあいだ効力を持ち続けると定める第五六条一項の明確な用語と調和させることは困難である。

（ボゴタ条約の趣旨、目的からの検討）コロンビアの解釈が、ボゴタ条約の趣旨および目的に合致するかどうかを検討することもまた必要である。同条約の趣旨および目的は、「平和的解決に関する米州条約」という条約の正式名称にも表れており、前文には、同条約が、平和的な紛争解決手続きの創設について規定したＯＡＳ憲章（ボゴタ憲章）第二三条（現、第二七条）を具体化するために、採択されたことが示されている。この平和的な紛争解決手続きの創設というボゴタ条約の趣旨および目的は、平和的な紛争解決手続きの利用を定める第一条および地域的な平和的紛争解決手続きを優先する第二条によって強化されている。

ボゴタ条約第一条は、次のように規定する。(4)

「締約国は、これまでの国際条約および宣言ならびに国際連合憲章においてなされた各自の約束を厳粛に再確認するとともに、紛争の解決のための武力による威嚇もしくは武力の行使または他のいかなる強制的な手段も差し控え、かつ、常に平和的手続を利用することに合意する。」

同第二条は、次のように規定する。

「一　締約国は、国際紛争を国際連合安全保障理事会に付託する前に、地域的な平和的手続により解決する義務を承認する。

二　したがって、二以上の署名国の間で、通常の外交的経路を通じての直接交渉によっては解決ができないと考えられる紛争が生じた場合には、紛争当事国は、本条約が設ける手続を以下の規定に定める方式および条件に従って利用し、または、代替的に、紛争の解決に至ることが可能と考えられるような、特別の手続を利用することを約束する。」

また、裁判所もこれまでに、ボゴタ条約起草における米州諸国の目的は、司法的解決に関する相互の約束を強化することにあったと判示している（「国境の武力行使に関する事件」（ニカラグア対ホンジュラス）管轄権および受理可能性、判決（*I.C.J. Reports 1988*, p. 89, para. 46）（以下、一九八八年判決）。

以上の諸要素は、ボゴタ条約の趣旨および目的が、同条約に規定する手続きを通じて平和的な紛争解決を促進することにあることを明らかにしている。コロンビアは、第二条一項のいう地域的な手続きは、ボゴタ条約の設ける手続きに限定されないと主張するが、第二条は全体として解釈されなければならない。二項冒頭の「したがって」という文言からすると、一項の地域的な手続きを利用する義務は、ボゴタ条約第二章から第五章の手続きを用いることにより果たされる。コロンビアによれば、第五六条二項の解釈は、第二条に一年の期間のあいだ効果を残すものであると主張するが、裁判所は、コロンビアの解釈は、紛争当事国から、地域的な手続きを利用する義務を果たすために設計された手続きにつき、それを利用する機会を奪うことになると判断する。コロンビアの解釈は、第五六条二項の明確な用語からではなく、一年の期間に開始される訴訟手続きに関する同項の沈黙から導かれる推論であるが、裁判所は、ボゴタ条約の趣旨および目的と合致しない推論を、条約の沈黙から引き出す基礎を見出さない。

（第五六条二項の効果からの検討）コロンビアの主張の本質的な部分は、同国の解釈が、第五六条二項に有用な効果（*effet utile*）を与えるのに欠かせないという点にある。コロンビアは、二項の効果が、廃棄通告の送付の日以前に開始された手続きが、その日以降に継続できるよう確保することに限定されるのであれば、その規定は必要のないものであると主張する。裁判所は、条約の解釈は、一般に、その条約の中のすべての用語に効果を与えるよう努めるべきであり、かつ、条約の規定を、目的や効果のないものにするようなしかたで解釈するべきではない、ということを承認してきた。しかしながら、たとえある規定が厳密には必要とされていない場合であっても、条約の当事国が、疑念を払拭するためにそのような規定を採択することがある。

裁判所はまた、第五六条二項の意味を決定してゆくにあたっては、同条一項を目的や効果がないものにするように解釈するべきではないと考える。一項は、ボゴタ条約は、廃棄通告の後も一年間にわたり効力を有し続けると規定する。しかしながら、コロンビアの解釈は、その規定の効果を、第一章（平和的手段による紛争解決の一般的義務を定める八カ条）、第六章（一カ条）、第七章（一カ条）および第八章（最終規定）に限定する。第一章は、当事国に重要な義務を課しており、そこに置かれている第二条は、ボゴタ条約の紛争解決手続きを利用する義務に関わるものである。（なお、第二条一項のいう地域的な手続きは、ボゴタ条約の設ける手続きに限定されないとの、コロンビアの解釈がもし受け入れられるならば、同条約の紛争解決手続きは、いずれも一年の期間のあいだ利用できないことになる。）したがって、コロンビアの第五六条二項の解釈は、第五六条一項の適用を、これらのわずかな規定に制限するものである。

コロンビアは、もしボゴタ条約の当事国が、第五六条一項に定める一年の期間が満了する前のいずれかの時点で開始された訴訟手続きは、影響を受けないと規定することを望んだのであれば、当事国は、そのような効果をもつ明確な規定を容易に作成することができたはずだと、他の条約の文言を根拠に主張する。しかしながら、それとは逆に、もしボゴタ条約の当事国が、コロンビアの主張する結論を意図していたならば、当事国は、そのような効果をもつ明確な規定を容易に作成することができたはずである。しかし、当事国は、そのような選択をしていない。それゆえ、コロンビアのこの点に関する主張は、説得力のある議論とはいえない。裁判所規程第三六条二項に基づいてなされた宣言が、予告なしに終了するという事実もまた説得力はない。たしかに、裁判所規程第三六条二項もボゴタ条約第三一条も、裁判所の義務的管轄権を定めている。しかし、裁判所規程第三六条二項は、裁判所の管轄権を承認する宣言をなした諸国の間においてのみ管轄権を与えており、同条二項に基づく宣言にあっては、国家には、その宣言が即時的な効果を伴って撤回されうることを定める自由がある。それとは対照的に、ボゴタ条約第三一条は、条約上の約束であり、その約束を撤回することができる条件は、ボゴタ条約の関連規定によって決定されている。したがって、裁判所規程第三六条二項は、ボゴタ条約の規定の解釈の問題を解明するものではない。

（国家実行からの検討）裁判所は、一九七三年のエルサルバドルおよび二〇一二年のコロンビア自身によるボゴタ条約の廃棄という国家実行、ならびに、廃棄通告に対する返答の不存在が、コロンビアの第五六条二項の解釈を肯定する根拠になるとの、コロンビアの主張を検討する。

エルサルバドルの通告は、廃棄は、「本日をもって効力を生じ始める」と述べるが、他方、廃棄から直ちにいかなる効果が続くのかについては何も示していない。したがって、エルサルバドルの通告も、ボゴタ条約の他の当事国によるそれについての意見の不存在も、裁判所の目下の問題を解明するものではない。

コロンビア自身の廃棄の通告は、「（ボゴタ条約の）廃棄は、第五六条二項に従い、この通告の後に開始される手続きに関して、本日をもって効力を生ずる」と明確に述べていた。しかし、裁判所は、コロンビアの第五六条の解釈に関し、ウィーン条約法条約第三一条三項(b)の意味における合意を、その通告に対するボゴタ条約の他の当事国の側の異議の不存在の中に読み込むことはできない。裁判所は、ニカラグアによる意見の不存在が黙認を構成するとも考えない。「ニカラグア＝コロンビア間の大陸棚境界画定事件」（『本書』第一部第一八節）および本件において、ニカラグアが、コロンビアによる廃棄通告の送付から一年以内に訴訟手続きを開始したという事実は、この結論を補強する。

（準備作業からの検討）次に、ボゴタ条約起草の準備作業（*travaux préparatoires*）に関するコロンビアの主張を検討する。ボゴタ条約の準備作業によれば、後に第五六条一項となるものは、一九二九年米州仲裁裁判一般条約第九条および一九二九年米州調停一般条約第一六条から引き継がれたことを示している。第五六条二項は、一九二九年の諸条約の中に対応するものは存在しておらず、一九三八年のアメリカの提案を端緒としていた。しかしながら、後に第五六条二項となるものが追加される明確な目的は、準備作業においては何も示されていない。また、二項の組み込みが、一九二九年の諸条約から引き継がれた規定の効果を制限するという重要な変化をもたらすであろうと考えられた形跡は、準備作業のどこにも示されていない。

前述のすべての理由から、裁判所は、コロンビアの第五六条の解釈は認めることができない。第五六条を全体として理解し、ボゴタ条約の趣旨および目的に照らして、裁判所は、裁判所に管轄権を与える第三一条が、本件訴状が提出された時点において当事国間に効力を有していたと結論する。ニカラグアとコロンビア間のボゴタ条約のその後の終了は、訴訟手続きが開始された日に存在していた管轄権に影響を及ぼさない。それゆえ、コロンビアの第一の先決的抗弁は、斥けられなければならない。

Ⅱ．第二の先決的抗弁

第二の先決的抗弁において、コロンビアは、二〇一三年一一月二六日のニカラグアの訴状の提出の前には、ボゴタ条約の紛争解決条項、とりわけ裁判所の管轄権に関する条項を始動させるような当事国間の紛争は存在しなかったと主張する。

裁判所規程第三八条に基づき、裁判所の任務は、国家によって付託された紛争を国際法に従って裁判することにある。ボゴタ条約第三一条により、当事国は、「当事国間に生じるすべての法律的性質の紛争」につき、裁判所規程第三六条二項に従い、裁判所の義務的管轄権を受諾することに同意した。当事国間に紛争が存在することが、裁判所の管轄権の前提条件である。裁判所の確立した判例によれば、紛争とは、二者間の法律上または事実上の論点での不一致、すなわち、法的見解または利益の対立である。一方当事者の主張が、他方の当事者によって積極的に反対されていることが、示されなければならない。当事者のいずれが請求を提示し、いずれがそれに反対したかは問題ではない。肝腎なことは、国際義務の履行または不履行の問題に関して、両者の側で、明確に対立する見解を有していることである。国際的紛争が存在するかどうかは、裁判所によって客観的に判断される事項である。裁判所の判断は、事実の審査に基づかなければならない。問題は実質であり、形式ではない。

裁判所規程第四〇条一項および裁判所規則第三八条二項によれば、原告国は、訴状に「紛争の主題」を示し、「請求の正確な性質」を記載するよう要求される。しかしながら、当事国間の紛争の主題を、客観的な基礎に基づいて決定すること、すなわち、事件の真の問題を分離し請求の対象を特定することを行うのは、裁判所自身である。また、紛争の存在を決定する決定的期日は、原則として、訴状が裁判所に付託される日である。

両国間の紛争に関して、ニカラグアは、次のように主張する。まず、コロンビアは、裁判所が二〇一二年判決で決定した海洋区域の境界画定を受け入れようとせず、両国間の条約が締結されるまで二〇一二年判決は適用可能ではないと述べた。また、コロンビアは、二〇一三年九月九日に「統合接続水域」("Integral Contiguous Zone")を創設する大統領命令一九四六（以下、命令一九四六）を施行した。この命令は、西カリブ海におけるコロンビアのすべての島と洲の接続水域を結合するひとつの接続水域を定めるものであるが、この統合接続水域は国際法に合致しない。この命令は、二〇一二年判決がニカラグアに属すると決定した海洋区域を、コロンビアに帰属させることを意図するものである。さらに、コロンビアは、これらの海洋区域における軍事行動と監視活動の実施計画に着手し、軍用の船舶や航空機を用いて、ニカラグアの船舶をおびえさせるための策を講じ、コロンビア国民に関係水域での漁業を認める許可を発給し続けていた。

裁判所は、ニカラグアが、二つの異なる請求を行っていることを想起する。すなわち、一つは、コロンビアがニカラグアの主権的権利および海洋区域を侵害しているという請求であり、もう一つは、コロンビアが、武力の行使または武力の行使の威嚇をしない義務に違反しているという請求である。裁判所は、訴状が提出された日に紛争が存在したかどうかを判断するために、これらの二つの請求を個別に検討する。

（主権的権利および海洋区域の侵害に関する紛争の存在について）裁判所は、ニカラグアの第一の請求につき、両当事国が、紛争の存在の有無に関してそれぞれの立場から、国家代表によってなされた宣言と声明、コロンビアの命令一九四六の施行、および、海上で起きたとされる事件に言及していることに留意する。

まず、両国の政府高官の宣言と声明を検討すると、二〇一二年判決が言い渡された後に、両当事国の大統領はそれぞれ、同判決に関連する条約の交渉に前向きの態度を表明していた。しかし、裁判所は、当事国が対話の道を開き続けていたという事実はそれだけで、訴状が提出された日に、当事国間にニカラグアの第一の請求の主題に関する紛争が存在しなかったことを証明するものではないと考える。

コロンビアは、二〇一二年判決による海洋境界画定の結果、自国の権利が「侵害された」との見解に立っており、コロンビアのサントス大統領は、二〇一二年一二月一日にその旨の発言をしている。他方、ニカラグアは、二〇一二年判決において裁判所によって宣言された海洋区域は、尊重されなければならないと主張しており、ニカラグアのオルテガ大統領は、サントス大統領の立場に同意することはできない旨を述べたとされる。これらの声明からは、両当事国は、二〇一二年判決の対象となった海洋区域における各当事国の権利の問題につき、対立する見解を有していたということが明らかである。

コロンビアの「統合接続水域」の公布に関して、当事国が、そのような行動の国際法上の法的意味について、異なる立場に立っていたことに裁判所は留意する。コロンビアは、慣習国際法に基づき、命令一九四六により接続水域を定める権原を有していると主張していたのに対し、ニカラグアは、命令一九四六は、二〇一二年判決において裁判所が認めた同国の「主権的権利および海洋区域」を侵害するものであると主張していた。

決定的期日の前に起きたとされる海上の事件に関して、コロンビアは、海上で起きたことが「事件」であるというニカラグアの評価を否定するが、ニカラグアが二〇一二年の判決に基づき自国に属すると主張していた海洋区域において、コロンビアが管轄権を行使し続けていたとのニカラグアの主張に、コロンビアは反論していないと裁判所は考える。

ニカラグアが、訴状の提出後、長きにわたり外交的経路を通じてコロンビアに対して侵害があったとの苦情を申し立てなかったとしても、公式の外交上の抗議は、一方当事者の他方当事者に対する請求の提起の重要な一段階ではありうるが、そのような公式な抗議は必要条件ではないと裁判所は考える。紛争が存在するか否かを決定するにあたって、問題は実質であり、形式ではないのである。

ニカラグアは、訴状提出のほぼ一〇カ月後である二〇一四年九月一三日まで、海上での同国の海洋の権利をコロンビアが侵害したとする公式な抗議を、コロンビアに対して行っていなかったが、コロンビアは、訴状が提出された時点で、同国の命令一九四六の施行およびニカラグアに帰属すると二〇一二年判決によって宣言された海洋区域におけるコロンビアの行為が、ニカラグアによって明確に反対されると認識していたことを、証拠は明白に示している。

以上から、訴状が提出された日には、ニカラグアによれば裁判所が二〇一二年の判決で同国に属すると宣言した海洋区域において、ニカラグアの権利をコロンビアが侵害したとの主張に関する紛争が存在していたと、裁判所は認定する。

（武力の行使または武力の行使の威嚇をしない義務の違反について）裁判所は次に、ニカラグアの第二の請求、すなわち、コロンビアが、国際連合憲章第二条四項および慣習国際法に基づく、武力の行使または武力の行使の威嚇をしない義務に違反したかどうかの問題に移る。

ニカラグアは海上で発生したとされる幾つかの事件に言及するが、決定的期日の前に発生したとされる事件に関して、コロンビアが武力による威嚇または武力の行使に関する国際連合憲章第二条四項に基づくまたは慣習国際法に基づく同国の義務に違反していたと、ニカラグアが示したことを示唆する証拠は何もない。さらに、訴状の提出前に起きたと主張されている事件は、武力の行使の威嚇に関する請求よりもむしろ、ニカラグアの第一の請求に関連して生じていたと裁判所は判断する。

これらの事実を前提に、裁判所は、訴状が提出された日に、コロンビアとニカラグアとの間に存在した紛争は、武力の行使または武力の行使の威嚇を禁止する国際連合憲章第二条四項および慣習国際法に、コロンビアが違反する可能性に関わるものではなかったと、考える。

以上から裁判所は、ニカラグアがその訴状を提出した時点で、ニカラグアによれば裁判所が二〇一二年の判決でニカラグアに属すると宣言した海洋区域において、ニカラグアの権利をコロンビアが侵害したとされる紛争が存在していたと結論づける。したがって、コロンビアの第二の先決的抗弁は、ニカラグアの第一の請求に関して斥けられなければならないが、第二の請求に関して認容されなければならない。

Ⅳ. 第三の先決的抗弁

第三の先決的抗弁において、コロンビアは、ボゴタ条約第二条が、当事国による司法的解決手段の利用の前提として、当事国に紛争の平和的解決の努力義務を課しているところ、ニカラグアの訴状提出の日にはこの要件が満たされていなかったがゆえに、裁判所は管轄権を欠くと主張する（ボゴタ条約第二条の規定については、本節、四六八頁、参照）。

コロンビアは、さらに次のように主張する。ボゴタ条約の平和的な手続きの利用は、紛争解決の交渉の試みが誠実になされた上で、合理的な努力の後に交渉が行き詰まり、そのような手段による紛争解決の見込みがないことが明らかな場合にのみ、第二条に合致する。第二条の「当事国の見解によれば」という文言は、ニカラグアの主張とは反対に解されるべきであり、当事国の一方の見解というよりむしろ、ボゴタ条約の英語、ポルトガル語およびスペイン語版において述べられているように、両方の当事国の見解を指すべきである。また、両当事国の行動からすると、本件で存在すると主張されている紛争は、訴状が提出された時点で、当事国の見解によれば、通常の外交的経路を通じての直接交渉では解決することができなかったと結論づけることはできない。両当事国が、二〇一二年判決を履行することを目的とした条約の交渉の可能性について対話を行っていたという事実は、両者の側に、直接交渉を通じて両者の不一致を解決する用意が依然存在していたことを示すものである。

裁判所は、一九八八年判決においてボゴタ条約第二条の適用を判断する際に、「一方または他方の当事国の意見が特定の効果をもつべきとする単なる主張には拘束され」ず、裁判所には、その司法的機能の行使において、「利用可能な証拠に基づき、当該問題につき自身の判断を行う自由がなければならない」と判示した（「国境の武力行使に関する事件」（ニカラグア対ホンジュラス）管轄権および受理可能性、判決（*I.C.J. Reports 1988*, p. 95, para. 65)。裁判所は、両国間の紛争が通常の外交的経路を通じて直接交渉により解決できるか否かを誠実に検討したことを示す、実質的な証拠を提出することが、当事国に期待されていることを明らかにした。ボゴタ条約第二条の適用のために、「当事国の意見」が確認されなければならない決定的期日は、訴訟手続きが開始される日である。

一九八八年判決においてさらに、裁判所は、第二条のフランス語本文と他の三つの公式な本文（英語、ポルトガル語およびスペイン語）との間の不一致に留意した。すなわち、前者が、一当事国の意見と表現しているのに対して、後者の三つは、両当事国の意見と表現している。しかしながら、裁判所は、当該事件においてそのような本文の不一致により提起される問題を解決することが必要であるとは考えなかった。裁判所は、当事国による証拠の提出を前提に、両当事国の「意見」が、交渉によって紛争を解決することができないというものなのかどうかの検討を踏まえて、訴訟手続きを進めた。

本件においては、一九八八年判決と同様に、ボゴタ条約第二条の「当事国の意見」という文言の解釈に関する当事国の主張を扱う必要はない。裁判所は、提出された証拠から、ニカラグアの訴状の提出日に、いずれの当事国も、両国間の紛争が通常の外交的経路を通じて直接交渉により解決できるとの、説得力ある主張ができなかったのかどうかを判断することから始める。

両当事国が本訴訟手続きにおいて言及する声明と宣言は、いずれも両国の国家代表によってなされていた。裁判所はこれまでにも、国際法および国際実行においては、国家の政府高官こそが、国際関係においていその国家を代表しかつ国家を代弁するのであり、したがって、両当事国の政府高官によってなされまたは是認された声明が、第一に注目されるのであると判示してきた。それゆえ、裁判所は、交渉による解決の可能性についての当事国の立場を判断するにあたっては、そのような声明や宣言に依拠することとする。

二〇一二年判決の言い渡し以来、両国の国家元首間での様々な意思疎通を通じて、両当事国とも、判決後にコロンビアによって提起されたいくつかの問題を扱うために対話の道を開いてきたと、裁判所は判断する。ニカラグア大統領は、判決の履行に向けてコロンビアの国内法上の条件を調整するために、コロンビアと条約または協定の交渉を行う用意のあることを表明した。当事国が対話の可能性を確認した問題には、裁判所によってニカラグアに帰属するものと認められた水域におけるサン・アンドレス、プロビデンシアおよびサンタ・カタリナの住民の漁業活動、「イソギンチャク生物圏海洋保護区」の保護、ならびに、カリブ海における麻薬の違法取引との戦い、が含まれていた。

しかしながら、裁判所は、前述の交渉に関する主題は、当事国間の本件紛争の主題とは異なることに留意する。ニカラグアにとっては、将来見込まれる条約が、二〇一二年判決により宣言された海洋区域に影響を与えるものにはならないことが、当事国間の交渉の前提であり、そのような交渉は、前述の判決の履行の様式としくみに限定されなければならなかったのである。コロンビアも同様に、交渉の主題を明確にしておらず、同国外相の言葉によれば、コロンビアは、「境界を画定する条約およびその海域の安全と安定に寄与する法的なしくみに署名」することを意図していた。

裁判所は、少なくとも訴状の提出の日には、両当事国は対話の道を開きつづけていたとのコロンビアの主張は、決定的な要素ではないと考える。なぜなら、裁判所の判断にとって最も重要なことは、訴状の提出日に、ニカラグアの主権的権利および二〇一二年に裁判所によって境界画定がなされた海洋区域に対してコロンビアによってなされたとされる侵害について、両当事国が、交渉による解決の一定の可能性の存否を誠実に検討したかどうかである。

裁判所は、両当事国が、海上の状況について「平穏」で「安定」していたことを争っていないことに留意する。それにもかかわらず、その事実は、当事国の意見によれば本件の紛争が交渉によって解決できたはずだということを、必ずしも示すものではない。二〇一二年判決の言い渡しに続くこの事件の発端から、ニカラグアは断固として、二〇一二年判決がニカラグアに帰属すると宣言した海洋区域におけるコロンビアの行為に反対していたのである。条約の交渉に関するコロンビアの立場も同様に、ニカラグアとの意思疎通の全過程を通じて確固たるものであった。ニカラグアの訴状の提出日に、二〇一二年判決において裁判所がニカラグアに属すると宣言したとされる海洋区域における同国の権利を、コロンビアが侵害したとの紛争を解決するために、当事国が交渉を行うことを意図しまたは交渉を行う態度をとっていたことを示す証拠は、裁判所には何も提出されていない。

前述の検討にかんがみて、裁判所は、ニカラグアが訴状を提出した日には、第二条の述べる条件は満たされていたと結論づける。それゆえ、コロンビアの第三の先決的抗弁は、斥けられなければならない。

V. 第四の先決的抗弁

ニカラグアは、裁判所の管轄権に関して二つの基礎を主張する。ニカラグアは、もし、裁判所が、ボゴタ条約第三一条に基づく管轄権を肯定しないのであれば、裁判所の管轄権は、判決によって要求されている行為につき判決を言い渡すことのできる裁判所の固有の権限（inherent power）に基礎づけることができるとする。コロンビアは、第四の先決的抗弁において、ニカラグアの主張する「固有の管轄権」（inherent jurisdiction）については、裁判所規程からも裁判所の判例からも、それを支持するものを見出すことはできず、裁判所は、ニカラグアの依拠できる「固有の管轄権」を有するものではないと主張する。

裁判所は、ニカラグアの主張する「固有の管轄権」は、本件において裁判所の管轄権を確立するために同国が援用する代替的な根拠であることに留意する。ニカラグアの主張はいずれにせよ、訴状が提出された時点に存在した紛争についてのみあてはまるものであるが、裁判所は、本件紛争に関してボゴタ条約第三一条に基づきその管轄権を基礎づけているので、「固有の管轄権」というニカラグアの主張を扱う必要はないと考え、この点に関して何らかの立場を採るつもりもない。したがって、コロンビアの第四の先決的抗弁を裁判所が判断する根拠は存在しない。

Ⅵ．第五の先決的抗弁

コロンビアの第五の先決的抗弁は、裁判所は判決の後の履行確保（enforcement）に関して管轄権を有していないにもかかわらず、本件の訴状は二〇一二年判決の後の履行確保を試みるものであるというものである。コロンビアは、国際連合憲章と国際司法裁判所規程は、機能の区分の上に成り立っており、それによれば、裁判所には判決を下す任務が委ねられるのに対して、判決の後の履行確保は、国連憲章第九四条二項に従い、安全保障理事会に任されていると主張する。コロンビアによれば、同一の機能の区分が、ボゴタ条約の中に認められるという。

ボゴタ条約第五〇条は次のように規定する。(5)

「締約国の一が、国際司法裁判所の判決または仲裁判決によって自国に課せられた義務を履行しないときは、他方の関係当事国は、国連安全保障理事会に付託する前に、司法判決または仲裁判決の履行を確保するための適切な措置を合意するために、外務大臣協議会合を提案する。」

コロンビアによれば、ニカラグアの論拠の核心は、コロンビアは二〇一二年判決に違反しており、ニカラグアは判決の遵守を履行確保するために、裁判所からさらなる救済を得る資格があるという点にある。

コロンビアの第五の先決的抗弁はまず、裁判所が本件に関して固有の管轄権を有するとの、ニカラグアの代替的な主張に向けられている。コロンビアは、たとえ裁判所が固有の管轄権を自ら有すると判断したとしても、そのような「固有の管轄権」は、判決の後の履行確保の管轄権には拡大適用されないと述べる。

裁判所はすでに、裁判所の管轄権はボゴタ条約第三一条に基礎づけられているので、自らが固有の管轄権を有するかどうかを決定する必要はないと判断している。したがって、コロンビアの第五の先決的抗弁については、それが固有の管轄権に関係する限りにおいて、判断を下す必要はない。

それにもかかわらず、コロンビアは、その訴答書面において、第五の先決的抗弁は、ボゴタ条約第三一条に基づく裁判所の管轄権に対する抗弁としても提起されたと述べている。そこで、裁判所は、第五の先決的抗弁をボゴタ条約に基づく管轄権に関する限りにおいて扱う。

コロンビアの第五の先決的抗弁は、裁判所が二〇一二年判決の履行確保を求められていることを前提にしている。裁判所は、提起された紛争の真の性格を決定するのは裁判所であって、ニカラグアではないという点で、コロンビアと同意見である。それにもかかわらず、裁判所が判断したように、本件訴訟手続きにおいて裁判所に提起された紛争は、裁判所が二〇一二年判決でニカラグアに属すると宣言したとされる海洋区域において、コロンビアによってなされたとされるニカラグアの権利の侵害に関係する。ニカラグアとコロンビア間のこれらの権利は、慣習国際法に由来するものである。裁判所の二〇一二年の判決は、裁判所が当事国間の海洋境界を決定する紛争、したがって、どちらの当事国が、本件において問題となる海域において慣習国際法に基づく主権的権利を有するのかということに疑いなく関連している。しかしながら、本件においてニカラグアは、コロンビアが、「二〇一二年一一月一九日の裁判所の判決の para. 251 において境界画定がなされたニカラグアの海洋区域、ならびに、これらの海洋区域におけるニカラグアの主権的権利および管轄権を侵害しない義務」に違反したこと、ならびに、「したがって、コロンビアが、その国際違法行為の法的なおよび事実上の結果を取り除き、かつ、これらの行為によって引き起こされた被害を十分に賠償する義務を負うこと」を、裁判所が判決し宣言するよう求めている。ニカラグアは、二〇一二年判決それ自体の履行確保を求めているわけではない。それゆえ、裁判所は、外務大臣協議会合（ボゴタ条約第五〇条）、安全保障理事会（国連憲章第九四条二項）および裁判所にとってふさわしいそれぞれの役割を検討することは求められない。

それゆえ、コロンビアの第五の先決的抗弁は、斥けられなければならない。

主文

以上の理由により、裁判所は、

(1)(a) 全員一致で

コロンビアによって提起された第一の先決的抗弁を斥ける。

(b) 一五対一で、

コロンビアによって提起された第二の先決的抗弁を、ニカラグアによれば裁判所が二〇一二年の判決においてニカラグアに属すると宣言したとされる海洋区域において、コロンビアによってなされたとされるニカラグアの権利の侵害に関する紛争の存在に関する限りにおいて斥ける。

賛成：エブラヒム裁判所長、ユースフ裁判所次長、裁判官小和田、トムカ、ベヌーナ、カンサード・ト

リンダーデ、グリーンウッド、薛、ドノヒュー、ガジャ、セブティンデ、バンダリ、ロビンソン、ゲボルジャン、特任裁判官ドデ

反対：特任裁判官キャロン

(c) 全員一致で、

コロンビアによって提起された第二の先決的抗弁を、武力の行使または武力の行使の威嚇をしない義務のコロンビアによってなされたとされる違反に関する紛争の存在に関する限りにおいて認容する。

(d) 一五対一で、

コロンビアによって提起された第三の先決的抗弁を斥ける。（反対：特任裁判官キャロン）

(e) 全員一致で、

コロンビアによって提起された第四の先決的抗弁に判断を下す根拠が存在しないと判断する。

(f) 一五対一で、

コロンビアによって提起された第五の先決的抗弁を斥ける。（反対：裁判官バンダリ）

(2) 一四対二で、

前記1(b)に述べるニカラグアとコロンビア間の紛争につき、ボゴタ条約第三一条に基づき、裁判所は、判決を下すための管轄権を有する、と判断する。（反対：裁判官バンダリ、特任裁判官キャロン）

三 研究

裁判所はすでに、ニカラグアとコロンビア間のカリブ海をめぐる「領域および海洋境界紛争事件」につき、二〇〇七年一二月一三日に先決的抗弁判決（『国際司法裁判所—判決と意見』第四巻（二〇〇五—一〇年）第一部第一〇節）を、また、二〇一二年一一月一九日に本案判決（『本書』第一部第四節）を下している。本件は、ニカラグ

アが、この二〇一二年判決により認められた主権的権利および海洋区域を侵害しない義務の違反を争った訴訟において、コロンビアが提出した先決的抗弁に対する判決である。裁判所は、ニカラグアの請求のうち、武力の行使の威嚇をしない義務の違反に関しては、コロンビアの先決的抗弁を認め、紛争の存在を否定したが、二〇一二年判決が判示したニカラグアの主権的権利および海洋区域の侵害に関する紛争に関しては、コロンビアの他の先決的抗弁を斥け、ボゴタ条約第三一条に基づく裁判所の管轄権を肯定した。なお、『本書』第一部第一八節は、両国間において二〇一二年判決との関係が別の観点から争われた事案である。

コロンビアの第一の先決的抗弁においては、ボゴタ条約第五六条二項の反対解釈が認められるかどうかが争われた。ボゴタ条約第三一条は、締約国に対する裁判所の義務的管轄権を定めており、同条約第五六条一項は、条約の廃棄通告の一年後に廃棄の効果が生じると規定していたところ、コロンビアの廃棄通告から一年未満の時点で、ニカラグアが裁判所に訴えを提起した。コロンビアは、同条約第五六条二項の、廃棄通告以前に開始された手続きは継続し廃棄の効果が及ばないとする規定を反対解釈し、廃棄通告以後に開始された本件手続きには廃棄の効果が及び、裁判所は時間的管轄権を欠くと主張した。

判決中の裁判所の認定によれば、第五六条一項と二項の成立の由来は異なるとされており、両者が同じ条文に置かれたときも、両者の関係に考慮が払われていた様子はなく、ボゴタ条約は、このような紛争の発生を想定していなかったようである。その結果、第五六条二項の反対解釈を肯定するならば、第三一条との間に矛盾が生じることとなった。裁判所は、解釈の一般規則として確立しているウィーン条約法条約第三一条に従い、ボゴタ条約の趣旨および目的、第五六条二項の文脈および効果、国家実行ならびに条約起草の準備作業を検討したうえで、コロンビアの反対解釈を適切なものとは認めなかった。裁判官全員一致の結論であり妥当と考えられる。なお、『本書』第一部第一八節の第一の先決的抗弁においても、本判決の第一の先決的抗弁とまったく同一の文言で書かれている判決が下されている。両者とも、事実関係、先決的抗弁の内容およびそれに関する当事者双方の主張の文書が完全に同じであったため、裁判所にとっては異なる判決を下す必然性がなかったものと考えられる。

紛争の存否に関する第二の先決的抗弁では、裁判所は、国際紛争の存否は、裁判所により事実の審査に基づき客観的に判断されるべき事項であるとの前提に立ち、問題を、二〇一二年判決がニカラグアに対して認めた海洋区域に対する侵害と武力による威嚇とに分けて検討した。裁判所は、当事国が対話の道を開き続けていたからと言って紛争が存在しなかったとは言い切れないこと、両当事国の首脳が対立する見解を有していたこと、コロンビアの「統合接続水域」の施行につき、ニカラグアは対立する見解を有しており、訴状提出の時点で、コロンビアはニカラグアの反対を認識していたことなどを理由に、海洋区域の侵害に関しては両国の間に実質的に紛争が存在すると判断した。他方、裁判所は、武力の行使の威嚇に関しては、それに関する紛争の存在を認定せず、この点のコロンビアの先決的抗弁は裁判官の全員一致で認容された。訴状においてニカラグアは、国連憲章第二条四項および慣習国際法に基づく「武力の行使または武力の行使の威嚇」(to use or threaten to use force) をしてはならない義務にコロンビアが違反したと主張した。判決中にはこの武力の行使の威嚇という表現が幾つか用いられているが、これは、憲章第二条四項の文言と微妙に異なる。しかし、裁判所は、憲章第二条四項の文言を用い、「武力による威嚇または武力の行使」(the threat or use of force) の義務違反にかかわる紛争の証拠は示されていないと結論づけており、本判決における両者の言い回しの違いについては、とくに区別するほどのことはないと考えられる。

第三の先決的抗弁で争われたボゴタ条約の求める紛争の平和的解決の努力義務について、裁判所は、それが尽くされたかどうかは、紛争が通常の外交的経路による直接交渉で解決できるか否かが誠実に検討されたかどうかによるとした上で、実際に行われた交渉は本件紛争の主題とは異なっており、また、当事国が本件に関する交渉を行う意図があったとも認定できないとして、この先決的抗弁を斥けた。

第四の先決的抗弁は、二〇一二年判決の要求する行為につき裁判所は判決を下す「固有の管轄権」を有するとのニカラグアの主張を争うものであるが、裁判所は、ボゴタ条約第三一条に基づき裁判所の管轄権が基礎づけられている以上、この問題を判断する根拠は存在しないとした。

ニカラグアは、訴状において、裁判所にコロンビアが二〇一二年判決を遵守するよう判決することを請求していたが、コロンビアは第五の先決的抗弁において、二〇一二年判決の履行確保について裁判所は管轄権を有しないと主張した。裁判所は、「固有の管轄権」との関係では、前記の理由から判断の必要はないとした。他方、ボゴタ条約に基づく管轄権に関して、裁判所は、ニカラグアは、コロンビアが二〇一二年判決の下した義務に違反したことを争っているのであって、二〇一二年判決それ自体の履行確保を求めているわけではないとして、コロンビアの先決的抗弁を斥けた。しかし、二〇一二年判決の下した義務の違反の問題と、二〇一二年判決の遵守を求める問題の区別についての裁判所の判旨は必ずしも明瞭とは言えない。

バンダリ判事は宣言において、コロンビアの第五の先決的抗弁は裁判所が二〇一二年判決の履行確保を求められていることを前提している、と裁判所は認定しており、ニカラグアの請求は、紛争の存否との関係で論じられた同国の慣習国際法上の海洋の権利にかかわるものではなく、二〇一二年判決の履行確保を求めるものである。これは国連憲章第九四条二項の対象であり、本案訴訟で扱うことはできず、コロンビアの第五の先決的抗弁は容認されるべきであるとする。また、トリンダーデ判事は個別意見で、判決の遵守は、国連憲章第九四条二項に限定されない裁判所の関心事であり、遵守の監視は、裁判所の管轄権事項である。さらに、ボゴタ条約に基づく裁判所の管轄権は、二〇一二年判決の不遵守に関する裁判所の固有の権限の検討を排除するものではないという。本判決の多数意見は、ニカラグアの請求の性格を、二〇一二年判決の下した義務の違反の問題と割り切っているが、ニカラグアの請求には二〇一二年判決の履行確保の側面は含まれていないのかどうか、かりにそれが肯定される場合には、それにはどのような法的位置づけが与えられるのかといった点は、今後の残された課題といえる。キャロン特任裁判官が反対意見において触れているように、二〇一二年判決の不遵守に対する請求と二〇一二年判決によって認められた権利の侵害に対する請求の区別をめぐる問題は、本案段階で再び論じられる可能性もあろう。

注

（1）第一の先決的抗弁の判決文は、第一部第一八節の事件の第一の先決的抗弁の部分と同文であるが、それぞれの節の執筆者の判断を尊重してあえて統一せずに、あとの判決を扱った第一九節において第一八節の記述を参照した。

（2）ここで用いているボゴタ条約第三一条の日本語訳は、第一部第一八節四三七頁の訳文を用いた。

（3）ここで用いているボゴタ条約第五六条の日本語訳は、第一部第一八節四三八頁の訳文を用いた。

（4）ボゴタ条約は、日本が締約国でないため、公定訳は存在しない。ここで用いているボゴタ条約第一条および第二条の日本語訳は、香西茂・安藤仁介編『国際機構条約・資料集（第二版）』（東信堂、二〇〇二年）の訳文をもとに筆者が訳出した。

（5）ここで用いているボゴタ条約第五〇条の日本語訳は、香西茂・安藤仁介編『国際機構条約・資料集（第二版）』（東信堂、二〇〇二年）の訳文をもとに筆者が訳出した。

参考文献

石塚智佐「ボゴタ規約にもとづく国際司法裁判所の管轄権」『一橋法学』第九巻第二号二〇一〇年七月一〇七―一五五頁。

（一之瀬　高博）

第二〇節　カリブ海および太平洋における海洋境界画定事件

一　鑑定の嘱託に関する命令

当事国　コスタリカ対ニカラグア

命令日　二〇一六年五月三一日

事件概要　二〇一四年二月二五日、コスタリカは、ニカラグアを相手取って、カリブ海および太平洋における海洋境界画定に関する紛争を国際司法裁判所に訴えた。

コスタリカは、裁判所の管轄権の基礎を、一九四八年四月三〇日にボゴタで署名された平和的解決に関する米州条約（以下、ボゴタ条約）第三一条、および、裁判所規程第三六条二項にしたがって、一九七三年二月二〇日にコスタリカが、一九二九年九月二四日にニカラグアが、行った宣言に置いた。

裁判所は、とくにカリブ海における両当事国間の海洋境界を画定するために、沿岸の物理的特徴を鑑定することが有益であるとし、裁判所規程第四八条および第五〇条に従い、二人の独立の鑑定人（experts）を任命することを決定した。

一　事　実

二〇一四年二月二五日、コスタリカ共和国（以下、コスタリカ）は、ニカラグア共和国（以下、ニカラグア）を相手取って、カリブ海および太平洋における海洋境界画定に関する紛争を国際司法裁判所に訴えた。

コスタリカは、裁判所の管轄権の基礎を、一九四八年四月三〇日にボゴタで署名された平和的解決に関する米州条約（以下、ボゴタ条約）第三一条、および、裁判所規程第三六条二項にしたがって、一九七三年二月二〇日にコスタリカが、一九二九年九月二四日にニカラグアが、行った宣言に置いた。

コスタリカによれば、コスタリカおよびニカラグア両国の海岸は、カリブ海および太平洋のいずれの海洋領域においても両国の領域権原の競合を生じさせており、海洋境界線はいずれの海域においても存在してこなかった。

したがってコスタリカは、国際法に基づき、カリブ海および太平洋における、コスタリカおよびニカラグアそれぞれに属するすべての海洋領域について、単一かつ完全な海洋境界線を画定することを裁判所に求めた。さらにコスタリカは、カリブ海および太平洋における単一の海洋境界線の正確な地理的座標を決定するよう裁判所に要請した。

裁判所書記は、二〇一六年四月一三日付書簡により、裁判所規程第四八条および第五〇条に従い裁判所が鑑定を委嘱することを検討している旨を、裁判所規則第六七条一項に基づき、両当事国に通告した。一人または複数の鑑定人に、現地調査、および、現在特定されているサンファン川右岸の河口の地点、および、プンタ・デ・カスティーリャにもっとも近い地点の二地点間の沿岸の状況に関連するあらゆる事実的要素の収集、が委嘱された。

両当事国はまた、二〇一六年五月三日までに、そのような鑑定人の任命に関する立場、とくに、鑑定の主題、鑑定人の人数および任命方法に関する意見を提出するよう求められた。

コスタリカは、二〇一六年五月三日付書簡により、裁判所が鑑定を求めることに同意し、裁判所が、両当事国から独立した三人の地理学者で構成される鑑定人委員会を任命することを提案した。また、両当事国が鑑定人の選任について意見を述べる機会が与えられるべきことを提案した。コスタリカは、いくつかの問題は、鑑定人への委任事項の中に記載されることを提案した。また、両当事国は、口頭審理の開始前に、鑑定人の報告書について書面により意見を述べる機会を与えられるべきこと、および、一方の当事国が、他方の当事国の見解について意見を述べたい場合には、やはり、口頭審理の前に書面により意見を述べる機会を与えられるべきこと、を希望した。最後にコスタリカは、実務的なことに関して特定の提案を行った。

ニカラグアは、二〇一六年五月三日付書簡により、カリブ海岸の陸上境界の始点は様々な文書により確定していること、および、両国の海洋境界の始点の決定は、単なる技術的かつ法的な問題であり現地調査は必要ではないこと、を主張した。しかし、ニカラグアは、ニカラグアの立場を理解したうえで裁判所が現地調査は必要であると考えるならば、鑑定人への委任事項および鑑定人の任命に関するニカラグアの立場を表明し、可能な限り最大限に裁判所を支援する用意があるとした。

二〇一六年五月一三日付書簡により、各当事国はその立場を繰り返した。

二 命令

裁判所は、とくにカリブ海における両当事国間の海洋境界画定に関する本件を解決するために、関連する沿岸の状況に関する特定の事実上の問題があると考える。また、そのような問題に関しては、鑑定を行うことが有益であると考える。裁判所規則第六七条一項に従い、両当事国の意見を聞き、あらゆる情報を得たので、裁判所は、鑑定の主題、鑑定人の人数および任命方法を決め、従うべき手続きを定める。

鑑定を委嘱するこの決定は、カリブ海における両当事国間の海洋境界の始点または進路の問題を決定するものでも、裁判所に提起された紛争に関するその他の問題を決定するものでもなく、裁判所の規則に従い、両当事国が証拠を提示し、その主題に関する議論を提出する権利を残すものである。

主文

裁判所は、以下の通り決定する。

(1) 両当事国の意見聴取の後、裁判所所長の命令により二人の独立の鑑定人を任命し、一つの鑑定を求める。

(2) 上記(1)の鑑定人は、係争地域を訪問する。彼らは、意見聴取において、カリブ海における海洋境界の始点として、コスタリカが提案した点、および、ニカラグアが提案した点、との間の海岸の状態について裁判所に助言を与える。とくに、以下の質問に答える。

(a) サンファン川の右岸がカリブ海の低潮線と出会う地点の地理的座標はどこか。

(b) 陸上境界の始点として最初のアレクサンダー裁定により認められた地理的座標に最も近い地点の地理的座標はどこか。

(c) 上記(a)および(b)に言及された地点の間には、砂の河岸があるのか、または、いくらかは海洋地形（maritime feature）があるのか。もしあるならば、その物理的特徴は何か。とくに、それらの特徴、または、それらのいくつかは、高潮時も常時水の上にあるのか。ロス・ポルティリョス／ハーバー・ヘッド・ラグーンは、カリブ海から切り離されているのか。

(d) 係争地域は、どの程度、短期および長期に、重大な物理的変化が起こりうる可能性があるのか、または、変化が起こりうる蓋然性があるのか。

(3) 職務に着手する前に、各鑑定人は以下の宣言を行うものとする。

「私は、私の名誉と良心に基づいて、鑑定人としての義務を、名誉をもって忠実に、公平かつ誠実に遂行し、職務上知り得るであろう機密書類または情報を、裁判所外で漏らしたり、使用したりすることはいたしません。」

(4) 裁判所書記は、鑑定人の事務的職務を担当するものとする。鑑定人は、任務を遂行するために、書記局の職員を任命することができる。

(5) 裁判所書記は、本件の訴答書面および付属書類を、鑑定人に利用可能とする。鑑定人は、裁判所規則第五三条二項に従いそれらの書類が公開されない限り、機密扱いとする。

(6) 両当事国は、鑑定人の任務に必要な支援を与えるものとする。

(7) 鑑定人は、調査結果に関する報告書を作成し、書記局に提出しなければならない。同報告書は、両当事国に通知され、両当事国は、裁判所規則第六七条二項に基づき、それについて意見を述べる機会を与えられる。

（8）鑑定人は、必要に応じて、口頭審理において出席しなければならない。彼らは、裁判所規則第六五条に従い、両当事国の代理人、弁護人および補佐人からの質問に答える。

（9）裁判所は、裁判所が適切と考える場合には、鑑定人にさらなる質問を行う権利を留保する。

二　鑑定人の任命に関する命令

命令日　二〇一六年六月一六日

事件概要　裁判所は、二〇一六年六月二日付書簡によって、両当事国に対し、二人の鑑定人候補者、エリック・フォーシュとフランシスコ・グテーレスを特定した事実について通知した。両当事国とも異論を提起しなかったので、裁判所は、上記二名を鑑定人として任命した。

一　事　実

裁判所書記局は、二〇一六年六月二日付書簡によって、両当事国に対し、裁判所の前記決定、および、鑑定任務を遂行する二人の鑑定人候補者、エリック・フォーシュ（Eric Fouache）およびフランシスコ・グテーレス（Francisco Gutiérrez）を特定した事実について通知した。

コスタリカは、二〇一六年六月一〇日付書簡により、裁判所により認定された二人の鑑定人に関して異論はないこと、および、鑑定人の任務遂行のために必要なあらゆる支援を提供する用意があることを伝えた。

ニカラグアは、二〇一六年六月一〇日付書簡において、裁判所により認定された二人の鑑定人に関してはとくに意見を述べなかったが、裁判所が鑑定を委嘱するに当たって裁判所を完全に支援する意向を表明した。

二　命　令

裁判所は、鑑定人を任命するのが適切であると考える。鑑定人は、鑑定の任務を遂行するために必要であると彼らが考えるならば、書記局に実務的支援を求めることができる。

主文

裁判所所長は、以下の二人の鑑定人を任命する。

フランス国籍のエリック・ファシュ（Eric Fouache）氏、地理学教授、パリ・ソルボンヌ大学アブダビ校（アラブ首長国連邦）副総長、フランス大学協会上級会員、国際地形学者協会会長。

スペイン国籍のフランシスコ・グティエレス（Francisco Gutiérrez）氏、地質学および地形学教授、サラゴサ大学（スペイン）、国際地形学者協会元理事。

三　研　究

コスタリカとニカラグアとの間には、これまで複数の係争事件が存在してきた（『国際司法裁判所―判決と意見』第四巻（二〇〇五―一〇年）第一部第一八節『本書』第一部第一節および第一三節）。またその中で、仮保全措置の要請、反訴、併合などが行われ、両国間の国境紛争は非常に複雑なものとなっている。

コスタリカによれば、両国間の海洋境界線は一度も画定されたことはないとのことで、コスタリカは、カリブ海および太平洋における単一かつ完全な海洋境界線を画定することを裁判所に求めている。

とくにカリブ海においては、サンファン川の右岸がカリブ海と出会う地点と、アレクサンダー裁定により認められたプンタ・デ・カスティーリャ付近の地点との間が、海であるのか、陸地となっているのか、つまり、ロス・ポルティリョス／ハーバー・ヘッド・ラグーンはカリブ海から切り離されているのか否か（『本書』第一部第一節、二二頁の地図参照）が問題となる。裁判所は、このカリブ海沿岸地域を調査するために裁判所規程に基づき鑑定人を任命し、現地調査を委嘱したのである。鑑定報告書の提出後、本案が審理される予定である。

なお、コスタリカは、二〇一七年一月一六日、本件に関連するイスラ・ポルティリョスの北部地域の陸上境界に関する紛争について、再びニカラグアを相手取って裁判所に提訴した。裁判所は、二〇一七年二月二日付命令により、本件の海洋境界画定事件と上記の陸上境界事件とを併合し、審理を行うこととした。併合された本案の判決が下されれば、両国のカリブ海側の陸上および海洋境界が画定されることになるであろう。

（秋月　弘子）

第二一節　核軍備競争の停止および核軍備の縮小に関する交渉についての義務

――核軍縮交渉義務（略称）

当事国　マーシャル諸島対イギリス
　　　　マーシャル諸島対パキスタン
　　　　マーシャル諸島対インド

判決日　二〇一六年一〇月五日

先決的抗弁に関する判決

事件概要　マーシャル諸島（以下「マ諸島」）は、核軍縮交渉についての法的義務に違反したとして、イギリス、インド、パキスタン三カ国を相手当事国とする訴状三件を同一の日に提出した。三カ国は、先決的抗弁などで対抗した。裁判所は、同一の日に判決三件を下して、マ諸島の主張を退けた。ここでは、イギリスが被告国となった事件のみをとりあげるが、その理由については「研究」の部分で説明する。

一　事　実

二〇一四年四月二四日、マ諸島は、イギリスを相手当事国として手続を開始するとの訴状を提出した。訴状においてマ諸島が裁判所に判断し宣言することを要請したのは、次の二点である。

①　イギリスが「厳重で効果的な国際管理の下における」すべての局面で「核軍備の縮小（nuclear disarmament）」に至る交渉を「誠実に行わ」ず交渉を終結させないことによって、核兵器不拡散条約（ＮＰＴ）

とくにその第六条でのその国際義務に違反したし違反し続けること。

②　イギリスが右の不作為によって、慣習国際法の下でのその国際義務に違反したし違反し続けること（paras. 1. 11）。

二〇一五年六月一五日、イギリスは、裁判所の管轄権および訴状の受理可能性に対する先決的抗弁を提起した。その結果、同月一九日の命令において、裁判所長は、本案手続が停止されたことに留意し、マ諸島に先決的抗弁についての書面陳述を提出させた（para. 6）。

一九四七年四月二日の決議二一で、国連安保理は、当時マ諸島を含む太平洋諸島グループを国連憲章によって設けられた信託統治制度の下におき、アメリカを施政権者として指名した。信託統治下にあった一九四六年から五八年まで、マ諸島は、たび重なる核兵器実験場であった。一九九〇年一二月二二日の決議六八三で、安保理は、マ諸島に関する信託統治協定を終了させた。一九九一年九月一七日の総会決議四六／三により、マ諸島は、国連加盟を承認された（para. 16）。

一九九四年一二月一五日の決議四九／七五Ｋによって、国連総会は、核兵器による威嚇またはその使用が国際法の下でのいかなる事情においても許容されるか否かについて勧告的意見を与えるよう裁判所に要請した。一九九六年七月八日の勧告的意見において、裁判所は、核軍備の縮小を誠実に交渉する義務（obligation）をＮＰＴ第六条が承認したのは完全に重要であると評価し、「正確な成果を達成する義務」であると付け加えた（核兵器威嚇使用意見）（para. 20）。

マ諸島は、核兵器保有国であると同国がみる国家すべてに対して、別個の訴状を提出した。これらのうち、前記三カ国が選択条項受諾国であるため、被告国とされた。残る六カ国（中・北朝鮮・仏・イスラエル・露・米）への訴状において、マ諸島は管轄権受諾を要請したが、拒否された（para. 22）。

裁判官席にマ諸島国籍の裁判官がいないので、ベジャウィ（アルジェリア）が、特任裁判官に選定された（para. 5)。

二　判　決

イギリスは、五件の先決的抗弁を提起した。第一の抗弁によれば、マ諸島は、訴状提出時に両当事国間に裁判可能な紛争が存在することを示さなかった。裁判所は、なによりも、紛争不在を理由とする抗弁を審理するであろう（paras. 23, 25)。

規程第三八条によると、裁判所の任務は国家が付託する紛争を国際法に従って裁判することであり、第三六条二項によると、裁判所は、同項（選択条項）に従って宣言した規程当事国に発生するすべての「法律的紛争」に管轄権をもつ。両当事国間における紛争の存在が、裁判所の管轄権の条件である（para. 36)。

紛争が存在するためには、「一方当事国の請求が他方当事国によって積極的に反対される（the claim of one party is positively opposed by the other）ということが、示されなければならない」（一九六二年南西アフリカ判決）。両当事国は、「確実な国際義務の履行または不履行問題に関して明らかに対立する見解をもた（hold clearly opposite views)」なければならない（二〇一六年カリブ海判決）(para. 37)。

紛争の存在についての裁判所の決定は、実質的問題であって、形式的または手続的問題ではない。紛争が存在するか否かは裁判所が客観的に決定する問題であるが、それは、事実の検討に基づかなければならない。そのため、裁判所は、多数国間会議（multilateral settings）と同様両当事国間で交換された声明または文書をとくに考慮する（paras. 38, 39)。

証拠は、裁判所に提起された論点について両当事国が「明らかに対立する見解をもつ」ということを示さなければならない。紛争の存在を審理した以前の判決に反映されるように、紛争は、自国の見解が原告国によって「積極的に反対され」たことを被告国が知っていたか知らなかったはずがなかった（respondent was aware, or could not have been unaware）ということが証拠に基づいて示されたときに存在する（二〇一六年カリブ海判決など）（para. 41）。すなわち、マ諸島がイギリスとのあいだで紛争をかかえたと主張する理由の中で最重要な理由は、以下のようである。マ諸島は、訴状提出日前に多辺的な公開の場で発せられた多数の声明に言及するが、それらは、マ諸島の見解では、紛争の存在を十分に確証した（para. 48）。

たとえば、マ諸島は、二〇一三年九月二六日の核軍備の縮小に関する国連総会ハイ・レベル会合で同国外相が発した声明に依拠する。それは、効果的で確実な軍備の縮小の方向へ動く場合の責任の取り組む努力を強化するようすべての核兵器国にうながした。しかしながら、この声明は、勧告的な用語で公式化されており、イギリス（または、いずれか他の核兵器国）がその法的義務のどれかに違反したとする主張として理解されない（para. 49）。

また、二〇一四年二月一三日にメキシコ・ナヤリット会議でマ諸島が発した声明は、ＮＰＴ第六条および慣習国際法の下では「核工場を所有する国家はその法的義務を果たさない」と主張する文章を含むという点で、二〇一三年声明より前進している。しかしながら、イギリスは、ナヤリット会議に出席しなかった。さらに、会議の主題は、明らかに核軍縮の縮小を目的とする交渉という問題ではなくて、核兵器の人道的インパクトという幅広い問題であった。そして、この声明は、すべての核兵器国の行為についての一般的批判を含むが、いわゆる違反を引き起こしたイギリスの行為を特定しない。非常に一般的な内容、および、それを作成したコンテクストを前提とすると、その声明は、イギリスによる明確な反応を要請しなかった。イギリスが反応しなかったので、見解の対立は、推論されない。ナヤリット声明は、ＮＰＴ第六条およびこれに対応する慣習国際法上の義務とされるものの範囲に関して、または、そのような義務へのイギリスの遵守に関して、特定の紛争を両当事国間に存在させるには、不十分である（para. 50）。

本件でマ諸島によって依拠された他の一層一般的な声明のどれも、紛争の存在を確認しない。なぜなら、同国によって援用されたＮＰＴ第六条、または、これに対応する慣習国際法上の義務に含まれる義務にイギリスが違反したとの申し立てを明らかにした声明は、ないからである (para. 51)。

これらの声明に基づくすべての事情に照らすと、イギリスがその義務に違反したとマ諸島が主張したことをイギリスが知っていたか知らなかったはずがなかったということは、できない (para. 52)。

裁判所は、イギリスが提起した第一の先決的抗弁は支持されなければならないと結論づける。裁判所は、管轄権をもたないから、残りの四件の抗弁を処理することは、必要ではない (para. 58)。

主文

以上の理由によって裁判所は、

(1) 賛成八・反対八のところ裁判所長の決定投票権行使により九対八で、両当事国間の紛争不在を理由とするイギリスの第一の先決的抗弁を支持し、

(2) 九対七で、本案に着手できないと認定する (para. 59)。

三 研 究

マ諸島が二〇一四年に訴状を提出したのは、アメリカの信託統治下にあった一九五四年に同諸島のビキニ環礁において水爆実験が実施されて六〇年経過したからであろう。

本判決で裁判所長が決定投票権を行使したのは、インドおよびパキスタンを被告国とする他の二件の判決に賛成した副所長ユースフ (ソマリア) が本判決に反対して可否同数となったからであり、本稿が本判決をとりあげた理由も、その点に求められる。

ユースフは、なによりも、イギリスの先決的抗弁をインドおよびパキスタンのそれらと区別しなかった判決の立場に反対した。インドおよびパキスタンはNPT締約国ではないが、イギリスは締約国であるので、本手続は、NPT

とくにその第六条の解釈および適用に関係すると強調する（paras. 1, 2）。マ諸島によるナヤリット声明は、ユースフには、訴状提出前の紛争の発端と考えられた。それは、マ諸島とイギリスが紛争主題について積極的に対立する見解を表明し続けた裁判所での手続中に結晶化されたと述べて、紛争の存在を肯定した（para. 20）。

第六条は、「各締約国は……誠実に交渉を行うことを約束する（undertakes to pursue negotiations in good faith）」と規定する。さきに登場した一九九六年の勧告的意見[1]は、「約束」を「義務」にパラフレーズして、「正確な成果を達成する義務」と解釈した（「事実」para.20）。これにより第六条が締約国に法的義務を課したとすると、締約国の義務違反、したがって、法的紛争が、発生するかもしれない。しかし、この勧告的意見については、成果に到達するなんらかのタイムテーブルを指示（dictate）したわけではないと疑問視した慎重論に留意したい。これによれば、第六条でいう核軍備競争の停止・核軍備の縮小に関する「効果的な措置」も軍縮条約を条件づける「厳重かつ効果的な国際管理」も、なにを意味するか、不明確なままであり、「正確な成果」も正確でないことになる。[2]このように、第六条の「義務」の内容が固まっていないとすれば、同条が締約国に法的義務を課したとは断定しかねる。慎重論のほうが、現実的である。

（松田　幹夫）

注

（1）横田洋三「核兵器による威嚇またはその使用の合法性」（一九九六年七月八日意見）波多野里望・廣部和也編著『国際司法裁判所─判決と意見』第三巻（一九九四─二〇〇四年）（国際書院、二〇〇七年）五六五─五八二頁。

（2）M.J. Matheson, "The Opinions of the International Court of Justice on the Threat or Use of Nuclear Weapons" A.J.I.L. Vol.91（1997）p.434.

第二二節　免除と刑事訴訟手続きに関する事件

仮保全措置の指示の要請

当事国　赤道ギニア対フランス

命令　二〇一六年一二月七日

事件概要　赤道ギニアは、二〇一六年六月一三日、第二副大統領マングエ氏の刑事裁判管轄権からの免除、および外交使節団の不動産ならびに在仏赤道ギニア使節団を収容する建物の法的地位に関する紛争に関して、フランスに対する訴訟を国際司法裁判所に提起した。同年九月二七日、赤道ギニアは、フランスが、第二副大統領に対して行ったすべての刑事訴訟手続を停止すること、ならびに、フランスがパリのフォシュ通四二番地に在る建物が、在仏赤道ギニア外交使節団の不動産として扱われること、特に、その不可侵性を保証すること、さらに、裁判所に紛争を悪化させ、あるいは拡大するような措置を取ることを慎むよう求める仮保全措置の指示を要請した。裁判所は、一二月七日に、フランスに赤道ギニア外交使節団を収容している建物の不可侵性を保証する措置を取ることを命ずることを指示した。

一　事　実

二〇〇七年の初め、複数の団体や私人がパリ大審裁判所検事正 procureur de la République de Paris に何人かのアフリカの国家元首やその家族に対して、出身国の公的資金の不法使用行為について告訴した。それらの資金総額はフランスで投資されていた。「国際透明フランス」International Transparency France という団体から二〇〇八年一二月二日に提起された告訴の中の一つが、フランスの裁判所で受理不能と宣言され、不法に使用された公金の取扱い、つまり公金不法使用の共謀、共同資産の悪用、および共同資産悪用の共謀、ならびにこれら犯罪のそれぞれに関する隠匿についての司法捜査が開始された。その捜査は当時赤道ギニア農林大臣であったテオドロ・ヌグエマ・オビアン・マングエ Teodro Ngnema Obiang Mangue の息子を含む数人の個人によって、フランスにある動産と不動産の取得に融資するための方法に特に焦点をあてられた。その捜査は、T.N.O. マングエ氏が相当な価値ある様々の物品およびパリ・フォシュ通り四二番地にある建物を取得する情況に特に関係をもっていた。T.N.O. マングエ氏は自分に対してとられた処分に対して異議を申し立て、数多くの根拠に基づいて、その任務に基づいて享有すると自認する管轄権からの免除を援用したが、起訴されていた。その上に、フォシュ通りの建物は不動産刑事差押え saisie pénale immobilière の対象となり、建物の中にあった多くの物品は押収された。

結局、捜査終了後、T.N.O. マングエ氏は一九九七年から二〇一一年一〇月までに犯した犯罪の前記裁判のためにパリ軽罪裁判所 Tribunal correctionnel de Paris に移送された。この裁判は、二〇一七年一月二日から一二日までに行われることになっていた。

二　命　令

一応の裁判管轄権

仮保全措置指示の要請が裁判所に提起された時、要請された措置を指示するか否かを決定する前に、事件の本案に関する管轄権があるか否かに決定的方法で答える必要はなく、要請国が依拠する条項が、先ずは管轄権の根拠となりうる基礎を与えると思われるだけで十分である。

赤道ギニアは、第一に、T.N.O. マングェ氏の免除に関する請求については、国際的な組織犯罪の防止に関する国際連合条約第三五条に裁判所の管轄権の基礎をおくことを求め、第二に、フォシュ通り四二番地の建物の不可侵に関する請求については、ウィーン外交関係条約選択議定書に管轄権の基礎をおくことを求めた。組織犯罪防止条約第三五条二項、および選択議定書第一条では、裁判所の管轄権は、関係する条約の解釈または適用から生ずる紛争の存在にかかっている。したがって先ずは、かかる紛争が申請が提起された日時に存在していたか否かを確認する必要があり、一般的規則としては、裁判所の判例によれば、その管轄権が決定されなければならないのはその期日に関してである。

国際的な組織犯罪防止条約

赤道ギニアは、国際的な組織犯罪防止条約第四条の適用に関して締結国間に紛争が存在すると主張している。「主権の保護」と題するその規定は以下の通り、

「1．締約国は、国の主権平等及び領土保全の原則並びに国内問題への不干渉の原則に反しない方法でこの条約に基づく義務を履行する。

2．この条約のいかなる規定も、締約国に対し、他の国の領域内において、当該他の国の当局がその国内法により専ら有する裁判権を行使する権利及び任務を遂行する権利を与えるものではない。」

赤道ギニアによれば、この条約第四条は、条約のその他の条項の解釈のための単なる「一般的指針 directive générale 」ではない。この条項が言及する主権平等と不干渉の原則は、慣習または一般国際法の主要な規則を含む。特に国家免除および国家の高い地位の保持者の免除に関する規則を含むものである。赤道ギニアの見解では、問題の諸規則は国がこの条約を適用するときその国を拘束している。これら諸規則は、上記第四条の諸原則に包含されているからである。したがって、赤道ギニアは、フランスが同国副大統領に関する訴訟手続を開始したとき、国際的な組織犯罪防止条約第四条に由来する人的免除に関する規則を尊重することを強いられるのであると論ずる。

フランス側としては、この条約の適用にかかわりのある紛争の存在を否定し、したがって裁判所が管轄権を持つことを否定する。フランスの見解では、第四条で、国家の主権平等と領土保全の原則、さらに他の国家の国内事項への

不干渉の原則に言及することは、条約のその他の条項が適用されるべき方式を示すだけのことである。赤道ギニアが適用を求める条約の他の条項は、同条約第四条に規定されている諸原則に従って履行されなかったし、大部分は、国家に立法を行い規制をすることを強いるだけのものである。

両当事国が国際的な組織犯罪防止条約第四条について相異なる見解を表明したことは事件記録簿から明らかである。それにもかかわらず、たとえ一応の答えとしても同条約三五条二項の意味での紛争が存在するか否かについて決定するために、裁判所は、当事国の一方が同条約が適用されると考え、他方がそれは否定することにとくに言及することだけではすまされない。赤道ギニアが訴えた行為が一応はその文書の規定の範囲に入ることができるか否か、また結果として、裁判所が同条約三五条二項によって審理すべき事物管轄権を持つ紛争であるか否かを確かめなければならない。

この条約に基づく義務は、締約国に、一定の国際的な犯罪を有罪とする規定を国内立法に導入し、これら犯罪と戦うことを目的とする手段を取ることを要請することである。条約第四条の目的は、締結国が主権平等と領土保全および他国の国内事項への不干渉という諸原則に従ってその義務を履行することを保証することである。その規定は、国家の高い地位の保持者の免除に関する新しい規則を創設したり、免除に関する慣習国際法の規則を導入するものとは考えられなかった。したがって、条約第四条で「解釈または適用」に関して生ずるいかなる紛争も、当事国がその条約の下で義務をはたす方法にのみ関係しうるのである。しかしながら、本件紛争は、フランスが赤道ギニアが援用する条約の条項に従ってその義務を履行した方法に関するものではない。むしろ、ある別の争点、つまり赤道ギニア副大統領が慣習国際法による人的免除 ratione personae を享有するか否か、もし享有するならば、フランスは彼に対する訴訟手続を始めたことによってその免除を侵害したかどうかに関わるように思われる。

結果として裁判所は、一応のところ、国際的な組織犯罪防止条約の規定に関わる、したがって条約第四条の解釈または適用に関する紛争は両当事国間に存在しないと考える。したがって、裁判所は、T.N.O. マングェ氏の免除に関する赤道ギニアの請求を受け入れる条約第三五条二項による一応の裁判管轄権をもたないのである。

ウィーン外交関係条約選択議定書
第一条は、ウィーン外交関係条約の解釈または適用に関する紛争について裁判所に管轄権を与えること、さらに「使節団の公館、公館内にある用具類その他の財産および使節団の輸送手段は、捜索、徴発、差押又は強制執行を免除される」と規定するウィーン条約第二二条三項の適用に関する紛争が両当事国間に存在すると赤道ギニアは主張する。裁判所は、したがって、訴状が提出された日時にウィーン条約の解釈または適用から生じた紛争が両当事国間に存在したと思われるか否かについて確認する。

この点に関して、パリ・フォシュ通り四二番地に在る建物の法的地位の問題について、両当事国が実際に意見を異にしていたと思われるし、まだ今日でもそうである。赤道ギニアは、問題の建物は外交使節団の公館を含んでおり、したがってウィーン条約第二二条によって与えられる免除を享有すると度々主張してきた。フランスは、本件でも赤道ギニアの主張を承認することを一貫して拒否してきたし、問題の財産は「使節団の公館」の地位を法的に取得したことはないと主張している。裁判所の見解では、訴状が提出された日に、問題の建物の法的地位について両当事国間に紛争が存在していたという多くの指摘がある。

たとえ一応のことにせよ――裁判所が管轄権を持つかどうかを決定するためには、紛争が選択議定書第一条を基礎として事物 ratione materiae 管轄権をもつことができる紛争であるか否かも確認しなければならない。問題となっている権利は、明白にウィーン条約に含まれるし、同条は外交使節団の不可侵権を保証していること、フォシュ通りの建物について赤道ギニアが訴えるフランスの行為は、そのような権利と抵触しかねないと思われる。実際に、赤道ギニアによれば、在仏外交使節団を収容する公館は、数回にわたって捜索され、差し押さえられた（saisie pénale immobilière）。同公館は再び類似の性質の措置を受ける可能性がある。

前述の諸要素は、この段階で、ウィーン条約の規則に含まれる紛争、かつ同条約第二二条の解釈適用に関する紛争が当事国間に存在することを十分に確証していると考える。その結果裁判所は、ウィーン条約選択議定書第一条によって、この紛争を審理する一応の管轄権をもっていると考える。この基礎の上に、赤道ギニアの仮保全措置の要請をパリ・フォシュ通り四二番地に在る建物の不可侵性に関する限りにおいては検討することができる。要請に決定的な不備はないので、本件を事件リストから排除せよというフランスの要請を認めることはできない。

保護を求められている権利および要請されている措置

国際司法裁判所規程第四一条による仮保全措置指示の権限は、その目的として事件当事国が請求したそれぞれの権利を、事件の本案の判決が下される前に保護するためにある。後になっていずれかの当事国に属すると判定する権利をこの措置によって保護するのである。したがって、仮保全措置を要請した当事国が主張する権利が少なくとも是認しうる moins plausibles ものであると評価する場合にのみ、この権限を行使することができる。さらに、事件の本案に関する訴訟手続の主題となっている権利と、要請されている仮保全措置との間に絆 lien がなければならない。

そこで裁判所は先ず、赤道ギニアが本案で請求している権利と保護を求めている権利が是認しうるものかどうかについて検討する。裁判所は国際的な組織犯罪防止条約の違反を審議する一応の管轄権を持たないと決定したので、ウィーン条約第二二条を援用する原因となった「外交使節団公館の不可侵性」に関する赤道ギニアの権利だけに取り組むことにする。

この点について、赤道ギニアは、二〇一一年九月一五日にフォシュ通り四二番地にある建物を取得し、二〇一一年一〇月四日から在仏外交使節団のために使用しており、このことを赤道ギニアはフランスに対して数回にわたって知らせてきたと主張した。赤道ギニアは、その日時いらい、問題の建物の捜索・押収を受けており、これは公館の不可侵性を侵害する行為であると主張してきた。外交公館の不可侵の権利は、ウィーン条約第二二条に規定されている権利であって、赤道ギニアは、二〇一一年一〇月六日以来問題の建物を在仏外交使節団の公館として使用しており、フランスは、二〇一二年の夏から赤道ギニア大使館の一定の業務がフォシュ通り四二番地へ移転されてきたことを知っていたのであって、赤道ギニアは使節団の目的のために用いていると主張する建物は、ウィーン条約第二二条によって要請される保護を与えられることを確実にする権利を持っている。

主張された権利と要請された仮保全措置との間の絆については、本来的にこれらの措置は、赤道ギニアが在仏外交使節団の公館を収容する建物の不可侵権を保護することを目的としていた。裁判所は、赤道ギニアが主張する権利と求められた仮保全措置の間には絆が存在すると結論する。

回復できない損害の危険性および緊急性

回復不可能な損害が争点の権利に生ずる可能性があるときは、裁判所は仮保全措置を指示する権能があるが、その権能は回復不可能な損害が関係する権利に生ずるという真の緊急の危険があるという意味で、緊急性があるときにのみ行使される。

裁判所の記録によれば、フランスはその建物が赤道ギニアの在仏外交使節団の公館の一部となっていることを認めていないこと、さらにフランスがその建物にウィーン条約によってこうした公館に与えられる免除——およびそれに対応する保護——を与えることを拒否してきたことが示されていることに今一度注目して、裁判所は絶え間のない違法侵入 intrusion の危険があると考える。両当事国は、なんらかの捜索が最近行われたかどうかについては意見を異にしているが、そのような行為が実際に二〇一一年と二〇一二年に行われたことを認めている。さらに、本案に関する審理中に軽罪裁判所 Tribunal correctionnel が、職務としてあるいは一方当事国の要請によって、それ以上の捜査あるいは評価に取りかかれば、フォシュ通りの建物が再び捜査の対象になることは考えられないことではない。もしそうしたことが起これば、またもし、その建物に赤道ギニア外交使節団の公館を収容していることが確認されれば、その結果として例えば警察官の駐在あるいは高度の機密のものを含む文書の押収と言ったことが起これば、使節団——主権国家の代表——の日常の活動は深刻に妨げられる危険があり、上記のことから赤道ギニアが在仏外交使節団の公館として使用しているとする公館の不可侵権に回復不可能な不利益をもたらす真の危険がある。実際に公館の不可侵権の侵害が起こればその救済はできない。事態を以前の状況 status quo ante に回復することはできないからである。そのうえに、赤道ギニアが主張する権利の侵害を引き起こしそうな行為は時を選ばず起こりうるので、その危険は差し迫ったものである。緊急性という基準は、したがって、本件においても同様に満たされている。

赤道ギニアは、フォシュ通り四二番地の公館内にあって、その一部がフランス当局によって持ち去られた物品について仮保全措置の指示を要請している。これら物品については、赤道ギニアは回復不可能な侵害の危険性と、フォシュ通り四二番地の公館について裁判所が確認した緊急性を論証することができなかった。したがって、これらの物品については仮保全措置を指示する基礎を見出すことはできない。

結論および採択されるべき措置

上記審理の結果から、パリ・フォシュ通り四二番地にある建物について仮保全措置を指示するために規程によって求められている条件が満たされている。本件の最終判決が下されるまで、パリ・フォシュ通り四二番地の赤道ギニア外交使節団の収容に供される公館は、その不可侵権を保証するために、ウィーン条約第二二条によって求められる待遇と同等の équivalent 待遇を享有すべきである。フォシュ通り四二番地の建物の差し押さえおよび没収の危険に関しては、そうした没収などの措置は裁判所が最終的に決定に達する日時までに起こる危険性がある。したがって、各当事国のそれぞれの権利を保護するために、裁判所が決定を行うまで没収という措置の執行は停止されなければならない。最後に、赤道ギニアは紛争の悪化の防止を保証することを目的とする措置の指示を求めたが(1)、本件ではこれまでに決定した措置があるので、この種の追加的措置を指示する必要はないと考える。

主文

以上の理由により、裁判所は

Ⅰ　全員一致で次の仮保全措置を指示する。
フランスは、本件の最終判決までに、パリ・フォシュ通り四二番地の赤道ギニア外交使節団を収容するための建物について、その不可侵性を保証するために、ウィーン外交関係条約第二二条によって求められている待遇と同等の待遇を享受することを保証するあらゆる措置をとらなければならない。
Ⅱ　全員一致で、本件を付託事件リストから除去することを求めるフランスの要請を拒否する。

三　研　究

本件では仮保全措置指示の要請に関する裁判管轄権および採択される仮保全措置の内容について、既存の二つの条約を解釈適用して命令が出された。慣習国際法や国家慣行を適用する事例ではないため、適用法規の解釈について裁判所や両当事国の理解に大きな見解の相違はなく、命令は全員一致で示された。

しかし、適用条約の解釈については四人の判事の分離意見、宣言に見られるように若干の見解の相違がみられる。命令の中で（para 49）、「国際的な組織犯罪防止条約第四条は、条約当事国が主権平等、国家領域保全および国内問題不干渉を尊重して条約上の義務の履行を保証することを目的としている。この条項は国家の高官の免除について新しい規則を創出したものではなく、こうした免除に関する慣習国際法の規則を合体させたものでもない。条約第四条の解釈、適用のことで起こるすべての意見の相違は、したがって当事国がこの条約の求めにより義務を果たす方法から生ずるのである。主張されている意見の衝突は、フランスが赤道ギニアが援用する本条約の第六条、第一二条、第一四条、第一八条に基づいてその義務を果たす方法と関係があるだけである。実際には、赤道ギニア副大統領が慣習国際法上で人的免除の恩恵に浴するか、また、もしもの時には、フランスが訴追の約束に反して行動するかという、まったく別の問題を対象としていると思われる」という文脈があり、これについては二人の裁判官の分離意見と宣言がある。これらの意見によれば国家高官の外国刑事裁判管轄権からの免除は、条約第四条のいう主権平等の原則に由来するので、裁判所は高官の免除に関する仮保全措置の要請に対して管轄権を有するものとされる。

赤道ギニアが選出した特任裁判官カテカ Kateka は、裁判所が採用した用語法、すなわち、――フランスは、パリ・フォシュ通り四二番地に在る赤道ギニア外交使節団を入れるための公館は「ウィーン外交関係条約第二二条が求めている待遇と同等の équivalent 待遇」を享受することを保証するあらゆる措置をとらなければならない――を批判している。彼によれば第二二条の要請は明白であり、使節団の公館は不可侵であることを指摘して、「équivalent」という用語の使用に異議を唱えている。[2] 赤道ギニアが要請した間違いようのない措置、すなわち、フランスが、パリ・フォシュ通り四二番地に在る建物を、在仏赤道ギニア外交使節団の公館として処遇し、特にその不可侵性を保証すべきであったというのである。

文章化されていない慣習国際法の解釈適用において生ずる困難が、条約形成の統一機関が存在しない国際社会では条約についても類似の問題として常に存在するわけである。

注

（1） 仮保全措置は本案判決までの間に、各当事国のそれぞれの権利を保全するものであり、権利が償いえない侵害にさらされているときに認められる。権利の保全と紛争の悪化の防止とは異なる概念であるが、事態の悪化の防止が、権利の侵害をくい止めることにもなる。したがって、従来の仮保全措置でも、権利の保全と共に紛争の悪化の防止を指示していた。（一九七九年のアメリカ大使館人質事件、一九八六年のニカラグア事件、一九八六年の国境紛争事件） 本件では、ウィーン外交関係条約第二二条が求める措置をとることによって紛争の悪化は防止することができるものと判断したのである。

（2） Opinion individuelle de M. le juge ad hoc Kateka, Ordonance, 7 Décembre 2016, pp. 26–29.

（東　寿太郎）

第二部

勧告的意見

第一節　国際農業開発基金に対する異議申立に基づく国際労働機関行政裁判所判決第二八六七号

請求機関　国際農業開発機関理事会
勧告的意見　二〇一二年二月一日

事件概要　ベネズエラ国籍のサエス・ガルシアは、国際農業開発基金（ＩＦＡＤ）の中に置かれている砂漠化条約のグローバル・メカニズムに有期契約職員として勤務していた。サエス・ガルシアは、当該契約が二〇〇六年三月一五日に更新されずに失効したため合同訴願委員会に訴えを提起した。同委員会は、二〇〇七年一二月、サエス・ガルシアを元の職場に戻して最低二年間雇用を続けるとともに、二〇〇六年三月以降の給与、手当、その他の便益に相当する額を支払うようＩＦＡＤ総裁に勧告したが、同総裁はこれを拒否した。そこでサエス・ガルシアは、ＩＦＡＤと職員との間の雇用に関する紛争を解決する権限を有する国際労働機関（ＩＬＯ）行政裁判所に異議を申し立てた。二〇一〇年二月三日、ＩＬＯ行政裁判所は、ＩＦＡＤに対して、中立人の主張を全面的に認め、失われた給与および精神的苦痛等に対する支払いを命ずる判決（第二八六七号）を下した。

このＩＬＯ行政裁判所の判決を不服とするＩＦＡＤの理事会は、二〇一〇年四月二二日、同裁判所がグローバル・メカニズムの職員の雇用契約に関する管轄権を有するか否かに関してＩＣＪに勧告的意見を求めることを決議した。ＩＣＪは、二〇一二年二月一日の勧告的意見において、ＩＬＯ行政裁判所には、ＩＦＡＤが受入機関となっているグローバル・メカニズムの職員の雇用契約に関する管轄権があるとする判断を示した。

一　事　実

ベネズエラ国籍を有するアナ・テレサ・サエス・ガルシア（Ana Teresa Saez Garcia、以下「サエス・ガルシア」）は、「深刻な干ばつ又は砂漠化に直面する国（特にアフリカの国）において砂漠化に対処するための国際連合条約」（以下「砂漠化条約」）のグローバル・メカニズム[1]のP-4レベルの職員（日本の官庁に当てはめるとおおむね課長補佐に当たる）として、二〇〇〇年三月一日に、二年間の有期契約（fixed-term contract）のもとで採用された。グローバル・メカニズムは、砂漠化条約のために資金を集め途上国に提供する目的で設立された組織で、IFADの中に置かれた（hosted by IFAD）。サエス・ガルシアの契約はその後二年ごとに二回更新され、彼女の地位もグローバル・メカニズムの「ラテン・アメリカ地域企画課長」、さらに「ラテン・アメリカおよびカリブ地域部長」へと昇格した。

二〇〇五年一二月一五日、グローバル・メカニズムの事務局長（Managing Director）は、砂漠化条約の締約国会議（COP）の決定に基づいて、二〇〇六～二〇〇七年度予算を一五パーセント削減することを公表した。その結果職員数も縮小されることになり、サエス・ガルシアのポストも廃止され、彼女との契約は二〇〇六年三月一五日以後は更新されないことになった。事務局長は、次の適当なポストを見つけるための猶予期間として、同年九月一五日までの六か月間、コンサルタントとして契約することを提案したが、サエス・ガルシアはこの提案を拒否した。

二〇〇六年五月から翌年五月まで、サエス・ガルシアは紛争調整手続（facilitation process）を試みたが解決には至らず、事務局長の決定を不服として、IFADの人事手続要綱[2]（Human Resources Procedures Manual）に基づいて合同訴願委員会（Joint Appeals Board）に訴えを提起した。二〇〇七年一二月一三日、同委員会は、サエス・ガルシアを元の職場に戻し、失われた給与、手当、その他の便益を支払うようIFADに勧告した。翌二〇〇八年四月四日、IFADの総裁（President）はこの勧告に従うことを拒否した。同年七月八日、サエス・ガルシアはILO行政裁判所に、IFAD総裁の決定を取り消し、彼女を元の職場に戻すとともに種々の金銭的支払いを求める異議申立を行った。二〇一〇年二月三日、同行政裁判所は、ＩＦＡＤに対して、二〇〇六年三月一五日から二年間、かりに契約が更新されていれば支払われたはずの給与その他の手当、ならびに、精神的苦痛に対する損害一万ユーロおよび裁判費用五千ユーロを申立人に支払うよう命じる判決（第二八六七号）を下した。

ＩＦＡＤの理事会は、ＩＬＯ行政裁判所の判決の受入れを拒否し、同裁判所規程付属書第一二条の規定に従って、本件に関してＩＣＪの勧告的意見を求めることを決議した。同付属書第一二条は次のように規定する。

「1．国際機構の理事会が、裁判所の管轄権に関して異議を申し立て、またはとられた手続きに基本的な誤りがあると主張した場合は、裁判所の判決の有効性の問題は、当該国際機構の理事会によって、国際司法裁判所の勧告的意見を求める。

2．国際司法裁判所が与えた意見は拘束力を有する。」

ＩＦＡＤ理事会がＩＣＪの勧告的意見を求めることを決めた決議で示された質問内容は、以下の通りである。

「1．ＩＬＯ行政裁判所は、同裁判所規程第二条の下で、『深刻な干ばつ又は砂漠化に直面する国（特にアフリカの国）において砂漠化に対処するための国際連合条約』（以下『砂漠化条約』）のグローバル・メカニズム（これに関しては国際農業開発基金（以下『ＩＦＡＤ』）は単なる『受入機関』〔housing organization〕に過ぎない）の職員であるアナ・テレサ・サエス・ガルシアが二〇〇八年七月八日にＩＦＡＤに対して行った異議申立を審議する権限を有するか。

2．記録によれば、ＩＬＯ行政裁判所判決第二八六七号の紛争両当事者は、ＩＦＡＤとグローバル・メカニズムは別個の法人であること、また、異議申立人はグローバル・メカニズムの職員であったことに同意している。

このことと、すべての文書、規則、および原則を考慮するならば、ILO行政裁判所が自身の管轄権を肯定するために述べた『グローバル・メカニズムはあらゆる行政目的のために種々あるIFADの行政機関の一つとみなすことができる』という見解、および、『それゆえに、グローバル・メカニズムの事務局長がその職員に関して行った行政決定は法的にもIFADの決定である』という見解は、ILO行政裁判所の管轄権を逸脱するものであるか。また、そのような見解を示したことは、同裁判所によってとられた手続上の基本的な誤りを構成するものであるか。

3. ILO行政裁判所が自身の管轄権を肯定するために述べた『グローバル・メカニズムの職員はIFADの職員である』という見解は、同裁判所の管轄権を逸脱するものであるか。また、そのような見解を示したことは、同裁判所によってとられた手続上の基本的な誤りを構成するものであるか。

4. ILO行政裁判所が、『グローバル・メカニズムの事務局長は権限を喩越した』とする申立人の主張を認める権限を有するとした判断は、同裁判所の管轄権を逸脱するものであるか。また、そのような判断を示したことは、同裁判所によってとられた手続上の基本的な誤りを構成するものであるか。

5. ILO行政裁判所が、『グローバル・メカニズムの事務局長が申立人との契約を更新しないと決定したことは法律上の誤りを構成する』という申立人の主張を認める権限を有するとした判断は、同裁判所の管轄権を逸脱するものであるか。また、そのような判断を示したことは、同裁判所によってとられた手続上の基本的な誤りを構成するものであるか。

6. ILO行政裁判所が、砂漠化条約の締約国会議（COP）とIFADとの間の了解覚書（MOU）およびIFAD設立協定を解釈する権限を有するとした判断は、同裁判所の管轄権を逸脱するものであるか。また、そのような判断を示したことは、同裁判所によってとられた手続上の基本的な誤りを構成するものであるか。

7. ILO行政裁判所が、『IFADの総裁はMOUの下で仲介的（intermediary）かつ支援的（supporting）

役割を果たすことによって、ＩＦＡＤのために権限外の行動をしていると認定する権限を有する』とした判断は、同裁判所の管轄権を逸脱するものであるか。また、そのような判断を示したことは、同裁判所によってとられた手続上の基本的な誤りを構成するものであるか。

8．ＩＬＯ行政裁判所が、グローバル・メカニズムの事務局長の決定をグローバル・メカニズムそれ自体の決定とみなす権限を有するとした判断は、同裁判所の管轄権を逸脱するものであるか。また、そのような判断を示したことは、同裁判所によってとられた手続上の基本的な誤りを構成するものであるか。

9．ＩＬＯ行政裁判所の判決第二八六七号の有効性はいかなるものか。」

ＩＣＪの書記は、二〇一〇年四月二六日の書簡によって、ＩＣＪ規程第六六条一項に従って裁判所の審理に参加する資格を有するすべての国家に対して、当該勧告的意見の要請の通知を行った。また、同月二九日の裁判所決定によれば、裁判所の審理に参加する資格を有する者は、ＩＦＡＤそれ自身、ＩＦＡＤ加盟国、および砂漠化条約の締約国である。また、ＩＬＯ行政裁判所に職員の雇用に関する紛争を付託する権限を認める専門機関も、関係する問題について情報を提供することが認められた。

二　勧告的意見

(1)　本件に関するＩＣＪの管轄権

裁判所は、まず、本件勧告的意見の要請に応える管轄権がＩＣＪにあるか否かについて、検討する。

裁判所は、本件勧告的意見の要請が、ＩＬＯ行政裁判所規程付属書第一二条に基づいて請求されたことを想起する。また、ＩＦＡＤ理事会が、同規程第二条五項の規定に従って、ＩＬＯ行政裁判所の管轄権を受諾する宣言を適正に行ったことを認める。ただし、裁判所は、ＩＦＡＤ理事会がＩＣＪの勧告的意見を請求する権限は、ＩＬＯ行政裁判所規程付属書第一二条の規定というよりは、国連憲章およびＩＣＪ規程に基づくものであることを確認する。したがって、この点に関しては、裁判所は、国連憲章第九六条およびＩＣＪ規程第六五条一項、ならびに国連とＩＦＡＤとの間の連携協定（Relationship Agreement）第一三条二項を検討する必要がある。

裁判所は、ＩＦＡＤによるグローバル・メカニズムの受入れ（hosting）、および、サエス・ガルシアの雇用に関してＩＬＯ行政裁判所の判決を審理するよう求められているが、これらは明らかに国連憲章第九六条が勧告的意見に関して規定する「（ＩＦＡＤの）活動の範囲内において生ずる法律問題」である。

国連とＩＦＡＤとの間の連携協定第一三条二項は、勧告的意見を求めることができる法律問題から「基金（ＩＦＡＤ）と国際連合または他の専門機関との間の相互関係に関する問題」を除外しているが、この除外規定は、裁判所が、本件において求められている勧告的意見との関連で、ＩＦＡＤとグローバル・メカニズムあるいは砂漠化条約の締約国会議（ＣＯＰ）との間の関係について検討することを妨げるものではない。なぜなら、グローバル・メカニズムあるいはＣＯＰは国連の専門機関ではないからである。

以上のことから、裁判所は、ＩＬＯ行政裁判所判決第二八六七号の有効性について求められている勧告的意見を与える管轄権を有すると判断する。

(2) 本件に関するＩＣＪの管轄権の範囲

ＩＬＯ行政裁判所規程第六条一項によると、同裁判所の判決は「最終的で上訴できない」（final and without appeal）ものとされている。他方、ＩＬＯ行政裁判所規程および同付属書第一二条一項の規定は、ＩＬＯおよび同裁判所の管轄権を認める宣言を行った国際機構は、同裁判所の判決を不服として、ＩＣＪの勧告的意見を求めるかたちで上訴できるとしている。さらにＩＬＯ行政裁判所規程付属書第一二条二項は、このようにして与えられた勧告的意見は「拘束力を有する」と規定する。このことは、ＩＣＪが「ユネスコに対する異議申立に関する国際労働機関行政裁判所の判決」に関する勧告的意見[3]（Judgments of the Administrative Tribunal of the ILO upon Complaints Made against Unesco〔Advisory Opinion, *I.C.J. Reports* 1956〕、以下「一九五六年勧告的意見」）において述べたように、「国際連合憲章および国際司法裁判所規程によって『勧告的意見』に与えられた機能を越える」ものである。しかし、そうだからと言って、ＩＣＪが規程や規則によって与えられている役割がそのために影響を受けることはない。

ＩＣＪがＩＬＯ行政裁判所規程付属書第一二条に基づいて同裁判所の判決を審査する権能は、二つの点に限られている。一つは、「ＩＬＯ行政裁判所が管轄権を誤って行使した場合」、今一つは、「ＩＬＯ行政裁判所によってとられた手続に基本的な誤り（fundamental error）があった場合」である。最初の点については、ＩＣＪが一九五六年勧告的意見で述べたように、ＩＬＯ行政裁判所判決の本案に関する上訴審ではないこと、言い換えると判決の実質的中身に対する不服を、管轄権の誤った行使という理由で追及するものであってはならないことを、意味している。第二の点については、ＩＣＪが「国際連合行政裁判所判決一五八号の再審請求」に関する勧告的意見[4]（Application for Review of Judgment No. 158 of the United Nations Administrative Tribunal〔Advisory Opinion, *I.C.J. Reports* 1973〕）において述べたように、「手続上の基本的な誤りは、職員の公正に意見を述べる権利が侵害され、その意味で正義が損なわれた場合に生ずる」。

(3)　本件に関するＩＣＪの自由裁量の余地

ＩＣＪは、ＩＣＪ規程第六五条が、勧告的意見を与えるか否かについて、ＩＣＪに自由裁量があることを規定していることを想起する。しかし、「平和条約の解釈」に関する勧告的意見[5]（Interpretation of Peace Treaties with Bulgaria, Hungary and Romania, First Phase〔Advisory Opinion, *I.C.J. Reports* 1950〕）で述べたように、「原則として、勧告的意見を与えることを拒否すべきではない」。また、一九五六年勧告的意見で述べたように、「（勧告的意見を与えないとするには、）そうせざるを得ない理由（compelling reasons）」が必要である。

次にＩＣＪは、ＩＦＡＤと関係職員との間の「裁判における平等の原則」(principle of equality before the Court) について検討する。この原則には、「裁判所へのアクセスの平等」および「裁判手続きにおける平等な取扱い」が含まれる。ＩＣＪは、裁判における平等の原則には、客観的かつ合理的な理由がない限り、裁判の両当事者は、上訴審あるいは類似の救済手続きへのアクセスの平等を含むと解されなければならないと考える。ところで本件においては、職員を雇用したとされる機構（この場合はＩＦＡＤ）と職員との間の裁判における不平等な立場は、ＩＦＡＤの総裁にサエス・ガルシアの意見を反映するすべての文書を提出させたこと、および、口頭審理を行わないとＩＣＪが決定したことによって、大幅に軽減されている (substantially alleviated)。

(4) 本案の検討

砂漠化条約の常設事務局 (Permanent Secretariat) は、国連に制度的に結び付けられている (institutionally linked) が、特定の国連の部局や計画の作業計画や管理機構に完全に一体化 (fully integrated) されているわけではない。一九九八年にドイツ連邦政府と国連との間で結ばれた砂漠化条約の常設事務局の本部に関する協定（本部協定）には、「砂漠化条約の事務局は、契約し、動産および不動産を取得並びに処分し、受入国において訴訟を提起するための法人格を有する」との規定がある。また、砂漠化条約の「機関」に関する第四部には、常設事務局の設置に関する明文規定が存在するが、グローバル・メカニズムに関しては、条約の「機関」の部には何の規定もなく、またグローバル・メカニズムの契約や協定を締結する権限に関する明文規定は、砂漠化条約にも本部協定にも見出せない。

ただし、砂漠化条約は、締約国会議に対して、グローバル・メカニズムを受け入れる機関を特定 (identify an organization to house it) し、その機関との間に行政的事務処理に関する適当な取決めを結ぶことを規定している。そしてそのために、一九九九年、締約国会議とＩＦＡＤとの間で了解覚書（ＭＯＵ）が締結された。しかし、砂漠化条約もまた了解覚書も、グローバル・メカニズムに法人格を与えるとか法的取決めを取り結ぶ権限を付与するという明文規定を有していない。さらに、ＩＣＪに提出された文書には、グローバル・メカニズムが国際的あるいは国内的に契約、協定、または取決めを締結する権限を与えられている証拠を見つけることはできない。

（イ）質問１に対する回答

次にＩＣＪは、求められている勧告的意見に関する質問を検討する。まず、最初に指摘すべきことは、この種の質問は中立的でなければならず、紛争に対する法的結論を先取りしてはならないということである。言い換えると、質問には理由や主張を含んではならない。本件で出されている質問は、勧告的意見におけるこの通常の慣行から逸脱している。しかし、それはそれとして、質問には答えることにする。

サエス・ガルシアはグローバル・メカニズムの職員であってＩＦＡＤの職員ではないから、彼女の異議申立についてＩＬＯ行政裁判所は管轄権を持たないとＩＦＡＤは主張する。ＩＦＡＤによれば、ＩＬＯ行政裁判所の管轄権は、ＩＦＡＤが国際協定に基づいて受け入れた団体（entities hosted by it）にまでは及んでいない。グローバル・メカニズムはＩＦＡＤの機関ではなく、たしかにＩＦＡＤは「グローバル・メカニズムを管理する」（administer the Global Mechanism）が、そのことは異議申立人（サエス・ガルシア）をＩＦＡＤの職員とすることを意味しないし、グローバル・メカニズムの事務局長の行動をＩＦＡＤの行動と同一視することも意味しない。またＩＦＡＤは、グローバル・メカニズムで働くことになっていたサエス・ガルシアに対してＩＦＡＤの人事規則、細則、および政策が適用されはしたが、同人はＩＦＡＤの職員ではないとも主張する。

他方、異議申立人は、職務を離れた二〇〇六年三月一五日までの本件に関係する全期間にわたって、ＩＦＡＤの職員であったと主張する。また、任用の文書とそれを更新する文書は、すべて「ＩＦＡＤに任用する」という内容のものであったと主張する。

ところで、ＩＬＯ行政裁判所は、二〇一〇年二月三日の判決第二八六七号において、ＩＦＡＤによる「同裁判所には管轄権なし」の主張を斥け、同裁判所にはサエス・ガルシアの申し立てた異議を審理する権限があることを認めた。このＩＬＯ行政裁判所による管轄権容認の判断こそＩＦＡＤの理事会が不服を申し立てた問題であり、本件の質問１の主題である。

ＩＬＯ行政裁判所規程第二条五項によると、同裁判所が異議申立を審理できるのは、申立人が同裁判所の管轄権を認めた機構（この場合ＩＦＡＤ）の職員である場合に限られる。また、審理できる事項は、「任用の条件（terms of appointment）または機構（ＩＦＡＤ）の職員規則の不遵守」に限られる。前者はＩＬＯ行政裁判所の対人管轄権の問題であり、後者は同裁判所の対物管轄権の問題である。

（ｉ）ＩＬＯ行政裁判所の対人管轄権（*ratione personae*）

そこでＩＣＪは、サエス・ガルシアがＩＦＡＤの職員か、それともＩＬＯ行政裁判所の管轄権を認めていない他の団体の職員であるかについて検討する。ＩＦＡＤの職員規則は、職員を次のように定義する。「（ＩＦＡＤの職員とは）ＩＦＡＤと正規、終身、有期、臨時、または期限なしの契約のもとにある者である」。サエス・ガルシアが受け取った二〇〇〇年三月一日付けの文書では、ＩＦＡＤの公式の便せん（letterhead）を使って「二年間の有期契約のもとで国際農業開発基金（ＩＦＡＤ）に採用する」と書かれている。同文書はさらに、「任用は、ＩＦＡＤの人事政策要綱[6]（Personnel Policy Manual）およびその実施のために発せられる行政指示に従って行われる」と記している。また任用申出（offer of appointment）の文書には、「ＩＦＡＤは一か月の予告をもって契約（contract）を終了させることができ、人事政策要綱に規定する試用期間が適用される」とも書かれている。二〇〇四年三月および二〇〇六年三月に行われた契約の更新においては、「国際農業開発基金との契約の更新」とも書かれていた。

個人と国際機構との間の雇用契約（employment contract）は契約の両当事者の権利と義務の基礎である。また、サエス・ガルシアが二〇〇〇年三月一七日に受諾した任用申出は、IFADを代表してIFADの人事局長によって行われた。これらのことを総合すると、上記のサエス・ガルシアとIFADとの間の雇用関係は、契約および関連規則によって確立されていたと言える。この雇用関係は、彼女がIFADの職員であることを認めるものである。

以上のことから、ICJは、ILO行政裁判所が、サエス・ガルシアによってIFADを相手取って提起した異議申立を審理する対人管轄権を有すると結論する。

（ii）ILO行政裁判所の対物管轄権（*ratione materiae*）

IFADは、「ILO行政裁判所に本件に関して対人管轄権があるとしても、本件は同裁判所規程第二条五項に規定する任用の条件の不遵守、または職員規則の不遵守には該当せず、したがって管轄権を持たない」と主張する。さらに、IFADは、「サエス・ガルシアが主張する了解覚書や砂漠化条約、同条約締約国会議の決定等は、ILO行政裁判所の審理の対象外にある」とも主張する。これに対して、サエス・ガルシアは、「勧告的意見を求める決議においてIFADが提起する問題の多くは、ILO行政裁判所の管轄権の問題を越えて実質問題の中身に入っている」と主張する。

ICJは、ILO行政裁判所にグローバル・メカニズムの事務局長の決定を審理する権限がないとするIFADの主張に同意できない。その理由は、第一に、グローバル・メカニズムの事務局長がサエス・ガルシアの契約を更新しないと決定した際には、その任用の文書からも明らかなように、彼はIFADの職員として行動していたからである。第二に、サエス・ガルシアのILO行政裁判所に申し立てた異議は、同裁判所規程第二条五項で規定する「職員の任用条件（terms of appointment）」の不遵守に関するものだったからである。第三に、サエス・ガルシアの任用および契約更新の文書は、彼女の任用がIFADの人事政策要綱およびその改正ならびに同要綱を適用するために発出された行政指示に従って行われたと記しているからである。これらの法文書の不遵守は、ILO行政裁判所規程第二条五項に規定する「職員規則の不遵守」に該当し、同裁判所に異議を申し立てる根拠となりうる。

以上のことから、裁判所は、サエス・ガルシアがＩＬＯ行政裁判所に申し立てた異議は、任用の条件の不遵守およびＩＦＡＤの人事規則等の不遵守に該当し、したがって、ＩＬＯ行政裁判所は、ＩＦＡＤによるサエス・ガルシアの契約更新拒否に関して申し立てられた異議を審理する対物管轄権を有すると判断する。

（iii）結論

裁判所は、ＩＦＡＤによって提起された質問1に関して、サエス・ガルシアがＩＦＡＤの職員であること、および、彼女の任用がＩＦＡＤの人事規則と細則に基づいていることから、ＩＬＯ行政裁判所は、同裁判所規程第二条五項に従って、サエス・ガルシアの異議申立を審理する権限を有すると結論する（全員一致）。

（ロ）質問2から8に対する回答

裁判所は、質問1に対してＩＬＯ行政裁判所は管轄権を有するとの肯定的答えを導き出した。この質問1への回答は、質問2から8までのすべてに含まれている管轄権に関する回答にもなっている。質問2から8までに含まれるそれ以外の問題は、ＩＬＯ行政裁判所が下した結論の理由説明（reasoning）に関するものである。ここで裁判所は、ＩＬＯ行政裁判所規程付属書第一二条によれば、勧告的意見の要請は、同裁判所の管轄権の確認、または、手続きの基本的誤りに対する異議申立の場合に限られるということを想起する。裁判所は、ＩＬＯ行政裁判所規程付属書第一二条に従えば、同行政裁判所の理由説明や判決の本案に対して見解を示す権限を持たないのであるから、管轄権以外の問題について意見を述べることはできない（全員一致）。

（ハ）質問9に対する回答

質問9は「ＩＬＯ行政裁判所の判決第二八六七号の有効性はいかなるものか」というものである。裁判所はすでに質問1に対して、肯定的に回答した。ＩＬＯ行政裁判所が管轄権を確認したことが完全に正当化できると結論づけ、同裁判所の手続きに何らの基本的誤りもないと認められた以上、その判決第二八六七号において下された決定は有効である（全員一致）。

三　研　究

本件は、砂漠化条約の締約国会議（ＣＯＰ）が設立したグローバル・メカニズムに勤務するために雇用された職員が、予算削減のあおりを受けて契約を更新されなかったので、雇用主と考えられたＩＦＡＤを相手取って、任用契約およびＩＦＡＤの人事規則・細則等の不遵守を理由に、ＩＬＯ行政裁判所に異議を申し立て、同裁判所は申立人の主張を認めたが、その判決を不服とするＩＦＡＤが、ＩＬＯ行政裁判所規程に基づいて、同裁判所の判決の有効性を争って、ＩＣＪに勧告的意見を求めた事例である。

裁判所は、全裁判官一致で、「当該職員はＩＦＡＤとは別個の、砂漠化条約の締約国会議が設立したグローバル・メカニズムの職員であって、ＩＦＡＤの職員ではなく、したがってＩＬＯ行政裁判所には管轄権がない」とするＩＦＡＤの主張を斥け、当該職員を実質上ＩＦＡＤの職員であると判断して、雇用に関する諸規定の不遵守に基づく損害賠償等の支払いをＩＦＡＤに命じたＩＬＯ行政裁判所の判決の有効性（validity）を認めた。

本件は一見複雑に見える事例であるが、要点は、当該職員がＩＦＡＤの職員かどうかという一点に集約される。勧告的意見では、この点を「ＩＬＯ行政裁判所の『対人管轄権』の問題」として詳細に検討している。当該職員がＩＦＡＤの職員であれば、ＩＦＡＤとの任用契約上の紛争はＩＬＯ行政裁判所で解決されることになっているから、本件に関する同裁判所の判決第二八六七号は有効であり、ＩＦＡＤは判決に従って、不当に解雇されたと認定された当該職員に対して損害賠償等の支払いをしなければならない。他方、当該職員がＩＦＡＤの職員でないとすれば、ＩＬＯ

行政裁判所には当該職員の任用に関する管轄権がなく、同裁判所の判決第二八六七号は無効となり、ＩＦＡＤは損害賠償等の支払いに応ずる必要はないことになる。

この点に関しては、二つの問題を検討しなければならない。一つは、当該職員が勤務していたグローバル・メカニズムとＩＦＡＤの関係である。そして今一つの問題は、当該職員の任用手続きにおける具体的な契約のありかたである。

第一の点に関しては、ＩＣＪは、砂漠化条約第二一条五項が締約国会議（ＣＯＰ）に対して「受け入れる機関を特定する（"identify an organization to house it"）」よう規定し、実際に締約国会議はＩＦＡＤを受入機関として指定し、ＩＦＡＤとの間に了解覚書（ＭＯＵ）を締結したことに言及してその内容を分析している。そして結論として、ＩＣＪは、①グローバル・メカニズムは、砂漠化条約においてもまたＣＯＰとＩＦＡＤとの間のＭＯＵにおいても、法人格を与えられておらず、国際的にも国内的にも契約を締結したりその他の協定や取決めを結ぶ権限を有していないこと、②ＭＯＵはグローバル・メカニズムがＩＦＡＤの中の固有の存在ではあるが「ＩＦＡＤの組織構造の一部」（"an organic part of the structure of the Fund"）であると規定していること、③ＭＯＵは、グローバル・メカニズムの事務局長（Managing Director）は「ＩＦＡＤの総裁の指揮下」（"directly under the President of the Fund"）にあり、職員構成を含む活動計画や予算については、ＣＯＰに提出する前に、ＩＦＡＤの総裁の決裁を求めると規定していること、などを理由に、ＩＦＡＤの組織上の一機関と位置づけた。

また、第二の点に関しては、当該職員の任用に関する諸文書等を検討して、①任用はＩＦＡＤの人事関係諸規則に従って行われたこと、②当該職員の任用関係の文書にはすべてＩＦＡＤのレターヘッドが使われ、「ＩＦＡＤの職員として任用」と書かれているばかりでなく、その中にはＩＦＡＤの人事局長の署名したものまで含まれていること、などを理由に、実質的にＩＦＡＤの職員と判断した。

かくして、一見ＩＦＡＤとは別個独立の存在のように見える砂漠化条約の下のグローバル・メカニズムが、実際は、独立して契約を結んだり職員を任用したりする法人格を有しておらず、法的にも事実上もＩＦＡＤの機構上の一部と判断されてもやむを得ない証拠が存在し、また、当該職員の任用に関しても、彼女がＩＦＡＤの職員とみなされても反論できない証拠が多数存在することを考慮すると、ＩＣＪが、全員一致で、当該職員が提起した異議申立に関してＩＬＯ行政裁判所が下した判決第二八六七号の有効性を認める勧告的意見を出したことには、十分説得力があると言える。

なお、本件には、別の論点として、「裁判へのアクセスおよび裁判における取扱いの平等原則」の問題がある。すなわち、ＩＬＯ行政裁判所の判決に不服のある国際機構は、ＩＣＪの勧告的意見を求めることができるという現在の制度は、任用契約の一方当事者である機構にのみ認められている救済手続きで、他方当事者の職員（または元職員）には開かれていないという不平等がある。言い換えると、救済へのアクセスの不平等である。またこの手続きには、裁判における取扱いの不平等も内包されている。つまり、機構の方は裁判所に文書で自己の主張を提出し、かつ、法廷で自己の見解を陳述する機会が許されるが、職員にはその機会が保障されていないという不平等である。

この「裁判における不平等」の問題は、「ユネスコに対する異議申立に関する国際労働機関行政裁判所の判決」に関するＩＣＪの勧告的意見の際にも問題となり、その際、判事の中には「勧告的意見を与えることは適当ではない」と主張する人もいた[7]。本件においても、グリーンウッド判事は、宣言において、この問題を、ＩＬＯ行政裁判所によるＩＣＪの勧告的意見を求める手続き制度の「本質的欠陥」（fundamental flaw）と断定している。カンサード・トリンダーデ判事も、分離意見の中で、同様の問題を一九九五年に制度改正されるまで抱えていた国連の行政裁判所の勧告的意見要請手続きに関する勧告的意見を含めて過去の五つの事例[8]を分析し、「この点に関して（裁判所においては）五六年間惰性と無気力が支配した」と批判した。

本件において、ＩＣＪは、当該職員の意見を反映するすべての文書をＩＦＡＤに提出させ、かつ、口頭審理を行わずに書面によってのみ審理を行うなど、一定の不平等を軽減する措置をとったが、それは「裁判における取扱いの平等」の実現にある程度貢献したと考えられるが、「救済へのアクセスの平等」の問題には答えておらず、不完全な対応になっている。

この問題は、国連の行政裁判所に関しては、一九九五年の改正で解消されたが、ＩＬＯ行政裁判所に関しては、その規程付属書第一二条が改正されるまで、提起され続けることになると考えられる。ただし、この点に関して、考慮しなければならない問題が一つある。それは、本件の場合もそうであるが、実際は手続き的に不平等に扱われている職員の主張が、勧告的意見においては結果として認められているということである。この点は、ＩＬＯ行政裁判所の判決に関してＩＣＪの勧告的意見を要請する手続きの不平等を批判する人たちも、評価しているに違いない。なぜなら、本件において勧告的意見が与えられなかったと仮定した場合、当該職員に有利なＩＬＯ行政裁判所の判決が、同裁判所には管轄権がないとの理由でＩＦＡＤによって履行されない状態が継続するおそれもあり、結果として個人への救済が実現しないという可能性もあり得るからである。本件の場合、ＩＣＪの勧告的意見は「拘束力を有する」から、勧告的意見が与えられたことによって、ＩＦＡＤにはＩＬＯ行政裁判所の判決を履行しなければならない法的義務が発生する。本勧告的意見が、裁判官の間にこの問題に関して意見の相違があったにもかかわらず、最終的には全員一致で与えられた理由は、そこにあったのかもしれない。

（1）“Global Mechanism”は、日本の公定訳では「地球機構」となっているが、これは本件の文脈では必ずしも適切な訳語とは思われないので、ここでは英語の原語をカタカナで表記する「グローバル・メカニズム」を用いる。
（2）二〇〇五年七月二二日までは「人事手引」(Human Resources Handbook) と呼ばれていた。
（3）波多野里望「第二部第八節　ユネスコに対する異議申立に関する国際労働機関行政裁判所の判決」波多野里望・松田幹夫編著『国際司法裁判所―判決と意見』第一巻（一九四八―六三年）（国際書院、一九九九年）四三九―四五〇頁。
（4）横田洋三「第二部第二節　国際連合行政裁判所判決一五八号の審査請求―ファスラ事件」波多野里望・尾崎重義編著『国

際司法裁判所―判決と意見』第二巻（一九六四―九三年）（国際書院、一九九六年）四六三―四六八頁。
（5） 筒井若水「第二部第四節　平和条約の解釈」波多野里望・松田幹夫『前掲書』三七九―三九〇頁。
（6） 二〇〇五年七月二二日以降は改正されて、「ＩＦＡＤ人事政策」（IFAD Human Resources Policy）となっている。
（7） 波多野「前掲」四四八頁。
（8） 扱われているのは、次の五件である。①「国際連合行政裁判所によって下された補償採決の効果」（一九五四年七月一三日の勧告的意見）、②「ユネスコに対する異議申立に関する国際労働機関行政裁判所の判決」（一九五六年一〇月二三日の勧告的意見）、③「国際連合行政裁判所判決一五八号の再審請求」（一九七三年七月一二日の勧告的意見）、④国際連合行政裁判所判決二七三号の再審請求」（一九八二年七月二〇日の勧告的意見）、⑤「国際連合行政裁判所判決三三三号の再審請求」（一九八七年五月二七日の勧告的意見）。

（横田　洋三）

事件関係裁判官総名簿

この表の裁判官は、本書の判決・意見等に関係のある国際司法裁判所裁判官である。

裁判官の任期は、選挙のあった年の翌年の二月六日に始まり、九年後の二月五日に終わる。任期の途中で辞任したものは、その年を任期終了年に記載してある。辞任の記載がないのに、任期が「九」の倍数で割り切れないのは第一期が前任者の残任期間であったことを示す。

片仮名による表記（五〇音順）	欧文または漢字による表記	国籍	就任年	任期終了年	備考
アル・ハサウネ	Awn Shawkat Al-Khasawneh	ヨルダン	二〇〇〇	二〇一一	辞任
エブラヒム	Ronny Abraham	フランス	二〇〇五	二〇一八	
オワダ	小和田恆	日本	二〇〇三	二〇二一	
カンサード・トリンダーデ	Antônio Augusto Cançado Trindade	ブラジル	二〇〇九	二〇一八	
ガジャ	Giorgio Gaja	イタリア	二〇一二	二〇二一	
キース	Kenneth Keith	ニュージーランド	二〇〇六	二〇一五	
グリーンウッド	Christopher Greenwood	イギリス	二〇〇九	二〇一八	
クロフォード	James Richard Crawford	オーストラリア	二〇一五	二〇二四	
ゲボルジャン	Kirill Gevorgian	ロシア	二〇一五	二〇二四	
コロマ	Abdul G. Koroma	シエラ・レオーネ	一九九四	二〇一二	
ジンマ	Bruno Simma	ドイツ	二〇〇三	二〇一二	
シュエ	薛捍勤	中国	二〇一〇	二〇二一	
スコトニコフ	Leonid Skotnikov	ロシア	二〇〇六	二〇一五	
セブティンデ	Julia Sebutinde	ウガンダ	二〇一二	二〇二一	
セプルベダ・アモール	Bernardo Sepúlveda-Amor	メキシコ	二〇〇六	二〇一五	
ドノヒュー	Joan E. Donoghue	アメリカ	二〇一〇	二〇二四	

トムカ	Peter Tomka	スロバキア	二〇〇三	二〇二一	
バンダリ	Dalveer Bhandari	インド	二〇一二	二〇一八	※
ベヌーナ	Mohamed Bennouna	モロッコ	二〇〇六	二〇二四	
ユースフ	Abdulqawi Ahmed Yusuf	ソマリア	二〇〇九	二〇一八	
ロビンソン	Patric Lipton Robinson	ジャマイカ	二〇一五	二〇二四	

※　バンダリは、二〇一一年末で辞任したアル・ハサウネの後任として選ばれたため、その任期は、前任者の任期末であった二〇一八年までとなる。また、二〇一八年二月六日に任期が始まる裁判官の選挙が二〇一七年一一月一一日から行われた結果、フランスのエブラヒム、ブラジルのカンサード・トリンダーデ、ソマリアのユースフ、インドのバンダリが再選され、新たにレバノンのサラーム（Nawaf Salam）が選出された。

は行

ま行

や行

ら行

（なお索引の作成にあたっては，各節の執筆者の意向に基づいて行った。）

た行

な行

［事項索引］

あ行

か行

さ行

［主要条約・宣言等索引］

索　引

[事件索引]

国際司法裁判所

判決と意見・第5巻（2011-16年）

編著者　横田　洋三
　　　　東　壽太郎
　　　　森　　喜憲

2018年1月1日初版第1刷発行

・発行者――石井　彰

印刷・製本／新協印刷(株)

（定価＝本体価格6,000円＋税）

ISBN978-4-87791-286-4 C3032 Printed in Japan

・発行所

KOKUSAI SHOIN Co., Ltd.
3-32-5, HONGO, BUNKYO-KU, TOKYO, JAPAN.

株式会社　国際書院
〒113-0033 東京都文京区本郷3-32-6 ハイヴ本郷1001
TEL 03-5684-5803　FAX 03-5684-2610
Eメール：kokusai@aa.bcom. ne.jp
http://www.kokusai-shoin.co.jp

シドニー・D・ベイリー（庄司克宏／庄司真理子／則武輝幸／渡部茂己　共訳）

国際連合

906319-18-1　C3032　A5 判　194 頁　2,800 円

初心者向けの国連への手引書である。国連の目的と構造、加盟国が国連内で組織するグループ及びブロック、国連が世界平和の維持に果たす役割、軍備縮小及び人権保護というテーマが扱われ、より優れた国連を展望する。（1990.11）

モーリス・ベルトラン（横田洋三監訳）

国連再生のシナリオ

906319-19-×　C3031　A5 判　197 頁　2,800 円

国際機構、平和、世界統合などに纏わる危険性、変革のプロセス、及び国際政治との関係について論じる。経済国連を目指し、国家レベルと国際社会レベルとのバランスある協力構造の模索、更に人民レベルの代表制を未来に描く。（1991.5）

モーリス・ベルトラン（横田洋三／大久保亜樹訳）

国連の可能性と限界

906319-59-9　C1031　四六判　223 頁　2,136 円

国連について、創設時から 90 年代初めまでの PKO や開発援助、人権などの分野における活動を詳細に分析し、それを国際社会の歴史の文脈の中で位置づけ、国連の可能性と限界を明示する。国連の問題点と可能性を知る最良の書。（1995.5）

横田洋三編著

国際機構論（絶版）

906319-25-4　C1032　A5 判　383 頁　3,107 円

今の 300 を越える国際機構の全貌を掴み、その組織、活動について理論的体系的説明を試みた国際機構の入門書。国際機構の発展と現代国際社会を素描し、国際機構の内部組織、対外関係、活動分野が多数の図表とともに紹介されている。（1992.5）

横田洋三編著

国際機構論［補訂版］（絶版）

906319-83-1　C1032　A5 判　383 頁　3,200 円

国際機構の発展と現代国際社会を素描し、国際機構の内部組織、対外関係、活動分野を多数の図表と共に紹介した国際機構の理論的実践の書。補訂版では初版 1992 年以降の数字などの情報を補っている。（1998.4）

横田洋三編著

新版国際機構論

87791-104-9　C1032　A5 判　481 頁　3,800 円

主要略語一覧、国連平和維持活動一覧など国際機構に関わる基本的な資料をいっそう充実させた新版は、現実の姿を正確に反映するべく斯界の研究者が健筆を揮った国際機構の理論と実践の書である。（2001.3）

横田洋三編著

新国際機構論

87791-139-1　C1032　A5 判　497 頁　5,200 円

国際機構の内部組織、対外関係、活動分野を国際社会の変動を反映させたものにし、主要略語一覧、主要参考文献、主な国際機構、国際連合組織図、国連平和活動一覧など重要な基本的資料の充実を図った。（2005.1）

横田洋三編著

新国際機構論・上

87791-157-X　C1032　A5 判　283 頁　2,800 円

国際機構の内部組織、対外関係を国際社会の変動を反映させたものにし、主要略語一覧、主要参考文献、主な国際機構、国際連合組織図、国連平和活動一覧など重要な基本的資料の充実を図った。（2006.2）

横田洋三編著

新国際機構論・下

87791-158-8　C1032　A5 判　289 頁　2,800 円

国際機構の活動分野を国際社会の変動を反映させたものにし、主要略語一覧、主要参考文献、主な国際機構、国際連合組織図、国連平和活動一覧など重要な基本的資料の充実を図った。（2006.2）

横田洋三編著

国際機構入門

906319-81-5 C1032 A5判 279頁 2,800円

マスコミで報道される国際社会で起こる国際機構が関連した事件を理解する上で必要とされる基本的な枠組みと基礎的な知識を平易に解説する。法・政治・経済の視点から国際社会をとらえ直す機会を本書によって得られるものと思われる。(1999.8)

カタリナ・トマチェフスキー(宮崎繁樹/久保田洋監訳)

開発援助と人権

906319-28-9 C1031 A5判 287頁 3,107円

開発援助と人権の繋がりを検討し、人権問題は、援助国の履行状況評価のためだけでなく、開発援助の全過程で、開発援助の周辺からその中枢へと格上げされるべきことを主張。普遍的人権基準の承認と遵守義務を説く。(1992.11)

山本武彦/藤原保信/ケリー・ケネディ・クオモ編

国際化と人権
―国際化時代における世界人権体制の創造をめざして

906319-52-1 C1031 A5判 259頁 3,107円

世界的な人権状況の過去と現在を検証し、人権の国際化に最も遅れた国=日本の人権状況との対照を通じて、人権の保障と擁護のための「世界人権体制」とも呼ぶべき制度の構築の可能性を問い、日本の果たすべき主体的割合を考える。(1994.9)

桑原輝路

海洋国際法

906319-23-8 C1032 四六判 219頁 2,136円

海洋国際法の基本書。海洋国際法の法典化、海洋の区分と分類、沿岸国の領域管轄権の及ぶ海洋、沿岸国の領域管轄の及ばない海の各分野を簡潔に叙述している。図で、海洋の区分と分類、直線基線、公海などが示され理解を助けている。(1992.3)

ディヴィド・エドワード/ロバート・レイン(庄司克宏訳)

EU 法の手引き

906319-77-7 C1032 A5判 287頁 3,200円

各章が簡潔で選び抜かれた言葉遣いで説明された、質の高い EU 法入門書。詳細な判例、各国裁判所の判決を含んだ参照文献を項目ごとに参照することにより、読者は EU 法の核心に直接ふれることができる。(1998.1)

明石 康監訳久保田有香編訳

21 世紀の国連における日本の役割

87791-119-7 C1032 四六判 121頁 1,500円

マヤムード・カレム/プリンストン・ライマン/ロスタン・メイディ/大島賢三//高橋一生/ヨゲシュ・クマール・チャギ/カレル・ゼブラコフスキーの提言に耳を傾けてみたい。(2002.12)

明石 康監修、久保田有香/ステファン・T・ヘッセ校閲

英語版・21 世紀の国連における日本の役割

87791-128-6 C1032 A5判 144頁 2,000円

国連論を世界的視野で討論し、その中での日本論を展開しつつ、専門家のパネリストの発言から学問的にもまた政策的にも多くの重要な論点が提示された。本書を日本語版に留めておかず、英語版として刊行した由縁である。(2003.9)

勝野正恒/二村克彦

国連再生と日本外交

87791-102-2 C1031 A5判 201頁 2,400円

国際の平和と安全、開発途上国の経済開発、国連の財政基盤の整備など重要分野で、現状を改善し国連を立て直して行く上で、我が国が果たすべき役割を国連幹部としての経験を生かして提言する。(2000.6)

渡部茂己

国際機構の機能と組織(絶版)
―新しい世界秩序を構築するために

906319-51-3 C1032 A5判 261頁 2,874円

冷戦締結後の国連の機能の重視と基本的人権擁護の視点から国際社会で必要とされる国際機構の機能と組織を考察する。国際機構について、一般的機能、一般的組織、個別的機能、個別的組織を論じ、新しい世界秩序の構築を展望する。(1994.2)

渡部茂己

国際機構の機能と組織［第二版］
—新しい世界秩序を構築するために

906319-76-9　C1032　A5判　281頁　3,200円

第二版では、略語表及び国連平和維持活動表を付けて教材としても使いやすくなっている。今日の国際社会で「必要」であり、対応「可能」な国際機構の役割を検討し、21世紀以降を眺望する長期的展望を描く。(1997.7)

松隈　潤

国際機構と法

87791-142-1　C1032　A5判　161頁　2,000円

国連に関してはイラク問題を素材とし、人道問題、武力行使、経済制裁などを包括的に検討する。EUについては、ECとEUの関係、防衛問題などを取り上げ、それらが国際法の発展に与えた影響を追究する。(2005.2)

松隈　潤

人間の安全保障と国際機構

87791-176-8　C1032　A5判　187頁　2,000円

人間の安全保障をキー・ワードとして、平和構築・人権保障・開発など国際社会におけるさまざまな課題に対処している国際機構の活動とそれらをめぐる法的、政治的諸問題について解明を試みた。(2008.2)

渡部茂己編

国際人権法

87791-194-2　C2800　A5判　289頁　2,800円

第1部で国際的な人権保護のメカニズムを、歴史、国連システム、普遍的人権条約、地域的人権条約の視点から整理し、第2部では「開発と人権」まで踏み込んで人権の具体的内容を解説した入門書である。(2009.6)

大谷良雄編

共通利益概念と国際法

906319-42-4　C3032　A5判　401頁　3,689円

国家主権、国際機構、国際法定立の新しい動向、国家の国際犯罪、宇宙開発、領域管轄権、国際法上の不承認、国際機構の特権及び免除、持続可能な開発、個人データの国際流通などから「共通利益」概念に接近する。(1993.11)

中川淳司

資源国有化紛争の法過程
—新たな関係を築くために

906319-15-7　C3032　A5判　328頁　4,800円

途上国の資源開発部門における外国民間直接投資を素材として、南北間で展開される私的経済活動に対する国際法の規制の実態を明らかにする。当事者の法論争過程を跡づけながら、南北格差の是正に向けての国際法の今日的役割を示す。(1990.8)

丸山珠里

反乱と国家責任
—国家責任論における行為の国家への帰属に関する一考察

906319-36-×　C3032　A5判　331頁　7,767円

国際法上の国家責任の成立要件としての「行為の国家への帰属」の法理に関する国際慣習法の現段階での成熟度を考察する。「反乱」における国際判例・法典化草案及び学説を検討し、併せて「国家責任条文草案」の妥当性を考察する。(1992.11)

松田幹夫編

流動する国際関係の法
—寺澤一先生古稀記念

906319-71-8　C3032　A5判　301頁　3,800円

現代国際法の課題を様々な角度から追求する。対日平和条約と「国連の安全保障」、国際法規の形成と国内管轄の概念、条約に基づく国内法の調和、国際裁判における事実認定と証拠法理、制限免除主義の確立過程、自決権の再考その他。(1997.5)

横田洋三

国際機構の法構造

87791-109-×　C3032　A5判　467頁　5,800円

国際機構に関する一般的理論的論文、国際機構の内部法秩序に関する論文、国際金融機関の法構造に関する論文さらに国際機構と地球的課題に関する論文など国際機構の法構造に関する筆者年来の研究の軌跡を集大成。(2001.3)

横田洋三編

国連による平和と安全の維持
—解説と資料

87791-094-8　C3032　A5判　841頁　8,000円

本書は、国連による国際の平和と安全の維持の分野の活動を事例ごとに整理した資料集である。地域ごとに年代順に事例を取り上げ、①解説と地図、②資料一覧、③安保理などの主要資料の重要部分の翻訳を載せた。(2000.2)

横田洋三編

国連による平和と安全の維持
—解説と資料　第二巻

87791-166-9　C3032　A5判　861頁　10,000円

本巻は、見直しを迫られている国連の活動の展開を、1997年以降2004年末までを扱い、前巻同様の解説・資料と併せて重要文書の抄訳も掲載し、この分野における全体像を理解できるように配慮した。(2007.2)

秋月弘子

国連法序説
—国連総会の自立的補助機関の法主体性に関する研究

906319-86-6　C3032　A5判　233頁　3,200円

国連開発計画、国連難民高等弁務官事務所、国連児童基金を対象として国連という具体的な国際機構の補助機関が締結する「国際的な合意文書」の法的性格を考察することによって、補助機関の法主体性を検討する。(1998.3)

桐山孝信／杉島正秋／船尾章子編

転換期国際法の構造と機能

87791-093-X　C3032　A5判　601頁　8,000円

［石本泰雄先生古稀記念論文集］地球社会が直面している具体的諸課題に即して国際秩序転換の諸相を構造と機能の両面から分析する。今後の国際秩序の方向の学問的展望を通じて現代日本の国際関係研究の水準を次の世紀に示す。(2000.5)

関野昭一

国際司法制度形成史論序説
—我が国の外交文書から見たハーグ国際司法裁判所の創設と日本の投影

87791-096-4　C3032　A5判　375頁　4,800円

常設国際司法裁判所の創設に際しての我が国の対応を外交文書・関連資料に基づいて検討し、常設国際司法裁判所が欧米的「地域」国際裁判所に陥ることから救い、裁判所に「地域的普遍性」を付与したことを本書は明らかにする。(2000.3)

横田洋三／山村恒雄編著

現代国際法と国連・人権・裁判

87791-123-5　C3032　A5判　533頁　10,000円

［波多野里望先生古稀記念論文集］「法による支配」を目指す現代国際法は21世紀に入り、危機に直面しているとともに新たなる理論的飛躍を求められている、本書は国際機構、人権、裁判の角度からの力作論文集である。(2003.5)

秋月弘子・中谷和弘・西海真樹　編

人類の道しるべとしての国際法
［平和、自由、繁栄をめざして］

87791-221-5　C3032　A5判　703頁　10,000円

［横田洋三先生古稀記念論文集］地球共同体・人権の普遍性・正義・予防原則といった国際人権法、国際安全保障法、国際経済法、国際環境法などの国際法理論の新しい潮流を探り、21世紀国際法を展望する。(2011.10)

小澤　藍

難民保護の制度化に向けて

87791-237-6　C3031　¥5600E　A5判　405頁　5,600円

難民保護の国際規範の形成・拡大とりわけOSCEおよびUNHCRの協力、EUの難民庇護レジームの形成・発展を跡付け、難民保護の営為が政府なき世界政治における秩序形成の一環であることを示唆する。(2012.10)

掛江朋子

武力不行使原則の射程
—人道目的の武力行使の観点から

87791-239-0　C3032　¥4600E　A5判　293頁　4,600円

違法だが正当言説、妥当基盤の変容、国連集団安全保障制度、「保護する責任論」、2005年世界サミット、安保理の作業方法、学説などの分析を通して、人道目的の武力行使概念の精緻化を追究する。(2012.11)

東　壽太郎・松田幹夫編

国際社会における法と裁判

87791-263-5　C1032　A5 判　325 頁　2,800 円

尖閣諸島・竹島・北方領土問題などわが国を取り巻く諸課題解決に向けて、国際法に基づいた国際裁判は避けて通れない事態を迎えている。組織・機能・実際の判決例を示し、国際裁判の基本的知識を提供する。(2014.11)

波多野里望／松田幹夫編著

国際司法裁判所
—判決と意見第 1 巻（1946-63 年）

906319-90-4　C3032　A5 判　487 頁　6,400 円

第 1 部判決、第 2 部勧告的意見の構成は第 2 巻と変わらず、付託事件リストから削除された事件についても裁判所年鑑や当事国の提出書類などを参考にして事件概要が分かるように記述されている。(1999.2)

波多野里望／尾崎重義編著

国際司法裁判所
—判決と意見第 2 巻（1964-93 年）

906319-65-7　C3032　A5 判　561 頁　6,214 円

判決及び勧告的意見の主文の紹介に主眼を置き、反対意見や分離（個別）意見は、必要に応じて言及する。事件概要、事実・判決・研究として各々の事件を紹介する。巻末に事件別裁判官名簿、総名簿を載せ読者の便宜を図る。(1996.2)

波多野里望／廣部和也編著

国際司法裁判所
—判決と意見第 3 巻（1994-2004 年）

87791-167-6　C3032　A5 判　621 頁　8,000 円

第二巻を承けて 2004 年までの判決および意見を集約し、解説を加えた。事件概要・事実・判決・主文・研究・参考文献という叙述はこれまでの形式を踏襲し、索引もまた読者の理解を助ける努力が施されている。(2007.2)

横田洋三訳・編

国際社会における法の支配と市民生活

87791-182-9　C1032　四六判　131 頁　1,400 円

［*jf*UNU レクチャー・シリーズ①］ 東京の国際連合大学でおこなわれたシンポジウム「より良い世界に向かって－国際社会と法の支配」の記録である。本書は国際法、国際司法裁判所が市民の日常生活に深いかかわりがあることを知る機会を提供する。(2008.3)

内田孟男編

平和と開発のための教育
—アジアの視点から

87791-205-5　C1032　A5 判　155 頁　1,400 円

［*jf*UNU レクチャー・シリーズ②］ 地球規模の課題を調査研究、世界に提言し、それに携わる若い人材の育成に尽力する国連大学の活動を支援する国連大学協力会（jfUNU）のレクチャー・シリーズ②はアジアの視点からの「平和と開発のための教育」(2010.2)

井村秀文編

資源としての生物多様性

87791-211-6　C1032　A5 判　181 頁　1,400 円

［*jf*UNU レクチャー・シリーズ③］気候変動枠組み条約との関連を視野にいれた「遺伝資源としての生物多様性」をさまざまな角度から論じており、地球の生態から人類が学ぶことの広さおよび深さを知らされる。(2010.8)

加来恒壽編

グローバル化した保健と医療
—アジアの発展と疾病の変化

87791-222-2　C3032　A5 判　177 頁　1,400 円

［*jf*UNU レクチャー・シリーズ④］地球規模で解決が求められている緊急課題である保健・医療の問題を実践的な視点から、地域における人々の生活と疾病・保健の現状に焦点を当て社会的な問題にも光を当てる。(2011.11)

武内和彦・勝間　靖編

サステイナビリティと平和
—国連大学新大学院創設記念シンポジウム

87791-224-6　C3021　四六判　175 頁　1,470 円

［*jf*UNU レクチャー・シリーズ⑤］エネルギー問題、生物多様性、環境保護、国際法といった視点から、人間活動が生態系のなかで将来にわたって継続されることは、平和の実現と統一されていることを示唆する。(2012.4)